오랫동안 종군기자로 활동한 크리스티나 램은 이 책에서 제2차 세계대전
당시의 위안부부터 독일 여성에 대한 소련 군대의 성폭행, 1994년 르완다
집단 강간, 보스니아의 강간 수용소, 보코하람의 나이지리아 여학생
납치까지, 전쟁으로 폐허가 된 지역의 여성들이 겪은 참담한 역사를
그려냈다. 강간이 전쟁 범죄로 인정된 경우는 무척 드물었다. 저자는
강간범에 대한 처벌이 이루어지려면 침묵을 멈춰야 한다고 주장한다.
끔찍한 강간으로 영구적인 신체 손상을 겪은 어느 콩고 여성은 저자에게
자신의 목소리가 되어달라고 요청하기도 했다. 이 참혹한 기록은
전 세계의 비극을 강하게 증언한다. _《퍼블리셔스 위클리》

매우 충격적이고도 중요하며 끔찍하지만 심오한 감동을 주는 책이다.
전쟁 성폭력 피해자에 대한 저자의 연민과 이야기를 전달하는 방법에
대한 깊은 배려가 돋보인다. 이 책을 읽는 것은 즐겁지는 않지만
강력한 경험이다. _《가디언》

저명한 종군기자 크리스티나 램은 분쟁지역의 여성들이 들려주는
이 끔찍한 증언을 통해 목소리 없는 자들에게 목소리를 되돌려준다.
정의로 향하는 길을 내는 책이다. _《에스콰이어》

이 책에 담긴 잔학 행위들은 끔찍하다. 저자는 이러한 행위를 세상에
드러냄으로써 세상의 발전에 공헌했다. _《뉴욕 타임스 북리뷰》

훌륭하다. 수전 브라운 밀러의 《우리의 의지에 반하여》 이후 강간을 다룬
가장 중요한 작품이다. 최근에 자행된 전쟁 성폭력과 그 생존자들에 대한
세계의 침묵에 강렬하고 절대적으로 필요한 폭로를 했다. _《커커스 리뷰》

용감하고 참혹한 책이다. 세상에 정의가 존재한다면 몇 주 동안
베스트셀러 목록의 맨 위에 있을 것이다. _《더 타임스》

전쟁 성폭력 피해자를 희생자가 아닌 생존자로 자리매김하는 저자는
더 큰 그림을 소홀히 하지 않고도 개별적인 이야기에 생명을 불어넣었다.
전 세계 곳곳에서 일어난 거의 상상할 수 없는 공포를 경험한 사람들의
목소리를 전하는 강력하고 고통스러운 이야기다. 오랫동안 감춰진
부끄러운 이야기를 담은 책이다. _《북리스트》

이 책은 2000년대 들어 세계 곳곳에서 행해진 전시 강간 피해자들과의
인터뷰를 담은 책이다. 저자는 버마의 로힝야 집단 학살부터
방글라데시 해방 전쟁, 르완다의 투치족 집단 학살, 보스니아 전쟁,
아르헨티나의 "더러운 전쟁"과 함께 중동의 ISIS와 나이지리아 보코하람의
등장, 콩고 전쟁과 제2차 세계대전까지, 역사를 살아낸 개인의 이야기를
엮었다. 전쟁 성폭력 피해자는 네 살부터 여든아홉 살까지 다양하다.
강간은 "세계에서 가장 방치된 전쟁 범죄"이며, 그 피해자들은 강간이
차라리 죽음보다 끔찍하다고 호소한다. 그럼에도 강간은 테러와
인종 청소라는 범죄에 부수적으로 따르는 일일 뿐이라는 잘못된 믿음
때문에 거의 법정에 오르지 않는다. 다루는 역사적 사건이 다양하고
감정적으로 견뎌내기 쉽지 않지만 반드시 읽어야 할 책이다.
제니퍼 플래허티 | 버클리 캘리포니아대학교 교수

전쟁에서 강간이 얼마나 심각하고 끔찍한 일인지 일깨워주는 책이다.
강간은 세계에서 가장 무시되는 전쟁 범죄다. 이 여성들의 이야기에
우리는 눈물을 흘리고 세계의 무관심에 분노할 것이다.
아말 클루니 | 국제 인권변호사

크리스티나 램은 이 책에서 여성의 이름을 역사에 남기는 무척 어려운
일을 해냈다. 이 책에 담긴 강한 여성 생존자들의 모습은 인간의 의지와
마음이 빚어낸 비범한 성취를 보여준다. 이를 통해 역사적·세계적으로
강간이 얼마나 광범위하게 퍼져 있으며, 그것이 얼마나 끔찍한 범죄인지
경고한다. 올해 한 권의 책을 읽어야 한다면, 이 책이다.
이브 엔슬러 | 《버자이너 모놀로그》의 저자

수천 년 동안 집단 강간은 전쟁 무기로 사용되었다. 그러나 거의 모든
역사에서 그에 대한 기록은 거의 찾아보기 힘들다. 마침내 이 용감하고
아름답고 혹독한 책이 희생자들의 이야기를 인상적이고 감동적으로 담았다.
베터니 휴즈 | 《아테네의 변명》, 《여신의 역사》의 저자

지금까지 읽은 책 중에서 가장 강력하고 충격적인 책이다. 조사하고
집필하는 데 용기가 필요했을 것이다. 이제 우리의 의무는 이 끔찍한 진실,
즉 여성에게 남성이 가한 비인간적 범죄의 진실을 직시하는 것이다.
앤터니 비버 | 역사학자, 《제2차 세계대전》《스페인 내전》의 저자

관통당한 몸

관통당한
몸

크리스티나 램 지음

강경이 옮김

이라크에서 버마까지,
역사의 방관자이기를 거부한
여성들의 이야기

한겨레출판

일러두기

이 책에서는 원서의 방식을 따라 'ISIS'와 '버마'로 표기하였다.

우리는 우리의 가장 소중한 것을 빼앗겼고 속으로 여러 번 죽었지만
우리의 이름은 어느 기념비에도, 어느 전쟁기념관에도
새겨지지 않을 것입니다.

– 아이샤, 1971년 방글라데시 독립전쟁 강간 생존자

차례

우루과이

부에노스아이레스 ⊙

아르헨티나

라플라타

플라타강

칠레

마르델플라타 ⊙

⊙ 네우켄

대서양

아르헨티나

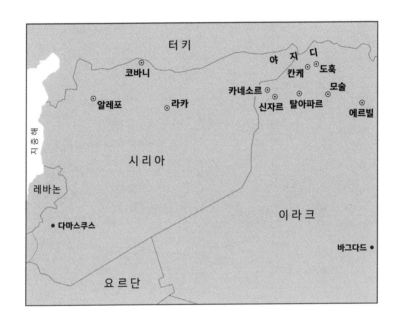

시리아와 이라크

스릅스카공화국

투즐라

보스니아와 헤르체고비나

크로아티아

세르비아

스레브레니차

비셰그라드

보스니아
헤르체고비나
연방

사라예보

고라즈데

포차

스릅스카
공화국

몬테네그로

아드리아 해

보스니아와 헤르체고비나

니 제 르

차 드

보코하람

마이두구리/삼비사숲

치복 ◎ ◎바마

◎ 아부자

나 이 지 리 아

중앙아프리카공화국

카 메 룬

콩고
공화국

가 봉

콩 고 민 주 공 화 국

킨샤사

대 서 양

고마 ◎

키갈리 ◎

타바 ◎

카타나/카부무 ◎

르 완 다

부카부 ◎

우 간 다

샤분다 ◎

킨두 ◎

부룬디

아루샤 ◎

탄 자 니 아

콩고민주공화국과 나이지리아, 르완다

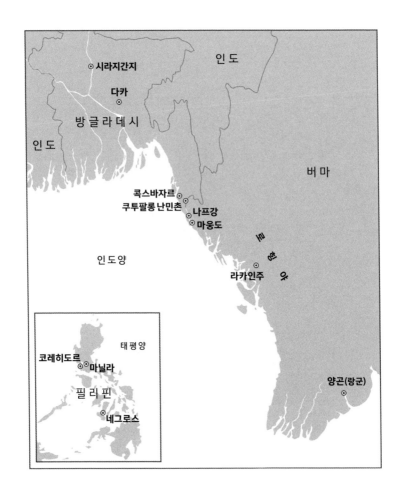

버마와 필리핀

프롤로그

—

여성의 몸, 전장이 되다

그들은 이름이 적힌 쪽지를 통에 넣고 뽑기 시작했다. 이름 열 개, 소녀 열 명. 소녀들은 물이 똑똑 떨어지는 수도꼭지 아래 붙들린 아기 고양이처럼 몸을 떨었다. 행운의 뽑기가 아니었다. 통에서 쪽지를 뽑는 남자들은 이슬람국가Islamic State의 전투원들이었고, 각자 소녀 한 명씩 노예로 데려갈 것이다.

나이마Naima는 가만히 손을 내려다보았다. 가슴이 쿵쾅거렸다. 옆에 있는 소녀는 나이마보다 더 어렸다. 열네 살쯤 됐을까. 두려움에 떨며 흐느끼고 있었다. 나이마가 소녀의 손을 잡으려 하자 남자 하나가 허리띠를 끌러 두 사람을 후려치며 떨어뜨렸다.

그 남자는 다른 남자들보다 몸집이 더 크고 나이도 많았다. 예순 살쯤 된 것 같다고, 나이마는 생각했다. 불룩한 뱃살이 바지 위로 늘어지고 입술이 심술궂게 말려 올라간 사내였다. 그녀는 이미 아홉 달째 ISIS*에 붙들려 있었다. 그들 누구도 친절하지 않다는 것은 잘 알았지만 그 남자만큼은 그녀의 이름을 뽑지 않기를 기도했다.

"나이마." 이름을 큰 소리로 부른 사람은 아부 다눈Abu Danoon이었다. 어려 보이는 사내로, 나이마의 오빠 또래쯤이었다. 턱수염도 아직 솜털처럼 보송보송했다. 그는 어쩌면 덜 잔인할지 몰랐다.

제비뽑기는 계속됐다. 그 뚱뚱한 남자가 나이마 옆의 어린 소녀를 뽑았다. 그러나 그는 다른 남자들에게 아랍어로 뭐라고 말하며 빳빳한 100달러 지폐 두 장을 꺼내 탁자 위에 탁 내려놓았다. 아부 다눈이 어깨를 으쓱하더니 돈을 주머니에 넣고 나이 든 사내에게 쪽지를 건넸다.

몇 분 뒤 그 뚱뚱한 사내는 나이마를 그의 검정 도요타 랜드크루저에 밀어 넣었다. 차는 모술Mosul의 거리를 지나갔다. 한때 나이마가 와보고 싶던 도시였지만 이제 모술은 그녀의 고향에 들이닥쳐 그녀와 여섯 형제를 비롯해 수천 명을 납치한 괴물들의 수도가 되었다.

그녀는 선팅된 유리창 너머를 응시했다. 수레에 앉은 늙은 사내가 당나귀를 채찍질하며 길을 재촉하고, 거리의 여성 모두 검은 히잡을 두르긴 했지만 사람들이 오가며 장을 보고 있었다. 다른 사람들에게는 이렇게 일상이 이어지고 있다니 이상했다. 마치 영화를 보는 것 같았다.

★　옮긴이—이라크와 시리아의 이슬람국가Islamic State in Iraq and Syria의 약자다. 이 조직의 아랍어 명칭인 '알다울라 알이슬라미야 피 알이라크 와 알샴al-Dawla al-Islamiya fi al-Iraq wa al-Sham'에서 '알샴al-Sham'의 범위를 어떻게 해석하느냐에 따라 ISIS, 또는 ISIL(이라크와 레반트 지역의 이슬람국가Islamic State in Iraq and Syria)이라 옮겨지며, 아랍어 명칭의 머리글자를 따서 다에시Daesh라 불리기도 한다. 2014년 모술을 점령한 ISIS는 지도자 아부 바르크 알바그다디를 선지자 무함마드의 후계자이자 이슬람 공동체의 지도자인 칼리프로 추대하며 그가 이끄는 칼리프 국가의 수립을 선포했고, 이슬람국가Islamic State(IS)라는 명칭을 사용하기 시작했다. 이후 IS, ISIS, ISIL, 다에시, '자칭 이슬람국가self-styled Islamic State', '이른바 이슬람국가so-called Islamic State' 등으로 다양하게 표현되었다.

나이마를 억류한 압둘 하시브Abdul Hasib는 이라크인이었고 물라 mullah(이슬람 율법학자―옮긴이)였다. 성직자가 최악이었다.

"제게 온갖 짓을 다 했어요." 나이마는 나중에 이렇게 회상했다. "때리고, 섹스하고, 머리채를 잡고, 섹스하고, 전부 다요……. 거부하면 때리며 강요했어요. '넌 내 사바야sabaya(노예)야'라고 하면서요.

그다음부터는 그냥 멍하니 누워 마음을 떼어내 몸 위에 띄워놓고 다른 사람에게 일어나는 일을 보듯 나를 봤어요. 그러면 그가 내 전부를 훔쳐갈 수는 없을 테니까요.

그 남자에게는 아내 둘과 딸 하나가 있었지만 나를 조금도 돕지 않았어요. 저는 그의 욕구를 만족시키면서도 집안일을 도맡아 해야 했어요. 한번은 설거지를 하는데 그의 아내 하나가 오더니 내게 알약을 먹였어요. 비아그라 같은 거예요. 제게 피임약도 줬어요."

그녀가 유일하게 한숨을 돌릴 수 있을 때라곤 열흘에 한 번 물라가 그들이 세운 칼리프 국가에 속한 시리아의 지역을 방문하러 갈 때뿐이었다.

한 달쯤 뒤 압둘 하시브는 그녀를 다른 이라크인 아부 알라Abu Ahla에게 4500달러에 팔아 짭짤한 이윤을 남겼다. "아부 알라는 시멘트 공장을 운영했고, 아내가 둘에 자식이 아홉 있었어요. 두 아들은 ISIS 대원이었어요. 거기에서도 똑같았어요. 섹스를 강요했고, 나중에 자기 친구인 아부 술레이만Abu Suleiman에게 데리고 가서 8000달러에 저를 팔았어요. 아부 술레이만은 아부 다우드Abu Daud에게 저를 팔았고, 그 사람은 일주일 동안 저를 붙들고 있다가 아부 파이잘Abu Faisal에게 팔았어요. 아부 파이잘은 모술의 폭탄 제조업자였는데 20일 동안 저를 가두고 강간하다가 아부 바드르Abu Badr에게 팔았지요."

결국 나이마는 모두 합해 12명의 남자에게 팔려 다녔다. 나이마는 그들 한 사람 한 사람의 이름을, 실명과 가명, 자식들의 이름까지 줄줄이 댔다. 그녀는 그들이 죗값을 치르게 하리라 다짐하며 그 이름들을 모두 기억해두었다.

"이 사람 저 사람에게 염소처럼 팔려 다니는 게 제일 힘들었어요. 자살하려고도 했어요. 차 밖으로 몸을 던져도 보고, 뭔지 모를 약을 찾아내서 엄청 많이 먹기도 했어요. 그런데 그냥 다시 깨더라고요. 죽음마저 저를 원치 않는 것 같았어요."

나는 지금 전시 강간에 대한 책을 쓰고 있다. 전시 강간은 인류가 아는 가장 값싼 무기다. 가족을 무너뜨리고 마을을 텅 비게 만든다. 어린 소녀를 버림받은 사람으로 만들어, 인생을 막 시작하기도 전에 끝내기를 바라게 한다. 공동체에서는 '나쁜 피'로 거부당하고 어머니들에게는 그들이 겪은 고통을 매일 떠올리게 하는 아이들을 태어나게 만든다. 그리고 거의 늘 역사책에서는 다루어지지 않는다.

최악의 이야기를 이미 들었다고 생각할 때마다 나는 나이마 같은 누군가를 만난다. 청바지에 체크무늬 셔츠, 창백하고 지친 얼굴 뒤로 담갈색 머리를 당겨 하나로 묶은 나이마는 십대로 보였지만 스물두 살이었다. 그녀는 막 열여덟 살이 됐을 때 붙잡혀 갔다. 우리는 북부 이라크 도혹Dohuk에 자리한 칸케Khanke 난민촌에서 단정하게 비질한 그녀의 텐트 안 방석에 앉아 이야기를 나눴다. 칸케 난민촌은 수천 명의 야지디족에게 집이나 다름없었고, 그녀의 텐트는 그곳에 줄줄이 세워진 텐트 가운데 하나였다. 우리는 오랜 시간 이야기를 나눴다. 일단 이야기를 시작하자 나이마는 계속 이야기를 하고 싶어 했다. 그녀를 억류한 남자들에게 가끔 소소하게 복수한 일화를 들려줄 때는 웃기도 했지만 그때 말고는 웃지 않았다.

내가 텐트를 나오기 전 나이마는 휴대전화를 뒤집어 케이스 뒷면의 여권 사진을 보여줬다. 웃고 있는 여학생 모습의 그녀였다. 강간이라는 단어를 들어본 적 없던 어린 시절의 유일한 흔적이었다.

"제가 아직도 이 소녀라고 믿고 싶어요."

어쩌면 당신은 강간을 약탈과 함께 '전쟁에서 으레 일어나는' 일로 여길지 모른다. 남자는 전쟁을 시작한 이래 줄곧 여자를 마음대로 훔쳤다. 적에게 수치를 안기기 위해서든, 복수를 위해서든, 성욕을 채우기 위해서든, 아니면 그냥 할 수 있으니까 그랬든. 사실 전쟁 시기의 강간은 워낙 흔해서 우리는 어떤 도시가 무자비하게 파괴되었을 때 도시가 강간당했다고 표현하기도 한다.

여전히 남성이 대부분인 전쟁 보도 분야에서 몇 안 되는 여성인 나는 이 분야에 우연히 들어섰고, 내 관심을 끈 것은 요란한 총격전이 아니라 전선 뒤에서 일어나는 일들이었다. 주변에 온통 지옥문이 열린 상황에서 사람들은 어떻게 삶을 붙들고 있는지, 어떻게 아이를 먹이고 교육시키고 재우는지, 노인을 보호하는지.

아프가니스탄의 어느 엄마는 폭격을 피해 아이들을 끌고 산으로 도망 다니며 바위에 붙은 이끼를 긁어내 먹였다고 했다. 포위당한 이스트알레포East Aleppo 구도시의 한 엄마는 폭격으로 잿더미가 된 거리에서 밀가루 반죽 튀김과 여기저기서 따온 잎으로 샌드위치를 만들어 아이들을 먹이고, 가구와 창틀을 모아 불을 피워 몸을 덥혔다. 로힝야 여성은 버마(미얀마) 군인이 남자를 학살하고 마을을 불사르자 아이들을 데리고 안전한 곳을 찾아 숲을 넘고 강을 건넜다.

당신은 역사책에서도, 도심의 전쟁 기념비에서도 이 여성들의 이름을 찾지 못할 테지만, 내게는 그들이 진정한 영웅이었다.

전쟁 보도를 오래 하면 할수록 나는 마음이 편치 않았다. 내가 목격한 참혹한 일들 때문만이 아니라 우리가 이야기의 반만 들을 때가 많다는 느낌 때문이었다. 아마 이야기를 취합하는 사람이 대개 남자이기 때문일 것이다. 요즘까지도 이런 분쟁의 이야기를 쓰는 사람은 남자다. 남자에 대해 쓰는 남자. 그리고 가끔은 남자에 대해 쓰는 여자. 여성의 목소리는 빠질 때가 너무 많았다. 2003년 이라크 전쟁 초반에 나는《선데이 타임스》현장 통신원 여섯 명에 속해 있었고, 사담 후세인Saddam Hussein 정권이 무너질 때까지 그곳에 있었다. 나중에 나는 이 시기에 보도된 기사를 읽다가 여자 동료 두 사람 중 하나와 남자 동료 셋 모두 이라크 여성의 말은 단 한 줄도 인용하지 않았다는 사실을 깨달았다. 마치 이라크 여성은 그곳에 없던 것처럼 느껴질 정도였다.

분쟁지역을 남자의 땅으로 여기는 것은 기자만이 아니다. 여러 연구가 거듭 입증한 바에 따르면 여성이 참여할 때 평화협정이 더 오래 유지될 가능성이 큰데도 종전 협상에서 여성은 배제될 때가 많다.

한때 교전 지역에서는 우리 같은 여성이 더 안전할 거라고 생각한 적도 있었다. 여성을 대우하는 어떤 명예 규율 같은 것이 있다고. 그러나 테러리스트 집단과 죽음을 파는 장사꾼에게 명예 같은 것은 없었다. 오늘날의 많은 분쟁지역에서는 분명 여자인 것이 더 위험하다. 최근 5년간 나는 해외 통신원으로 보낸 지난 30년 동안 목격한 것보다 더 충격적인 잔학 행위가 여성에게 자행되는 것을 이 나라 저 나라에서 목격했다.

세계의 위대한 미술관이나 고전 작품을 훑어보기만 해도 전시 강간이 전혀 새롭지 않다는 것을 잘 알 수 있다. 서양 최초의 역사책인 헤로도토스Herodotos의《역사Historiae》는 여성을 납치한 이야기로 첫 장을 시작한다. 처음에는 페니키아인, 그다음은 그리스인의 이야기로 시작해 마지막으로 트로이인이 헬레네를 납치해 그리스의 침략과 페르시아의 보복을 초래한 이야기까지. 헤로도토스는 "그 여성들은 스스로 바라지 않았다면 분명 납치되지 않았을 것"이라는 말을 인용하여, 남자들이 역사를 어떻게 쓸지를 처음부터 잘 보여주었다. 호메로스Homeros의 《일리아스Ilias》에서는 그리스 장군 아가멤논이 아킬레우스에게 트로이를 함락하면 많은 여자를 주겠다고 약속한다. "……신들이 우리로 하여금 프리아모스 왕의 위대한 도시를 약탈하도록 허락하신다면 그에게 트로이 여자 20명을 직접 고르게 하라." 사실 아가멤논과 아킬레우스의 불화는 아가멤논이 자신의 '전리품'으로 끌고온 여자를 포기할 수밖에 없게 되자 대신에 아킬레우스의 여자를 차지하려 했기 때문에 일어났다.

강간과 약탈은 무보수로 끌어모은 병사에게 보상하는 방법이자 정복자에게는 적을 응징하고 굴복시킴으로써 승리를 확인하는 방법, 곧 로마인이 "Vae victis(정복당한 자에게 비애를!)"라는 어구로 표현한 방법이었다.

고대에만 그런 것이 아니었다. 고대 그리스인과 페르시아인, 로마인부터 시작해 알렉산드로스 대왕과 중앙아시아 곳곳에 남겨진 파란 눈의 금발 아이들, 제2차 세계대전 시기 일본 제국군의 '위안부'와, 붉은군대가 독일 여성에게 저지른 집단 강간에 이르기까지, 우리는 여성이 오랫동안 전쟁의 전리품으로 여겨졌음을 알 수 있다.

"자신의 성기를 공포를 낳는 무기로 쓸 수 있다는 남자의 발견은 최초의 조악한 돌도끼와 불의 사용과 함께 선사시대의 가장 중요한 발견으로 평가될 것이다." 미국의 저자 수전 브라운밀러Susan Brownmiller가 1975년 강간을 다룬 획기적인 책《우리의 의지에 반하여Against Our Will》에서 내린 결론이다.

강간은 마체테 칼이나 곤봉, 칼라시니코프 자동소총이나 다름없는 전쟁 무기였다. 최근에는 보스니아부터 르완다, 이라크부터 나이지리아, 콜롬비아부터 중앙아프리카공화국에 이르기까지 여러 민족주의 집단과 종파주의 종교 집단이 강간을 의도적 전략으로, 거의 대량파괴 무기에 가깝게 사용한다. 이들은 존엄을 파괴하고 공동체를 공포에 떨게 만들기 위해서만이 아니라 경쟁 종족이나 이교도로 여기는 사람을 말살하기 위해 강간을 사용한다.

"우리는 당신들의 로마를 정복하고, 당신들의 십자가를 부수고, 당신들의 여자를 노예로 삼을 것이다." 2014년 ISIS 대원들이 이라크 북부와 시리아를 휩쓸며 수천 명의 소녀를 납치해가던 시기에 IS 대변인 아부 모하마드 알아드나니Abu Mohammad al-Adnani가 서구에 보낸 메시지였다.

이와 비슷한 협박은 더욱 잔혹한 테러 집단인 보코하람Boko Haram에서도 나왔다. 보코하람은 나이지리아 북부의 마을들을 습격해 남자들을 죽이고 소녀들을 끌고 갔다. 그들은 소녀들을 주둔지에 붙들어 두고 후손, 즉 새로운 세대의 지하드 전사를 낳을 '아내'로 삼았다. 마거릿 애트우드Margaret Atwood의 소설《시녀 이야기The Handmaid's Tale》의 오싹한 현실판이라 할 만하다.

"나는 너희의 소녀를 납치했다……그들을 시장에서 팔 것이다, 알라신에 맹세코." 보코하람의 지도자 아부바카르 셰카우Abubakar Shekau가 수백 명의 여학생을 납치한 뒤 선언했다. "열두 살이 된 여자를 결혼시킬 것이다. 아홉 살이 된 소녀를 결혼시킬 것이다."

나는 상상도 할 수 없는 이야기를 가슴에 간직한 여성들의 말에 귀를 기울였고. 신문을 읽는 독자들을 위해 그 이야기를 제대로 옮기려고 애를 썼다. 그러면서 거듭, 거듭 스스로 되물었다. 어떻게 이런 일이 계속 일어나는 것일까?

그 내밀한 특성상 강간은 일반적으로 신고가 부족한 편이다. 분쟁지역에서는 신고가 훨씬 더 적다. 보복당하기 쉽고, 낙인찍히는 일이 흔하며, 증거를 모으기 힘들기 때문이다. 살인과 달리 사체가 없고, 수량화하기도 힘들다.

그러나 강간이 일어났다고 알려진 곳에서도, 용감한 여성들이 고통을 증언하는 곳에서도, 어떤 조치가 취해지는 일은 드물다. 전쟁 중에, 특히 먼 곳에서 일어는 강간은 어찌 된 일인지 사소하게 다루어지고, 용납할 수 있는 일로 여겨지는 듯 보일 지경이다. 아니면 우리가 알고 싶지 않은 일이거나. 내가 마침표를 찍은 뒤 기사를 보내고 나면 편집자들이 너무 충격적인 내용이라고 말하거나 "불편한 내용이 포함되어 있습니다"라는 경고문을 기사 위에 붙인 채 내보낼 때도 있다.

나는 1998년에 이르러서야 강간이 전쟁범죄로 처음 처벌되었다는 사실(르완다 국제형사재판소의 아카예수 판결—옮긴이)에 충격을 받았다.

전시 강간은 수백 년 동안 분명 불법이 아니었나? 내가 찾아본 바에 따르면 전시 강간을 다룬 첫 재판은 1474년 독일 브라이자흐에서 열린 부르고뉴 공작의 기사 페터 폰 하겐바흐Peter von Hagenbach의 재판이었다. 그는 라인강 상류 지역의 지방 행정관으로서 5년간 공포정치를 펼치며 민간인을 강간하고 살인해서 '하느님과 인간의 법'을 위반한 죄로 유죄판결을 받았다. '단지 명령에 따랐을 뿐'이라는 그의 항변은 받아들여지지 않았으며 그는 처형당했다. 그의 재판을 위해 오스트리아 대공이 구성한 28명의 배심원단을 최초의 국제 형사재판으로 보는 사람도 있다. 하지만 당시는 분쟁 시기가 아니었으므로 전시 강간으로 볼 수 없다고 주장하는 사람도 있다.

전쟁법을 포괄적으로 성문화하려는 최초의 움직임 중에는 강간을 분쟁의 불가피한 결과로 여기는 오랜 관점을 거부한 것도 있었다. 리버규칙Lieber Code으로도 불리는 에이브러햄 링컨Abraham Lincoln

대통령의 전시 훈령 100호는 미국의 남북전쟁 시기 북군 병사의 행동을 규제하기 위해 1863년 공포되었으며, 강간을 '사형으로 다스리는' 범죄로 엄격히 금지했다.

투르크인이 아르메니아인 수십만 명을 학살한 것을 비롯해 제1차 세계대전 때 자행된 잔학 행위에 대한 응답으로 1919년에는 책임위원회Commission of Responsibilities가 설립되었다. 책임위원회가 제시한 전쟁범죄 목록의 32개 항목 중 강간과 강제 성매매는 거의 맨 위에 있었다.

그래도 제2차 세계대전 동안 전시 강간이 일어나는 것을 막지는 못했다. 사실, 모든 분쟁 당사자가 전시 강간에 책임이 있었다. 제2차 세계대전 때 자행된 잔학 행위에 분노하며 승전국은 전쟁범죄를 처벌하기 위해 뉘른베르크와 도쿄에 최초의 국제재판소를 세웠다. 그러나 성폭력 기소는 단 한 건도 없었다.

사과도 없었다. 침묵만 있었다. 성노예로 고통받은 위안부 여성에 대한 침묵. 스탈린의 군대에 강간당했으나 역사 교과서에는 한 줄도 언급되지 않은 수천 명 독일 여성에 대한 침묵. 스페인에서 프랑코 장군의 팔랑헤 당원에게 강간당하고 가슴에 낙인이 찍힌 여성에 대해서도 침묵.

이런 반응이 너무나 오래 이어졌다. 전시 강간은 묵인되었고, 처벌받지 않았다. 군과 정치 지도자는 부수적인 문제인 양 넘기거나 그런 일이 일어났다는 것 자체를 부인했다.

1949년 채택된 제네바협약 27조 2항은 이렇게 명시한다. "여성은 그들의 명예에 대한 침해, 특히 강간, 강제 성매매 또는 기타 모든 형태의 외설 행위로부터 특별히 보호되어야 한다."

그러나 수십 년 동안 강간은 세계에서 가장 소홀히 다뤄지는 전쟁범죄였다. 유럽 한복판에 강간 캠프들이 다시 들어서고 나서야 비로소 국제적 관심을 받기 시작했다. 많은 사람처럼 나 역시 분쟁 시기 성폭력에 대한 이야기를 처음 들은 것은 1990년대 보스니아전쟁 때였다.

보스니아전쟁에서 벌어진 성폭력에 대한 분노는 역사 내내 존재해온 전시 강간에 대한 묵인을 끝낼 듯했다. 1998년 전쟁범죄로서의 강간에 최초의 유죄판결이 내려진 바로 그 해에 국제형사재판소 설립을 결의한 '로마규정'은 강간을 전쟁범죄로 규정했다.

2008년 6월 19일 국제연합United Nation(UN) 안전보장이사회는 "강간과 기타 형태의 성폭력은 전쟁범죄, 인도주의에 반한 범죄, 또는 제노사이드genocide의 구성 행위로 간주될 수 있다"라고 규정한 '전시 성폭력에 대한 1820호 결의안'을 만장일치로 통과시켰다.

1년 뒤 '분쟁하 성폭력에 대한 UN 사무총장 특별대표실The Office of the Special Representative of the UN Secretary General on Sexual Violence in Conflict'이 설립되었다.

그러나 국제형사재판소International Criminal Court(ICC)는 설립 후 21년 동안 전시 강간에 유죄판결을 한 건도 내리지 않았다. 유일하게 유죄판결이 내려진 적이 있었지만 그마저 항소로 뒤집혔다.

이런 범죄들을 법령집에 명시하는 것이 좋은 출발이긴 하지만, 그것만으로는 법 집행은 고사하고 적절한 조사조차 보장할 수 없다. 이런 범죄는 그 특성상 목격자가 없고 직접적인 명령이 문서로 남아 있지 않을 때가 많으며 피해자가 입증하거나 증언하기가 힘들다. 조사관이 남자일 때가 많고 이처럼 민감한 문제에 대한 증언을 끌어내는 데 서투르다는 것도 상황에 도움이 되지 않는다. 판결을 내리는 자리에는 주로 남자 검사나 판사가 있는데, 이들은 대량 학살에 비해 성폭력을 중요하게 보지 않으며 피해 여성들이 화를 '자초했다'는 투의 말을 할 때마저 있다.

이제 국제 사회는 성폭력이 의도적인 군사 전략으로 자주 쓰이며 그러므로 처벌할 수 있다는 것을 알지만, 슬프게도 그런 인식만으로는 세계 여러 곳에서 아무것도 끝내지 못했다. 2018년 분쟁하 성폭력에 대한 UN 사무총장 특별대표실이 발표한 보고서는 전시 강간이 일어나고 있는 19개 나라와 전시 강간을 자행하는 12개 나라의 군대와 경찰, 39개 비국가 행위자의 목록을 공개했다. 보고서도 인정했듯 결코 포괄적인 목록이 아니라 '믿을 만한 정보를 구할 수 있는 곳'을 대상으로 했을 뿐이었다.

그리고 미투(#MeToo) 운동이 일어났다. 많은 사람에게 2017년은 아마 성폭력에 대한 발언에서 전환점으로 기억될 것이다. 할리우드의 여배우들과 제작 보조들이 제작자 하비 웨인스타인Harvey Weinstein의 성폭력을 진술한 뒤 이를 이어 등장한 미투 운동으로 많은 피해 여성은 자신들이 느끼는 죄책감과 수치심을 걷어내고 목소리를 낼 용기를 얻었다.

많은 여성처럼 나도 미투 운동을 기쁨과 경악이 뒤섞인 심정으로 지켜봤다. 그렇게 많은 여성이 목소리를 낸다는 것, 그리고 나 같은 중년 여성이 한때 당연하게 받아들였던 추행을 거부한다는 것에 기뻤고, 성폭력이 그토록 만연하다는 사실에 경악했다. 여성은 살아가는 동안 세 명 중 한 명꼴로 성폭력을 경험한다. 성폭력은 인종도 계급도 국경도 가리지 않는다. 모든 곳에서 일어난다.

그러나 나는 또한 왠지 모르게 마음이 불편했다. 변호사를 찾아갈 여력이 없고 미디어에도 접근할 수 없는 여성은 어떻게 할까? 강간이 무기로 쓰이는 나라의 여성은 어떻게 할까?

하비 웨인스타인의 폭력을 폭로한 여성에게서 알 수 있듯 서구의 진보적이고 강인하고 독립적인 여성조차 성적 포식자에 대해 발언하는 것은 대단히 힘들고 두려운 일이다. 언론의 조롱거리가 되거나 숨어 지내야 할 때가 적지 않다. 미국 연방대법관 후보 브렛 캐버노Brett Kavanaugh에게 십대 시절 성폭행을 당했다고 진술한 변호사 크리스틴 블레이시 포드Christine Blasey Ford 박사가 겪은 수난을 보면 잘 알 수 있다.

그러니 총이나 마체테를 든 사람들이 권력을 휘두르는 나라에서 돈도 없고 교육도 받지 못한 여성들의 상황을 상상해보라. 성폭력 상담도, 배상도 없다. 오히려 그들 자신이 비난을 받는다. 신체적 손상은 말할 것도 없거니와 평생의 트라우마와 잠 못 들고 뒤척이는 밤, 친밀한 관계를 맺지 못하는 어려움, 그리고 어쩌면 자식 없는 삶까지 그들의 몫이 될 것이다. 심지어 공동체로부터 따돌림을 당할지도 모른다. 누군가는 이를 두고 '느린 살인slow murder'이라 불렀다.

세계 곳곳에서 여성의 몸은 여전히 전장이 될 때가 많고 수많은 여성이 보이지 않는 전쟁의 상처를 품고 있다.

그래서 나는 이 여성들의 이야기를 그들의 언어로 들려주려고 한다. 이 책은 아프리카와 아시아, 유럽, 남아메리카를 관통하며 인류에게 알려진 가장 어두운 행위를 살펴보는 충격적인 여정의 출발이 될 것이다. 더 많은 장소를 돌아볼수록 나는 강간이 곳곳에 만연하며 그 이유는 국제 사회와 각국의 법정이 가해자를 법의 심판대에 세우지 못했기 때문이라는 사실을 깨닫게 된다.

이 책에 실린 이야기는 말하기도 듣기도 쉽지 않은 이야기다. 그러나 놀라운 용기와 영웅적 행동에 대한 이야기이기도 하다.

여성은 그저 역사의 방관자가 아니다. 이제 이야기의 절반만 말하기를 멈춰야 할 시간이다.

1
—
야디지 소녀를 만나다

그리스 레로스섬

그리스의 작은 섬 레로스Leros를 방문한 그해 여름을, 처음으로 야디디 여성을 만났던, 비둘기 똥과 녹슨 철제 침대틀이 어지럽게 흩어져 있던 그 정신병원 건물을 떠올릴 때면 나는 너무나 깊고 불안하고 간절했던 그 소녀의 눈을 여전히 마주하게 된다.

소녀는 내게 휴대전화를 내밀며 영상을 보여주었다. 12~13명의 여성이 철장에 갇혀 있었고 AK 소총을 어깨에 멘 아랍 남성들이 몰려들어 야유하고 있었다. 처음에 나는 무슨 상황인지 잘 몰랐다. 철장에 갇힌 여성들은 겁에 질려 얼어붙어 있었다. 그때 남자들이 뒤로 물러섰고 불꽃이 철장을 집어삼켰다. 비명이 들렸고 영상이 끝났다.

"우리 언니예요." 소녀가 말했다. "처녀들을 산 채로 불태우는 거예요."

세상이 갑자기 움직임을 멈추더니 빙빙 도는 듯했다. 그것은 지옥의 모습이었다. 머릿속에서 울리는 소리가 밖에서 들려오는 파도 소리인지, 내 심장이 쿵쾅대는 소리인지 알 수 없었다. 구멍 뚫린 지붕으로 햇볕이 쏟아져 들어왔고 우리의 얼굴에는 땀이 흘렀다. 조그만 야지디 아이 하나가 혼자 노래를 부르며 자갈과 깨진 유리, 떨어진 서까래 사이를 뛰어다녔다. 무언가의 버려진 조각 같은 것이 아이의 뺨에 머리카락과 함께 해초 잎처럼 들러붙어 있었다. 아이가 마룻널에 뚫린 큼직한 구멍에 점점 가까이 갔다. 나는 화들짝 놀라 아이를 홱 잡아당겼다. 아이의 어머니는 언니가 산 채로 태워졌다는 그 소녀 곁, 돌벽에 기대앉은 채 멍하니 앞만 보고 있었다. 이들에게 무슨 일이 일어난 것일까?

나는 쇠창살이 둘러쳐진 창과 얼룩진 벽을 두른 그 정신병원 건물에서 벗어나고 싶었다. 그곳에 가기 전 나는 이 정신병원을 다룬 오래된 다큐멘터리 〈추방자들의 섬〉을 보았는데, 그 이미지들이 머리에 가득 떠올랐다. 머리를 깎인 여자와 남자. 그들 중 몇몇은 발가벗겨지고 팔다리가 이상한 각도로 비틀린 채 침대에 사슬로 묶여 있었고, 헐렁한 옷을 걸친 다른 사람들은 바닥에 빽빽이 앉은 채 카메라를 물끄러미 보고 있었다.

쇠창살 사이로 밖이 내려다보였다. 줄줄이 늘어선 흰색 조립식 컨테이너를 에워싼 윤형철조망이 보였고 그 너머에 에게해가 깊고 푸른 완벽함으로 철썩이고 있었다.

야지디족이 머무는 이 수용소는 그들의 고향으로부터 1600킬로미터도 넘게 떨어진 곳이었다. 그들의 고향은 이라크와 시리아 사이에, 그들이 노아의 방주가 멈춘 곳이라 믿는 신성하고 높은 산 밑에 있었다.

이들의 종교는 세상에서 가장 오래된 종교 중 하나지만 다른 사람들과 마찬가지로 내가 야지디족에 대해 처음 들은 것은 2014년 여름이 끝나갈 무렵이었다. 그들을 절멸시키려고 작정한 검은 옷의 ISIS 부대를 피해 그 신성한 산으로 달아난 야지디족이 산에서 오도 가도 못하고 있는 모습을 사진으로 보았다.

찌는 듯 더웠던 8월, 폐허가 된 그 정신병원에서 야지디 여성이 한 사람씩 그림자에서 나와 충격적인 이야기를 들려주었다. 내가 해외 통신원으로 30년간 들어온 그 어떤 이야기보다 참담했다.

부서진 사람들. 가냘픈 몸과 빛이 사라진 지친 얼굴에 자줏빛이 감도는 길고 짙은 머리를 드리운 여성들. 그들은 살아 있지도, 죽어 있지도 않은 것 같았다. 그들 모두 부모와 형제, 자매를 잃었다. 그들은 속삭이는 듯한 목소리로 그들이 싱갈Shingal이라 발음하는, 사랑하는 고향 신자르Sinjar에 대해 이야기했다. 그리고 그들이 은신처로 여겼지만 결국 많은 이들이 허기와 갈증으로 죽어가야 했던 신자르산에 대해 이야기했다. 코초Kocho라 불리는 작은 마을에 대해 이야기했다. ISIS는 그곳을 13일간 포위한 뒤 모든 남자와 나이 든 여자를 학살했고 처녀들을 잡아갔다. 그리고 티그리스강 동안에 있다는 갤럭시시네마에 대해 이야기했다. 소녀들—몇몇은 그들의 언니이거나 동생이었다—이 못생긴 부류와 예쁜 부류로 분류된 다음 시장의 ISIS 대원들에게 팔리기 위해 끌려간 곳이었다.

구멍으로 발을 디딜 뻔했던 그 어린 소녀의 엄마는 코초가 고향이었다. 나이는 서른세 살, 이름은 아스마 바샤르Asma Bashar. 스타카토로 울리는 기관총처럼 말을 했다. 다른 사람들은 그녀가 실성했다며 아스마 로코Asma Loco라고 불렀다. 아스마는 어머니와 아버지, 형제를 비롯해 가족 중 40명이 학살당했고 자매 네 명과 여자 조카 12명이 성노예로 끌려갔다. "잡혀 있다가 간신히 탈출한 자매 한 사람 빼고 아무도 안 남았어요. 그녀는 지금 독일에 있어요." 아스마가 말했다. "저는 약을 먹으며 그 일을 모두 잊으려 애쓰고 있어요."

그때까지 금이 간 푸른색 벽에 초상화처럼 가만히 기대어 서 있던 더 젊은 여성이 이야기를 시작했다. "저는 스무 살이지만 마흔 살도 더 된 것 같아요." 그녀의 이름은 아예샤Ayesha였다. 부모와 형제가 코초에서 학살됐다고 했다. "저는 저희 할머니가 돌아가시는 걸 봤어요, 아이들이 죽는 것도 봤어요. 그래서 이제 나쁜 것만 기억나요. 제 친구 넷은 단돈 20유로에 팔려갔어요."

그녀는 남편과 함께 가까스로 신자르산으로 달아나 전쟁으로 초토화된 시리아를 거쳐 터키로 어렵사리 들어갔다. 에게해를 건너 그리스로 오기 위해 터키의 밀항업자에게 5000달러를 지불했다. 불법으로 개조한 소형 보트가 사람으로 가득했고, 몇 차례의 실패 끝에 마침내 이 섬에 도착했다.

"그렇게 애써 탈출했지만 우리는 여전히 자유롭지 않아요." 그녀가 왼쪽 손목을 내밀었다. 독이 오른 벌레처럼 붉게 부어오른 흉터들이 창백한 피부에 어지럽게 그어져 있었다. "자살하려고 했어요." 그녀가 어깨를 으쓱했다. 마지막 시도는 바로 두 주 전이었다.

레로스는 항상 추방자의 섬이었다. 나환자 수용소, 정치범 감금 수용소, 이른바 '치료 불능자'를 위한 수용소였다. 그리고 2015년에 이곳은 시리아와 이라크, 아프가니스탄의 전쟁을 피해 달아난 난민으로 북적이는 많은 그리스 섬 가운데 하나가 되었다.

내가 기자로서 이 섬을 방문한 이유도 난민 위기 때문이었다. 레로스는 2016년 유럽연합이 터키에 30억 유로를 지불하며 더이상 난민이 에게해를 건너오지 못하게 막도록 협정을 맺은 이후 '핫스팟 hotspot(유럽으로의 난민 유입을 통제하기 위한 난민 수용 및 등록 시설—옮긴이)'으로 선언된 다섯 곳의 그리스 섬 가운데 하나였다. 그리스의 섬들에서 오도 가도 못하던 난민 수만 명을 이 다섯 등록소로 모았지만 심사 과정이 너무 느려서 사실 이들은 섬 감옥에 갇힌 셈이었다. 나는 레스보스와 키오스, 코스의 다른 등록소도 방문한 적이 있었다. 햇빛과 바다, 무사카와 우조를 느긋하게 즐기는 휴양객과 근처의 수용소와 스타디움, 옛 공장 건물들의 울타리 안에 갇힌 절박한 난민의 모습이 대조를 이루며 마음을 불편하게 했다. 난민은 인신매매 업자의 먹잇감이 되기 쉬워서 여성들은 밤에 텐트 밖으로 나오지 않도록 기저귀를 차고 잔다고 했다.

레로스는 달랐다. 이런 곳은 처음이었다. 그리스 특유의 푸른 바다와 작은 식당, 풍차, 들쭉날쭉한 집들이 있는 눈이 부시게 하얀 어촌 마을로 이루어진 섬이었다. 그러나 중심지인 라키는 널찍한 대로와 각지고 삭막한 콘크리트 주택으로 이루어진 스탈린주의 아르데코 건축 양식의 전형이었다. 주랑 달린 영화관과 원형 시장, 곡물 저장탑을 닮은 학교 건물, 단순한 디자인의 시계탑이 하나씩 있었고 UFO처럼 보이는 건물과 구형 트랜지스터 라디오가 있었다. 마치 오래된 영화 세트장에 우연히 들어선 느낌이었다.

레로스섬은 한때 제2의 로마제국을 창조하겠다는 무솔리니의 계획에서 중요한 자리를 차지했다. 1912년 이탈리아가 도데카니사 제도의 다른 모든 섬과 함께 오스만제국으로부터 빼앗은 이 섬은 리비아와 소말리아, 에리트레아를 아우르는 이탈리아 식민 제국의 일부가 되었다. 1920년대 무솔리니가 집권했을 때 그는 수심이 깊은 이 섬의 자연항이 동지중해 전체를 제압할 이상적인 해군기지라고 판단했다. 그래서 해군과 행정가뿐 아니라 건축가도 보내 이탈리아 합리주의라 불리는 파시스트 건축 양식으로 현대적 도시를 계획하게 했다. 이탈리아가 제2차 세계대전에서 패한 뒤 섬의 통치권은 그리스로 넘어갔고 라키(또는 이탈리아식 명칭으로는 포르톨라고)는 거의 버려졌다. 세월이 흘러 1967년 군부가 그리스의 정권을 잡았을 때 그들은 이곳 무솔리니의 해군 병영에 정치범을 가두었고, 그 이후에는 정신질환자를 추방하는 곳으로 썼다. 그리스 본토에서 실려온 수천 명의 환자가 중세와 같은 환경에 감금되었다. 그러다가 내가 본 1990년 다큐멘터리와 언론을 통해 그 현실이 폭로되면서 유럽연합 곳곳에 분노가 일었다. 결국 정신병원은 1997년에 폐쇄되었다. 그리고 이제 난민이 들어왔다.

차를 타고 난민 수용소로 가는 길에 나는 버려진 벽돌 건물과 녹슨 구급차 몇 대를 지나쳤다. 몇 사람이 나와서 나를 가만히 쳐다봤는데 광기 어린 눈의 남자 하나가 외바퀴 손수레를 밀고 가며 주먹을 휘둘렀다. 몇몇 환자가 섬에 남아 있었다.

난민 수용소가 자리하기에는 기괴한 곳이었다. 수용소에는 시리아인과 이라크인, 아프가니스탄인, 파키스탄인이 700명 있었는데, 그중 3분의 1이 어린이였다. 야지디족은 100명쯤 있었다. 난민이 이 작은 섬의 인구에서 10퍼센트를 차지했다.

가까이 다가가서 보니 흰색 컨테이너는 식품 운송에 쓰이는 국제 표준 운송 용기였다. 운송 용기가 집이 되었다. 컨테이너 사이에 빨랫줄이 걸려 있었고 노인들은 밖에 웅크려 앉아 병뚜껑을 사용해 임시변통으로 만든 백거먼 게임을 하고 있었다. 내가 방문한 몇몇 캠프에 비하면 상태는 나쁘지 않았지만 캠프 관리소장 이아니스 흐리사피티스Yiannis Hrisafitis의 말처럼 "그들이 꿈꾸던 상황은 아니"었다. 난민은 섬을 떠나도록 허락을 받지 못했으므로 유럽연합 회원국 중 어느 나라가 난민을 데려갈지 결정할 때까지 이곳에 이도 저도 아닌 상태로 있어야 한다. 할 일도 없고, 끔찍한 기억 말고는 생각할 것도 없고, 미래에 대한 희망도 없다. 내가 빨랫줄 사이를 헤매고 다닐 때 커다란 테디베어 인형을 꼭 안은 꼬마 소년이 따라왔지만 말을 걸려고 하니 달아나버렸다. 시리아 여성 한 무리가 침대에 앉아 담배를 피우고 있었다. 얼굴에 패인 주름이 깊었다. 지역 병원 관계자에 따르면 자살 시도가 자주 있다고 했다.

난민촌은 감옥처럼 윤형철조망을 휘감은 이중 울타리에 둘러싸여 있었다. "외부인 출입을 막기 위해서입니다." 이아니스가 설명했다. "어린이나 젊은 여성을 납치하거나 장기를 사거나 약을 팔려는 사람들이 들어올 수 있거든요."

야지디 구역은 난민촌 안에서도 또 다른 울타리를 두른 난민촌 속 난민촌 같았다. 이아니스의 설명에 따르면 내가 오기 두 주 전에 수니파 무슬림 난민이 야지디족을 공격했다. 그들은 ISIS가 그랬듯 야지디족을 악마 숭배자라 비난했다. 그래서 야지디족을 보호하기 위해 울타리를 둘러 출입을 통제했다. 야지디족이 정신병원 건물로 와서 내게 이야기를 들려준 이유는 그곳이 더 안전하다고 여겼기 때문이다.

야지디 사람은 모두 빨간색과 하얀색 줄을 꼬아서 만든 팔찌를 손목에 두르고 있었다. 무엇을 뜻하는지 묻자 흰색은 그들이 소망하는 평화를, 빨간색은 과거에 무슬림, 페르시아인, 몽골인, 터키인, 이라크인 등 모든 이웃 종족에게 학살당한 야지디족의 피를 뜻한다고 했다. ISIS가 저지른 최근의 제노사이드는 야지디족에게 74번째 학살이었다. 이런 폭력이 워낙 많다 보니 야지디족의 언어에는 1944년 폴란드 변호사 라파엘 렘킨Raphael Lemkin이 제노사이드genocide라는 영어 단어를 만들기 오래전부터 종족을 절멸하려는 시도를 가리키는 '페르만ferman'이라는 말이 있을 정도다.

"이곳은 감옥 같아요. 모두 서로 싸우죠." 그림에서 걸어 나온 듯 움직임이 없던 아예사가 말했다. "우리에겐 이제 아무것도 없어요. 돈도 없고요. 여기 오려고 가진 걸 다 썼는데 세상은 우리에게 아무 관심이 없어요."

레로스섬에 머물던 마지막 날 그들은 독일의 한 비밀스러운 마을에 1000명이 넘는 야지디 소녀가 은신하고 있다고 내게 알려줬다. 성노예로 붙들려 있다가 탈출하거나 구조된 소녀들이 그곳에 머문다고 했다. 나는 그 마을이 무척 궁금해졌다.

2

—

죽음보다 끔찍한 범죄

독일 바덴뷔르템베르크

투르코Turko는 자신의 손목을 내려다보았다. 중동에서 악마의 눈을 막는 부적으로 흔히 쓰는 파란 유리 눈 구슬 팔찌와 빨간색과 하얀색 줄을 엮은 제노사이드 팔찌가 손목에 둘러 있었다. 그녀는 그것들을 만지작거리며 물었다. "제 이야기를 하는 게 저한테 어떻게 도움이 되죠?"

어려운 질문이었다. 투르코의 고향은 코초Kocho였다. ISIS가 600명을 학살하고 많은 소녀를 납치한 곳이다. 자신이 서른 살이라고 말했지만 빛이 모두 빠져나가 버린 것 같은 얼굴 뒤로 짙은 색 머리를 당겨 묶은 그녀는 10년쯤 더 나이 들어 보였다.

나는 기자로서 알고 싶은 욕망과 그녀가 털어놓을 이야기에 대한 두려움, 그리고 무엇보다 그 이야기를 들려주는 일이 그녀를 더 큰 슬픔에 빠트릴 수 있다는 걱정 사이에서 마음을 정할 수 없었다.

나는 투르코가 지난 한 해를 보낸 작은 방을 둘러보았다. 싱글 침대 하나, 작은 옷장 하나, 벽에 붙여진 아이들 사진 몇 장 말고는 가구가 거의 없어서 기숙사 방처럼 보였다. 창밖에는 어두운 숲 말고는 아무것도 없었다.

"어쩌면 다른 여성들에게 그런 일이 일어나지 않게 도울 수 있지 않을까요." 내가 용기를 내서 말했다. "하지만 내키지 않으면 아무 말 안 하셔도 돼요."

투르코는 내 영혼을 들여다보듯 나를 가만히 바라보았다. 이윽고 이야기를 시작했다. "모든 일은 2년 전 8월 첫째 주 일요일, 다에시(IS의 아랍어 명칭—옮긴이)가 신자르에 들어왔을 때 시작됐어요. 검문소에 배치된 페시메르가peshmerga[쿠르드 민병대]가 우리를 지켜줄 줄 알았는데 달아나버렸어요.

저는 밭에서 이런저런 일을 하며 살고 있었어요. 그날은 이른 아침에 어머니와 세 살짜리 조카와 함께 있는데 차 세 대가 우르릉거리며 오더니 검은 옷을 입은 무장한 남자들이 뛰어내렸어요. 40명쯤 되는 마을 사람을 포위하고는 닭 우리 속으로 밀어 넣었죠. '전화와 금, 돈을 다 내놔!'라며 모두 뺏어갔어요.

그런 다음 여자와 아이들로부터 남자를 따로 분리했어요. 삼촌과 남자 조카들도 함께 있었는데 그들을 데리고 들판으로 가더라고요. 그러더니 총소리가 들렸어요. 두-두-두-두. 잇따라서.

우리는 떨기 시작했어요. 그들은 우리를 트럭에 태우고 남자들의 시신을 지나 보도시 감옥으로 갔어요. 죄수들은 이미 풀어주었고 대신에 여자를 가득 가둬놨더라고요. 여자가 몇백 명 있었어요. 지옥 같았죠. 음식도 물도 주지 않았어요. 매일 마른 빵 조각 하나씩 주는 것 말고는요. 너무 목이 타서 어쩔 수 없이 변기 물을 마셨어요.

첫날에는 ISIS 대원들이 《코란》 세 권을 든 남자를 데려왔어요.

남자는 우리에게 이슬람 교리를 가르치겠다고 했어요. 우리는 싫다고 했죠. 당신들의 종교는 원치 않는다고, 우리 가족을 돌려 달라고 했어요. 그러자 그들이 총을 겨눈 채 화를 내며 말하더라고요. '개종하지 않으면 죽는다!' 그러더니 우리를 벽 쪽으로 몰면서 막대로 때렸어요.

매일 밤 벽에 금을 하나씩 그으면서 날짜를 표시했어요. 15일 뒤 그들은 우리를 버스에 싣고 탈아파르Tal Afar로 데려가서 어느 호텔에 가뒀어요. 몇백 명의 여자가 있었어요. 처음에는 열두 살 미만 아이를 따로 나누고 다음에는 유부녀와 처녀를 나눴어요. 저는 처녀들과 같이 끌려가지 않으려고 세 살짜리 조카의 엄마인 척했어요.

그 호텔에 두 달 동안 갇혀 있었어요. 가끔 ISIS 대원들이 와서 마구 때린 다음 젊은 여자나 소녀를 끌고 갔다가 이틀 뒤에 다시 데려왔어요. 한동안 저는 나이 든 여자와 엄마들과 함께 옆 마을로 끌려가서 빵과 음식을 만들었어요. 그런데 그들이 우리가 진짜 엄마가 아니라는 걸 알아버린 거예요. 시리아로 데려가겠다고 하더군요."

투르코는 담배를 한 대 피우기 위해 잠깐 말을 멈췄고 담배를 깊숙이 빨아들였다. 그녀의 손이 떨렸다.

"밤 11시에 라카Raqqa에 도착했어요. 2층 건물로 끌려갔는데 여자와 소녀가 350명쯤 있었어요. 매일 사람들이 와서 우리를 들여다봤고, 여자들이 끌려가서 ISIS 남자들에게 넘겨졌어요."

투르코는 40일 동안 매일 두려움에 떨며 그곳에 갇혀 있었다. 결국 그녀의 차례가 왔다. 그녀는 어린 조카와 함께 시리아의 데이르아주르Deir Azzour로 끌려갔고 사우디 남자에게 건네졌다. ISIS가 세운 샤리아Sharia 법정의 판사였다. 첫날밤에 그는 그녀를 침실로 불렀다. 그가 말했다. "내가 너를 샀으니 너는 내 사바야다.《코란》에는 내가 너를 강간할 수 있다고 쓰여 있어." 그는 2014년 10월 'ISIS 부활 파트와fatwa(이슬람 종교의 권위자들이 내린 교리나 법에 관련된 견해 및 결정—옮긴이) 부서'에서 발행한 책자를 언급하고 있었다. 노예 소유와 포획, 성적 학대에 대한 지침이 담긴 책자였다. 그 책자에 따르면 야지디족은 불신자이므로 그들의 노예화는 '확고하게 정립된 샤리아법의 일부'이기 때문에 그들을 제도적으로 강간할 수 있었다. '소유물일 뿐'이기 때문에 선물로 줄 수도 있고 주인 마음대로 판매할 수도 있었다.

"저항했더니 코피가 쏟아질 때까지 저를 때렸어요."그녀가 말했다. "이튿날 아침에는 제 머리채를 움켜쥐고 두 팔을 침대에 수갑으로 채우고는[그녀는 십자가상처럼 양팔이 벌려진 자세를 흉내 냈다] 저를 강간했어요. 넉 달 동안 그런 식이었어요. 매일 세 번씩 강간했고, 밖에 나가지 못하게 했어요.

일하러 갈 때는 저를 안에 가두고 갔어요. 제 조카딸을 때렸지만 강간하진 않았어요.

하루는 그가 영국 출신인 아내와 함께 집에 왔어요. 그녀는 스물두 살이었는데 '무슬림Muslim'이라는 이름으로 불렸어요. 그녀는 남자가 저를 강간할 때마다 난리를 부렸어요. 질투가 심했거든요. 결국 잔소리에 질린 그는 제게 검은 히잡을 씌우고 차에 태워 시내의 ISIS 본부에 갔어요. 저를 차 안에 가두고 나가더니 10분 뒤에 돌아와 말하더군요. '너를 350달러에 팔았다.'

그들은 저희를 인터넷에서 거래하고 있었어요."ISIS 대원이 쓰는 칼리파테마켓Caliphate Market이라는 게시판이 있었는데 플레이스테이션 콘솔과 중고차를 파는 광고 사이에 여성을 판다는 광고도 올라왔다.

"새 '주인'은 시리아 출신의 교도관이었어요. 그는 저와 조카를 데려가서 어떤 ISIS 여성과 함께 지내게 했어요. 똑같았어요. 저녁마다 그 시리아 남자가 와서 저를 강간했고 아침이면 떠났어요. 그 ISIS 여성은 밖에 나갈 때면 제가 달아나지 못하게 제 두 팔을 수갑으로 어딘가에 채워두었어요.

탈출한 야지디 소녀가 텔레비전에 나올 때마다 그들은 우리를 더 두들겨 팼지요. 우리가 ISIS를 험담하고 다니니 본때를 보여주겠다고 했어요. 자살하려는 생각을 많이 했어요. 죽지 않은 이유는 오빠의 어린 딸과 함께 있어서였죠. 제가 자살하면 조카도 죽게 될 테니까요."

투르코는 그 교도관에게 두 달간 붙들려 있다가 결국 삼촌이 그녀와 조카의 몸값으로 2500달러를 내 풀려났다. 2015년 5월 25일 아홉 달의 억류 생활 끝에 그녀는 이라크 북부의 난민촌으로 옮겨갔다.

그녀의 손에는 작은 문신이 하나 있었다. 오빠의 이름이라고 했다. "오빠만 남았어요. 아빠는 여러 해 전에 돌아가셨고, 엄마를 마지막으로 본 것은 우리가 처음 갇힌 감옥에서였죠. 가족이 너무 많이 죽었어요.

그래서 독일 이송에 대한 이야기를 들었을 때 올케와 조카와 함께 신청한 거예요. 우리가 이라크에서 더 무얼 할 수 있겠어요? 강간당하고 더럽혀진 저희가."

독일에는 오래전부터 야지디족이 꽤 많이 있었다. 투르코 같은 여성을 위해 쉼터를 마련하자는 아이디어가 처음 등장한 것은 2014년 9월이었다. 독일 남부 바덴뷔르템베르크에 사는 야지디족 지도자들이 주지사 빈프리트 크레치만Winfried Kretschmann에게 도움을 청했다. "제발 무슨 일이라도 좀 해주세요!" 그들은 신자르의 야지디족이 어떻게 참수형과 십자가형을 비롯해 여러 형태로 집단 학살을 당하는지 사진으로 보여주고, 성노예로 붙들린 여성들에 대해 이야기하며 그에게 간청했다.

신앙심 깊은 기독교도이자 녹색당원이었던 크레치만은 그들의 이야기를 듣고 경악했다. 그는 미카엘 블룸Michael Blume 박사와 이야기를 나눴다. 그는 바덴뷔르템베르크에서 소수 종교 집단 보호를 맡고 있으며 터키 출신 무슬림과 결혼한 학자였다. 그들은 전례는 없지만 주정부가 외국의 인도주의적 위기에 개입하는 것이 독일법상 가능하다는 것을 발견했다.

그해 10월 바덴뷔르템베르크 주정부는 여러 정당과 교회 지도자, 시장 들을 한 자리에 모아 난민 대책 회의를 했다. 그들은 이라크에서 출발하는 항공편을 마련해 1100명의 여성과 아이를 데려오는 계획에 동의했다. 도착한 난민에게는 3년 기한의 비자를 주기로 했다. '특별수용프로젝트Special Quota Project'라 불린 이 계획에 9000만 유로가 책정되었고 블룸 박사가 지휘를 맡았다.

"연방정부는 우리가, 그러니까 주정부가 모든 걸 알아서 해야 할 거라고 말했어요." 블룸 박사가 말했다. "저희는 방법을 몰랐어요. 병력도, 현지 인력도 없었죠."

블룸은 야지디족 가족이 있는 트라우마 전문 심리학자 얀 키질한Jan Kizilhan 교수에게 연락했다. 2015년 2월 두 사람은 의사 한 사람을 데리고 이라크로 출발했다.

그때쯤에는 노예로 붙들렸던 많은 여성이 탈출하거나 투르코처럼 몸값을 내고 풀려나 이라크 북부 쿠르디스탄의 난민촌에 머물고 있었다. 그들은 1600명쯤 되는 여성을 상담했다. 여성은 한 사람당 한 시간에 걸친 심리 평가와 건강 검진을 받았고, 특별수용계획이 어떤 도움이 될지 그들과 이야기했다.

여성들의 이야기는 세 독일 남자의 상상을 넘어섰다. "그 이야기를 듣고 나면 잠을 잘 수가 없습니다." 블룸 박사가 말했다.

강제로 개종하고 《코란》을 읽어야 했지만 한 문단을 더듬거리는 바람에 눈앞에서 자기 아기가 학대당하고 살해되는 것을 지켜봐야 했던 어머니가 있었다. 이 남자 저 남자에게 팔려 다니며 수백 번 강간당한 여덟 살 소녀가 있었다. 너무나 절망적인 나머지 자기 몸에 불을 붙여 얼굴과 목에 깊은 흉터가 남은 젊은 여성도 있었다.

"저는 남자로서 수치심을 느꼈습니다. 제 아내도 그랬지요. 무슬림이었으니까요. 독일인으로서 저는 한 세기도 채 지나지 않은 과거에 우리 유럽 문명도 그런 끔찍한 일을 저질렀고, 그러고도 여전히 교훈을 배우지 못한 것 같다는 사실을 잘 알지요."

독일이 야지디 여성을 받아들인 시기에 독일 지도자 앙겔라 메르켈Angela Merkel이 "우리는 할 수 있다"고 외치며 100만 명의 난민에 국경을 연 것은 아마 우연의 일치가 아닐 것이다. 나머지 유럽이 국경을 닫아건 그 시기에 말이다.

"가장 힘든 건 누구를 데려갈지 결정하는 일이었죠." 블룸 박사가 말했다. "두 아이를 잃은 여성과, 한 아이를 잃었지만 그 아이가 눈앞에서 살해당하는 걸 지켜봐야 했던 여성 중에 누구를 선택할 수 있을까요?"

최우선 순위는 응급조치가 필요한 경우였다. "자살 충동을 느끼는 여성들이 있었어요. 그리고 병으로—부인과적 손상이나 분신 시도로 얻은 심한 화상—생명이 위태로운 여성들도 있었고요."

나머지 사람들에게는 주로 세 가지 기준을 적용했다. 트라우마를 일으키는 폭력을 겪었는가, 가족의 도움이 없는가(남편이 살아 있는 경우에는 대체로 제외되었다), 독일로 가는 것이 도움이 되는가.

"모두 데리고 갈 수 없는 것이 무척 마음에 걸렸어요. 모든 삶은 애쓸 가치가 있으니까요." 블룸 박사가 말했다.

2015년 3월 첫 팀이 비행기를 타고 이라크의 에르빌Erbil에서 독일의 슈투트가르트로 이동했다. 이듬해에 블룸 박사는 이라크에 열두 번 갔고 500명이 넘는 여성과 600명이 넘는 어린이를 데려왔다. 이들 중 약 1000명이 바덴뷔르템베르크로, 60명이 니더작센으로, 32명이 슐레스비히홀슈타인으로 갔다.

지방 정부 한 곳에서 이런 일을 해내다니 놀라웠다. 그러나 노예로 끌려갔다고 여겨지는 여성은 5000명이 넘는다. 블룸은 도움이 필요한 여성 가운데 3분의 1에게만 쉼터를 제공했을 뿐이라고 추정한다. "2000명쯤 의뢰를 받았는데 그 뒤로도 숫자가 계속 늘어났어요. 더 많은 소녀가 힘들게 탈출하거나 몸값을 내고 풀려났으니까요. 그러니 여전히 도움이 필요한 여성이 2000명 넘게 이라크의 난민 캠프에 있을 겁니다."

구출된 어린이 중에는 구타당하고 강제로 소년병으로 차출된 소년들도 있었다. 모두 열세 살이 채 되지 않았다. 열네 살 이상 남자는 모두 살해됐다. "발목에 털이 있으면 죽였어요." 블룸이 말했다.

아들 둘과 딸 하나를 둔 아빠로서 그는 아이들의 이야기에 특히 마음이 아팠다. "한번은 이라크의 사무실에 들어갔는데 열세 살짜리 야지디족 소녀가 등을 보이며 서 있었어요. 꼭 제 딸 같더라고요. 너무 비슷했어요. 머리 모양이며 모든 게요……. 그 순간 이 아이들이 우리 아이들이었을 수도 있겠다는 생각이 들더라고요. 우리 아이들과 똑같은 아이들이지요."

레로스섬을 떠난 뒤 나는 그곳 난민이 알려준 구출된 야지디 소녀들의 비밀 마을에 대해 알아보려 애썼다. 여기저기 전화를 걸며 몇 주를 알아보고 나서야 마을이 아니라 독일의 주 하나가 그들을 받아들였다는 사실을 확인했다. 소녀들은 21개의 작은 도시에 흩어져 있는 은밀한 쉼터 23곳에서 지내고 있었다. 달갑지 않은 관심으로부터 소녀들을 보호하기 위해 대체로 외진 지역이 선택되었다.

블룸 박사는 쉼터로 찾아가 이야기를 들려주려는 여성 몇 명을 만나도 좋다고 내게 허락했다. 이 여정이 쉽지 않으리라는 걸 처음 느낀 때는 항공편을 이용해 슈투트가르트로 출발하기 며칠 전부터 통역을 맡기로 한 독일의 야지디 난민 셰이커 제프리Shaker Jeffrey와 연락이 되지 않았을 때였다.

"그 사람이 개인적으로 힘든 시기를 거치고 있어요." 우리를 연결해준 야지디족 의사가 말했다. 드디어 셰이커를 만났을 때 나는 연락하기가 왜 이렇게 힘드냐고 투덜거렸다. 나중에 차에서 그가 나지막한 목소리로 내게 들려준 이야기에 따르면 그의 약혼녀인 딜미르Dil-Mir가 ISIS에 노예로 붙들려 시리아의 ISIS 수도 라카로 끌려갔다. "제 인생은 부족할 게 없었어요." 그가 말했다. 그는 영어를 유창하게 구사했고 이라크 주둔 미군에서 통역으로 일했다. "모술대학교에서 약학을 공부하고 있었죠. 일을 하며 모아둔 돈이 있어서 제 생일인 2014년 9월 4일에 사랑하는 여자와 결혼할 예정이었어요. 그런데 결혼식 한 달 전에 ISIS가 그녀를 끌고갔어요."

수많은 야지디족처럼 그와 어머니, 다섯 형제는 신자르산으로 달아났고 숨 막히는 열기 속에 바위산을 힘들게 기어올랐다. "물도, 음식도, 그늘도 없었어요. 지옥이었죠." 가족을 위해 먹을 것과 물을 절박하게 찾고 있을 때 딜미르에게서 전화가 걸려왔다. 납치를 당했다고 했다. 이상하게 ISIS는 납치한 여자들의 전화를 빼앗지 않았으므로 감금된 상태에서도 가족에게 연락할 수 있었다.

"첫날 그들은 그녀를 세 번 강간했어요. 그러고는 전투원인 두 형제에게 그녀를 넘겼어요. 그들은 그녀에게 요리와 춤을 시켰고…… 그 외 다른 것들도 시켰지요."

아픈 어머니를 터키까지 모시고 가면서 셰이커는 딜미르를 구출할 방법을 찾으려고 필사적으로 애를 썼다. 그녀는 탈출을 두 번 시도했지만 실패했다. 그는 심지어 그녀를 사기 위해 ISIS로 변장한 채 알레포 근처의 노예 시장까지 간 적도 있었다. "마지막으로 전화했을 때 그녀는 죽고 싶다고 했어요. 너무 지친 목소리였어요."

그녀의 마지막 문자는 "빨리 나를 찾아줘, 셰이커. 빨리"였다. 그 뒤로 연락이 끊겼다. 결국 그는 딜미르가 자살했다는 사실을 알게 됐다. 그는 내게 휴대전화의 바탕화면을 보여주었다. 적갈색 긴 머리에 환한 웃음, 생기 있는 눈매의 아름다운 여성이었다. "저는 그녀를 구하지 못했어요. 지금쯤 스물한 살이 됐을 텐데요."

그의 눈이 눈물에 젖었다. "그게 제가 이 일을 하는 이유입니다." 그가 잠시 뒤 말했다. "제가 그 산에서 본 것, 그들이 제 약혼녀에게 저지른 짓은 제 마음을 바위처럼 단단하게 만들었어요. 더는 제가 죽든 살든 상관없었죠. 처음에는 그들과 싸우려고 했어요. 하지만 최고의 복수는 유럽으로 가서 살아남은 소녀들을 돕고 세상에 이 사실을 알리는 것이라고 생각했어요."

그는 어머니에게 작별 인사를 하고 그들이 살던 터키의 난민촌을 떠나 강을 건너 불가리아로 갔고 세르비아와 헝가리, 오스트리아를 거쳐 독일로 왔다. 결혼을 위해 모아둔 4000달러를 불법 난민 브로커에게 냈다. 독일까지 오는 데 23일이 걸렸고, 그 과정에서 여러 번 억류되었다. 독일에서 난민 신청이 승인되자 그는 야지디 활동가의 페이스북 그룹을 운영하며 다른 여성들을 구하려 애쓰고 있었다. 그러나 한때 그가 그렸던 삶은 분명 아니었다.

처음 방문할 쉼터는 슈투트가르트에서 차로 오래 가야 했다. 가는 중에 나는 야지디교에 대해 물었다. 레로스섬에서 야지디 난민을 만난 이후 야지디교에 관한 자료를 찾아 읽고 있었다. "야지디교를 구글에서 검색하면 그중 1퍼센트만 맞습니다." 그가 말했다.

야지디교는 원래 메소포타미아에서 유래한 오래되고 신비로운 종교로, 이슬람보다 오래되었고 기독교와 이슬람의 수피 신앙, 조로아스터교의 요소를 포함한다. 야지디족은 자신을 예지디Yezidi라고 표기한다. 야지디족의 언어로 신을 뜻하는 에지드Ezid에서 나온 말로, 신을 따르는 사람들이라는 의미다.

야지디교는 기독교와 이슬람, 유대교와 달리 경전이 없으므로 진정한 종교가 아니라고 말하는 사람도 있다. 그러나 셰이커는 그렇지 않다고 주장했다. "검은 책이라 불리는 책이 있어요. 그 안에 모든 게 적혀 있는데 도둑맞았어요."

나는 그가 파란색 셔츠를 입고 있어서 놀랐다고 말했다. 야지디족은 파란색을 혐오하고 상추도 싫어한다는 글을 읽었기 때문이다. 셰이커는 웃었다. "그건 저희 엄마 같은 옛날 세대 이야기죠. 엄마는 샐러드도 절대 안 드세요!"

그는 야지디족이 상추를 싫어하게 된 연유는 설명하지 못했지만 파란색에 대한 반감은 오스만 통치자 아흐메드 파샤Ahmed Pasha의 시대에서 유래한 것 같다고 말했다. 야지디족이 겪은 많은 제노사이드 가운데 하나를 저지른 그의 군대는 파란색 모자를 쓰고 있었다.

전 세계에는 약 100만 명의 야지디족이 있고, 그 가운데 45만 명이 신자르에 있다. 독일 말고 야지디족이 많이 사는 곳은 미국이다. 야지디교 신자는 태양과 멜렉타우스Melek Taus라는 공작 천사를 숭배한다. 그들은 신이 인류를 만들기 전에 공작 천사를 창조한 다음 세상으로 보냈고, 공작 깃털의 색으로 지구를 칠해 가장 아름다운 행성을 창조했다고 믿는다. 야지디족은 이 공작 천사가 수요일에 지구에 왔다고 믿기 때문에 수요일에는 샤워를 하지 않는다.

ISIS 대원은 야지디족이 숭배하는 공작 천사가 코란에 등장하는 사탄 이블리스Iblis라고 배우기 때문에 야지디족을 악마 숭배자라 믿는다. 내가 만난 야지디족은 이제까지 만나본 사람 중 가장 온화한 사람들 같았다.

우리는 슈베비슈할Schwäbisch Hall에 있는 야지디 여성을 위해 케이크를 샀다. 슈베비슈할은 분홍색과 노란색으로 칠해진 목조 가옥과 포석길이 있는 중세풍의 동화 속 마을 같았다. 쉼터는 가까이에 있었지만 눈에 잘 띄지 않아서 찾는 데 시간이 조금 걸렸다. 마침내 우리는 기숙사처럼 보이는 여러 건물이 흩어져 있는 나뭇잎이 우거진 골목길의 주차장에 차를 세웠다. 놀랍게도 그곳 역시 정신병원이었다. 우리는 39명의 야지디족 여성이 산다는 3층짜리 건물을 찾아냈다. 아이들 몇이 멀리 갈 엄두를 내지는 못한 채 문 앞에서 자전거를 타며 놀고 있었다.

우리는 기다랗게 생긴 텅 빈 방으로 안내되었다. 유일한 장식이라곤 벽에 핀으로 줄줄이 매달린 새와 나비 그림들뿐이었다. 뭉크의 그림 속 형상처럼 무언가에 사로잡힌 듯한 눈빛의 여성들이 부유하듯 들어왔다. 많은 문을 통과한 다음 그중 하나에서 우리는 투르코를 만났다.

투르코를 만난 다음 위층으로 올라가 로지안Rojian이라는 훨씬 어린 여성을 만났다. 열여덟 살밖에 되지 않은 로지안은 적갈색 머리로 가린 얼굴에 불안한 미소를 지으며 우리를 맞았다.

침대에 다리를 꼬고 앉은 그녀는 검정 티셔츠에 검정 트레이닝복 바지를 입고 있었다. 장신구라고는 목에 두른 공작 천사 금목걸이뿐이었다. 투르코의 방처럼 그녀의 방도 작고 텅 비어 있었다. 벽에는 야지디 달력 하나만 걸려 있었다. 침대 위 그녀 옆에 놓인 휴대전화 케이스에 분홍색 글씨로 '희망'이라는 단어가 반짝였다.

로지안은 자신이 나디아 무라드Nadia Murad의 조카라고 말했다. 야지디 비극의 세계적 상징이 된 나디아는 열아홉 살에 그녀의 여섯 형제와 어머니를 살해한 ISIS 대원에게 끌려갔다가 탈출해서 세상에 자신의 이야기를 한 최초의 야지디 여성이었다. 최근에는 '인신매매 생존자의 존엄'을 위한 UN 대사로 임명되었다.

"나디아 고모와 저는 함께 붙잡혔어요." 그녀가 말했다. "ISIS가 죽인 우리 아빠가 나디아 고모에게는 오빠예요."

"이게 아빠 이름이에요." 로지안이 공작 펜던트에 새겨진 이름을 만지며 덧붙였다.

ISIS가 코초 근처 로지안의 마을을 침략한 2014년 8월 3일, 로지안은 고작 열여섯 살이었다. 신자르에 사는 대부분의 야지디족처럼 로지안의 가족은 가난했고, 그녀는 2년 전 학업을 중단하고 감자와 양파 농사를 돕고 있었다.

"신자르산으로 대피한 사람들도 있었어요. 우리의 신성한 산이 지켜줄 거라 생각했죠. 하지만 산은 멀리 있었고 ISIS 대원이 그곳으로 달아나는 사람들을 죽인다는 말이 있어서 우리는 할머니[나디아의 어머니]가 사는 옆 동네로 피신했어요.

거의 2주 동안 포위당했지요. ISIS 대원이 길을 모두 막았어요. 그들의 검문소에서 울리는 기도 시간 알림 소리를 들을 수 있었어요. 전기가 들어올 때마다 텔레비전을 봤는데 산으로 피신한 사람들이 이라크군 구조 헬리콥터에 올라타거나 그들이 떨어뜨리는 구호품을 받으려고 필사적으로 애쓰는 모습을 볼 수 있었어요.

우리에게 무슨 일이 일어날지 알 수 없었어요. 9일 뒤에 ISIS 사령관이 와서 최후통첩을 했어요. 개종해서 칼리프 국가의 구성원이 되든지, 아니면 그 대가를 치르라고.

3일 뒤 더 많은 대원이 들어왔어요. 그들은 높은 지붕에 올라가서 확성기에 대고 모두 초등학교로 모이라고 했지요. 포위된 뒤 처음으로 마을 길이 사람으로 가득 찼지만 너무 무서워서 아무도 말하거나 인사하지 않았어요.

그들은 남자들을 운동장에 남겨두고 여자와 아이들은 위층으로 올려보냈어요. 가진 것을 다 내놓으라고 했어요. 그들이 큰 가방을 내밀자 사람들이 거기에 돈과 휴대전화, 보석을 떨어뜨렸죠. 할머니는 결혼반지를 냈어요.

그 뒤 그들은 남자와 십대 소년들을 트럭에 싣고 갔어요. 잠시 뒤에 총소리가 들렸어요. 사람들은 비명을 지르기 시작했죠. '그들이 남자들을 죽이고 있어!' 그러고는 삽을 든 ISIS 대원들이 보였어요."

로지안의 아빠와 다섯 삼촌—나디아의 오빠들—을 포함해서 마을 남자 600명이 살해되었다. 너무 어려서 다리나 겨드랑이에 털이 나지 않은 소년들만 학살을 피했고, 군사 훈련을 위해 끌려갔다.

"트럭은 우리 여자와 소녀를 태워 가려고 학교로 다시 돌아왔어요. 우리는 마을 남자들이 어떻게 됐냐고 애원하며 물었지만 그들은 트럭에 타라고 명령했어요. 무서웠지만 선택의 여지가 없었죠.

그들은 우리를 또 다른 학교로 데리고 갔어요. 저와 나디아 같은 처녀들을 나이 든 여자나 우리 엄마처럼 아이들이 있는 여자와 분리했어요. 창에 커튼이 쳐진 큰 버스들이 우리 처녀들을 실어가려고 왔어요."

버스는 그들을 모술로 데리고 갔다. 이라크의 도시 모술은 그해 6월 이미 ISIS에 점령당했고 그 지도자 아부 바크르 알바그다디Abu Bakr al-Baghdadi가 유서 깊은 알누리 대사원Grand al-Nuri Mosque에 나타나 칼리프 국가를 선언하며 이라크부터 스페인까지 통치하게 되리라 장담했다.

"그들은 우리를 3층 건물에 집어넣었어요. 수백 명의 여자와 아이로 가득했고, ISIS 대원도 많이 있었죠. 한 남자가 우리 사이를 지나가면서 머리와 가슴, 등을 만지며 몸 곳곳을 더듬었어요. 그는 우리가 불신자이며 사바야라고 하더군요. '소리 지르면 죽일 거다'라고 했지요. 저는 나디아 고모와 함께 있었는데 그 남자가 몸을 더듬자 고모가 소리를 질렀어요. 다른 소녀들도 같이 소리를 질렀죠. 그러자 그들이 고모를 끌고 나가 때리고 담뱃불로 지져댔어요.

예쁜 여자를 데려간다는 이야기가 있어서 우리는 지저분해 보이려고 머리에 흙을 묻히기 시작했는데 소녀 하나가 그들에게 그걸 일렀어요.

그리고 밤이 되자 아주 뚱뚱한 ISIS 대원 한 사람이 왔어요. 우리는 무척 겁에 질렸죠. 그는 불그스름한 턱수염에 흰 디쉬다쉬 dishdash(아랍의 무슬림 남자가 입는 깃이 없는 긴 흰색 옷으로 디쉬다샤라고도 한다―옮긴이)를 입었는데 몸집이 너무 커서 괴물 같았어요. 저는 나디아 고모와 사촌 카트린Katrine 그리고 동네 친구인 니스린Nisreen 과 함께 있었어요. 그 뚱뚱한 남자가 횃불로 우리 얼굴을 비추며 고모를 데려가려고 하자 우리가 그녀를 붙들고 놓지 않았어요. 그때 대원들이 전깃줄을 들고 와서 팔과 얼굴, 등을 때리며 우리 넷을 모두 끌고 갔어요. 그중 하지 살만Haji Salman이라는 마른 남자가 나디아 고모와 나를 밖으로 데려가더니 고모를 자기 차에 태웠어요. 우리는 소리를 지르며 서로 손을 꼭 잡았지만 그들이 우리를 떼어놨어요. 그리고 처음에 우리를 때렸던 그 뚱뚱하고 나쁜 남자가 와서 말하더군요. '너는 내 거야.'"

여기까지 힘들지 않게 말하던 그녀가 갑자기 고개를 떨궜다.

"밤이었어요. 그의 이름은 살완Salwan이었고 모술 출신의 이라크 사람이었어요. 그의 집에 도착하자 그는 계속 저를 만지려 했고 저는 거부했지요. 그러자 그가 제 벨트를 붙잡고는 눈에서 피가 흐르고 얼굴에 커다란 자국이 생길 정도로 저를 때리고 후려쳤어요. '너희 야지디족은 불신자니까 우리 마음대로 할 수 있어'라면서요. 그러고는 제 등을 깔고 앉아서 숨을 쉬지 못하게 했죠. 그는 저를 뒤에서 강간했어요. 그 뒤로 매일 서너 번씩 강간했어요.

그런 식으로 여섯 주가 지났어요. 제 삶은 그냥 강간당하는 것이 전부였어요.

그러더니 그가 어느 날 또 다른 소녀를 사올 거라더군요. 저는 조금 편해지겠구나 싶어서 안도했어요. 그 사람이 데려온 소녀는 열 살밖에 안 된 아이였어요.

그날 밤 두 사람이 옆방에 있었는데, 저는 누군가 그렇게 많이 비명을 지르며 엄마를 찾아 울부짖는 걸 들어본 적이 없어요. 저 자신을 위해 울었던 것보다 더 많이 그 어린 소녀를 위해 울었어요."

나는 로지안의 손을 잡았다. 손이 찼다. 이야기를 그만하고 싶은지 물었다. 그녀는 고개를 저었다.

"어느 날 그 남자가 히잡을 주며 우리를 시내로 데려갔어요." 그녀는 말을 이었다. "검정색과 흰색의 [ISIS] 깃발이 곳곳에 보였어요. 저는 달아나려 했지만 또 다른 여성이 저를 붙잡아 다시 데려왔어요.

도망가려다 잡히면 죽도록 맞고, 가족까지 죽인다는 이야기를 들은 적이 있어서 고모가 차에 있는 걸 보고 달려갔다고 말했죠.

거의 자포자기 상태였는데 어느 날 간신히 그의 전화를 훔쳐서 삼촌과 통화를 했어요. 삼촌이 모술에서 야지디족 여자의 탈출을 돕는 사람의 번호를 알려줬어요.

얼마 지나지 않은 어느 날 아침에 그 뚱뚱한 남자가 폭탄 제조 공장 같은 곳에서 열린 모임에 저를 데려갔어요. 그는 저를 다른 건물에 두고 갔어요. 저는 옷에 차를 쏟은 다음 사람들에게 옷을 갈아입고 오겠다고 말하고 나왔어요. 그러고는 삼촌이 알려준 번호로 전화를 건 다음 히잡을 두르고 지붕에서 도로로 뛰어내렸어요.

그런데 밖에서 대기하기로 한 구조 차량이 보이지 않는 거예요. 다시 전화를 하니 저를 쫓는 남자가 셋이나 있어서 너무 위험하다고 하더군요. 저는 이게 두 번째 탈출이어서 붙잡히면 죽게 된다고 말했죠.

결국 그는 주소를 하나 알려줬어요.

마침내 저는 그 구조 차량이 있는 곳에 도착했어요. 차와 오토바이를 탄 남자 셋이 우리를 따라왔어요. 그러나 그 사람이 친구들을 전화로 불러서 길을 막아달라고 했어요. 그는 용케 저를 빼돌려 그의 가족에게 데려갔죠."

그러나 그 남자가 다리를 다쳐 엿새 동안 병원 신세를 지는 바람에 로지안은 그의 가족과 남아 있게 됐다. "무척 겁이 났어요. 도망친 여자들의 사진을 검문소에 붙인다는 얘기를 들었거든요. 그의 가족은 제가 야지디족이라는 걸 몰랐어요. 그는 가족에게 저를 친척이라고 소개하고 아빠가 병원에 있다고 말했거든요."

남자는 퇴원한 뒤 그녀를 데리고 검문소를 통과해 삼촌과 만나기로 약속한 에르빌로 갔다. 그것으로 끝이 아니었다. 북부 이라크의 난민촌에서 그녀는 몇 달 먼저 모술을 탈출한 나디아와 재회했다. "나디아 고모를 만나서 기뻤죠. 하지만 모두 어디로 간 걸까요? 너무 많은 가족이 실종됐어요. 우리 아빠는 아빠의 다섯 형제와 함께 살해됐어요. 고모의 어머니, 그러니까 제 할머니도요."

그뿐이 아니었다. "저를 강간하던 그 남자는 제가 달아난 걸 알고는 엄청 화가 나서 탈아파르 감옥에 있던 엄마를 노예로 데려갔어요. 여섯 살짜리 남동생과 아기 여동생도 함께요. 그들은 아홉 달 동안 붙잡혀 있었어요." 로지안의 엄마와 동생들이 그곳을 탈출할 때까지도 그 열 살 소녀는 여전히 그곳에 붙들린 채 매일 강간당하고 있었다. 로지안은 소녀가 어떻게 됐는지 알지 못했다.

함께 잡혀간 소녀 중 사촌 카트린은 죽었다. 다른 두 소녀와 함께 간신히 탈출했지만 폭발물 공격에 희생됐다. 니스린은 여전히 붙잡혀 있는 것 같았다.

결국 로지안의 엄마도 어린 딸과 아들을 데리고 탈출했고, 독일 이송에 대한 이야기를 듣고 이주를 신청했다. 2015년 12월 1일 로지안과 어린 동생들, 어머니는 난생처음 비행기를 타고 슈투트가르트에 왔다.

쉼터에서 그들은 식비와 의복비로 한 달에 320유로를 받고, 로지안은 학교를 다니기 시작했다. 그녀는 독일에 안전하게 있을 수 있어서 행복했지만 "학교는 좋아하지 않는다"고 했다. "야지디 여학생이 둘밖에 없거든요. 다른 학생들은 아프가니스탄과 시리아에서 왔는데 늘 ISIS에 관련된 이야기를 하거나 휴대전화로 ISIS 기도문이나 시를 틀면서 우리를 무섭게 해요.

저는 아마 이 일을 평생 극복하지 못할 것 같아요." 그녀가 덧붙였다. "결코 잊히지 않을 거예요."

독일의 사회복지사가 매일 이곳을 방문하지만 야지디 여성이 상담을 받고 있지는 않았다.

"처음에는 심리치료를 준비했는데 잘 받아들여지지 않았습니다." 나중에 물어보니 블룸 박사가 이렇게 설명했다. "심리치료 시간을 마친 다음에 야지디 여성이 제게 불평하더군요. '의사라면서 말만 해요.'라고요. 이라크에서는 의사들이 약을 많이 주니까 그렇게 해주길 바랐던 거죠.

그리고 야지디 여성은 개인적인 고통에 대해 말을 그다지 많이 하지 않아요. '오늘 기분이 어떠세요?'라고 물으면 '감사합니다. 저회 아이들은 잘 지내고 있어요'라는 답이 돌아올 때가 많아요.

실제로 효과를 보는 것은 예술과 그림, 요가 수업이나 말 같은 동물과 함께 시간을 보내는 치료법입니다. 그런 치료법으로 자기 몸에 대한 신뢰와 다른 사람에 대한 신뢰를 회복할 수 있지요. 그게 무척 힘든 문제거든요. 여기 있는 많은 여성은 모두에게 배신당했다고 느끼니까요."

투르코는 특히 그 숙소가 정신병원 터에 있어서 절망적으로 느껴질 때가 많다고 했다.

"매일 죽어가는 것 같아요. 밤마다 울어요. 그 남자들이 되찾을 수 없는 뭔가를 제게서 앗아갔어요. 여기에 있으면서 점점 더 나빠지는 것 같아요. 생각 말고는 아무것도 할 게 없고 주변에 정신질환이 있는 사람이 많아요. 시내는 걸어서 30분을 가야 나오는데, 모든 것이 비싸요. 이 장소가 저를 조여 오는 것 같아요.

아이들이 밤에 같이 자러 올 때가 많아요. ISIS에게 노예로 붙들려 있던 아이들이라 사람이 살해당하고 강간당하는 것을 봤지요. 그래서 밤에 소리를 지르며 열 번은 깨는 것 같아요. '그 남자들이 와. 그 남자들이 온다구!'라면서요."

나는 블룸 박사에게 왜 이 여성들을 추방자처럼 이렇게 외진 곳으로 데려왔고, 왜 이렇게 비밀스럽게 두는지 물었다.

"처음에 그들은 두려움이 무척 많아서 다른 사람들 눈에 띄지 않기를 바랐습니다. 큰 수치심을 느끼는 여성들도 있었고요. 게다가 대부분 문화충격에 어떻게 반응해야 할지 모르는 채로 이라크를 떠났어요. 처음에는 남자를 몹시 두려워했지요. 특히 아랍인이나 아프리카계 남자를요. 그래서 난민이 많은 큰 도시로 데려가면 굉장히 스트레스가 심했을 겁니다. 심리학자들 말이 트라우마를 자극할 만한 것이 없는 게 중요하다더군요."

이전에 비슷한 사례가 없었기 때문에 참고할 만한 전례도 없었다. "르완다와 발칸반도에서 트라우마를 겪은 난민을 받은 경험이 있긴 했지만 이렇게 많은 수는 아니었습니다. 그리고 야지디족은 그들과는 문화와 종교도 다르지요."

또한 2015년 독일이 100만 명이 넘는 많은 난민을 받아들이다 보니 야지디족 여성들이 갈 수 있는 장소가 많지 않았다. "이곳이 아주 이상적인 장소는 아닙니다. 하지만 중요한 건 미적 경관이 아니라 생존이니까요.

다른 난민과 함께 수용할 수는 없었습니다. 유럽으로 오는 난민은 대개 남성이거든요. 독일로 들어오는 난민의 70퍼센트가 남성입니다. 게다가 여기까지 오는 비용을 감당할 만한 집안 출신들이지요. 이 여성들은 트라우마가 심하고, 사회에서 가장 취약한 층에 해당하기 때문에 그들과는 무척 다릅니다."

너무 끔찍한 일을 겪은 탓에 1년이 지나서야 다시 말을 하기 시작한 여성들도 있었다. 그러나 독일에 도착한 뒤에 자살을 시도한 사람은 한 명도 없었다. 블룸 박사는 아이들부터 나아지는 모습을 보이기 시작했다고 말했다. "1년 내내 아이들이 노래하거나 율동하는 걸 보지 못했어요. 하지만 이제는 유치원에서 노래도 하고 놀이도 합니다. 아이들의 그런 모습은 물론 어머니들에게 도움이 되지요."

몇몇 여성은 운전을 배우기 시작했다. 블룸 박사의 계획은 그들을 차츰 사회에 통합시키고 독립적으로 살 수 있게 하는 것이다.

야지디족의 종교 지도자 바바 셰이크Baba Sheikh가 야지디 공동체에 이 여성들을 거부하지 말고 환대하라고 말한 것이 큰 힘이 되었다. "우리는 바바 셰이크에게 이들이 독일로 떠나기 전에 축복해 달라고, 당신의 잘못이 아니라고, 명예를 잃은 건 당신이 아니라 가해자라고, 당신은 우리의 딸이자 자매이며 언제든 돌아올 수 있다고 말해달라고 부탁했지요. 이제는 이 여성들이 야지디 공동체에 차츰 차츰 받아들여지고 있는 것 같습니다."

나는 숲이 우거진 산비탈에 자리한 또 다른 쉼터에서 그 모습을 직접 볼 수 있었다. 그곳에서 나는 결혼 1주년을 기념하는 부부의 단칸방에 초대받았다.

서른한 살 비안Vian과 서른세 살 알리Ali 모두 금으로 만든 공작 천사 펜던트를 걸고 있었다. 바닥에 놓인 초록 매트리스 위에 앉은 그들 곁에는 아기 바구니가 있었다. 바구니 안에는 조그맣고 순수한 남자 아기가 배내옷에 쌓여 있었다. 태어난 지 20일밖에 안 된 아기였다. 벽에는 흰색과 빨간색 바탕에 금빛 태양이 타오르는 페넌트 하나가 걸려 있었다. 야지디 깃발이었다.

알리는 비안에게 사진을 한 장 달라며 1년 동안 쫓아다닌 이야기를 하면서 미소를 지었다. 마침내 그녀가 그러겠다고 대답한 다음 날에 ISIS가 들어왔고, 비안은 붙잡혀서 모술행 버스에 실려 갔다.

"그들은 머리와 턱수염이 길고 신발을 신지 않았어요. 우리를 시리아의 어느 큰 학교로 데려갔어요." 그녀가 말했다. "저는 무척 무서웠어요. 개종하지 않으면 죽인다고 했어요."

아기 담요의 끄트머리를 손가락으로 비틀면서 그녀가 말을 이었다. "매일 쇠막대나 나무막대를 든 ISIS 대원들이 와서 여자 몇 명을 끌고가 이틀쯤 즐기다 데려왔어요. 그들은 우리를 세 부류로 나눴지요. 예쁜 부류와 중간, 못생긴 부류로요. 저는 중간에 속했어요. 저는 정신병이 있는 척했어요. 저를 데려가지 않길 바라며 벽에다 머리를 찧어댔지요."

그러는 동안 알리는 안절부절못하고 있었다. 모술에서 비안이 간신히 전화했을 때 그는 그녀를 되찾기 위해 무슨 일이든 하겠다고 약속했다. "ISIS 대원과 결혼해서 아이를 낳아도 나는 여전히 당신과 결혼할 거고, 당신은 내 아내가 될 거라고 말했어요."

그녀는 붙들려 있던 3층 건물의 위치를 그에게 알려주며 애원했다. "공습하는 사람들한테 여기를 폭파해 달라고 해줘. 우리가 죽음보다 더 끔찍한 일을 겪지 않도록."

그녀의 뒤쪽에서 비명이 들렸고 전화가 끊겼다. "저는 너무 걱정돼서 이틀 동안 아무것도 못 먹었어요." 알리가 말했다.

대신에 그는 신자르산으로 가서 전투에 합류했다. "친구 네 사람이 그 산에서 죽었어요. 사람들은 굶주렸죠. 하지만 저는 그곳을 떠나지 않았어요. 비안에게 약속했으니까요."

마침내 비안은 다른 마을로 이동하던 도중에 여자 몇 명과 함께 탈출해서 가까스로 신자르산으로 갔다. 알리는 그녀를 보고 무척 기뻐했지만 처음에 비안은 그의 수염과 군복, 무기 때문에 그를 알아보지 못했다.

비안은 독일 난민 프로그램에 받아들여졌고 2015년 6월 이곳으로 옮겨왔다. 알리는 1만 달러를 빌려서 그녀를 만나기 위한 여정에 올랐다. 그녀가 도착한 지 세 달 뒤에 두 사람은 결혼했다. 결혼식에는 야지디 공동체의 많은 사람이 참가했다. ISIS에 납치된 여성으로서는 첫 결혼이었다.

"이 여성들은 우리의 영웅이 되어야 합니다. 우리는 이들과 결혼하는 걸 자랑스럽게 여겨야 해요." 통역인 셰이커가 말했다.

이런 이야기는 긴 시간이 걸리기 마련이다. 어둠이 내려앉았고 모두 녹초가 됐다. 나중에 나는 이 여성들의 경험담에 너무 충격을 받은 셰이커가 이야기가 잠시 중단될 때마다 화장실로 가서 토했다는 사실을 알게 됐다.

투르코와 로지안이 우리에게 저녁을 먹고 가라고 했다. 나는 호텔까지 돌아가려면 차로 세 시간을 달려야 해서 그럴 수 없을 것 같다고 설명했다. 나는 그들에게 음식을 준비할 식비가 충분치 않다는 것도 잘 알았다.

그러나 우리가 이야기를 나누는 동안 다른 여성 몇 명이 좁은 부엌에서 솥과 냄비를 붙들고 분주하게 식사 준비를 하고 있었다. 아이들 그림 옆에 놓인 긴 탁자를 덮은 분홍 장미 무늬의 비닐 식탁보 위에 잔칫상이 차려졌다.

고향을 떠난 많은 난민에게 고향의 음식을 다시 만드는 일은 공동체의 느낌을 재창조하고 아이들에게 태생을 기억하게 해주는 일이었다. 여성들이 한꺼번에 말을 쏟아내며 요리를 하나하나 설명해주었다. 양파와 향신료, 파슬리, 다진 양고기와 함께 불구르(밀 특히 듀럼밀을 데치고 말린 뒤 빻은 재료—옮긴이)로 속을 채운 키베, 가지와 쌀로 덩굴잎의 속을 채운 돌마. 토마토 소스에 절인 닭, 일종의 볶은 불구르 죽인 미에르가 있었다.

그들은 내게 영국 음식에 대해 물었다. 나는 영국이 음식으로는 그다지 유명하지 않다고 설명하며 토드인더홀과 신문지에 싼 피시앤칩스에 대해 이야기했고, 인도와 파키스탄 이민자들이 들여온 치킨티카마살라가 영국의 국민 요리라고 말했다. 그들은 그 이야기가 재미있었는지 서로 되풀이하며 웃어댔다.

그들은 독일 음식이 밍밍하고 맛이 없다고 말했다. 나는 언젠가 야지디 요리가 브라트부르스트와 사우어크라우트와 함께 독일 식탁에 오르게 될지 모른다고 농담했지만 그들은 웃어야 할지 말아야 할지 모르는 표정으로 나를 보기만 했다. 그제야 나는 고향을 그리워하면서도 돌아가는 것이 두려워 이러지도 저러지도 못하는 사람들에게 이곳에 영원히 살게 될지 모른다고 암시하는 듯한 말을 하는 것이 적절치 못했음을 깨달았다. 큰 접시에 담긴 멜론이 디저트로 나왔고, 우리는 멜론즙을 턱에 묻히며 이야기를 다시 시작했다. 나중에 한 사람씩 다가와 나를 안아주었다. "이 모든 일이 일어난 뒤에 누군가가 와서 저희와 이렇게 일상적인 대화를 나누기는 처음이에요." 투르코가 말했다.

그들과 가까운 곳에 살면서 자주 찾아올 수 있으면 좋겠다는 생각이 들었다. 어두운 숲을 구불구불 달리는 차 안에서 나는 작은 방에서 비명을 지르는 아이들과 함께 악몽을 꾸며 밤을 보낼 투르코와 로지안을 생각했다.

3
—
보코하람에게 빼앗긴 소녀들

나이지리아 삼비사쉼페

나이지리아 북동부 삼비사쉼페Sambisa-Sümpfe 언저리의 작고 조용한 마을 치복Chibok. 치복이라는 이름은 발이 늪지로 빨려 들어갈 때 나는 소리에서 유래했다고 한다. 좁은 흙길 하나가 가로지르는 마을의 시장 한복판에는 커다란 통신 안테나가 우뚝 서 있었다. 교회와 이슬람 사원, 빛바랜 초록 간판에 문이 부서진 지 오랜 유니언뱅크Union Bank가 한 곳씩 있었다. 수도가 없어 여성과 아이들이 노란색 통들을 실은 수레를 밀고 다녔다. 치복이라는 이름에도 불구하고 마을 주변의 땅은 강수량이 부족해 바싹 마르고 갈라져 있었다. 하나뿐인 마을 길을 따라 끄트머리까지 가면 공립 중등학교라는 표지가 붙은 빨강 지붕 건물에 도착하게 된다.

2014년 4월 14일, 이 학교에서 보코하람이 큰딸을 납치해 갈 때 에스더 야쿠부Esther Yakubu는 다른 네 명의 자녀와 함께 그들의 수

수한 콘크리트 집에서 잠을 자고 있었다. "밤 11시쯤 총소리에 깼어요." 에스더는 이렇게 회생한다. "시동생이 전화해서 보코하람이 오고 있으니 얼른 달아나라고 했어요. 보코하람은 학살자들이니까요. 그들이 오면 무슨 일이 일어날지 모두 알거든요. 집을 불태우고 남자를 죽이고 젊은 여자를 데려가 강제로 아내로 삼아요.

저는 집을 떠나지 않겠다고 했지만 총소리가 계속 들렸어요. 남편이 떠나야 한다고 고집을 부려서 잠옷과 속옷만 입은 아이들을 데리고 달아났지요. 치복은 바위가 많은 곳이어서 우리는 바위와 관목 틈에 숨었어요.

보코하람은 새벽 4시까지 시장과 건물 여기저기에 불을 질렀어요. 그들이 오토바이를 타고 돌아다니는 소리가 들렸어요. 연기 기둥이 솟아오르는 게 보였지만 학교로 간 줄은 몰랐답니다.

그런데 시동생이 다시 전화해서 제 큰딸이 어디 있느냐고 묻는 거예요. 학교에 있다고 했죠. 우리 딸 도르카스Dorcas는 열여섯 살이었는데 시험 기간이어서 학교 기숙사에 있었어요. 시동생 말이 학교가 공격당했다고 하더군요. 저는 믿을 수가 없었어요. 그런데 그때 부모들이 딸들이 사라졌다고 울부짖는 거예요. 저는 그래도 믿지 않았어요. 어떻게 그 많은 여자애를 데려갈 수 있겠어요?

새벽 5시 30분쯤 동이 트자 우리는 학교로 달려갔지요. 교실이 불에 탔고 온통 재로 덮여 있었어요. 교과서와 가방과 성경이 여기저기 흩어져 있었죠. 저는 딸의 이름을 부르며 찾고 또 찾았지만 온 데간데없었어요.

누군가 실종된 아이가 몇 명인지 세었어요. 우리 애들 276명을 데려갔더군요. 온 마을이 슬픔에 잠겼어요. 눈물바다였죠.

그러다 애들 몇이 돌아오기 시작했어요. 돌아온 아이들 말에 따르면 밤에 남자들이 기숙사로 들이닥쳐서 소리를 지르며 깨웠대요.

군복을 입고 있어서 아이들은 처음에 보코하람이라고 생각하지 못했다더군요. 아이들은 손전등을 비추며 이층침대에서 서둘러 내려왔대요. 남자들이 몹시 어리고 꾀죄죄한 데다 음식을 훔치는 것을 보고서야 군대가 아니라는 걸 깨달았어요. 아이들은 건물이 불타고 있는 걸 보고는 비명을 질렀어요. 산 채로 타죽게 될 거라 생각했대요. 그러자 남자들이 아이들에게 지붕 없는 트럭에 타라고 명령했고 그 트럭을 몰고 숲으로 갔어요.

처음에 아이 몇 명이 빠져나왔고 다른 몇 명은 숲에서 나뭇가지에 매달려 힘들게 빠져나왔대요. 저는 빠져나온 여자애 중 한 명에게 물었지요. '도르카스도 너랑 같이 있었니?' 그러자 아이가 말했어요. '네, 그런데 트럭 안에서 꼼짝할 수 없어서 도망치지 못했어요.' 도르카스는 달리기를 잘 못해요. 겁이 났는지도 모르지요.

남편과 다른 남자들이 숲으로 아이들을 찾으러 갔지만 숲이 너무 크고 빽빽했어요. 57명의 소녀가 첫날밤에 가까스로 탈출했으니 219명이 뱀과 짐승이 우글대는 그 숲속 어딘가에 남아 있다는 말이잖아요. 몇몇 사람은 그들이 이미 그워자Gwoza 언덕을 넘어 카메룬으로 우리 애들을 데려갔을 거라고 했어요. 아마 아이들을 팔았을 거라고요.

저는 휴대전화에 있는 딸아이의 사진을 계속 보면서 딸을 찾을 수 있길 바랐어요. 이렇게 생각했지요. 어떻게 이런 일이 일어났을까? 나는 이곳이 더 안전하다고 생각해서 아이를 카노Kano에서 이곳 치복의 학교로 옮겼는데.

몇몇 마을 사람은 여자애들이 교육을 너무 많이 받으니 그런 일이 생기는 거라고 말했어요. [나이지리아 북부에서 도르카스 같은 소녀는 보기 드문 경우다. 이 지역 여성의 4퍼센트만 중등 교육을 받고 3분의 2는 열여섯 살이 되기 전에 결혼한다.] 하지만 도르카스는 늘 영리한 애였어요. 저는 아이가 교육을 받고 더 나은 삶을 살기를 바랐죠.

'보코하람'은 '서구식 교육을 금지한다'는 뜻이에요. 얼마 전에 는 부니야디Buni Yadi의 남학교를 습격해서 소년 59명을 산 채로 태워 죽였어요. 하지만 이런 일은 처음이었죠.

아이들을 태우고 갈 차량이 충분치 않아서 몇몇 집에서 차를 훔 쳐간 걸 보면 처음부터 그 일을 계획하고 온 건 아닌 듯했어요. 도망 쳐 온 소녀 몇에 따르면 보코하람 대원들은 사실 병영을 지을 시멘 트와 벽돌 만드는 기계를 구하러 왔다더군요. 여학생을 어떻게 할까 를 두고 자기들끼리 말다툼을 벌였고 심지어 불태워 죽이자는 의견 도 있었대요.

이 모든 일이 어떤 음모라고 말하는 사람들도 있어요. 이 지역 에 일어나는 습격 때문에 보통 치복에는 100명의 군인이 근무하고 있는데, 그날은 병력이 다른 곳으로 파견돼서 15명만 있었대요. 경 찰도 27명만 있었는데 대부분 술에 취해 있었고요. 그날 밤 학교에 는 불도 들어오지 않았어요. 발전기를 돌릴 경유가 없었거든요. 교 장 선생님은 무슬림이었는데 바로 두 주 전에 습격에 대한 경고가 있어서 대응 연습을 할 때 무슨 일이 일어나면 한 장소에 다 같이 모 여 있으라고 말했다더군요. 아이들이 달아났다면 아마 탈출할 수 있 었을 텐데요."

나이지리아의 대통령 굿럭 에벨레 조너선Goodluck Ebele Jonathan은 현대적인 수도 아부자의 대통령궁에서 아무 조치도 취하지 않았다. 나이지리아 곳곳의 마을에서 수천 명의 소녀가 실종되고 있었다. 치 복 소녀들의 납치는 보코하람이 저지른 잔학 행위의 긴 목록 중 또 하나의 사건으로 끝날 수 있었다. 그러나 하나가 달랐다. 2014년 4 월 23일 납치가 일어나고 9일 뒤 상법 변호사인 이브라힘 압둘라히

Ibrahim Abdullahi가 포트하커트Port Harcourt의 호텔에서 아부자로 돌아가기 위해 짐을 싸며 텔레비전을 틀었다. 포트하커트 도서 축제에서 진행 중인 생방송에 전 교육부 장관 오비 에제크웨실리Oby Ezekwesili가 출연해 이야기를 하고 있었다. 그녀는 치복 소녀들의 납치에 대해 이야기하며 '우리 딸들을 데려오라'고 정부에 요구하도록 청중들을 독려했다.

압둘라히는 트위터를 자주 사용했으므로 오비의 말을 트위터에 올리며 해시태그 두 개를 붙였다. #BringBackOurDaughters(우리 딸들을 데려오라), #BringBackOurGirls(우리 소녀들을 데려오라). 그는 서둘러 공항으로 가면서 그 자신도 아버지로서 아이를 그렇게 잃는다면 얼마나 가슴 아플까 생각했다. 지구 건너편 로스앤젤레스에서는 한 영화 제작자가 그의 트윗에 주목했다. BBOG 해시태그는 3주 사이에 전 세계적으로 300만 회 리트윗되었다. 많은 유명인이 'Bring Back Our Girls'라는 글귀가 적힌 플래카드를 들고 셀피를 찍었다. 그중에는 슈퍼모델 나오미 캠벨, 유명 방송인 킴 카다시안, 미국의 국무부 장관 힐러리 클린턴과 영부인 미셸 오바마가 있었다. 십대 딸 둘을 둔 미셸 오바마는 오바마 대통령의 주간 라디오 방송 시간에 자신의 분노를 표현했다. "버락과 저는 이 소녀들에게서 우리 딸들의 모습을 봅니다." 또한 남편 오바마 대통령이 이 소녀들을 찾기 위해 미국 정부가 할 수 있는 모든 일을 하도록 지시했다고 덧붙였다. 런던에서는 데이비드 캐머런 수상이 하원에서 이 납치 사건을 "극악한 악행"이라고 표현하며 영국이 "할 수 있는 모든 것"을 하겠노라고 약속했다.

미국은 CIA 분석가와 FBI 인질 협상가들을 지원했고, '하늘의 눈'이라 불리는 프레데터 무인기를 보냈다. 영국과 프랑스는 정보 제휴팀을 구성하여 군사 고문과 위성 전문가를 파견했다. 약속했던

RAF 정찰기는 고장이 나는 바람에 파견이 지체되었다.

세계 곳곳의 기자들처럼 나도 편집장으로부터 지시를 받아 서둘러 비자를 발급받고 나이지리아로 향했다. 나이지리아 외무부에는 그 주 아부자에서 열리는 아프리카 세계경제포럼World Economic Forum을 위해 취재 경쟁을 벌이는 듯한 매스컴의 요청이 쇄도했다. 나는 속보 취재의 익숙한 흥분이 솟구치는 걸 느끼며 비행기에서 내려 끈적거리고 답답한 열기 속에서 택시에 올라타 낯설고 현대적인 수도로 들어갔다. CNN, ABC, BBC, ITN, Sky, Nippon TV 등이 적힌 위성 안테나들의 숲이 보였다. 이후 10일 동안 치복 소녀들의 납치가 전 세계 뉴스를 장악했다.

매일 해 질 무렵이면 기자들의 무리가 힐튼호텔에서 나와 길을 건너 유니티파운틴으로 갔다. 나이지리아의 65개 주 이름이 새겨진 분수는 작동을 멈춘 채 먼지 덮인 교통섬이 되어 있었다. 붉은 기운이 번지는 하늘을 배경으로 검은 새들이 V자 대형으로 무리 지어 날 때 붉은 옷을 입은 집회 참가자들이 모여들었다. 그들은 정부의 대응 부재에 항의하는 에제크웨실리와 다른 발표자들에게 박수갈채를 보냈다.

연사가 말을 끝낼 때마다 모두 입을 모아 외쳤다.

우리는 무엇을 외치는가?
우리 소녀들을 돌려 달라!
우리는 무엇을 요구하는가?
우리 소녀들을 데려오라! 지금 당장 산 채로!

사람들이 벨벳 같은 어둠 속으로 흩어질 무렵 나는 에제크웨실리와 커피를 마시기 위해 근처 호텔로 들어갔다. 에제크웨실리는 나이지리아 장관에서 세계은행 부총재가 된 사람으로, 국제투명성기구Transparency International의 공동 설립자이기도 하다. 그녀는 안 그래도 화가 나 있었는데, 호텔 천장 일부가 그녀의 옷에 떨어지는 바람에 더욱 화가 났다. "저 역시 교육을 받지 못했으면 가난에 붙들린 채 잊힌 또 다른 여자아이였을 겁니다." 그녀가 내게 말했다. "이렇게 노골적으로 우리 아이들이 납치당하다니 우리는 대체 얼마나 심각하게 실패한 사회인 걸까요? 이 사건이 각성의 기회가 돼야 합니다."

석유 자원이 풍부한 나이지리아는 남아프리카공화국을 막 앞질러 아프리카 최대의 경제 대국이 되었다. 나이지리아 정부는 경계가 삼엄한 이번 경제포럼에서 나이지리아의 발전을 과시할 계획이었다. 그러나 온 세상의 관심은 실종된 소녀들에게 향하는 듯했다. 한때 동물학자였으며 중절모 애호가인 조너선 대통령에게는 분명 대단히 짜증 나는 상황이었을 것이다. 그는 이후 19일 동안 아소록의 관저에 틀어박힌 채 납치에 대해 한마디도 하지 않았고, 구조 계획을 세우려는 회의를 소집하지도 않았다. 그의 군대는 사실상 납치 자체를 부인했다. 그의 아내는 시위 참가자들이 "술책을 부리고 있다"며 비난했다. 조너선 대통령이 전당대회에서 춤추는 모습이 사진으로 찍혔을 때 《뉴욕 타임스》는 "이 극악무도한 범죄를 해결하는 일에 경악할 만큼 무능하다고 느리다"며 그를 강하게 비판했다.★ 치복의 소녀들이 처한 곤경에 무관심한 대통령의 모습은 자신들의 부를 살찌우는 일에만 관심이 있는 정부의 전형인 듯했다.

실종된 여학생들의 부모들은 종종 유니티파운틴 집회에 참가했다. 내가 에스더를 만난 것도 그곳이었다. 말쑥하게 차려입은 마

★   'Nigeria's Stolen Girls', *New York Times*, 6 May 2014.

흔두 살의 그녀는 치복 지방정부의 재무국에서 일했다. 그녀는 휴대 전화로 딸 도르카스의 사진을 보여주었다. 인어 꼬리처럼 반짝이는 청록색 긴 소매 드레스를 입은 환한 표정의 소녀였다. 그녀가 실종된 주에 찍은 사진이었다.

"아이가 패션을 좋아하는 게 보이시죠." 에스더가 말했다. "요루바족처럼 근사하게 머리를 묶는다고 우리가 말하곤 했죠. 요루바족은 근사한 머리로 유명하잖아요."

"제 심장 같은 아이예요. 착하고 다정한 아이였어요. 제 삶의 기둥이었죠. 부탁하지 않아도 늘 동생들을 돌보고 음식을 준비했어요. 교회 성가대에서 노래하는 걸 좋아했고요. 음색이 감미로웠죠."

가족은 모두 독실한 기독교 신자들이었다. "치복 사람들은 대부분 기독교도예요. 보코하람이 오기 전에는 무슬림 형제들과 평화롭게 살았어요."

도르카스도 학교에 있던 대부분의 소녀처럼 시험 준비를 하고 있었다. "벌써 논문을 다섯 편이나 썼어요. 늘 성적이 좋았고 공부를 열심히 했어요. 경영학을 공부해서 교수가 되고 싶어 했죠."

소녀들이 납치되고 4주 뒤 보코하람이 영상을 공개했다. 검은색과 회색 히잡을 걸친 소녀 130명이 타마린드나무 아래에서 손바닥을 위로 향하게 들고 기도를 하며 《코란》을 암송하고 있었다. 나이지리아 북부는 무슬림이 많긴 하지만 치복은 기독교도와 이슬람교도가 섞여 있다고 에스더가 알려주었다. 그리고 납치된 여학생들은 대부분 기독교도였다.

"나는 너희 딸들을 납치했다." 보코하람 지도자 아부바카르 셰카우가 의기양양하게 말했다. 그는 사악한 광대처럼 미친 듯이 떠들었다. "나는 알라의 이름으로 그들을 시장에 팔 것이다. 그들을 팔고 결혼시킬 것이다."

에스더는 아름다운 딸을 찾아 영상을 훑어봤지만 찾지 못했다. 그들이 딸에게 무슨 짓을 하고 있는 것일까?

어떤 엄마라도 겁에 질렸을 것이다. 세계 테러리즘 지수에 따르면, 보코하람은 알카에다와 ISIS처럼 국제적 관심은 받지 않는다 해도 세계에서 가장 파괴적인 테러 집단이었다.

나이지리아 사람들과 이야기를 나눠보니 보코하람의 목적에 대해 갈피를 잡지 못하는 듯했다. 나는 아부자에서 전 하원의원 한 사람을 만났다. 반부패 네트워크를 이끄는 인물이었는데 아우디 R10 슈퍼카를 타고 다이아몬드가 박힌 롤렉스 금시계를 차고 등장했다. 그는 보코하람을 "무지한 종교적 신념을 이용해 사악한 범죄를 저지르는 악마 같은 분파"라 묘사했고 그들의 범죄에는 "강도질과 도적질도 섞여 있다"고 했다.

남부 출신 기독교도인 굿력 조너선 대통령을 축출해 자기들이 권력을 잡으려는 군부나 북부 정치인들이 세운 조직이라고 말하는 사람들도 있었다. 또는 북부 정치인들의 권력을 빼앗으려는 남부 기독교도 정치인들이 만들었다는 사람도 있었다.

보코하람은 사실 이 조직의 별명이다. 다소 덜 주목받는 진짜 이름은 '자마투 아흘리스 순나 리다아와티 왈지하드Jama'atu Ahlus wa-Sunna Lida'awati wal-Jihad'다. '선지자의 가르침 전파와 성전에 헌신하는 사람들'이라는 뜻이다. 그러나 처음 조직이 생겼을 때는 이름이 없어서 나이지리아 탈레반이라 불리기도 했다.

조직의 창립자는 모하마드 유수프Mohammad Yusuf라는 앳된 얼굴의 살라프파Salafist(수니파의 일부인 이슬람 근본주의 분파로, 초기 이슬람 신자들의 경건한 신앙으로 회귀할 것을 주장한다─옮긴이) 성직자였다.

그는 2002년에 보르노Borno의 주도인 마이두구리Maiduguri에 신학교를 세우고 13세기 몽골을 상대로 성전을 주창했던 시리아인 이븐 타이미야Ibn Taymiyyah를 따라 이름을 지었다.

그곳에서 유수프는 지구는 평평하다고 가르치며 서구식 교육(보코)을 죄악(하람)이라 비난했다.

나이지리아는 아프리카에서 가장 인구가 많은 나라로 약 2억 명의 인구와 수백 개의 언어와 부족으로 구성되어 있다. 절반가량이 이슬람교도인데, 번창하는 남부와 반대로 몹시 가난한 북부에 주로 산다. 수출로 얻은 국부가 여러 해에 걸쳐 불평등하게 분배된 데다 부패한 지도자들의 잘못된 경제 정책과 약탈이 더해진 탓이다.

나이지리아는 세계에서 가장 젊은 국가에 속하기도 한다. 인구의 반 이상이 30세 미만이다. 일자리도 희망도 없는 수많은 청년 사이에서 유수프의 급진적인 이슬람 신앙을 추종하는 사람들이 늘어나기 시작했다. 특히 그와 같은 카누리족 출신의 추종자들이 많았다. 그와 추종자들은 확성기를 높이 매단 픽업트럭을 타고 지역을 돌며 무슬림에게 기독교도가 장악한 '도둑들의 정부'를 무시하고 샤리아법을 따르라고 독려했다. 그는 이 모든 타락의 원천이 바로 영국 식민 통치자들이 심어 놓은 교육제도라고 열변을 토했다.

그러나 이런 움직임이 전면적인 봉기로 변한 계기는 오토바이 헬멧 착용을 규제하는 법이었다. 나이지리아의 도로는 세계에서 가장 위험한 도로로 손꼽힌다. 2009년 1월 나이지리아 정부는 사망률을 줄이기 위해 헬멧 착용을 의무화했다. 그러나 많은 사람이 헬멧 착용을 거부했다. 머릿니를 유발하거나 여인들이 비싼 돈을 들여 공들여 땋은 머리를 망치거나 심지어 헬멧이 착용자에게 주술을 거는 데 이용될 수 있다는 이유 때문이었다. 사람들은 대부분 헬멧 착용 의무화가 경찰이 뇌물을 뜯어낼 또 다른 구실이 될 거라 생각했다.

그다음 달에 유수프의 추종자 몇 명이 또 다른 북동부 마을 바우치Bauchi에서 장례 행렬에 참가했다가 헬멧을 쓰지 않았다는 이유로 경찰에 제지당했다. 서로 격렬하게 대치하던 중 치안 부대가 발포하여 17명이 부상을 입었다.

유수프는 추종자들에게 성전으로 대응하기를 부르짖으며 다섯 개 북부 주 곳곳에서 공격을 개시했다. 이들의 공격은 정부군에 잔인하게 진압됐다. 1000명쯤 죽었고 추종자들의 가족을 비롯해 더 많은 인원이 투옥되었다. 마이두구리에서는 시가전이 벌어졌다. 군대는 마침내 유수프를 생포해 경찰서에 구금했고, 그는 그곳에서 가슴에 총을 맞고 죽었다. '도주 시도' 중 총을 맞았다고 경찰은 주장했다. 총알 박힌 그의 시신이 기자들에게 공개되었다.

남은 지도부는 지하로 숨었고 많은 사람은 보코하람이 끝났다고 생각했다. 그러나 남은 조직원 중 몇 명이 소말리아와 말리, 심지어 아프가니스탄의 이슬람 성전주의자 훈련캠프에서 훈련을 받았고, 2010년쯤 유수프의 전 대변인 셰카우가 이끄는 테러리스트 집단으로 다시 모습을 드러냈다.

히잡을 두른 치복 소녀들과 함께 찍은 영상 속 셰카우는 무서운 사람처럼 보였다. 사람들은 그를 두고 '사이코패스'라고도 하고 '망상에 빠졌다'고도 하지만, 죽은 유수프의 아내와 결혼했다는 것 말고는 그에 대해 잘 알지 못하는 것 같았다. "유수프가 레닌이라면 셰카우는 스탈린입니다." 아부자의 한 영국 외교관이 내게 말했다. "혁명을 이어받아서, 유난히 폭력적인 방향으로 이끌었어요."

오사마 빈 라덴Osama bin Laden처럼 그는 세상과 소통할 때 비디오 영상을 즐겨 썼고, 대개 AK 소총을 들고 등장했다. 복면을 쓴 부관들에 둘러싸인 채 에이브러햄 링컨부터 엘리자베스 2세에 이르기까지 무엇에 대해서든 한 시간 동안 장광설을 늘어놓곤 했다. "닭과 양을 즐겁게 죽이듯 나는 신이 죽이라고 명령한 사람은 누구든 즐겁게 죽인다." 2012년 한 영상에서 그는 이렇게 선언했다. "우리는 민주주의를 실천하는 사람은 누구든 죽일 것이다. …… 죽여라, 죽여라, 죽여라!"

보코하람에 처음 살해당한 사람들은 온건한 이슬람 지도자들로, 오토바이를 탄 총잡이 무리에 총격을 당했다. 초기에 보코하람의 목표는 주로 조직원과 그 가족을 탈옥시키고, 대원들을 다시 보충하는 데 집중돼 있었다. 교회도 폭파하기 시작했다. 2010년 크리스마스이브에 마이두구리의 교회 두 곳을 시작으로 폭탄 공격을 펼쳐 모든 교회에 북부를 떠나라고 요구했다. 이듬해 그들은 나이지리아의 수도 아부자로 활동 장소를 옮겨 경찰청을, 그다음은 UN 건물을 폭탄으로 공격했다.

2011년 리비아의 카다피 정권이 붕괴한 뒤 영국의 어느 첩보 보고서에 담긴 인상적인 표현에 따르면 '불법 무기 거래의 테스코'였던 리비아로부터 니제르와 그 너머의 지역들에까지 무기가 쏟아져 들어왔다.

2012년 보코하람은 더 무차별적인 공격을 벌이며 지역 곳곳의 이슬람 사원과 버스 정류장, 시장, 병원에 자살 폭탄 공격을 감행했다. 이름에 걸맞게도, 학교를 불태우고 교사들을 죽였으며 소년들을 보초병과 신병으로 끌고 갔다. 소년들을 그냥 학살할 때도 있었다. 십대 소년들에게 참호를 깊이 파라고 시킨 다음 한 줄로 세워 목을 베어 떨어뜨리기도 했다. 단칼에 목을 베는 솜씨 때문에 백정이라 알려진 대원도 있었다.

워낙 잔혹한 탓에 알카에다조차 이들을 지나치게 극단적이라고 보는 모양이었다. 2011년 5월 오사마 빈 라덴을 살해한 미국 네이비실이 압수한 서류 중에는 셰카우의 편지도 있었다. 편지에서 셰카우는 빈 라덴의 대리인 아이만 알자와히리Ayman al-Zawahiri와 만남을 요청하며 '한 깃발 아래' 함께하기를 희망했다. 빈 라덴은 답신하지 않았다.

자금을 모으기 위해 보코하람은 은행을 털었다. 가나-머스트-고Ghana-Must-Go 가방이라 불리는 큼직한 체크 나일론 여행 가방에 현금을 쑤셔 넣었다. 무장을 위해 나이지리아군의 총과 트럭, 심지어 탱크까지 빼앗았다. 부패한 군부가 그들에게 팔았다는 이야기도 있다. 곧 그들은 북부 곳곳의 소도시와 마을을 합병하며 영토 장악에 몰두했고 보르노의 70퍼센트를 손에 넣어 나중에 ISIS가 세운 것과 같은, 그보다 훨씬 더 잔인한 칼리프 국가를 세웠다. 수천 명을 살해하고 생포했으며 수십만 명의 주민이 달아났다.

학교, 특히 여학교를 습격하는 것은 보코하람만의 특징은 아니다. 아프가니스탄과 파키스탄 북부의 탈레반도 학교 수백 곳을 습격하거나 폭탄으로 공격했다. 파키스탄에서는 2012년 10월 열다섯 살의 말랄라 유사프자이Malala Yousafazi가 교육권 보장 운동을 벌인 대가로 통학버스를 타고 가다가 총에 맞았다.

그러나 보코하람만의 특징 하나는 어린 소녀들을 납치해 대원들과 강제 결혼시키는 것이었다. 전통적으로 내야 하는 신부 값을 치를 수 없는 실직 청년들에게 아내를 제공함으로써 추종자들의 충성을 확보하려는 속셈도 부분적으로 있었다. 또한 칼리프 국가의 미래 성원을 확보하려는 목적도 있었다. 소녀들은 무슬림 자녀를 생산할 부화기로 취급되었다. 이미 기독교도의 아이를 임신한 여성이 있다면 마체테로 배를 가르고 태아를 거칠게 뜯어냈다. 이런 강제 결혼은 나이지리아 정부가 자신들의 여자 가족을 억류하는 것에 대한 보복이기도 했다. 셰카우의 아내와 세 딸이 2012년 9월 어느 명명식에 갔다가 군대의 공격으로 붙잡혔다는 이야기가 있었다. 사건 직후 그는 경고 영상을 또 내보냈다. "너희가 우리의 여자들을 붙잡고 있으니 너희 여자들에게 무슨 일이 일어날지 두고 보라."

그는 이렇게 덧붙였다. "이슬람에는 노예제가 있다는 것을 알려주고 싶다. 바드르 전투에서 예언자 무함마드도 노예를 포획했다." 그가 언급한 바드르 전투는 7세기에 무슬림이 그들보다 수적으로 우세한 메카인들과 싸워 최초로 승리를 거둔 전투였다.

보코하람은 이해하기 복잡했고, 언론이 이에 주목한 시간은 짧았다. 위성 안테나들은 곧 짐에 실렸고, 기자들은 새로운 이야기, 이라크와 시리아의 넓은 지역을 차지한 IS의 이야기를 찾아 떠났다. 캐머런 총리가 보낸 영국 정찰기는 다른 곳으로 조용히 이동했고, FBI는 인질 협상가들을 철수시켰다.

소녀들은 마치 지상에서 사라져버린 것 같았다. 이듬해 2015년 3월 굿럭 조너선 대통령은 '굿럭'이 다했는지 현직 대통령으로서는 나이지리아 역사상 최초로 선거에서 패배했다. 치복 소녀들을 찾아내지 못하고 폭동을 끝내지 못한 것이 패배 이유 가운데 하나였다.

승자는 1980년대에 나이지리아를 통치했던 군부 독재자 모하마두 부하리Muhammadu Buhari였다. 아홉 명의 딸이 있던 그는 치복 소녀들을 찾는 것이 취임 이후 100일 안에 최우선으로 완수해야 할 임무라고 군대에 지시했다. 그러나 100일이 지났어도 보코하람의 공격은 계속됐고 셰카우와의 협상은 진전이 없었다. 2016년 1월 부하리 대통령은 약 300명의 부모를 만난 자리에서 그의 행정부는 소녀들의 행방이나, 사실상 그들의 생존 여부에 대해서도 "믿을 만한 정보가 없"다고 말했다.

에스더는 내게 정성 어린 메시지를 자주 보냈고, 나는 그 소녀들을 머릿속에서 지울 수 없었다. 새벽에 일어나 십대 아들의 침대가 여전히 비어 있는 것을 볼 때 가슴이 철렁해지는 그 느낌을 나는 잘 안다. 딸이 잔인한 살인자와 강간범들의 손에 있다는 걸 안다면 어떻겠는가.

2014년 6월 치복 소녀들이 납치된 지 두 달이 지난 뒤 나이지리아 북부에서 젊은 여성들의 자살 폭탄 공격이 잇따라 일어났다. 많은 사람은 이들이 치복 소녀들이라 믿었다. 그들이 세뇌되어 살인자로 훈련됐거나 원격 폭파되는 조끼를 입고 강제로 자살 폭탄 공격자가 됐을 것이라고 생각했다. 그러나 치복 소녀들의 국제적 지명도를 생각했을 때 보코하람이 이들을 무척 소중하게 여길 거라 주장하는 사람도 있었다.

런던에서 만난 스티븐 데이비스Stephen Davis 박사는 맥북에어 노트북을 홱 열어젖히더니 속이 뒤집힐 것 같은 비디오 영상을 내게 보여줬다. 소녀들 셋이 비명을 지르고 지르다 열린 입으로 목소리가 나오지 않을 때까지 강간당하는 영상이었다.

"보코하람을 보면 ISIS는 애들 놀이 같아요." 한때 코벤트리대성당의 성직자였던 데이비스 박사가 내게 말했다. 그는 호주의 퍼스에 살고 있었는데, 몇 년 동안 보코하람 조직원들과 협상을 한 적이 있다. "1년 내내 하루도 빠짐없이 집단 강간을 당한 소녀를 만나기도 했습니다."

2009년에서 2016년까지 보코하람은 1만 5000명 이상을 죽이고 마을들을 파괴했으며, 200만 명 넘는 사람들을 고향에서 몰아냈다. 또한 유니세프에 따르면 100만 명이 넘는 아이를 학교에서 쫓아내고 학교 건물을 불태웠으며, 수백 명의 교사를 죽이고 수천 명의 소년과 소녀를 납치해 요리병과 보초병, 성노예로 삼았다. 알카에다에 거부당한 뒤 2015년 보코하람은 ISIS와 연계하여 서아프리카 이슬람국가가 되었다.

그런데 어떻게 219명의 소녀들이 체포되어 그냥 사라질 수 있을까? 그 자신 역시 세 딸을 둔 아버지이기도 한 데이비스 박사가 흥분해서 말했다. "그렇게 많은 소녀를 끌고 가면서 아무 흔적도 남기지 않다니 믿을 수 없어요. 차량이 얼마나 많이 필요할지 생각해보세요. 그런데 바퀴 자국 하나 남기지 않고 마을 사람 누구도 그들이 지나가는 걸 보지 못했어요. 믿을 수 없는 일이죠."

소녀들이 납치되고 2년이 지날 때까지도 유니티광장에서는 저녁 집회가 여전히 이어졌다. 제비들은 여전히 무리 지어 날았지만 시위 참가자들은 줄어 있었다. 아마 여남은 명쯤이 "우리 소녀들을 데려오라"는 빨간 배지를 달고 모여 있었고, 차곡차곡 쌓아올린 플라스틱 의자들은 그대로 남아 있었다. 몇몇이 퇴근 후 뒤늦게 합류했고 지나가는 운전자들이 연대의 표시로 경적을 울렸다.

"아무도 포기하지 않을 겁니다." 집회를 조직한 유수프 아부바카르Yusuf Abubakar가 주장했다. 확성기가 말을 듣지 않아서 그는 평소에 외치던 구호를 소리 높여 외쳤다.

우리가 언제 멈출까?
우리 소녀들이 살아 돌아올 때까지는 절대 멈추지 않는다!
우리가 언제 멈출까?
우리 딸들이 돌아올 때까지는 절대 멈추지 않는다!

집회에서는 다양한 문제가 논의되었다. 부니야디에서 살해된 소녀들을 기억하는 촛불 시위에 누가 다과를 준비할지 같은 문제도 의논했다. 언제나처럼 집회는 존 레넌의 〈평화에게 기회를 주세요Give Peace a Chance〉의 가사를 바꿔 "우리가 말하고자 하는 건 단지 우리 소녀들을 돌려달라는 것일 뿐, 살아 있는 모습으로 지금 당장!"이라고 모두가 노래를 부르며 끝이 났다.

집회에 모인 사람 중에는 튤립처럼 마르고 고요한 십대 소녀 마리암Maryam과 그녀의 어머니 파티마Fatima도 있었다. 두 사람 모두 슬픔에 잠긴 모습이었다. 마리암은 2014년 2월 24일 보코하람이 부니야디 학교를 습격했을 때 사랑하는 오빠 쇼아이브Shoaib와 함께 그곳에 있었다고 내게 말했다. "그들은 여학생을 모두 사원에 몰아넣고는 그런 학교에 다니는 것은 잘못된 일이라며 다시 그 학교에 가다가 걸리면 살려 두지 않겠다고 했어요. 그러고는 우리 앞에서 남학생들의 머리에 총을 쏘기 시작했어요."

남은 남학생들은 목을 베어 죽였다. 여학생들은 그 비명을 들었다. 마리암은 오빠를 다시 보지 못했다. "그 아이는 건축가가 되고 싶어 했죠." 파티마가 말했다. "저는 그 소식을 듣고 기절했어요."

파티마는 더 안전해 보이는 카두나의 학교로 마리암을 보내며 학비를 대고 있다. 그러나 마리암은 내게 울면서 이야기했다. "오빠 생각이 계속 나고, 그들이 저지른 짓이 자꾸 떠올라서 집중할 수가 없어요. 제가 학교에 다닐 수 있도록 엄마가 희생하고 계신 걸 잘 알고 학교를 그만두고 싶지 않지만 무얼 해야 할지 모르겠어요. 매일 밤 악몽을 꾸고 머릿속에 그 악몽이 가득 차 있어요."

이튿날 아침 나는 에스더 야쿠부를 다시 만났다. 그녀는 지난 2년 동안 10년은 더 나이가 든 듯했고 자신이 불확실성 속에 머무는 느낌이라고 했다. "잠을 잘 수 없어요. 숨을 쉴 수 없어요. 다른 딸은 무서워서 학교에 가지 않으려 해요." 치복의 부모 중 몇 명은 자살을 했다. 아무도 그들에게 상담을 제공하지 않았다. "정부는 그냥 옷감과 쌀만 줘요." 그녀는 어깨를 으쓱해 보이며 말했다. "그게 무슨 소용이 있겠어요?"

그녀는 딸이 돌아올 것이라고 여전히 믿는다. "그 애가 살아 있다고 믿어요. 아이가 돌아오는 꿈을 꾸곤 해요. 한 번은 걔 여동생이 밤에 깨서 소리를 질렀어요. '도르카스가 왔어!' 언니가 돌아오는 꿈을 꾼 거예요. 그 애는 잘 그래요. 딸이 죽었다면 제가 알 거예요."

그들은 국제적 관심에 놀랐고 아이들을 빨리 되찾을 수 있다는 희망을 품었다. 그래서 아이들을 이렇게까지 찾지 못하는 상황에 어리둥절했다. "미국에 바그다드의 행인 하나, 아프가니스탄 언덕의 염소 하나까지 볼 수 있는 위성이 있다면서요." 에스더가 말했다. "그런데 어떻게 그 많은 소녀를 못 볼 수가 있죠? 제 생각에는 정부가 진지하게 찾지 않는 것 같아요. 지배층의 자식들이었으면 벌써 찾았겠죠."

마이두구리 공항 바깥에 있는 군 검문소에는 큼직한 수배 포스터가 붙어 있었다. 보코하람 무장 대원 수십 명의 위협적인 얼굴 한가운데에 셰카우의 심술궂은 얼굴이 있었다. 쌓아 놓은 모래주머니 뒤에 서 있는 군인들의 표정은 시무룩했다. 놀랍지 않은 일이다. 아마 급료도 낮고 무기도 변변치 않을 것이다. 들리는 바에 따르면 사령관들이 군 자금을 횡령하거나 무기를 테러리스트 단체에 팔아넘긴다고 했다.

나는 보코하람에 인질로 붙들렸던 사람들을 만나기 위해 보코하람의 탄생지로 날아갔다. 도르카스처럼 그들에게 붙잡힌 여성들의 삶이 어떤지 알기 위해 예전에 인질로 잡혔던 사람들을 만날 예정이었다. 비행기에서 나는 대학의 작물생산과에서 학과장을 맡고 있는 아바 감보Abba Gambo 교수 옆에 앉았다. 그는 형제 11명이 살해되었고 그중 한 명은 자기 눈앞에서 총을 맞고 죽었다고 했다. 그는 보코하람이 탄생하게 된 배경으로 심각한 수준의 빈곤과 문맹률, 기후 변화를 꼽았다. 기후 변화로 지역의 우기가 석 달로 줄면서 차드 호수가 오그라들고 작물 생산량이 감소했다. 그는 창밖으로 보이는, 바싹 마른 갈색 땅을 가리켰다.

비행기에는 나 말고 다른 외국인도 있었다. 뉴질랜드 출신의 데니스 리치Denise Ritchie는 의욕이 넘치는 금발의 변호사이자 성폭력과 싸우는 운동가였다. 납치당했던 여성들에게 주려고 모은 브래지어와 속바지들을 넣은 가방을 여러 개 들고 간다고 말했다. 처음에 나는 그녀가 미쳤다고 생각했지만, 곧이어 그녀가 한 번도 만난 적 없는 여성들에게 작은 존엄을 건네주기 위해 지구를 반 바퀴 돌아간다고 생각하니 숙연해졌다.

우리는 둘 다 사투스 게스트하우스에 짐을 풀었다. 군부대가 주둔하고 있어서 안전하다고 추천받은 숙소였다. 군부대가 공격의 주요 표적이라는 점을 생각한다면 그게 이점이 될지 의문이 들기는 했다. 게스트하우스 홈페이지에 실린 객실 사진에는 스칸디나비아 스타일의 미색 목재와 흰 이집트면 누비이불이 있었다. 하지만 실제 방들은 갈색이었고 침대 커버는 눅눅하고 얼룩진 캔들위크천이었다. 매니저에게 따졌더니 그는 웃으면서 홈페이지의 사진들은 다른 호텔의 사진인데 너무 마음에 들어서 붙였다고 말했다.

마이두구리는 2년 전인 2014년에 내가 방문했을 때보다 훨씬 활기가 있었다. 그때는 공격을 받은 지가 얼마 되지 않아 통행금지 상태였다. 지금은 모든 사람이 뭔가를 팔고 있는 것처럼 보였다. 거리에서는 젊은 청년들이 탁구를 치고 있었고, 사람들이 강에서 잡은 민물고기와 쿠엘레아라 불리는 빨강 부리의 조그만 참새 같은 새들을 꼬치에 꽂아 굽고 있었다. 이 구이들을 종이에 싸서 파는데 통째로 우두둑 씹어 먹는다.

보코하람에 점령된 주변의 마을과 소도시에서 수십만 명이 이곳으로 도망쳐왔다. 그들을 모두 수용하기 위해 25개의 캠프가 세워졌다. 이렇게 도망쳐온 사람 중에는 보코하람으로부터 탈출하거나 구조된 소녀 수천 명이 있었다. 모든 국제적 관심이 치복 소녀들에게 쏠려 있긴 하지만 그들의 납치가 빙산의 일각일 뿐이라는 것은 분명했다.

"그들은 더러운 손으로 우리 입을 틀어막으며 가슴을 그들에게 보이게 했어요." 바 암사Ba Amsa가 말했다. 에스더의 딸 도르카스처럼 그녀도 보코하람에게 포로로 붙잡혔을 때 열여섯 살이었다. "저항할 수가 없었어요. 그들에게는 총이 있으니까요. 저항하면 숲으로 데려가서 죽이거든요."

그녀는 바마Bama라는 소도시 출신이었다. 바마는 보코하람의 공격을 여러 차례 받았고, 치복 납치 사건 다섯 달 뒤인 2014년 9월 보코하람에 점령당했다.

잔혹하기로 잘 알려진 보코하람의 기준으로도 유난히 잔인한 점령이었다. 나중에 보코하람이 올린 비디오 영상에는 총을 든 대원들이 지역 학교의 기숙사 2층 침대 옆에 고개를 숙이고 엎드린 민간인을 살육하는 장면이 담겨 있었다. 대부분 성인 남성으로 보였다. 시체가 너무 많아서 대원들이 간신히 비집고 다니며 여전히 몸을 실룩거리는 사람들을 확인 사살해야 했다.

"우리는 이곳 바닥을 피로 붉게 물들였다. 이것이 앞으로 모든 공격에서 체포된 불신자들에게 일어날 일이다." 집단의 지도자가 영상 메시지에서 말했다. "지금부터 살인과 학살, 파괴, 폭파가 우리가 침략하는 곳에서 수행할 종교적 임무가 될 것이다."

보코하람이 진입하면 사람들은 도망갔다. 바 암사는 어릴 적에 소아마비를 앓은 탓에 다리를 절어서 빨리 뛰지 못했다. "그들은 저와 제 여동생을 붙잡아서 여자들만 가둔 감옥 같은 곳으로 데려갔어요. 석 달 동안 그곳에 붙들어 두고 이슬람에 대해 공부하게 했어요.

그곳은 보코하람 대원들이 아내를 고르는 장소였어요. 남자들이 우리를 보러 온다고 했어요. 일어서서 가슴을 보여주게 하고는 다섯 명이나 열 명을 뽑아 갔지요. 제 차례가 되기 전에 이미 20명 넘는 소녀들을 데려갔어요.

저를 고른 사람은 바마에서 제가 알던 사람이었어요. 우리는 보코하람이 죽인 사람들의 집에 머물렀어요. 그 사람은 어렸고 종교에 대해선 아무것도 모르는 것 같았어요. 보코하람에 가입하면 누구든 천국에 간다고 제게 말했어요."

그 사람이 어떻게 대우했는지 묻자 그녀는 땅을 내려다봤다. "저는 그 사람한테 저항할 수 없었어요. 무장하고 있었거든요. 어느 날 나이지리아군이 와서 마을에 폭탄을 쐈어요. 저는 임신한 상태였지만 간신히 달아났어요."

내가 바 암사를 만난 곳은 도시 변두리의 옛 공과대학 터에 자리한 달로리Dalori 캠프였다. 헐벗은 바오밥나무가 드문드문 있는 황폐한 땅이었다. 달로리는 가장 크고 오래된 캠프로, 2만 2000명 정도의 사람들이 있었다. 흰 천막들이 줄지어 서 있고, 가장 시설이 좋다고들 하는 곳이었지만 비참해 보였다. 하나밖에 없는 수도꼭지 앞에 맨발의 사람들이 줄을 서서 물을 받고 있었다. 40도의 열기에 천막들은 도피처가 되어주지 않았다. 배급품은 쌀과 한 달에 한 번 나오는 비누밖에 없었다. 나중에 보니 밀가루와 기름, 콩이 눈에 띄긴 했지만 시장에서 할인할 때 구해 와야 했다.

같은 공동체끼리 모일 수 있도록 캠프는 지역별로 배치되었다. 달로리 캠프에는 대개 바마 출신 사람들이 모여 있었다. 바 암사는 보코하람을 탈출했으며 그 사실을 공개적으로 밝히길 원하는 여성과 소녀들을 위해 지역 단체가 조직한 워크숍에 나가고 있었다. 워크숍은 책상이 여러 줄 놓인 작은 트레일러에서 열렸다. 40명의 여성과 소녀가 있었고 몇 명은 아기를 안고 있었지만 그들도 어려 보였다. 찌는 듯이 더운 곳이었다.

이제 열여덟 살이 된 바 암사는 남자 아기를 돌보고 있었다. 캠프에서 태어난 네 달 된 아들 아부야Abuya였다. 그녀는 부모님과도 재회했다. 부모님도 캠프에 있었다. 그녀의 다른 형제들—두 오빠와 남동생 한 명과 여동생 한 명—은 여전히 실종 상태였다.

바 암사는 부모님이 여전히 자신을 지지해주니 자신은 운이 좋은 편이라고 했다. 그러나 아들의 미래를 걱정했다. 어느 날 그 보코하람 남편의 누나가 그녀를 찾아와 아기에게 이름을 지어주고 싶다고 했다.

"우리 전통에 따르면 남편이 아기 이름을 짓지만 저는 그 사람이 그런 일을 저질렀으니 권리가 없다고 말했죠. 아기를 보면 그 모든 고통이 떠오르지만 아기는 그런 일이 있었다는 것도 모르니 비난할 수 없어요. 제게 일어난 나쁜 일은 이 아이가 아니라 모두 아이의 아빠 때문이죠. 아이는 죄가 없어요."

운이 좋다는 그녀의 말을 처음에는 수긍하지 않았지만 더 많은 소녀를 만나는 동안 그 말이 옳다는 것을 깨닫게 됐다. 워크숍에 나오는 대부분의 소녀는 공동체에서 따돌림당해서, 삼비사Sambisa(나이지리아 북동부 보르노주의 숲으로, 보코하람의 근거지가 있던 곳이다—옮긴이) 아내들이라 불리는 사람들을 위한 천막에서 따로 지내야 했다.

그중에 라카야 알 하지Raqaya al Haji가 있었다. 그녀는 열세 살인데 벌써 임신 4개월이었다. 강제로 결혼한 보코하람 테러리스트의 아기였다.

보코하람에 납치됐을 때 그녀는 열한 살밖에 되지 않았고 막 고등학교에 입학하려는 참이었다. "바마에 있는 부모님 집에서 잠들어 있었는데 총을 든 남자 둘이 들어와서 저를 데려갔어요. 같은 동네 출신이라 누군지 다 아는 사람들이었어요. 모두 그들이 보코하람 대원이라는 걸 알고 있었죠."

그들은 그녀를 부나페Bu Nafe 마을로 끌고 가서 쿠모로Khumoro라 불리는 젊은 대원의 세 아내 중 하나로 삼게 했다. 아직 생리도 시작하지 않은 어린 나이였다.

"거절하면 그들은 저를 첩으로 만들었을 거예요. 달아나면 길에 있던 사람들이 도로 잡아다가 죽였을 거고요.

그 남자는 대하기 힘든 사람이었어요. 저항하면 강제로 피를 마시게 했어요. 우리를 모아 놓고 여자들이 채찍질 당하거나 간통죄로 돌에 맞아 머리가 깨지는 모습을 지켜보게 했죠.

쿠모로가 전투에 나갈 때면 달아날까도 생각했지만 보코하람이 길에 사람들을 심어뒀으니 저를 보면 죽일 거라는 걸 알았어요."

결국 그녀는 1년 반이 넘게 잡혀 있다가 12월쯤 아픈 할머니를 방문하게 해달라고 필사적으로 애원했다.

"저는 달아났어요. 그들에게 발각되지 않게 밤에는 걷고 낮에는 숨었어요. 음식도 물도 먹지 못해서 어지러웠지요. 바마까지 돌아오는 데 사흘 밤이 걸렸어요. 바마는 나이지리아군이 통제하고 있었어요. 그들은 저를 당분간 보호하다가 1월에 이곳 캠프로 데려왔어요. 처음에는 너무 행복했죠. 그러다가 아무도 제게 말을 걸지 않는다는 걸 느꼈어요. 사람들은 저를 '아노바annova'라 불러요. 전염병이나 나쁜 피라는 뜻이에요."

"사람들은 납치당한 여자들이 보코하람의 동조자가 되었고 주술에 걸렸다고 믿습니다." 마이두구리대학교의 강사인 야가나 부가르Yagana Bugar 박사가 설명했다. 그녀도 바마 출신으로 이 여성들이 경험하는 낙인찍기에 대한 보고서를 작성했다. "캠프가 마을별로 배치돼 있어서 모두가 모두를 알지요. 아무도 보코하람에 납치됐던 사람들과 엮이고 싶어 하지 않아요. 그래서 그 모든 시련을 거친 뒤에도 그들은 캠프에서 배척당하고 제자리로 돌아갈 수 없답니다."

달리 말해 그들은 다시금 희생자가 된다. 어쩌면 나이지리아군의 보호 아래 일어났던 일까지 포함한다면 세 번째인지도 모른다.

너무 잔인하게 강간을 당해서 누공이 생긴 여성들도 있다. 누공이란 질과 방광이나 직장 사이의 벽이 찢어져서 소변이나 대변이 새는 것을 말한다. 몸에서 악취가 나기 때문에 막사 밖으로 거의 나가지 못한다. 그들을 붙잡아둔 남자들로부터 HIV에 감염된 여성도 있고, 아기를 낙태하려고 하거나 가족에게 강제로 낙태를 당한 여성들도 있다. 그들이 정신적으로 겪고 있는 것들을, 나는 감히 상상도 할 수 없었다.

그때 또 다른 소녀가 앞으로 나섰다. 자라 셰티마Zara Shetima. 머리를 정성껏 땋은 그녀는 열여덟 살의 가냘프고 아름다운 자태의 여성이었고, 22개월 된 사랑스러운 딸아이와 함께였다. 그녀는 아이에게 켈루 카리예Kellu Kariye라는 이름을 지어주었다.

"폭도들이 바마의 우리 마을에 와서 아빠에게 저와 결혼하고 싶다고 했어요." 그녀가 말했다. "제가 거절했더니 총을 들고 다시 와서 동의하지 않으면 저와 아빠를 죽인다고 했어요. 신부 값으로 2000나이날[7파운드]을 들고 왔어요."

마을이 점령되고 다른 사람들이 달아나자 그 남자는 자라의 가족이 살던 집에 그녀를 가두었다. "그는 키가 작고 얼굴이 검은 편이었어요." 그녀가 말했다.

그녀를 어떻게 대했는지 묻자 처음에는 괜찮게 대해줬다고 대답했다. 그러나 그녀의 눈동자에는 공허함이 있었다. "강제로 저와 관계를 했어요. 그들 모두 그랬어요." 그녀가 눈을 내리깔며 덧붙였다. "무척 힘들었어요."

그녀의 얼굴로 눈물이 흘러내렸다. 어린 딸 켈루가 엄마의 빨간 스카프 끄트머리를 집어 눈물을 톡톡 두드렸다. "제가 저항했다면 그 사람이 다른 사람들을 학살하는 걸 지켜보게 했을 거예요."

그것으로 끝이 아니었다. "다른 대원 몇 명이 와서 다른 곳으로 이동해야 한다고 말했어요. 그 사람이 안 가겠다고 하니 그들이 그를 쏴 죽였어요. 그러고는 제게 다른 대원과 결혼하라고 했어요. 거절했더니 여동생을 데려갔어요."

나중에 군용기가 마을을 폭격할 때 그녀는 탈출할 기회를 잡아 가시 잡목이 우거진 숲으로 달아났다. 그녀는 여동생과 다른 가족이 어떻게 됐는지 모른다고 했다.

"아무도 저를 돌보지 않아요. 여기에서 저는 혼자예요. 죽는 게 낫겠다고 생각할 때가 많지만 그러면 누가 켈루를 돌보겠어요?"

하루에 두 번 배급되는 쌀과 한 달에 한 번 배급되는 비누 말고는 다른 음식이나 도움을 구할 수 없었다. 수입을 보충하기 위해 그녀는 전통적인 기도 모자를 뜨개질해서 판다. 하나를 완성하는 데 한 달이 걸리는데, 하나당 2000~3000나이라(7~10파운드)를 받는 게 고작이었다.

자라 같은 소녀가 식량을 더 구할 다른 방법은 오직 하나뿐이다. 국제 구호원들의 이야기에 따르면 캠프에는 성적 학대가 만연했다. 한 캠프의 소장은 어린이들을 강간한 혐의로 재판을 받고 있다.

캠프의 상태가 너무 견디기 힘들어서 차라리 밖에서 구걸하며 살기를 선택하는 여성들도 있었다.

아부자로 돌아와서 나는 나이지리아군 대변인 라베 아부바카르Rabe Abubakar 준장을 만나러 갔다. 정전으로 사무실이 찌는 듯 더웠다. 그는 이제 보코하람이 "나이지리아군의 활동으로 실질적인 타격을 입었기 때문에 극도로 약해졌"다고 했다. 또 나이지리아군이 "수천 명의 소녀"를 구했으며, 그해 1월에만도 1000명이 넘는 소녀를 구했다고 했다. 그렇게 구조된 소녀 중 치복 소녀들은 하나도 없다는 것이 놀라웠다. 그들을 찾기 위해 동원된 그 모든 국제적 자원을 생각하면 특히 더 놀랄 일이었다.

그는 세계적 관심 때문에 치복 소녀들의 구출이 더 어려워졌다는 투로 말했다. "그 소녀들을 그들 왕관의 보석으로 만들어버렸잖아요." 그가 어깨를 으쓱했다.

치복 소녀들이 납치될 당시 나이지리아의 영국 고등판무관이던 앤드루 포콕 박사가 나중에 내게 인정하기를 수색 초반에 치복 소녀들 한 무리가 어디에 있는지 찾아냈다고 했다. "납치 두 달쯤 뒤 저공비행과 미국의 공중 전자 감시 장치를 통해 최대 80명의 소녀가 삼비사숲의 특정 지점에 있는 걸 발견했어요. 사람들이 생명의 나무라 부르는 큰 나무 주변이었지요. 차량이 이동한 흔적도 있었고, 큰 주둔지도 있었어요.

그 소녀들은 한동안, 거의 여섯 주 정도 거기에 있었어요. 영국과 미국 정부에 그 소녀들을 어떻게 할 것이냐고 문의했지만 답이 오지 않았어요."

서구의 지도자들은 'BBOG' 해시태그에 보인 그 모든 열정에도 군대를 파견할 마음은 없었다. "육상 공격을 하면 몇 킬로미터 떨어진 곳에서도 미리 알아차릴 테니 아마 소녀들이 살해당했을 겁니다." 포콕이 설명했다. "헬리콥터와 수송기를 보내 공중 구조를 하려면 많은 수가 필요했을 테고, 구조 인력에게도 위험하고 소녀들에게는 더욱 위험한 일이 됐겠죠. 아마 몇 명은 구했을 테지만 그 과정에서 많은 사람이 죽었을 겁니다.

저는 개인적으로 그곳에 있지 않은 다른 소녀들이 어떻게 될지 두려웠습니다. 80명이 그곳에 있었지만 200명 넘게 잡혀갔잖아요. 그들에게는 무슨 일이 벌어질까요?

셰카우가 일주일쯤 뒤에 비디오 영상에 등장해서 '누가 이 소녀들을 탈출시켜도 좋다고 말했나? 이제 내가 그들에게 무슨 짓을 했는지 보여주지……'라고 말하는 모습을 상상하고도 남지요. 그러니까 해도 문제, 안 해도 문제인 상황이었던 거죠. 현실적으로 구조할 수 없는 상황이었어요."

그때 멀리 호주에 있던 스티븐 데이비스 박사는 200명 넘는 소녀를 찾아내는 것이 그렇게나 힘든 일인지 믿을 수 없었다. 그는 유전지대인 니제르삼각주 지역의 인질 협상뿐 아니라 예전에 보코하람과의 평화협상에도 관여한 적이 있어서 그가 알고 지내던 지휘관들에게 전화를 걸었다.

"전화를 세 통 했어요. 지휘관 세 사람에게요. 그들은 '물론, 누가 그들을 붙잡고 있는지 알지'라고 하더군요. 그래서 소녀들을 붙들고 있는 사람들 몇 명과 이야기를 했고 어쩌면 그들을 석방할 준비가 될지 모른다고 말하더군요."

그 말에 용기를 얻은 데이비스는 2015년 4월 나이지리아로 가서 그의 흰 피부가 '등대처럼 도드라져 보이는' 북부의 보코하람 영토에서 세 달을 보냈다.

그는 소녀들이 살아 있다는 증거를 요구했다. 그들은 소녀들이 강간당하는 영상을 보여주었다. 내가 보았던 그 영상이었다. 그들은 또한 18명의 소녀가 아프다고 말했다. 그래서 그는 아픈 소녀들을 넘겨달라고 제안했다. 협상은 세 번이나 거의 마무리 단계까지 갔다. "한번은 소녀들 몇 명을 우리에게 넘기기 위해 마을로 데려오는 단계까지 갔어요. 그런데 그때 다른 집단이 끼어들어 소녀들을 빼돌렸어요. 돈을 벌 기회를 알아차린 거죠."

좌절한 데다 위협에 직면한 데이비스는 결국 의료 문제로 그곳을 떠나야 했다. 그는 말기 암을 앓고 있었다.

그는 보코하람 캠프는 눈에 쉽게 띈다고 주장했다. "주요 캠프 대여섯 곳이 어디에 있는지 어렵지 않게 알 수 있어요. 구글 어스에서 저도 볼 수 있는걸요. 그런데 미국과 영국, 프랑스가 위성이나 무인기로도 볼 수 없다고요? 그러는 동안 보코하람은 매주 그 캠프에서 출발해서 더 많은 소녀와 어린 소년 수백 명을 살해하고 납치하지요." 그가 불만스러운 어조로 덧붙였다. "얼마나 많은 소녀가 강간당하고 납치당해야 서방 국가들이 무엇이라도 하려고 들까요?"

2016년 6월, 내가 나이지리아에 두 번째로 다녀온 직후 치복 소녀들의 또 다른 비디오 영상이 발표됐다. 바닥까지 닿는 옷을 걸친 소녀들이 여러 줄로 몇 명은 앉고 몇 명은 서 있었다. 그들 앞에는 복면을 쓰고 전투복을 입은 대원 한 사람이 AK 소총을 든 채 서 있었다. "우리는 아직 너희의 소녀들을 데리고 있다." 그가 선언했다. "나이지리아 정부는 우리가 무엇을 원하는지 안다. 투옥된 우리 형제들의 석방이다."

그는 색이 바랜 검은 아바야(이슬람 여성들이 입는 망토형의 의상—옮긴이)와 해진 노란 머릿수건을 한 소녀 하나를 끌어내 그녀의 입술에 작은 마이크를 갖다 댔다. 소녀는 아바야를 목까지 단단히 여미고 바닥을 내려다보며 긴장한 목소리로 자신이 누구인지 밝힌 다음 나이지리아 정부를 향해 종이에 적힌 탄원을 읽었다. 자신들을 구하기 위해 보코하람 죄수들을 석방시켜 달라는 내용이었다. 그 소녀는 도르카스였다.

에스더는 딸이 살아 있는 모습에 안도했지만 그녀가 어떤 상황을 견디고 있는지 생각하며 겁에 질렸다. "목에 탄환을 두른 테러리스트 옆에 내 소중한 아이가 있는 모습을 보는 게 쉽지 않았어요." 그녀가 말했다.

도르카스 뒤에 서 있는 소녀 중 하나는 분명 임신한 상태였고 다른 소녀는 아기를 안고 있었다. "아이가 강간당하는 악몽을 꿔요." 에스더가 덧붙였다. "하지만 그런 꿈에서도 저는 딸을 끌어안아요. 제게는 그 애가 강간을 당했든 임신을 했든 이슬람으로 개종했든 문제되지 않아요. 그냥 우리 딸들이 돌아오길 바랄 뿐이에요. 아이들의 상태가 어떻든 상관없어요."

영상은 충격적인 장면으로 끝이 났다. 카메라가 피 웅덩이에 누워 있는 수많은 죽은 소녀를 훑고 지나갔다. 대원들이 시체 몇을 홱 뒤집어 얼굴을 보였다. 정부군의 공습으로 죽은 소녀들이라고 말하며 이런 경고를 남겼다. "우리는 이 소녀들을 계속 보호할 수 없다."

몇 달 뒤인 2016년 10월의 어느 토요일, 예상치 못했던 소식이 들렸다. 치복 소녀 21명이 풀려난 것이다.

그리고 납치 후 3년이 지난 2017년 5월, 82명의 소녀가 다시 카메룬 국경 근처에서 석방되었다. 사진에서 소녀들은 일곱 명의 대원으로부터 감시를 받으며 바닥까지 닿는 히잡을 걸치고 서 있었다. 누군가가 한 소녀에게 감금된 동안 강간당하거나 희롱당한 소녀가 있는지를 물었다. "없습니다"라는 대답이 돌아왔다.

이 소식에 흥분한 에스더는 딸을 찾아 사진들을 훑었지만 허사였다. "도르카스가 그들 중에 있기를 정말 바랐어요. 왜냐하면 누군가 제게 전화해서 그녀가 풀려났다고 했거든요. 하지만 결국 석방된 소녀들이 부하리 대통령을 만나는 사진을 보았는데 거기에도 없었어요.

나중에 저는 딸이 석방될 무리에 속해 있었는데—83번째 소녀가 됐을 텐데—그들이 그녀를 석방하지 않기로 하고 숲으로 다시 데려갔다는 이야기를 들었어요."

이 석방은 스위스 정부와 적십자가 참여하고, 마이두구리의 변호사 자나 무스타파Zannah Mustapha가 진행한 협상의 결과로 이루어졌다. 마이두구리에서 자나 무스타파는 보코하람 가족을 법정에서 대변했으며 남편을 잃은 아내들을 위해 학교와 고아원을 세워 양쪽 모두의 희생자들을 보호했다. "심지어 개도 자기 새끼는 안 먹습니다." 그는 자신이 쌓아온 신뢰를 설명하며 말했다. 그에 따르면 처음 석방된 21명의 소녀는 '신뢰를 쌓는 조치'였고 두 번째 석방이 주요 협상이었다.

그 대가로 투옥되었던 보코하람 조직원 다섯 명이 석방되고, 보코하람은 3000유로가 담긴 검정 더플백 하나를 받았다는 이야기가 있었다. 무스타파는 그 일에 대해서는 아는 바가 없다고 했다. "저는 마이두구리에서 태어난 마이두구리의 아들입니다. 제 고향에 평화가 오길 바랄 뿐입니다. 돈이 조금이라도 지불되었는지는 모릅니다." 그는 더 많은 소녀가 석방될 수 있었지만, 소녀들이 석방되길 원치 않았다고 주장했다. 그는 스톡홀름증후군 탓을 했다. "소녀 중 한 명을 만났는데 그녀를 비롯한 다른 소녀들은 이슬람교로 개종했고 보코하람 남자들과 결혼을 했기 때문에 돌아오고 싶지 않다고 말하더군요. 부모들은 이런 말을 듣고 싶지 않겠지만 제가 직접 들었어요."

두 번째 석방 후 한 주가 지난 뒤 검은 히잡을 걸치고 바닥에 앉은 또 다른 소녀들의 비디오 영상이 공개됐다. 그들은 결혼했고 개종했기 때문에 돌아가지 않겠다고 말했다. 이번에도 도르카스가 말을 했다. 얼굴을 가리고 있었다. 이번에도 AK 47 소총이 영상에 찍혔다.

"저희와 살 때보다 키가 더 커지고 더 날씬해진 것 같았어요." 에스더가 말했다.

그녀는 스톡홀름 증후군을 언급한 무스타파의 말이 틀렸다고 주장했다. "아이들이 그 영상에서 하는 말들은 강요받지 않았으면 하지 않았을 말들이에요. 집에 돌아올 기회가 주어졌으면 잡았을 거예요. 거기에서, 그 숲속에서 엄마랑 떨어져서 아이의 마음이 편할 수가 없어요."

돌아온 치복 소녀들은 아부자의 비밀 장소에서 보호를 받으며 탈급진화 교육과 상담을 받았고, 크리스마스가 되어서야 치복의 가족에게 돌아올 수 있었다. 그 뒤 몇몇은 아다마와Adamawa의 아메리칸대학교에 등록했다. 그곳에서 그들은 접근이 극도로 제한된, 말랄라의 이름을 딴 기숙사에 따로 거주한다.

에스더는 그들을 만나려고 필사적으로 애썼지만 당국이 승낙하지 않았다. 2018년 10월 그녀는 간신히 소녀 한 명과 전화 통화를 할 수 있었다. "도르카스의 머리를 땋아주곤 했대요. 도르카스가 살아 있고, 잘 지낸다고 제게 말했어요. 테러리스트들이 그들에게 아랍어를 가르쳐주었고, 소녀 중 몇은 결혼을 했는데 도르카스는 하지 않았대요.

저는 도르카스가 돌아오는 꿈에 깜짝 놀라며 잠을 깨곤 했어요. 그런데 이제는 도르카스가 절대 돌아오지 않겠다고 말하는 악몽을 꿔요."

에스더는 직장을 그만두고 치복을 떠났다. "치복은 슬픈 곳이에요. 딸의 소지품을 아이 방에 다 보관했는데 더는 보고 싶지 않아서 다 버렸어요.

도르카스가 할 수 있다면 제게 연락했을 거라는 걸 알아요. 제 번호를 외우고 있으니까요. 5년 동안 아이의 옛 휴대전화로 전화를 하고 또 하는데 응답이 없어요. 아이가 이슬람으로 개종을 했든 안 했든, 아기가 있든 없든 상관하지 않아요. 그냥 돌아오기만 했으면 좋겠어요.

사람들 말이 소녀들 몇 명은 죽었다고 하지만 저는 도르카스가 살아 있다고 확신해요. 매일 교회에 가서 딸이 돌아오길 기도합니다. 언젠가는 하느님이 응답하시길 바랍니다."

4

로힝야의 비극

방글라데시 콕스바자르

버마 군인이 총을 겨눌 때 자식 중 어느 아이를 살려야 할지 어떻게 결정할 수 있을까? 그리고 그 결정과 함께 어떻게 살아갈 수 있을까? 그것이 2017년 12월 내가 만난 로힝야족 엄마 샤히다Shahida가 부딪혔던 불가능한 딜레마였다. 내가 샤히다를 만난 것은 그녀가 고향을 도망쳐온 수십만 명의 사람들과 함께 쿠투팔롱Kutupalong 난민촌에 도착한 직후였다.

나중에 그 난민촌을 생각하면 떠오르는 것은 소음이었다. 그리고 어디에나 있던 아이들이었다. 기분을 알 수 없는 표정과 선의의 기증품에서 구한 것 같은 어울리지 않는 옷을 걸친 아이들. 모피 깃이 달린 크림색 여성용 울 카디건에 벨트를 두른 소년이 있었고, 분홍색 발레 스커트가 달린 요정 드레스를 입고 작은 발에 큰 하이힐을 신은 소녀가 있었다. 누군가 아이들에게 영어 몇 마디를 가르친 모양이다. "바이바이!" 아이들이 지나가며 소리쳤다.

런던에서 도하를 거쳐 방글라데시의 수도 다카로, 그리고 다시 동북부의 콕스바자르Cox's Bazar로 이어지는 일련의 긴 비행은 감당하기가 조금 버거웠다. 콕스바자르공항 터미널에는 "허니문 리조트에 오신 걸 환영합니다"라는 어울리지 않는 메시지가 걸려 있었고 머메이드비치호텔은 칵테일 우산을 꽂은 그린코코넛과, 세계에서 가장 긴 해변에서 낭만적인 저녁 식사를 즐기라는 초대장으로 나를 맞이했다.

나는 종려나무와 파파야나무 숲속 시끄러운 원숭이들이 지켜보는 가운데 황홀한 이름의 작은 방갈로 중 하나에 짐을 던지고 해안도로를 따라 출발했다.

가는 길에는 콘크리트로 만든 피라미드 모양 구조물이 드문드문 있었다. 불안하게도 쓰나미 방벽이라는 글자가 칠해져 있었다. "빌렌도르프의 비너스 같죠." 통역인 레자Reza가 말했다. 알고 보니 레자는 예술가였다.

거리에 걸린 현수막들에는 '인류의 어머니'라는 글귀 아래 셰이크 하시나Sheikh Hasina 총리의 큼직한 사진이 붙어 있었다. 그녀의 정권 아래 납치당하고 고문당하고 감금당한 소수민족이나 반대자들에게는 아마 놀라운 호칭일 것이다. 인권 단체들에 따르면 2009년 그녀가 집권한 이래 사법절차를 거치지 않은 국가 폭력에 의한 처형이 최소 1300건 있었다. 그뿐 아니라 2014년 선거에서는 아무도 그들에게 투표하지 않았는데도 의석의 거의 절반을 집권당이 차지했다.

현수막의 문구는 그녀가 이웃 버마의 무슬림 동포에게 국경을 개방한 것에 대한 칭송이었다. 그 난민들이 바로 로힝야족이었다. 2017년 8월 말 이전에는 외부에 거의 알려지지 않은 소수민족이었다. 사람들이 버마 서부 라카인Rakhine에서 방글라데시로 쏟아져 들어오기 시작했다. 배나 얼기설기 만든 뗏목을 타거나 심지어 헤엄을 쳐서 나프강을 건넜다. 머지않아 하루에 1만 명까지 넘어왔다.

우기였으므로 난민들은 흠뻑 젖은 채 진흙투성이가 되어 도착했다. 자상이나 총상으로 피를 흘리는 사람도 있었고, 많은 사람이 풀 말고는 먹을 것이 없는 정글에서 며칠이나 몇 주씩 굶주린 상태였다. 대부분은 어머니와 아이들이었고, 그들이 풀어놓은 이야기는 상상을 넘어섰다. 버마 군인과 불교도 폭도들이 마을로 들어와 남자들을 학살하고 오두막에 불을 지른 다음 여자와 소녀들을 가족 앞에서 강간했다.

세 달 사이에 65만 명 이상—로힝야족 인구의 3분의 2—이 고향으로부터 내몰렸다. UN은 이 사건을 인종청소의 '교과서적 사례'라 표현했다.

다채로운 색상의 스카프를 두른 여성들이 일하는 초록 논을 지나 국제 구호원들이 '메가 캠프'라 부르는 난민촌에 들어섰을 때 나는 지난 몇 년간 많은 난민과 이야기를 나누다 보니 내 열의가 조금 식지 않았을까 두려웠다.

그때 샤히다를 만났다. 진창길에 대나무 막대를 여러 개 꽂고 검은 비닐을 두른 허술한 피신처에서 암회색 스카프를 두른 샤히다가 파리를 쫓고 있었다. 길 건너편의 변소가 새서 악취가 아주 심했고, 밖에서 두 마리 수탉이 싸움을 벌이며 내지르는 날카로운 울음소리도 참아주기 힘들 정도로 컸다. 다섯 살쯤으로 보이는 소년 하나가 자기 몸집만 한 장작더미를 들고 지나가고 있었다. 소년은 가끔 걸음을 멈춰 장작을 내려놓고는 어처구니가 없다는 듯 내려다보았다.

샤히다는 다른 두 여성과 함께 있었다. 세 사람은 모두 라카인의 같은 마을 출신으로, 남편을 잃고 함께 지내고 있었다. 서로 색이 다른 스카프를 둘렀고 모두 남편과 아이 한 명씩을 잃었다.

남편을 잃은 세 여성 마디나, 무니라, 샤히다 모두 강간과 구타를 당했다. ⓒ파울라 브론슈타인

　카나리아색 스카프를 두른 무니라Munira는 서른 살로 나이가 가장 많았고 가장 열심히 이야기했다. "처음에 그들은 남자들을 찾았어요." 몇 달 전인 9월 말 버마 군인들이 마웅도Maungdaw의 보로초라Borochora 마을에 있는 집에 쳐들어온 밤을 회상하며 말했다. "그러고는 이틀 뒤에 와서 우리를 찾았지요. 처음 총소리를 들은 건 새벽 2시쯤 아기에게 젖을 물릴 때였어요. 총소리가 얼마나 많이 나는지 불비가 쏟아지는 것 같았어요. 멀리 불꽃이 보였죠. 주변 마을들이 모두 불에 타고 로켓이 머리 위로 날아다녔어요.

　그때 군인들이 와서 남자들의 손을 묶어 끌어갔어요. 그리고 이틀 뒤에는 한밤에 다시 와서 소리치더군요. '나와서 너희 남편들이 어떻게 됐는지 봐라!' 그들은 집으로 들어와서 우리 가슴에 총을 겨누며 우리를, 마을의 모든 소녀와 여자를 논으로 끌어내 모두—아마 40명쯤—한 줄로 세우고는 강간했어요. 처음에는 모두 비명을 질렀지만 결국 조용해졌어요. 더 이상 울 수가 없었어요.

　저는 다섯 명에게 차례차례 강간을 당했어요. 저를 때리고 후려치고 발로 차고 물었어요. 저는 너무 겁이 나서 꼼짝도 못 했어요. 옆에 있던 소녀 둘은 죽었어요. 해가 뜰 때쯤 저는 거의 의식을 잃은 상태였죠.

정신을 차렸을 때는 걸을 수가 없고 기어갈 수만 있었어요. 시체가 사방에 있었어요. 우리 아이들을 찾으려 애썼어요. 그때 작은 몸뚱이 하나가 등에 총을 맞고 엎어져 있는 게 보였어요. 큰아이 수바트 알람Subat Alam이었어요. 저한테 달려오고 있었나 봐요. 여덟 살이었어요."

그날 밤 그 논에 샤히다도 있었다. 스물다섯 살의 샤히다는 회색 스카프를 두르고 있었다. 군인들이 그녀의 오두막으로 난입했을 때 그녀는 여섯 달 된 아들과 두 살짜리 딸을 끌어안았다. 아이들을 보호하려고 그녀가 어떻게 필사적으로 애썼는지 이야기하는 동안 그녀의 두 눈에서 눈물이 쏟아졌다.

"아이들을 안고 있었는데 군인들이 낚아채려 했어요. 놓치지 않으려 했는데, 한 아이밖에 못 지켰어요. 그들이 여섯 달 된 아들을 낚아채 땅에 내리쳤어요. 달아나는데 총소리가 들렸어요. 딸아이마저 잃게 될까 봐 뒤도 못 돌아보고 뛰었어요."

그들은 그녀에게 총구를 들이대며 여자들이 줄 서 있는 곳으로 밀어 넣었다. 그녀는 심장이 너무 세게 뛰어서 서 있기도 힘들었다. "다른 마을에서 여자들이 강간당했다는 이야기를 들었어요. 그들은 제 두 손목을 바나나나무에 묶고 저를 강간했어요. 군인 하나가 저를 강간했고 저는 울면서 소리를 질렀지요. 그는 나중에 총이나 칼로 저를 죽이려 했지만 너무 어두웠어요."

그녀는 간신히 탈출해서 정글로 달아났고, 그곳에서 공포에 질려 웅크리고 있는 남은 세 아이를 발견했다.

"해가 뜨자 다 보였어요. 그들은 소와 닭, 염소를 모두 죽이고 우리 집들을 불살랐어요. 사람들의 목을 베거나 팔다리를 자르거나 총을 쏘아 죽였죠."

언덕 위 이슬람 사원에서 기도 시간을 알리는 소리가 들렸다. 그러나 어두운 분홍색 스카프를 두른 세 번째 여성의 이야기와, 특히 그녀가 어르고 있는 어린 아들의 울음소리에 묻혔다. 아이의 왼쪽 손이 감염되어 심하게 부어 있었다.

"군인들이 갑자기 들어왔을 때 저는 자고 있었어요. 아이 셋을 데리고 뒷산으로 간신히 달아났어요. 임신한 지 다섯 달째여서 무척 겁이 났죠. 임신부의 배를 갈라 태아를 꺼낸다는 이야기가 있었어요. 그들은 로힝야족은 사람이 아니라고 생각한대요. 우리를 다 쓸어버리고 싶어 했죠.

그때 한 군인이 저를 발견하고는 끌어냈어요. 저는 그들이 제 불룩한 배를 눈치챌까 봐 겁에 질렸어요. 큰 칼과 마체테를 갖고 있었으니까요."

숲에서 강간당할 때 그녀는 뱃속의 아기가 안전하기를 거듭 기도했다. "제가 비명을 지르니까 아이들이 울었어요. 아이들은 겁에 질렸죠. 그때 그들이 큰아들을 끌고 갔어요. 저는 그 애를 다시 보지 못했어요. 아이들을 데리고 가면 죽인다더군요."

그녀가 스카프로 눈물을 닦으며 덧붙였다. "저는 버마군이 세상에서 제일 나쁜 사람들이라고 생각해요."

"우리에게 칼이 있다면 그들을 죽일 거예요." 샤히다가 말했다.

결국 세 여성은 가까스로 탈출해서 마을 동쪽의 묘지를 지나 다른 강간 생존자들뿐 아니라 마을에서 살아남은 노인과 아이들과 함께 정글에 한 달 동안 숨어 지냈다.

"우리는 관목숲 밑에 몸을 숨기고 한 장소에서 다른 장소로 이동했어요." 무니라가 말했다. "밤낮으로 비가 왔고 희망이 없었어요.

여자들은 그 모든 끔찍한 일들 때문에 식욕을 잃었지만 아이들은 먹을 것을 찾아 울었어요. 아이들에게 줄 수 있는 것이라고는 과일과 풀밖에 없었죠. 강물 말고는 먹을 것이 없을 때도 있었어요. 군대가 곳곳을 뒤지며 수색하고 있어서 계속 움직여야 했어요. 몇몇 사람들은 달아나기 전에 작물을 용케 땅에 묻어두고 왔어요. 한 주 뒤에 곡식을 좀 꺼내오려고 마을로 돌아갔지만 군인들의 눈에 띄어서 머리에 총을 맞고 죽었어요. 우리는 계속 시체들을 봤어요. 며칠 전에 죽은 시체도 있었고 죽은 지 얼마 안 된 시체도 있었어요."

"잠을 자기가 힘들었어요." 샤히다가 말했다. "군인들이 쫓아오는 꿈을 꿔서 도와달라고 기도하곤 했지요."

그들은 결국 강을 건너 안전한 방글라데시로 왔다. 그러나 그들의 고통은 끝나지 않았다. 아마 결코 끝나지 않을 것이다.

머릿속에서 사라지지 않는 악몽 같은 기억도 고통스럽지만 남편들이 학살당했기 때문에 여성들은 혼자서 아이들을 부양하고 보호해야 한다. 세상 어디에서든 쉬운 일이 아니지만 보수적인 이슬람 사회에서는 특히 힘든 일이다. 그들은 힘겹게 허우적대고 있었다. "아이들에게 입힐 따뜻한 옷이나 스웨터가 필요한데, 없어요. 아기들은 설사에 걸렸어요." 마디나Madina가 말했다.

"필수품과 쌀, 렌즈콩, 기름만 있어요. 하지만 깔고 앉을 매트나 방석, 요리 도구나 물을 담을 통도 없어요." 샤히다가 말했다. "우리에게 그런 일이 일어났고 아이들까지 있으니 아무도 우리와 결혼하지 않을 거예요."

분쟁지역에서 잔뼈가 굵은 국제 구호원들과 언론 기자들조차 로힝야족의 이야기에 충격을 받은 듯했다. 그들의 이야기 하나하나가 예전에 들었던 것보다 더 심하기 때문이 아니라(많은 이야기가 더 심하긴 했다) 사건의 규모 자체가 더 충격적이었다. 난민촌의 판잣집 하나하나에 모두 끔찍한 이야기가 있었다. 나는 여성과 소녀를 그렇게 광범위하게 강간한 경우를 보지 못했다.

난민촌의 상태도 충격적이었다. 지저분했고 악취를 풍기는 초록색 물웅덩이들이 길을 따라 이어졌다. 임시 변소가 많다고, 3만 개가 있다고 구호본부장이 나중에 내게 말했다. 그러나 워낙 급하게 세우다 보니 많은 변소가 이미 막힌 상태였고 잠금 장치가 있는 곳은 하나도 없었다. 게다가 많은 변소가 아이들이 물을 받아가는 우물 옆에 있었다. 우물을 워낙 얕게 판 탓에 4분의 3이 분뇨로 오염됐다고 구호원들이 말했다. 대부분의 사람이 설사로 고생하는 것이 당연했다. 아이들 가운데 4분의 1은 영양실조였다. 아기를 키우는 여성들 가운데 많은 이는 너무 심한 스트레스로 젖이 말라버렸다.

또한 사생활이 조금도 없었다. 방글라데시는 안 그래도 세계 최대의 인구 밀집국이며 1억 6500만 명의 국민이 세계에서 가장 가난한 사람들에 속한다. 그러므로 난민 수십만 명이 머물 공간을 찾는 일이 쉽지 않았다. 맨체스터 인구 전체가 갑자기 문 앞에 나타난 것과 다름없다고 한 구호원은 말했다.

50만 명이 넘는 난민이 쿠투팔롱 캠프에 수용되었다. 언덕에 올라서 보면 쿠투팔롱 지역은 박물관의 입체 지도처럼 보인다. 구릉 위아래로 임시 거주지들이 줄줄이 이어지며 눈 닿는 곳까지 펼쳐진다. 몇 달 전만 해도 이 지역이 대부분 숲이었다는 것을 믿기 힘들 정도다. 몇몇 지역은 코끼리 보호구역이었다. 그래서 초기에는 코끼리에 밟혀 죽는 난민이 더러 있었다. 하지만 난민이 급속히 불어나다 보니 코끼리조차 물러나버렸다.

난민촌은 26제곱킬로미터에 걸쳐 있었고, AA부터 OO까지 구역들이 나뉘어 있었다. 세상 모든 구호 단체의 팻말이 모여 있었고,

쿠투팔롱 난민촌은 60만 명이 넘는 로힝야 난민을 수용한다. ⓒ크리스티나 램

'아동 친화 구역'이라고 표시된 곳들도 있었다. 다른 구역들은 그렇지 못하다는 걸 암시하는 듯했다. 이슬람 사원들이 언덕의 가장 좋은 위치를 차지한 듯했다.

난민촌 곳곳에서 사람들이 끊임없이 오고 갔다. 턱수염을 기른 한 남자가 생선이 담긴 비닐봉지를 들고 뭔가 중요한 일이 있는 듯 지나갔다. 통로에는 이런저런 물건을 파는 좌판이 줄지어 있었다. 한 젊은이는 탁자 위에 놓인 디지털 저울로 살아 있는 닭의 무게를 재려고 애쓰고 있었다. 임시 이발소에는 거울과 여러 헤어스타일을 그려놓은 표지판이 있었다. 축구선수 네이마르와 크리스티아누 호날두의 헤어스타일도 있었다. 나는 모든 것을 잃어버린 사람들의 회복력에 감탄했다. 우리 서구인들은 집을 잃고 전기도 없는 장소에 버려진다면 무엇을 할까?

난민들은 워낙 밀집된 상태에서 살다 보니 국제적으로 권고되는 1인당 최소 주거 공간의 절반에도 미치지 못하는 공간에서 산다.

달리 말해 질병이 창궐할 수 있는 모든 조건을 갖추었다는 말이다. 홍역은 이미 터졌고 내가 있는 동안에는 디프테리아가 발생했다. 안토니우 쿠테흐스António Guterres UN 사무총장은 이곳의 상태를 '인권의 악몽'이라 표현했다.

매일 저녁 해가 질 무렵이면 수많은 모닥불에서 피어오른 연기에 눈이 따갑고 공기가 어둑해졌다. 곳곳에서 들려오는 기침은 난민촌의 배경음악처럼 느껴질 정도다. 기침 소리와 '바이바이'라는 외침 소리가.

외국인들은 오후 5시 이후에는 난민촌에 머물 수 없었다. 나는 저녁에 벌어지는 일들을 소문으로 들었다. 오토바이를 탄 남자들이 나타나 매춘을 위해 소녀들을 낚아채 간다고 했다. 난민들은 밤이면 납치당하는 아이들의 비명이 들린다고 했다. 이런 식으로 딸을 잃었다는 사람을 직접 만나지는 못했지만 나는 콕스바자르의 긴 해변에서 노출이 심한 옷을 입은 어린 로힝야 여성들이 호객 행위를 하는 모습을 보았다. 배급되는 쌀과 렌즈콩만으로는 살 수 없는 가족들이 여성들을 팔아넘겼다고 말하는 사람도 있었다.

그러나 로힝야족과 이야기를 나누다 보니 나는 그들의 시련이 결코 새로운 일이 아니라는 걸 깨닫게 됐다. 6000명의 로힝야족이 오도 가도 못하고 있는 어느 진흙투성이 강섬을 찾아갔을 때 동그랗고 두꺼운 안경을 테이프로 고정한 공동체 지도자가 나를 맞이했다. 그는 내게 초록 병에 담긴 슈욱 하고 거품이 이는 음료를 대접했다. "난민이어도 여전히 손님을 대접할 수는 있지요." 그가 미소 지었다.

그의 영어가 유창하다고 말하자 그는 랑군(양곤)대학교에서 심리학을 공부했다고 말했다. "1994년에 졸업했어요. 로힝야족의 고등교육이 금지되기 직전이었지요. 이제 쉰한 살이지만 제 심리학 학위로는 일하는 것이 허락된 적이 없습니다. 농작물을 키워 근근이 살아갑니다.

버마 정부는 우리를 사람으로 보지 않습니다. 수십 년 동안 우리를 매일 괴롭히고 감옥에 보내고 시민권이 아니라 외국인 등록증을 줬습니다. 우리가 외국인이라는 듯 말입니다. 우리 로힝야족은 권리도 없고 교육도 받지 못합니다. 마을에 초등학교가 있지만 교사가 없습니다. 게다가 허가증이 없으면 다른 마을로 이동도 할 수 없어요. 그런데 허가증도 잘 주지 않지요. 심지어 결혼을 하려 해도 허가가 필요합니다. 게다가 허가증 가격을 점점 더 높여 부르지요."

로힝야족이 고향에서 달아나야 했던 것도 이번이 처음이 아니었다. 쿠투팔롱이 처음 세워진 것은 지금보다 먼저 일어난 1992년의 공격을 피해 로힝야족 30만 명이 달아났을 때였다. 난민촌으로 이어지는 간선도로에는 골함석으로 만들어진 더 영구적인 거주지처럼 보이는 집들이 있었다.

그 집들 중 하나에서 나는 샤히다 베굼Shahida Begum을 만났다. 다섯 아이의 어머니인 샤히다는 25년 전 마을이 불태워졌을 때 이곳으로 왔다. "버마는 불교도가 다수예요. 그들이 모든 권력을 갖고 있고, 무슬림을 좋아하지 않아요." 그녀가 설명했다. "그들은 로힝야족이 모두 떠날 때까지 멈추지 않을 거예요."

그녀는 야스민Yasmin이라는 열네 살 소녀를 집에 받아들였다. 야스민은 빨간 꽃무늬가 찍힌 메리골드빛 오렌지색 숄을 두르고 침대에 앉아 있었다. 위에는 초록색 모기장이 묶여 있었다.

야스민은 어떻게 이곳에 오게 됐는지 설명하는 내내 결코 웃지 않았고, 작은 두 손을 주무르고 또 주무르며 말을 했다. 목소리가 너무 작아서 나는 그녀의 입에서 나오는 낯선 지명들을 알아들으려고 귀를 쫑긋 세웠다. 나는 그 지명들을 이후 며칠 동안 듣고 또 듣게 될 터였다. 밖에서 들리던 아이들 소리는 이내 사라졌다.

"나는 마웅도의 찰리파라Chali Para 마을에서 자랐어요. 저희는 원래 벼농사를 짓고 강에서 고기를 잡으며 살았어요. 부모님이 농사를 짓기에는 나이 들고 아프셔서 제가 가장이 됐어요. 우리는 음식을 구걸해야 했어요. 그래서 저는 울었어요. 제가 큰딸이었고 세 살, 네 살 남동생이 둘 있었어요. 네가 남자면 일을 했을 텐데, 라고 부모님은 말씀하셨죠. 그때 이웃 사람 하나가 티크 잎을 대나무 막대에 엮어서 초가지붕에 쓰는 화관을 만드는 법을 알려줬어요. 시간이 많이 들었지만 화관 100개를 만들면 1000미얀마차트[약 47펜스]를 받았어요. 쌀 1킬로그램을 살 수 있었어요.

글을 배우고 싶었지만 학교가 없었어요. 버마 정부는 우리에게 교육을 허락하지 않았어요.《코란》을 공부하는 신학교만 하나 있었어요.

탓마도Tatmadaw[버마군]가 들이닥쳤을 때는 아침 10시였어요. 저는 티크 잎을 엮다가 잠깐 쉬면서 집 밖에서 친구 몇 명과 놀고 있었어요. 우리는 트럭 소리를 듣지 못했어요. 마을에 도로가 없어서 군인들은 큰 도로에 차를 세우고 걸어왔어요.

군인 대여섯 명이 우리 집으로 향했어요. 군복을 입고 검은 복면을 하고 배낭을 메고 있었어요. 군인 하나가 배낭에서 수류탄을 하나 꺼내 엄마와 아빠, 두 동생이 있는 집 안으로 던졌어요. 곧 불꽃이 일었고 비명이 들렸어요.

저는 뛰어 들어가려 했지만 친구들이 저를 붙잡았어요. 눈앞에서 집이 잿더미가 됐어요. 우리는 군인들이 소녀들을 데려가서 강간한다는 것을 알기 때문에 달아나려 했어요. 하지만 붙잡혔어요. 그들은 우리를 정글로 데려갔어요. 저는 겁이 나서 울며 소리를 질렀는데 남자 한 사람이 손으로 제 입을 막았어요. 제 옷을 잡아 찢어 손을 뒤로 묶은 다음 군인 두 명이 차례로 저를 강간했어요.

두 번째 군인이 '죽여'라고 말했지만 제가 살려달라고 애원했어요. 제 가족을 이미 다 죽여 놓고 왜 나까지 죽이느냐고 했지요. 친구 둘은 피를 너무 많이 흘려서 죽었어요. 다른 친구 하나는 어떻게 됐는지 몰라요. 그들이 제게 무슨 짓을 했는지 말할 수 없어요. 그 일을 생각하면 울음이 터져요."

그녀는 입을 다물었다가 다시 이야기를 시작했다. "그들은 저를 발가벗긴 채 두고 갔어요. 노란 스카프 하나만 남아 있어서 그걸 둘렀어요. 잘 걸을 수가 없어서 천천히 강둑 쪽으로 갔어요.

정글에서 아들들과 함께 있던 아주머니를 만났어요. 아주머니가 제 다리로 피가 흘러내리는 걸 보고 무슨 일이 있었는지 물었어요. 그녀가 다리에 두를 천을 주고 강둑까지 갈 수 있게 도와주었지요. 강둑에는 강을 건너려는 사람들이 가득했어요. 뱃사람들은 돈을 원했지만 저는 아무것도 없었어요. 코걸이밖에 없다고 했더니 그걸 달랬어요. 부모님께 물려받은 유일한 물건이었어요.

30명 정도가 보트에 가득 탔어요. 엔진은 있었지만 비를 막아줄 지붕은 없었어요. 그리고 오래 걸렸죠. 새벽부터 이른 오후까지 아마 여덟 시간쯤 걸렸어요. 그래도 배를 탈 수 있어서 운이 좋았어요. 대충 만든 뗏목을 탄 사람도 많았는데, 무척 위험했어요.

우리는 방글라데시에 있는 섬에 내렸어요. 그곳에 도착하자 저는 그 아주머니와 헤어졌어요. 제 또래 아들이 둘 있어서 저를 해치려 들까 봐 무서웠어요. '제 길은 제가 알아서 찾을게요. 알라신이 함께하시길'이라고 말했어요.

그러고는 주저앉아서 울었어요. 제가 하도 울어서 섬에 있던 사람들이 무슨 일인지 물었어요. 제게 떡과 물을 주고 테크나프Teknaf [방글라데시 본토에 있는]로 건너갈 돈도 조금 줬어요.

그 뒤 부서진 도로를 따라 10분쯤 걷는데 방글라데시 군인 몇 사람이 보였어요. 그들은 제가 로힝야족인 걸 알고는 비스킷과 물을 주었고 환승센터까지 가는 버스에 태워줬어요. 환승센터에 이틀 동안 있었는데 너무 지쳐서 말을 할 수 없었어요. 발과 배가 온통 부어오른 상태로 바닥에 누워 있었어요. 누군가가 제게 가족이 없는 것 같다며 저를 발루칼리 난민촌으로 데려갔어요."

샤히다 베굼이 그녀를 발견한 곳이 발루칼리 난민촌이었다. "막 도착한 친척들을 만나러 음식을 조금 들고 난민촌으로 갔는데 툭툭에서 내렸더니 사람들 한 무리가 여자애 하나를 둘러싸고 있더라고요. 무슨 일인가 가봤죠. 애가 너무 아프고 허약한 상태인 데다 셔츠 하나만 걸치고 있어서 제가 툭툭에 태우고 난민기구의 진료소로 데려갔어요. 그곳에서 가시에 찔려 생긴 감염을 치료하고 임신 테스트도 했지요.

딸이 벌써 넷인데 하나를 더 돌보지 못할까 싶었어요. 힘들지만 알라신의 은총으로 그럭저럭 지냅니다. 야스민에게는 아무도 없잖아요."

그녀는 방 넷짜리 오두막과 경사진 지붕을 덮은 실외 부엌을 보여주었다. 전구를 켤 수는 있지만 물은 펌프에서 날라 와야 했다. 야스민은 샤히다와 딸 하나가 함께 쓰는 방에서 같이 지내고 있었다. 그녀의 결혼한 다른 딸이 아들 하나와 남편과 함께 오두막에 살고 있었다. 모두 열 명이 지내는 공간은 대단히 좁았다. 게다가 샤히다의 남편이 교사 일자리를 잃어서 생활이 더 힘들어졌다. 나는 우리 서구인 가운데 이렇게 한 소녀를 받아들여 함께 살 만한 사람이 얼마나 있을까 하는 생각이 들었다.

"처음 몇 주는 가족이 불타는 악몽을 매일 꿨어요. 하지만 이제는 이모, 자매와 함께 자니까 악몽이 줄었어요." 야스민이 말했다.

"그들은 제게 아무 일도 시키지 않아요. 저는 아직 밖에 나가지 않고 안에서 지내며 요리를 거들어요. 가끔 우물에 물을 길으러 가요.

학교에 가서 글을 배우고 싶어요. 강간당하고 죽은 소녀들도 있는데 저는 살았으니 운이 좋았다고 생각해요. 그 군인들은 세상에서 가장 나쁜 사람들이에요. 그들에게는 딸이나 자매가 없을까요?"

내가 떠나기 전에 야스민은 내 눈을 가만히 들여다보며 말했다. "제게 일어난 일은 정말 끔찍해요. 어떤 남자도 저와 결혼하지 않을 거예요. 누가 저와 결혼할 수 있겠어요?"

가슴 아픈 질문이었다. 물론 야스민 또래의 소녀들을 결혼시키곤 하는 그들의 고향에서도 로힝야 소녀들의 삶은 결코 쉽지 않았다. 적어도 야스민은 임신하지 않았고 그녀를 돌봐주는 가족을 찾았다. 그러나 이런 일을 어떻게 극복할 수 있을까? 난민촌에서는 사춘기 소녀들을 집 밖으로 잘 내보내지 않기 때문에 소녀들이 마음을 쓸 만한 일이 거의 없다.

이 모든 이야기가 충격적이었을 뿐 아니라 나를 혼란스럽게 했다는 사실을 인정해야겠다. 나는 불교 신자들을 생각하면 평화와 연꽃과 명상을 떠올리고, 아웅 산 수 치 Aung San Suu Kyi를 독재에 저항한 용기의 상징으로 존경하며 자랐다. 오랜 세월의 투쟁으로 노벨 평화상을 받은 수 치는 15년 동안 가택 연금된 상태에서 영국인 남편 마이클 아리스와 두 아들과 떨어진 채 지냈다. 남편이 옥스퍼드에서 암으로 죽어가고 있을 때도 그녀가 할 수 있는 일이라고는 그가 좋아하는 색깔의 옷을 입고 머리에 장미 장식을 꽂은 채 그에게 작별 영상을 찍어 보내는 것밖에 없었다. 그녀가 보낸 영상은 남편이 세상을 떠나고 나서 이틀 뒤에야 도착했다.

그러나 이제 아웅 산 수 치는 사실상 버마의 정부 수반인데도

이 모든 로힝야족이 그녀의 정부에 의해 나라 없는 사람들이 되었다. 버마군이 섬뜩한 잔학 행위를 저지르는 동안 그녀는 침묵을 지키고 있었다.

버마 당국은 로힝야라는 단어조차 쓰지 않았다. 대신에 마치 이들이 방글라데시에서 건너온 이주민인 양 벵골인이라 부르거나 '구더기' '침략자' 또는 '검은 쓰나미'라 부르며 악마화했다.

사실 로힝야족은 여러 세기 동안 버마에 살았다. 그들이 사는 벼 재배 지역인 라카인은 예전에 아라칸왕국이 있던 곳으로, 몇몇 기록에 따르면 8세기부터 무슬림이 살고 있었다.

박해와 강간은 새로운 일이 아니었다. 버마 왕정은 1784년 아라칸을 정복한 뒤 그곳을 약탈했다. 동인도회사의 외과 의사였던 스코틀랜드인 프랜시스 뷰캐넌은 아라칸 정복 이후에 그곳을 여행하며 이렇게 썼다. "버마족은 4만 명을 죽였다. 예쁜 여자를 발견할 때마다 남편을 죽인 뒤 차지했고 어린 소녀들을 거리낌 없이 범했다."★

1826년 이 지역은 인도제국의 일부로 영국의 지배를 받게 되면서 영국인들에게 다시 약탈당했다. 영국인은 나중에 버마 전체로 지배를 확장했다. 식민 당국은 논에서 값싼 노동력으로 쓰기 위해 더 많은 무슬림의 이주를 권장해서 불교도의 분노를 샀다.

제2차 세계대전 동안 버마 민족주의자들이 일본 점령군을 지지했을 때 로힝야족은 그들에게 별도의 영토를 약속한 영국 편을 들었다. 나중에 영국인들은 로힝야족에게 정부 요직을 내려 보상했다. 그러나 1947년 영국령 인도의 분할 과정에서 지금의 라카인과 당시 동파키스탄, 즉 지금의 방글라데시 사이에 선이 그어졌을 때 영국이

★   Willem van Schendel(ed.), *Francis Buchanan in Southeast Bengal(1798): His Journey to Chittagong, the Chittagong Hill Tracts, Noakhali and Comilla*(Dhaka: Dhaka University Press, 1992).

로힝야족에게 약속한 자치주는 실현되지 않았다.

1948년 버마 독립 후 몇몇 로힝야족이 반란을 일으켰지만 거칠게 진압되었다. 1962년 군부가 정권을 잡자 로힝야족의 입지는 더욱 좁아졌다. 랑군의 군사정권은 소수종족 집단을 불교 민족주의 정체성에 대한 위협으로 보았다. 소수종족은 권리를 박탈당했고 시민권이 거부됐으며 노예 노동으로 내몰렸다. 심지어 마을 밖으로 이동하거나 결혼하는 것도 허가를 받지 못하면 금지되었다.

처음 로힝야족이 탈출한 것은 1978년이었고, 이후 공격이 있을 때마다 이주 물결이 일었다. 이를테면 샤히다는 1992년 공격 때 방글라데시로 탈출했고, 2012년과 2016년 공격 때 탈출한 사람들도 있다. 버마 내부에서는 10만 명 넘는 로힝야족이 붙잡혀 라카인의 주도 시트웨Sittwe 근처의 격리 수용소에 수용돼 있다. 2014년 하버드대학교에서 열린 한 학회에서는 로힝야족의 상황을 '천천히 태우는 제노사이드'라고 표현했다.★

2015년 수 치와 그녀가 이끄는 민족주의 민족동맹이 국회에서 압도적 다수 의석을 차지하자 상황이 달라지리라 여겨졌다. 버마는 환영을 받으며 국제 사회로 돌아왔고 제재는 철폐되었다.

어쨌든 수 치는 2011년 노벨여성이니셔티브에서 이렇게 말했다. "우리 나라에서 강간은 그저 평화롭게 살고 싶은 사람들, 기본적인 인권을 주장하려는 사람들을 탄압하는 무기로 사용되었습니다. 특히 소수종족이 사는 지역에 강간이 만연합니다. 군대가 소수종족을 위협하고 국가를 분열시키기 위해 강간을 사용하고 있습니다."

그러나 1년 뒤 UN 미국 대사 서맨사 파워Samantha Power가 로힝

★ Dr Maung Zarni and Alice Cowley in *Pacific Rim Law & Policy Journal*, University of Washington, June 2014.

야족에 대한 국가 폭력에 문제를 제기하기 위해 버마를 방문해서 수치에게 목소리를 높일 것을 호소했을 때 수 치는 무척 다른 태도를 보였다. "양쪽 모두 폭력을 행사했다는 것을 잊지 마세요. 선전선동에 정보를 의존하면 안 됩니다. 이슬람 국가들이 사태를 과장하고 있어요."★

2016년 10월, 수 치가 선출되고 1년 뒤 버마 보안부대는 라카인 북부에서 이른바 '소탕 작전'을 실시했다. 마을을 불태우고 아이들을 비롯해 수백 명을 죽였으며 여성들을 집단 강간했다. 약 9만 명이 폭력을 피해 달아나야 했다.

UN 보고서에 따르면 여성의 52퍼센트가 강간당했고 여덟 달 된 아기들까지 목이 잘렸다. "로힝야 어린이들이 당한 끔찍한 잔학 행위는 참을 수 없는 일입니다." 당시 UN 인권고등판무관으로서 보고서를 제출한 요르단의 외교관 자이드 라드 알 후세인Zeid Ra'ad al Hussein이 말했다. "사람이 어떤 종류의 증오를 품었기에 엄마 젖을 찾아 우는 아기를 찌를 수 있을까요? 그리고 그 아기의 어머니가 살해 장면을 지켜보게 하고, 그녀를 보호해야 할 바로 그 군대가 그 어머니를 집단 강간할 수 있을까요?"★★

이번에도 가해자들은 처벌받지 않았다. 사실, 이 작전으로 수 치 정권은 '침략하는 이슬람 무리'에 맞선 불교 가치의 수호자로 국내에서 인기를 얻었다. 군부는 버마에서 무척 인기 있는 페이스북을 이용해 로힝야족에 대한 증오를 부추겼다. 대중 스타의 팬을 가장한 페이지들과 유명인의 페이지들을 만들어 이슬람을 불교에 대한 세계적 위협으로, 로힝야족을 버마의 민족 정체성에 대한 위협으로 묘

★ Samantha Power, *The Education of an Idealist*(London: William Collins, 2019), pp.315-16.
★★ UN 인권고등판무관사무소 방글라데시조사단 긴급 보고, 2017년 2월 3일.

사하는 선동적인 논평을 가득 올렸다. 사실, 로힝야족은 버마 인구 5400만 명 중 5퍼센트에 불과했다.

그동안 군부는 몇몇 사람이 '최종 해결'이라 부르는 것을 준비하고 있었다. 2017년의 맹습은 가장 끔찍했다. 이 공격의 도화선이 된 것은 8월 25일 아라칸로힝야구원군Arakan Rohingya Salvation Army(ARSA)이라는 작은 무장단체가 일련의 경계 초소를 공격한 사건이었다고들 한다. 그러나 보복은 무자비했고 분명 미리 계획된 것이었다.

세 달 사이에 350곳이 넘는 마을이 지도에서 사라졌고 70만 명이 고향에서 쫓겨났다. 근래 들어 가장 큰 규모의 강제 이주였다. 2019년 9월 발표된 UN 진상조사단의 보고서에 따르면 최소 1만 명의 로힝야족이 살해됐다. 1300명에 가까운 피해자 인터뷰를 토대로 작성된 이 보고서는 "그들의 정체성을 지우고 그들을 나라에서 제거"하려는 정권의 작전에서 머리나 손이 나무에 묶인 채 강간당한 여자들과, 다리 사이로 피가 흐르는 여성들의 시체가 흩어져 있는 마을들을 생생하게 묘사했고, 버마에 60만 명이 여전히 '표적으로 남아' 있다고 경고했다. 조사관들은 전쟁범죄에 가담한 100명의 비밀 명단을 작성했으며 국제 사회에 고위 장군들의 처벌을 촉구했다.[*]

프라밀라 패튼Pramila Patten 분쟁하 성폭력에 대한 UN 사무총장 특별대표는 버마군이 '표적이 된 주민들이 달아날 수밖에 없도록 만드는 계산된 공포 도구'로 강간을 사용했다고 고발했다.

버마 정부는 이런 보고들을 '가짜 강간'이라 일축했다. 라카인의 국경관리 장관인 폰 틴트Phone Tint 대령은 기자들에게 이렇게 말하기도 했다. "이 여성들은 강간당했다고 주장하지만 그들의 외모를 보세요. 강간당할 만큼 매력적이라고 생각하세요?"

---

[*] 국제미얀마진상조사단 보고서, 2019년 9월 16일.

버마 당국은 기자들의 라카인 출입을 허락하지 않았으므로 이야기의 진실을 하나하나 확인할 수는 없었다. 그러나 국제인권감시기구가 찍은 위성 이미지에는 파괴된 345개 마을이 분명히 드러나 있었다. 그리고 내가 인터뷰한 여성들의 강간 이야기에는 소름 끼치는 유사성이 있었다. 몇몇 여성은 손이나 뺨에 물어뜯긴 흉터를 보여주었고 수줍게 바지를 걷어 올려 총상이나 타박상 흉터를 드러내 보였다. 그들의 눈에는 고통이 담겨 있었다. 왜 국제 사회는 외면하는가? 머리에 꽃을 꽂은 여인과, 그 여인의 용기에 현혹된 나머지 이 공격들을 무시하는 것일까? 불쌍한 로힝야족의 운명에 신경 쓰기보다 버마 정부의 권력 이행기에 돌을 던지지 않으려고 더 조심하는 것일까?

스코틀랜드의 학자 아짐 이브라힘Azeem Ibrahim은 로힝야족에 대한 책을 썼을 뿐 아니라 임박한 제노사이드를 경고하며 무수히 많은 신문 칼럼을 써왔다. 그는 또 다른 견해를 밝혔다. "문제는 로힝야족이 글로벌 사다리의 맨 밑에 있다는 겁니다. 로힝야족의 이름을 하나라도 댈 수 있는 사람은 아무도 없습니다. 로힝야족에게는 지도부도 없고 케이스트리트K Street(미국 백악관 근처 로비 단체와 변호 단체가 밀접한 구역—옮긴이)에 사무실도 없습니다. 대부분 인력거꾼과 어부, 가난한 농부지요."

누군가 조치를 취하려면 증거가 필요할 테고 나는 정보를 수집하는 사람이 있는지 계속 물었다. 어느 날 아침 나는 세이브더칠드런Save the Children 보도담당관에 이끌려 한 여성을 만나러 갔다가 이처럼 증거를 수집하는 일에 따르는 어려움을 깨닫게 됐다. 우리가 만나러 간 여성은 강간당하고 총상을 입었으며 분명 열성적으로 이야기를 들려주었다.

서른다섯 살의 사노아라 베굼Sanoara Begum은 우리가 그녀의 천막에 도착했을 때 막 점심을 먹으려는 찰나였다. 그래서 우리는 천막을 나와 산책에 나섰다. 길가에 있는 실외 세면장에서 룽기(버마, 방글라데시, 인도 등지에서 허리에 둘러 입는 원통 모양 옷—옮긴이)를 입은 남자와 소년들이 수돗물을 채운 양동이의 물로 머리를 감고 비누질을 하고 있었다.

여자들은 어떻게 할까? 궁금했다. 몇몇 사람들에 따르면 여자들은 변소 사용을 되도록 피하려고 거의 먹지도 않는다고 했다.

사노아라의 천막으로 돌아와 보니 줄이 서 있었다. 《뉴욕 타임스》 기자와 한 버마 기자가 밖에서 기다리고 있었고 NBC 팀이 근처에서 서성대고 있었다.

"인터뷰를 최대한 빨리 끝낼 수 있을까요?" 사노아라가 내게 물었다. "아시겠지만 다른 사람들도 있어서요."

나는 그냥 돌아갈까 생각했다. 그러나 그렇게 오래 서성대다가 이야기도 듣지 않고 가는 것은 야박해 보일 듯했다. 그래서 나는 안으로 들어가 UNHCR라 표시된 황마 매트에 쪼그리고 앉았다. 그녀의 남편과 아들이 내 뒤 입구 옆에 앉았다. 우리가 나눌 이야기를 생각해보면 이상적인 상황은 아니었다.

그녀는 2016년에 이미 버마군의 표적이 된 마웅도의 볼리바자르Boli Bazaar에서 왔다고 말했다. "처음에 군대가 마을에 와서 집에 모두 불을 질렀어요. 그래서 우리는 레다라는 마을로 달아났죠. 그런데 다음 날 밤 9시쯤 거기에도 와서 '너희는 모두 미얀마를 떠나야 한다. 왜 아직도 여기 있는 거냐?'라고 소리쳤어요. 그러더니 남자들을 죽이기 시작했어요. 제 큰아들인 모하마드 샤우피크Mohammad Shaufiq를 데려가서 가슴에 총을 쏘고 목을 벴어요. 그 아이는 열다섯 살이었어요.

자정쯤 되자 소녀와 결혼한 여자들을 붙잡아서 학교로 데리고 갔어요. 모두 여섯 명이 있었어요. 소녀 넷과 저를 포함해서 결혼한 여자 둘요. 우리 둘은 임신한 상태였어요. 저는 8개월째였죠.

그들은 제 손과 다리를 묶고는 바닥에 내동댕이쳤어요. 한 번에 세 사람씩 군인 12명에게 강간당했어요. 저는 아기가 어떻게 될까 봐 걱정만 했어요. 그들은 저를 물어뜯었어요. 제가 저항하려 하자 총으로 후려쳤어요. 보세요. 이 두 개가 나갔잖아요."

그녀는 윗입술을 들어 올려 이가 사라진 빈 구멍을 보였다.

"한동안 기절해 있었어요. 그런데 세 남자가 더 왔어요. 그중 하나가 누구에게든 이야기하면 죽이겠다고 했어요. 그때 다른 남자가 오더니 저를 쐈어요. 저를 두 번 쐈어요. 오른쪽 무릎과 성기에요." 그녀는 바지를 걷어 올려 흉터를 내게 보여줬다. "한 번은 권총으로, 한 번은 장총으로.

저는 가만히 누워 있었어요. 눈동자조차 감히 움직일 수 없었죠. 그리고 아무것도 기억나지 않아요. 남편과 남동생이 와서 저를 데려갔어요. 제가 죽은 줄 알았는데 손가락을 조금 움직여서 살아 있다는 걸 알았대요.

두 사람은 제 딸의 금 코걸이를 팔아서 저를 의사에게 데려갔어요. 의사가 약을 좀 줬지요. 강둑에서 아기를 낳았지만 죽었어요. 아기는 그곳에 묻고 왔어요. 아이가 넷이었는데 이제 둘밖에 없어요."

그녀는 울면서 검은 방수천을 두른 작은 숙소를 손짓으로 가리켰다. 장애인용 화장실보다 클까 말까 한 공간은 흙바닥이었고 한쪽에 요리 공간이 있었는데 분명 화재 위험이 있어 보였다.

"제가 어떻게 사는지 보세요. 볼리바자르에서 저희는 가진 게 많았어요. 우리 화장실이 이 천막보다 컸어요. 남편은 툭툭을 갖고 있었고, 큰 아이들은 자전거를 타고 학교에 갔어요. 남편은 신비로운 치유력을 가졌지요. 소 열네 마리와 염소 열여섯 마리가 있었어요. 이제 우리는 돈이 없어서 생선도 못 산답니다."

그때 나는 바로 뒤에 놔둔 내 배낭 근처에서 어떤 움직임을 느꼈다. 통역인 소날리도 눈치를 챘는지 내게 배낭을 앞으로 옮기라고 말했다. 나는 남편과 아들이 사라졌다는 것을 어렴풋이 알아차렸다. 우리는 인터뷰를 계속했다.

"우리 남편과 남동생이 나를 담요에 눕히고 내내 들고 다녔어요. 제가 걸을 수 없었으니까요. 강까지 걸어서 엿새가 걸리니까 두 사람이 쉴 수 있도록 언덕 위에서 사흘을 멈춰 있었죠.

우리는 배로 강을 건넌 다음 국경이 있는 우티파라Utipara까지 갔어요. 총을 맞은 데서 피가 나서 그들은 제가 치료받을 수 있도록 툭툭에 태워 쿠투팔롱 난민촌으로 보냈어요.

이제 저는 섹스를 하고 싶지 않아요. 하지만 남편이 저를 때려요. 말을 따르지 않으면 다른 아내를 얻겠대요."

그녀는 훌쩍이기 시작했다. 그러고는 다음 인터뷰 차례라고 말했다.

나는 평소와 달리 사진을 찍어도 되는지 물었다. 기사에 싣기 위해서가 아니라 기억하기 위해서. 아이폰을 꺼내려고 배낭 가방에 손을 집어넣었다. 그녀의 얼굴에 당황하는 기색이 얼핏 스쳤다. 아이폰은 거기에 없었다. 나는 어리둥절했다. 텐트에 들어오기 직전에 사용한 다음 배낭 주머니에 넣었기 때문에 그곳에 있다는 것을 알고 있었다.

"입구에 놓지 말았어야죠!" 그녀가 나를 나무랐다. "거지가 집어 갔어요."

"하지만 당신 남편과 아들이 거기에 앉아 있었는데요." 내가 대답했다. "두 사람은 어디로 갔죠?"

그녀는 소리를 지르기 시작했다, 곧 거지가 나타났다. 끈 달린 가방을 든 나이 든 여자였는데 사노아라가 가방을 비워보라고 했다.

아이폰은 없었다. 양모 모자 하나뿐이었다.

"이 불쌍한 여자는 아무 관련이 없어요." 내가 사노아라에게 말했다. "당신 남편은 어디에 있나요?"

세이브더칠드런 대표가 난민촌 경찰에게 전화를 해야 할 테니 남편을 찾아오는 게 좋을 거라고 그녀에게 말했다. 우리가 텐트 밖에서 기다리고 있자니 남편이 불려왔다.

"그가 주술을 알고 있으니 어쩌면 찾을 수 있을 거예요." 사노아라가 말했다. 그녀와 그녀의 남편 사이에 열띤 언쟁이 오가더니 남편이 기적적으로 전화를 찾아다가 내게 내밀었다.

"주술을 이용해서 어떤 소년에게서 찾아왔는데 그를 때려줬대요." 사노아라가 말했다.

"주술요." 나는 고개를 끄덕였다.

나는 바깥의 오물 구덩이를 건너뛰며 걸어 나왔다. 그날 저녁 머메이드해변에서는 동료 기자들과 구호 단체 직원들로 구성된 떠들썩한 무리가 회색 모래사장의 테이블에 모여 매콤한 라임 새우를 주문하고 맥주를 마셨다. 캘리포니아의 팰로앨토에 있는 미래연구소Institute of the Future라던가 하는 곳에서 온 열정적인 미국인 하나가 좌중을 압도하며 난민촌 곳곳에 타워를 세워 심심한 난민들에게 발리우드 영화를 틀어줄 계획을 설명하고 있었다. 나는 그에게 로힝야족이 이슬람교도들이며 이맘이 그 계획에 동의할 리 없다는 걸 아는지 물었다. 그 질문을 던지고 나서 나는 부끄러워졌다. 그는 아무것도 할 게 없고, 어디에도 갈 곳 없고, 그저 기다리며 과거만 기억해야 하는 장소에서 난민들이 뭔가 할 만한 일을 만들어주고 싶었을 뿐일 텐데.

나는 내가 무척 존경하는《뉴욕 타임스》기자 해나 비치Hannah Beech 옆에 앉아 있었다. 그녀가 내게 그날 하루에 대해 물었고, 나는 강간 희생자와 아이폰 이야기를 들려주었다. 그녀는 인물 소개 기사를 쓰기 위해 부모 없는 아이 셋과 그들의 삼촌과 함께 하루를 보냈다고 말했다. 그런데 그들과 이야기를 나누는 동안 차츰 앞뒤가 맞지 않는다는 생각이 들었다. 알고 보니 그들은 부모 없는 아이들이 아니었고 상냥한 삼촌인 척했던 남자가 그들의 아빠였다.

우리는 둘 다 그날 일로 마음이 상했다. 하지만 한편으로는 사람들이 얼마나 절박했으면 그런 일을 하거나 그런 이야기를 지어낼까 생각했다. 혹시 트라우마가 너무 심해서 무엇이 진짜인지 더는 알지 못하는 것일까? 난민촌 소장은 로힝야족 중에는 워낙 정신이 혼란스러워서 살균제를 우유로 혼동하고 마시는 사람도 있다고 내게 말한 적이 있었다. 그리고 우리는 어떤가. 조금 더, 조금 더 끔찍한 이야기를 끝없이 찾아다니며 그들에게 어떤 괴물을 키우도록 부추기고 있는 건 아닌가? 포위됐던 콩고 동부에서 막 구출되어 비행기에 가득 태워진 벨기에 수녀들에게, 아마 실화는 아니겠지만, "여기에 강간당했고 영어 할 줄 아시는 분 계세요?"라고 외쳤다는 그 텔레비전 리포터와 우리는 정말 다를까?

5
—
수십 년 동안 감춰진 고통

방글라데시 시라지간지

어린 소년 하나가 우유 통을 들고 자말푸르의 길을 건너는데 경비
병 하나가 파키스탄군 캠프로 들어오라고 손짓했다. 경비병은 우
유를 받고 소년에게 동전 두 개를 주었다. 그 안에서 소년은 온몸에
고문당한 흔적이 있는, 발가벗은 여성 세 사람을 보았다. 소년은
그 장면을 결코 잊을 수 없었고 그 동전을 결코 쓸 수 없었다.
_방글라데시, 다카의 독립전쟁박물관에 게시된 전쟁 기록물

전시관 중앙에는 비틀린 나무껍질로 만들어진 여성의 형상이
서 있었다. 굽이치는 긴 옷을 걸친 채 고뇌에 빠진 듯한 조각상을 보
니 폐허가 된 정신병원에서 만난 야지디족 여성들이 왠지 모르게 떠
올랐다. 조각가는 저명한 방글라데시 예술가 페르두시 프리야브하
시니Ferdousi Priyabhashini였다. 그녀는 1990년대 중산층 여성으로서는

최초로 침묵을 깨고 방글라데시 독립전쟁 기간에 자신이 겪은 성폭력을 진술했다. 그녀의 작품은 버려진 고철로 나뭇가지와 잔가지들을 결합해 창조되었다. 그녀는 이렇게 말한다. "우리는 아무도 원치 않는 저 버려진 나무껍질들 같아요."

가까운 벽에는 세 여성을 찍은 흑백 사진 삼부작이 있다. 여성들의 얼굴이 가려져 있는데도 상상을 넘어서는 고뇌가 전달된다. 사진작가 나이부딘 아메드Naibuddin Ahmed는 여성의 얼굴을 드러내는 대신 강물처럼 풀어헤친 검은 머리카락으로 가렸다. 주먹을 꼭 쥔 채 앞으로 들어올린 여성의 손목에는 수갑과 비슷한 팔찌가 있다.

나는 방글라데시 다카의 독립전쟁박물관 제4전시실에 있었다. 1971년 독립전쟁 시기에 20만~40만 명이라는 충격적인 수의 여성이 파키스탄 군인에게 강간당했다고 여겨진다. 하지만 벽에 붙은 명판에 따르면 '이 감춰진 고통에 대한 기록은 많지 않다.'

사람들은 이들을 '비랑고나birangona'라 부른다. 방글라데시어로 '용감한'을 뜻하는 '비르bir'에서 나온 이 단어는 용감한 여성 전쟁 영웅을 뜻한다. 1972년 방글라데시 초대 대통령 셰이크 무지부르 라만Sheikh Mujibur Rahman이 제시한 호칭으로, 이 여성들을 전쟁 영웅으로 인정하고 존경을 표시하려는 의도였다. 그러나 이 호칭이 불행한 결과로 이어졌음을 나는 곧 알게 되었다.

박물관을 방문하기 전에 나는 압둘 수한Abdul Suhan 명예 대위를 만났다. 은퇴한 방글라데시 장교인 그는 황갈색으로 염색한 머리에 온화한 눈빛을 지녔고 한쪽 다리를 눈에 띄게 절고 있었다. 그는 로힝야 난민촌 근처에 살았다. 우리는 그의 집 테라스의 스프링 없는 소파에 앉아 모기를 손으로 쫓으며 차와 비스킷을 들며 이야기를 나눴다. 그는 내가 로힝야 난민촌에서 들은 끔찍한 이야기들이 방글라데시 사람들에게는 전혀 새롭지 않다고 말했다.

"문제는 물론 당신들 영국인들로부터 시작됐지요." 그가 이야기를 시작했다. 1947년 인도 독립과 영토 분할을 두고 하는 말이었다. 영토 분할 과정에서 이슬람 국가 파키스탄은 두 개의 분리된 날개를 지닌 나라가 되었고, 그 사이에는 적대적인 인도가 1600킬로미터에 걸쳐 있었다. 당시 동파키스탄 영토가 훗날 방글라데시가 되었다. 1970년 선거에서 인구가 더 많은 동파키스탄의 셰이크 무지부르 라만이 이끄는 아와미 연합이 다수당이 되자 서파키스탄은 선거 결과를 받아들이지 않았다.

1971년 3월 7일 무지부르 라만은 역사적인 연설에서 동파키스탄 지역의 자치를 주장하며 여섯 개의 요구사항을 제시했고 거부당하자 총파업을 일으켰다. 파키스탄의 군 지도자 야히야 칸Yahya Khan 장군은 대규모 무력 진압인 '서치라이트 작전'으로 대응했다.

1971년 3월 25일 파키스탄군 세 개 대대가 수도 다카를 점령했다. 그들은 모두 잠들어 있는 자정 직전에 급습했다. 대학 기숙사에 불을 질렀고 학생과 학자들을 총으로 쏘아 죽였다. 지식인과 시인, 벵골 민족주의자들을 암살했고 신문사를 폭파했으며 힌두교도의 거주지를 불태웠다. 무지부르 라만은 체포되었다. 암살대가 다카의 거리를 누비며 하룻밤 사이에 7000명을 죽였다.

그것은 시작에 불과했다. 한 주 안에 다카 인구의 절반이 달아났고 최소한 3만 명이 살해당했다.

비슷한 숙청이 곧 방글라데시 전역에서 실시됐다. 수한은 당시 파키스탄군에 소속된 벵골 연대의 부사관이었는데 다른 벵골 군인들과 함께 치타공의 병영을 탈출해 산에 있는 반란군에 합류했다. 그는 곧 파키스탄 군인들이 전투와 살인만 하는 것이 아님을 깨달았다.

"그들은 많은 여성을 강간했습니다. 끔찍한 행위였죠. 바나나나무에 매달아 죽일 때도 있었고 묶어서 강간할 때도 있었습니다.

수많은 여성이 파키스탄군 부역자들인 알샴스al Shams와 알바드르al Badr(벵골 민족주의자들의 독립운동에 반대해 파키스탄군에 협조했던 민병대들—옮긴이)에게 붙들려 콕스바자르와 코밀라의 병영으로 끌려가 파키스탄 군인들에게 거듭거듭 강간당했습니다. 그들은 여성들을 노예처럼 감금했어요. 젊든 늙든 상관하지 않았죠.

우리 사회가 보수적이고 여성들이 수줍음이 많다 보니 그 일을 감히 폭로하지 못했습니다. 그러나 우리 전사들은 무슨 일이 일어났는지 알고 있었죠. 그 희생자들을 생각하며 전투 의지를 다졌습니다.

그러나 전쟁이 끝난 뒤 저 같은 남자들은 화환과 지원을 받았지만 여성들은 아무것도 받지 못한 채 숨어 지내야 했습니다. 형편이 괜찮은 여성들은 침묵했고, 가난한 여성들은 구걸하는 삶으로 내몰렸죠. 몇몇은 사리로 목을 매 자살했습니다. 당신이 로힝야족에게서 들은 것보다 끔찍한 일들이 일어났지만 이곳 여성들은 말하지 않았습니다. 그냥 허공만 응시했죠."

노인의 눈에서 눈물이 떨어졌다. "저는 이 여성 순교자들을 기리는 여학교를 세웠습니다. 달리 무얼 해야 할지 모르겠더군요. 제가 죽으면 다른 해방 투사들처럼 정부에서 사람을 보내 제 관에 국기를 덮고 나팔을 울리게 할 겁니다. 비랑고나가 죽으면 아무것도 없습니다."

전시실 아래층의 박물관 강당에서는 학회가 진행 중이었다. 국경 건너 버마의 로힝야족 여성들에 대한 성폭력과 46년 전 방글라데시에서 일어난 일들을 비교하는 학회였다. 그곳에서 나는 방글라데시 독립전쟁박물관의 설립에 공헌한 작가인 모피둘 호크Mofidul Hoque를 만났다. 그는 비랑고나가 존중받을 수 있도록 길고, 자주 외로웠던 투쟁을 전개한 사람이다.

"분쟁에서 여성은 항상 쉬운 과녁이지요." 그가 말했다. "파키스탄군은 대량학살로 사람들을 한 방에 굴복시킬 거라 생각했어요. 벵골 민족주의자들을 말살시킬 일종의 '최종 해결'로 여긴 겁니다. 그래서 시골로 들어가서 주둔지를 세운 뒤 곧바로 하는 일이 여자들을 찾는 거였어요. 나이에 상관없이 소녀와 여성들이 집에서, 거리에서, 밭에서, 버스정류장이나 학교에서, 우물가에서 납치되었지요."

더러는 바로 그 자리에서—이른바 현장 강간—강간당했다. 그들의 침대에서, 가족 앞에서 강간당할 때가 흔했다. 바나나나무에 묶여 집단으로 강간당하기도 했다. 군부대로 끌려가 성노예가 된 여성은 도망갈 수 없도록 벌거벗은 상태로 감금되었다. 사람들은 트럭에서 의식을 거의 잃은 여성들을 끌어내는 걸 보았다고 말했다. 부대에서는 포르노영화를 보여줘 부대원들을 흥분시킨 다음 마음대로 발산하게 했다. 많은 여성이 군부대 주둔지에서 죽었다. 총검으로 성기가 관통당한 채 피를 흘리며 죽기도 했다.

당시 호주 기자 토니 클리프턴Tony Clifton은 인도 국경의 난민촌과 병원을 방문하기 전까지는 그 이야기들을 의심했노라고 《뉴스위크》에 썼다. 그곳에서 만난 피해자 중에 고아가 된 이스마타르Ismatar가 있었다. "찢어진 분홍 옷을 입은 수줍은 어린 소녀…… 파키스탄 군인의 총검이 목을 찔러 생긴 검푸른 흉터를 손으로 가렸다." 그곳을 나올 무렵 그는 "어떤 잔학 행위라도 저지를 수 있는 펀자브 군인에 대한 이야기를 믿게" 되었다.[★] 클리프턴은 베트남과 캄보디아, 비아프라전쟁Biafran War(1967~1970년 나이지리아로부터 분리 독립을 선언한 비아프라공화국과 나이지리아 정부군 사이의 전쟁—옮긴이)을 취재한 적이 있었으므로 전쟁의 참사에 익숙한 사람이었다. 그런 그조

★   'The Terrible Bloodbath of Tikka Khan', *Newsweek*, 28 June 1971.

차 아기들이 총에 맞고 딸들이 성노예로 끌려가고 남자들이 등 살갗이 벗겨지도록 채찍질 당하는 상황을 묘사하며 이렇게 썼다. "나도 모르게 몸이 얼어붙은 채 어떻게 사람이 그렇게 잔인한 광란에 빠질 수 있는지 묻고 또 묻게 되었다."

그는 40년 뒤에 일어날 로힝야 난민촌의 상황을 묘사하고 있었을지 모른다.

클리프턴이 인터뷰한 사람 중에는 벵골에 20년 동안 살고 있던 영국 출신의 감리교 목사 존 헤이스팅스John Hastings도 있었다. 그는 이렇게 말했다. "군인들이 아기들을 공중으로 던지고 총검으로 받는 걸 똑똑히 봤습니다. 군대가 소녀들을 반복해서 강간한 다음 다리 사이에 총검을 밀어 넣어 살해한 것도 분명합니다."

많은 생존자가 가슴이 잘려 있었다. 전쟁이 끝난 뒤 국제가족계획연맹International Planned Parenthood Federation 소속 의사들이 방글라데시에 파견되어 진료소들을 세웠는데 거의 모든 여성이 성병에 걸려 있다는 사실을 발견했다. 한 여성은 군인 50명에게 강간당했다고 말했다.

이곳에서 벌어진 일을 세상에 알린 사람도 이런 의사 가운데 한 사람이었다. 제프리 데이비스Geoffrey Davis 박사는 임신 말기 임신중지에 대한 연구로 잘 알려진 호주인으로, 원치 않는 아기들의 낙태를 감독하고 태어난 아기들의 국제 입양을 돕기 위해 방글라데시에 왔다. 그는 다카에서만 낙태 수술을 하루에 100건씩 '산업적인 규모'로 실시했다고 말했다.

파키스탄이 줄곧 주장해온 것처럼 강간당한 여성의 수가 과장되었느냐는 질문에 몇 년 뒤 그는 아니라고 대답했다. "그들이 저지른 것에 비하면 아마 무척 보수적인 통계일 겁니다. 여성들이 들려주는 몇몇 이야기는 정말 충격적이었어요. 강간을 당하고 당하고 또

당했습니다. 덩치 큰 파키스탄 병사들에게요. 부유하고 예쁜 여성들은 장교들이 차지하고 나머지 여성들은 낮은 계급의 병사들에게 배분됐어요. 그리고 여성들은 정말 난폭한 폭력을 겪었습니다.

먹을 것도 충분히 주지 않았어요. 아파도 아무 치료도 받지 못했습니다. 많은 여성이 끌려간 주둔지에서 죽었습니다. 그 모든 이야기가 믿기지 않는다는 분위기가 있었지요. 누군들 진짜 그런 일이 일어났다고 믿을 수 있겠습니까. 그러나 진짜 일어났음을 보여주는 증거들이 있습니다."★

강간당한 여성의 수는 전시 강간을 '전쟁의 흔한 부산물'로 여길 만한 수치를 훨씬 넘어섰다. 강간의 목적은 적에게 모멸감을 주고 사기를 꺾는 것만이 아니었다. 야지디족과 보코하람에 납치된 나이지리아 소녀들, 로힝야족에게서 내가 목격한 것처럼 파키스탄군에게는 강간도 체계적인 전쟁 무기였다.

"개별적으로 벌어진 일들이 아닙니다. 고의적인 정책이고 이념에 근거한 정책입니다." 모피둘이 말했다. "무슬림에 의한 무슬림의 대량 학살이지요. 우리를 열등한 존재로, 적절한 무슬림이 아닌 존재로 낙인찍고 우리를 학살한 겁니다. 강간은 불신자들을 정화해야 할 그들의 '의무'였습니다."

수년 뒤 ISIS 대원들이 야지디 여성들을 노예로 만든 것을 종교적으로 '정당화'한 것처럼, 파키스탄의 이맘들도 벵골 투사들은 '힌두교도들'이며 그들의 여자들은 '고니모테르 말gonimoter maal' 곧 전리품으로 취할 수 있다고 선언하는 파트와fatwa를 발표했다.

파키스탄군의 카딤 후사인 라자Khadim Hussain Raja 소장이 사후에 출간된 회고록《내 조국의 이방인이 되다A Stranger in My Own Country》

★   2002년 시드니 오스트레일리아국립대학교의 비나 디코스타 박사와의 인터뷰.

에서 밝힌 바에 따르면 그들의 사령관 A. A. K. 니아지는 장교들에게 "벵골인의 민족색이 달라질 때까지 병사들을 동파키스탄의 여성들에게 풀어놓으라"고 말했다.

제프리 데이비스 박사도 방글라데시에 전쟁 포로로 잡힌 파키스탄 군인들로부터 비슷한 설명을 들었다. "그들은 티카 칸[동파키스탄의 파키스탄 군정 장관]으로부터 훌륭한 무슬림은 아버지를 제외한 모든 이와 싸운다는 취지의 지시나 명령 같은 것을 들었다고 했어요. 그러므로 그들이 해야 할 일은 최대한 많은 벵골 여성을 임신시키는 것이었지요. …… 동파키스탄의 새로운 세대 전체가 서파키스탄의 피를 물려받도록 말입니다. 그들이 그렇게 말했어요."

전쟁은 인도군의 개입으로 끝이 났다. 1971년 12월 16일 오후 5시 1분, 파키스탄의 니아지 사령관이 다카 경마장에 세워진 탁자에서 항복 문서에 서명했다. 그는 느린 동작으로 권총을 끌러 인도 사령관에게 건넸다. 인도 사령관은 니아지의 어깨에서 계급장을 뜯어냄으로써 그의 수치심을 더했다.

경마장 둘레에 모여 있던 벵골인들은 꽃을 던지며 환호했다. 파키스탄에 투옥되었던 셰이크 무지브는 석방되어 새로 독립한 조국을 이끌기 위해 돌아왔다.

그가 처음 실시한 조치 중 하나는 강간당한 여성들을 전쟁 영웅으로 포용하는 것이었다. 그는 이 여성들을 '비랑고나'라 선언함으로써 남성 독립투사들처럼 명예로운 지위를 주었고, 교육과 고용에서 특혜를 누릴 수 있게 했으며, 남성들에게 비랑고나들과의 결혼을 권장했다.

또한 비랑고나를 위한 재활센터와 의료적 손상을 치료할 진료소들을 세웠고 낙태를 일시적으로 합법화했다.

1973년 그는 국제전범재판법령이라는 획기적인 법령을 선포해 강간을 인도주의에 반하는 범죄로 선언했다. 대담하고 전례 없는 시도였다.

그러나 그의 선의는 여성에게 낙인을 찍는 호칭으로 역효과를 냈다. 방글라데시 사회에서 이 여성들은 남편이 아닌 다른 사람과 섹스를 한 수치스러운 여성이었다. 많은 여성이 가족과 마을에서 쫓겨났고 심지어 남편에게 살해당하거나 강간으로 태어난 아기를 살해해야 했다.

나이지리아에서 보코하람에 납치된 소녀들처럼 이들은 이중의 희생자가 되었다. 처음에는 강간을 겪었고, 그 뒤 고향으로 돌아갔을 때는 외면당했다.

"이런 경우도 있습니다." 모피둘이 이야기했다. "한 소녀가 강간당해서 임신을 했는데 그녀의 어머니가 자기 금 귀걸이를 빼주면서 '이걸 갖고 떠나라. 다시 돌아오지 마라'고 했다더군요. 소녀는 항구의 어느 짐꾼 집에 신세를 지면서 사내아이를 낳았어요. 그러자 이 짐꾼의 가족이 아기를 죽이고 다카로 가서 새 삶을 살아야 한다고 소녀를 설득했대요. 그래서 소녀는 아기 입에 소금을 채우고는 강에 빠뜨려 익사시켰어요. 그 뒤로는 제정신이 아니었죠."

몇몇 여성은 자신이 겪은 강간에 대한 이야기로 돈벌이를 한다고 비난받기도 했다. 돈 가방을 받았다는 둥 하는 소문이 떠돌았다. 돈을 받기 위해 이야기를 지어냈다고 비난받은 여성들도 있었다.

안 그래도 힘들었던 생존자들의 상황은 1975년 셰이크 무지브가 피살되고 이슬람주의 정당(독립전쟁 시기에 독립에 반대하며 파키스탄군에 협력했던 이슬람주의 정당인 자마트당은 독립 후 셰이크 무지브 치하에서 정치 활동이 금지되었으나 1975년 군부 쿠데타 이후 집권당이 되었다—옮긴이)이 권력을 잡으면서 훨씬 더 힘들어졌다. 새로운 정권에는 독립전쟁에서 파키스탄 군인들에게 여성들을 공급하거나 심지어 직접 강간까지 했던 부역자들도 포함돼 있었다. 비랑고나 재활센터는 문을 닫았고 여성들은 거리로 쫓겨났다.

"사람들은 길을 건너는 제게 침을 뱉으며 '파키스탄군의 아내'라고 불렀어요."

"'어떻게 그놈들이 네게 손대게 놔둘 수 있어?' 바로 우리 가족이 내게 한 말입니다."

내게 이야기를 들려준 여성들은 다카의 서북쪽 범람원에 자리한 작은 소도시 시라지간지Sirajganj의 강가 근처 진흙길에 있는 골함석 판잣집에 모여 있었다.

진흙투성이 오리 우리 맞은편에 한 줄로 기대 서 있는 판잣집 중 하나였는데 사람의 거주지라기보다는 동물 우리처럼 보였다. 알전구 빛에 드러난 커다란 거미줄들이 휘장처럼 천장에 매달려 있다. 가구라고는 침대 하나와, 이 빠진 컵과 접시들이 쌓인 나무 찬장, 작은 흑백 텔레비전이 전부였다. 벽에는 메카 사진과 2014년 달력이 걸려 있었다.

다양한 색상의 사리를 입은 여섯 여성이 플라스틱 의자에 앉거나 침대에 앉았다. 그들의 옷은 흐릿한 어둠 속에서도 선명해 보이는 오렌지색, 분홍색, 노란색, 초록색이었지만 얼굴에는 고뇌가 서려 있었고 몸은 금방이라도 무너질 듯 보였다.

내가 안으로 들어서자 여성들은 내 손을 꼭 쥐었다. 분홍색 사리를 입은 한 여성은 아이를 쓰다듬듯 내 머리카락을 어루만졌다.

이들은 어머니클럽Mother's Club이었다. 모두 어머니들—그리고 할머니들—이었지만 또 다른 공통점이 있었다. 그 공통점을 그들은 '고토나ghotona'라 불렀고, 통역은 '그 사건the event'이라 옮겼다. 그리고 "그 사건이 뭔지 모두가 안다"고도 덧붙였다.

이야기를 시작하기 전에 어머니들은 입구에 모여 있던 호기심 많은 손주들을 밖으로 쫓아냈다. 아이들은 곧 밖에서 시끄럽게 투정을 부리기 시작했다. 곧이어 오리들이 꽥꽥거리며 합류했고 이따금 지나가는 누군가가 큰소리로 침을 뱉는 소리가 끼어들었다.

나는 이 여성들을 만날 수 있어서 안도했다. 다카에서부터 줄기차게 내리는 회색 비의 장막을 뚫고 여기까지 먼 길을 왔다. 차로 두 시간쯤 이동했을 때 도로가 내려앉는 바람에 차들이 길 가장자리에 붙어서 이동해야 했다. 우리는 일차로에서 서로 앞지르기를 하려고 애쓰는 자동차와 트럭, 버스들의 끝없는 줄에 꼼짝없이 붙들려 있다. 여섯 시간이 넘게 걸려 방가반두 다리에 도착해 갠지스강의 가장 큰 지류 가운데 하나인 자무나강을 건너 시라지간지로 들어가는 초록 논을 통과했다.

나는 이 여성들이 서로를 만나게 된 여성 센터를 설립한 사피나 로하니Safina Lohani라는 지역 활동가를 통해 이들과 연락이 닿았다. 그러나 의사소통이 쉽지 않았던 터라 이들이 나를 기다릴지, 또는 나에게 이야기를 하려고 할지 확신할 수 없었다. 그러나 어머니클럽은 나를 너무나 환영해주었다.

이들은 40년 넘게 2주에 한 번씩, 대개 사피나의 집에서, 대개 비밀리에 모였다. 그러다가 2015년 사피나가 뇌졸중을 앓게 된 뒤로 서로의 집을 오가며 만나고 있지만 사람들의 구설에 오를 만한 마을에서는 모이지 않는다.

"함께 모이면 과거를, 파키스탄 군대가 어떻게 우리 삶을 망쳤는지를 이야기합니다." 한제라 카탐Hanzera Khatam이 설명했다. 주홍색 스카프를 두른 얼굴이 주름지고 거칠었다. "그들 때문에 우리 삶이 완전히 비참해졌지요. 사피나 덕택에 살아남았고요."

70세로 나이가 가장 많고 노란색 옷 위에 오렌지색 숄을 걸친 하스나Hasna가 이야기를 시작했다. 그녀는 거의 숨도 안 쉬고 이야기했다.

"우리 마을 카지파라Khaji Para에 군인들이 왔을 때는 목요일이었어요. 저는 딸아이를 무릎에 앉힌 채 요리를 하고 있었어요. 아이는 다섯 살이었어요. 군인들이 기차를 타고 도착해서 마을 사람을 전부 불러냈어요. 거의 모든 여자가 달아났지만 우리 집이 기차역 옆이어서 군인들이 바로 들이닥쳤죠. 도망갈 시간이 없었어요. 그들은 저를 잡아채더니 제 딸을 바닥에 세게 내동댕이쳤어요. 딸아이의 머리가 깨지고 입에서 거품이 일었어요. 아이는 보름 뒤에 죽었어요. 군인 두 사람이 바로 그 자리에서 저를 강간했어요. 제가 소리를 지르니 소총으로 저를 때렸어요. 알라신께서 그자들을 벌하시기를.

전쟁 뒤에는 모든 것이 힘들었어요. 남편은 그 직후에 죽었어요. 마을 사람 모두 제게 무슨 일이 일어났는지 알았고 저를 욕하며 따돌렸어요. 저를 '비랑고나'라 불렀는데 그건 나쁜 뜻이었죠. 이웃들이 제게 욕을 했어요. 제게는 아들이 하나 있었고 저는 여성재활센터에서 식모 일을 했는데 그러다가 재활센터가 문을 닫았어요. 배에 통증을 느낄 때가 많았지만 쌀을 키질하거나 농사일을 도우며 살아요.

아들은 인력거를 끌었는데 이제는 아파서 일을 못한답니다. 그래서 제가 아들의 아이 넷을 돌봐야 해요."

암탉 한 마리가 안으로 들어와 바닥을 쪼아대기 시작했지만 앙상한 길고양이에게 쫓겨났다. 고양이는 휙 소리를 내며 슬쩍 밖으로 나갔다.

하스나는 단 3분 만에 더는 비참할 수 없는 삶을 묘사했다.

빛바랜 검은색과 라일락색 옷 위에 옅은 분홍색 숄을 걸치고 내 머리를 쓰다듬었던 코리만Koriman이 이야기를 이어받았다.

"저도 일흔 살입니다. 전쟁이 시작됐을 때 스물세 살이었고 테 툴리아Tetulia의 마을에서 남편과 함께 살고 있었어요. 남편은 담배 공장에서 일했고 우리는 꽤 괜찮게 사는 편이었어요. 아들이 둘 있 었는데 저는 셋째를 임신한 상태였죠. 그런데 군대가 우리 마을에 들어와 다 불태워버렸어요. 우리는 달아나서 강에 있는 섬으로 피신 했죠. 며칠 뒤 뭘 좀 가져오려고 마을로 돌아갔더니 마을이 다 부서 져 있고 많은 이웃이 죽어 시신이 썩고 있었어요."

그녀는 눈물을 흘리기 시작했다. "군인들이 남자들을 한 줄로 세운 다음 총을 쏴 죽였더라고요. 그래서 소나 귀중품도 챙기지 못 하고 그냥 떠났어요."

여기까지 말한 그녀는 분홍색 천 끝으로 눈가를 두드렸다. 이번 에는 내가 그녀를 도닥였다. 그녀의 목소리가 누그러졌다.

"우리는 파키스탄군이 곳곳에 불을 지르는 걸 봤어요. 시라지간 지 시내에도요. 하늘 전체가 연기와 화염으로 타올랐죠. 겁에 질려 서 마을에 머물지는 못하고 잠깐씩 다녀가곤 했어요.

어느 날 아이들을 데리고 집으로 돌아가서 마당에서 빵을 만들 고 있었는데 갑자기 파키스탄 군인들이 들이닥쳤어요. 저는 아들을 얼른 치마폭에 숨기려 했는데 군인들이 이미 마당으로 들어와 아이 를 총으로 때려눕히고 저를 강간했어요. 저는 너무 겁이 나서 그들 이 떠날 때까지 눈을 감고 있었어요. 몇 명이 얼마나 강간했는지는 모르지만 가슴과 몸이 다 부었어요. 남편이 와서 그 모든 것을 보고 얼마나 충격을 받았는지 그날부터 세상을 떠날 때까지 13년 동안 말 을 못했어요.

그 일로 저는 무척 고통스러웠어요. 그냥 저를 죽였으면 나았을 텐데. 마을 사람들은 저를 심하게 비난했어요. 어떤 남자도 저와 결혼 하려 하지 않지요. 오랫동안 저는 빵 굽는 냄새도 맡지 못했어요.

그러다가 여성센터를 운영하는 사피나를 만나 그곳에서 일했어요. 1975년에 셰이크 무지브가 시라지간지에 와서 모든 여성 전쟁 영웅을 자기 딸이라고 부르며 우리에게 보살핌이 필요하다고 했어요. 우리 여덟 사람을 집으로 초대도 했지요.

그러다가 그가 살해되고 나서는 모든 게 나빠졌어요. 센터는 문을 닫았고 우리는 모든 것을 우리 힘으로 헤쳐가야 했어요."

다른 여성들은 고개를 끄덕이며 동의를 표시했다. 바깥의 소란은 언제부터인가 멈춘 듯했고 지붕 가장자리에서 찬장으로 물이 똑똑 떨어지는 것이 보였다.

앞에 앉은 두 여성은 자매였다. 우리가 모여 있는 판잣집은 자매 중 언니인 라힐라Raheela의 집이었다. 검정과 빨강, 노랑으로 날염된 스카프를 두른 그녀는 빈랑 잎을 씹으며 그녀가 듣고 또 들었던 그 이야기들을 다시 들으며 고개를 절레절레 저었다.

"저는 예순다섯 살입니다. 전쟁이 일어나기 3년 전에 결혼했고 남편과 함께 여기에서 8~9킬로미터 떨어진 시나푸르나Shinapurna에 살았지요." 그녀가 이야기를 시작했다.

"처음에는 다카에서 전쟁이 시작됐어요. 그러고는 많은 파키스탄군이 잠톨리바자르역으로 들어왔어요. 사람들은 겁에 질렸죠. 저는 친정에 있었는데 시아버지가 찾아와서 시라지간지의 상황이 나빠지고 있으니 옮겨가야 한다고 했어요. 우리는 시가로 옮겨갔죠. 그런데 이웃 마을에 군대가 들어와서 두 형제를 끌고 가 쏴 죽이고 여자 둘을 강간했대요. 하나는 갓난아기의 엄마였고 하나는 처녀였는데 그 두 사람을 부대로 끌고 갔다더군요.

소문이 퍼지자 시어머니가 우리를 데리고 밭에 숨었어요. 그런데 시아버지가 안전하지 않다고 해서 우리는 밤늦게 친정아버지와 함께 다른 곳으로 떠났죠."

그녀는 말을 잠깐 멈추고는, 지저분한 헝겊 인형을 끌어안고 서성이며 할머니의 무릎으로 기어오르려는 어린 손녀딸을 다독여 내보냈다.

"그런데 우리가 가려고 했던 집에 파키스탄 군대가 불을 지르는 것이 보였어요. 우리는 그냥 계속 걸어서 고모 집까지 갔지요. 도착하니 오전 10시였어요. 밤새 걸어간 셈이죠. 그런데 갑자기 군대 지프차 소리가 나는 거예요. 아버지가 제게 근처에 있던 집에 숨으라고 했어요. 힌두교도들의 집이었죠. 지프차들이 집 앞에서 멈추더니 군화 소리가 들렸어요. 그리고 사내들이 들어와서 소파 침대 밑에 숨어 있는 힌두 여자들을 발견했어요. 그들은 머리채를 잡고 여자들을 끌어내 때리다가 문 뒤에 숨은 저를 발견했어요."

거기까지 말한 뒤 그녀는 아이들을 판잣집 밖으로 내보내며 고개를 저었다.

"처음에는 군인 셋이 저를 강간하려 했어요. 그 뒤 다른 군인들이 또 다른 힌두 여자를 끌고 들어와서 우리 둘을 강간하고 또 했어요. 남자들은 우리 벵골 남자들처럼 작지 않고 체구가 컸어요. 그러더니 저희 둘을 남겨 놓고 다른 힌두 여자 둘을 끌고 갔어요.

그들이 강간을 끝냈을 때 저는 의식을 잃었어요. 저녁 7시쯤 정신이 들었죠. 강둑에서 아버지와 다른 사람들을 찾았어요. 몇 사람은 부상을 입었어요. 저는 걷기가 힘들었지만 아버지가 저를 부축해서 다른 고모 집까지 갔어요.

2주쯤 뒤에 남편이 찾아왔는데 무슨 일이 있는지 알고 나서는 다시 오지 않았죠.

석 달 뒤 방글라데시가 해방됐어요. 모두 축하하며 집으로 돌아갔지만 저는 아니었어요. 남편에게 가는 대신 부모님에게 갔지요.

얼마 뒤 재활센터 이야기를 들었어요. 저처럼 파키스탄군에게 끔찍한 일을 당한 여성들이 있다고 했어요. 아버지께 그곳에 가겠다고 했더니 처음에는 허락하지 않으셨어요. 어떤 종류의 여자들이 가는지 알 만하다면서요. 하지만 나중에 그곳에 갔고, 거기에서 3년 동안 일하면서 40명쯤 되는 다른 여자들과 함께 옷감 짜는 법을 배웠어요.

어느 날 셰이크 무지브가 암살됐다는 소식에 우리는 겁을 먹었어요. 재활센터의 경비병이 보복이 있을까 두려워 우리를 집으로 돌려보냈어요.

저는 아버지 집으로 돌아갔어요. 아버지는 결국 마을 사람들에게 부탁해 제 남편을 데려다가 제 잘못이 아니니 저를 다시 받아들이도록 남편을 설득하게 했어요.

남편은 저를 다시 받아들였고 죽을 때까지 저와 함께 살았지요. 우리는 딸 다섯과 아들 둘을 두었어요. 하지만 쉽지는 않았어요. 남편은 그날 일을 잊지 못했어요. 제게 다정하게 말을 거는 법이 없었어요. 마을 사람 중에는 제가 불결한 여자이니 마을에 살게 해선 안된다고 하는 사람도 있었어요. 그런 불명예를 견디느니 자살했어야 했다면서요. 저도 그 사람들 말이 옳다고 생각하곤 해요. 어쨌든 파키스탄 군인들이 제게 저지른 짓 때문에 전 이미 죽은 거나 다름없었으니까요. 딸들이 결혼할 때 지참금을 더 줘야 했죠. 아무도 우리랑 관계 맺길 원치 않았어요.

몇 년 전에 텔레비전에 나가서 '비랑고나'의 삶에 대해 말한 적이 있어요. 사위가 엄청 화를 내더군요. 그러더니 제 딸과 이혼했어요. 딸은 제게 화를 냈어요. '엄마가 내 인생을 망쳤어'라면서요."

라힐라의 집안에서는 그녀만 강간당한 것이 아니었다.

뒤를 이어 이야기를 시작한 예순 살의 마힐라Maheela는 그녀의 동생으로, 노랑과 검정, 금색이 들어간 스카프를 두르고 있었다.

"아버지가 라힐라 언니를 고모 댁에 데려가고 언니가 파키스탄 군인들에게 강간당할 때 저와 어린 동생들은 아버지의 동생인 삼촌 댁에 맡겨져 있었어요. 저는 열여섯 살밖에 되지 않았고 남편은 독립투사들에 합류하러 떠난 상태였어요.

어느 날 파키스탄 비행기가 날아와 황마 공장과 강가의 승선장을 폭격했어요. 모두 겁을 먹었죠. 며칠 뒤 마을에 군인들이 들어오자 삼촌은 저를 그의 처가가 있는 다른 마을로 데려갔어요. 그런데 그때 군인들이 그곳에 와서 우리는 황마밭의 마른 땅에 있는 벙커에 숨어야 했어요. 이튿날 마을 사람들은 군인들이 떠났다고 생각했죠. 그래서 우리는 벙커 밖으로 나왔어요. 그런데 몇몇 부역자가 파키스탄 군인들에게 알린 거예요. 군인들이 집으로 왔어요. 저는 울타리 뒤에 숨고 숙모는 매트리스 밑에 숨었어요. 그들은 우리를 쉽게 찾아내 집에서 강간했어요. 숙모는 끌려갔다가 나중에 돌아왔는데 가슴이 잘려나가 있었어요. 그녀는 죽었어요.

몇 달 뒤 방글라데시가 해방됐지만 우리 집은 파키스탄 군인들이 불태워서 잿더미가 된 상태라 갈 곳이 없었어요. 우리는 할아버지 댁에 머물며 치료를 받았어요.

남편은 제가 파키스탄인 군인들에게 치욕을 당했다는 것을 알고 저를 떠나서 다른 여자와 결혼했어요.

그때 라힐라 언니가 재활센터에 들어가서 저도 함께 재봉사 일을 시작했지요. 우리는 서로를 도왔어요. 하지만 재활센터가 문을 닫으니 희망이 사라진 것 같았어요.

남편이 오랫동안 앓았는데 그 여자가 그를 버리고 떠났다는 소식이 들려왔어요. 그는 제게 돌아왔고 저는 그를 보살폈지요. 그때부터 남편이 죽을 때까지 함께 살았어요. 아들 셋에 딸 둘, 모두 다섯 자식을 두었지요."

마힐라처럼 한제라 카탐도 죽은 남편이 독립투사였다.

"전쟁이 시작했을 때 저는 스물세 살이었고 남편 하탐 알리 Hatam Ali와 함께 추나하티Chuna Hati 마을에 살고 있었어요. 전쟁이 터지자 우리 집은 독립투사들의 은신처가 됐어요. 저는 하루에 40명의 식사를 준비하느라 밤새 요리를 했지요. 파키스탄 공군의 발포나 폭격이 자주 있어서 동네 사람이 많이 죽었어요. 그러던 어느 날 우리 마을 근처 주둔지에 군 병력이 대규모로 증강되면서 박격포와 총알이 사방에서 날아오기 시작했어요. 독립투사들이 포위됐고 많이 죽었지요. 그래서 우리는 달아나야 했어요.

저는 일곱 아이를 데리고 관목숲으로 달아났어요. 하지만 개미와 곤충이 사정없이 물어 대서 숨어 있기가 힘들었어요. 군인들이 마을에 불을 지르기 시작했어요. 한쪽 끄트머리에서 시작해서 한 집씩 태웠어요. 남편은 숲에서 지켜보다가 소를 끌고 오지 않으면 다 타 죽을 텐데 그게 우리가 가진 전부이니 소를 데리러 갔어요. 총소리가 들렸어요. 남편이 발각된 거예요. 제가 어떤 상황인지 보려고 머리를 들었는데 군인 셋이 저를 보고 달려왔어요. 저는 세 살짜리 딸을 안고 있었는데 그들이 딸을 잡아채서는 아이를 발로 짓밟아 죽이고 저를 정신을 잃을 때까지 강간했어요.

아이들은 사방으로 달아났죠. 나중에 마을 사람들이 저를 깨우고 아이들을 찾는 걸 도왔어요. 제가 어린 딸을 찾았을 때는 개미들이 이미 아이의 눈과 코의 일부를 먹어치운 상태였어요.

남편은 회복되지 못했어요. 우리에게 남은 것이라곤 한 평도 안 되는 작은 땅뙈기밖에 없어서 그걸 팔아 남편 약값으로 썼지만 전쟁 3년 뒤에 죽었어요.

마을 사람들은 저를 받아들이려 하지 않았어요. 그래서 철도 옆에 오두막을 지어야 했어요. 아직도 거기에 살지요. 아이들은 장작을 모아다가 시장에 팔고 연료로 쓸 소똥을 모았지만 충분치 않았어요. 사피나가 우리를 많이 도왔지요. 우리에게 옷과 음식을 갖다줬지만 그래도 우리는 여전히 구걸을 해야 했어요.

저희가 얼마나 가난한지 아시겠죠. 하지만 저희가 바라는 건 그냥 돈이 아니에요. 부당한 일을 당한 건 바로 저희라고 인정받는 것이죠."

한제라는 바닥에서 비닐봉지 하나를 집어 들어 내용물을 쏟아냈다. 편지와 문서 더미들이었다. 공식 직인이 찍힌 것이 많았다. 관료주의 국가에서 인정을 받으려는 무익한 시도들이었다.

자리에 모인 여성들은 다 안다는 듯 고개를 절레절레 저으며 자신들이 들고 온 서류도 꺼내놓았다.

마지막으로 입을 연 사람은 아이샤 코데 바누Aisha Khode Bhanu였다. "전쟁이 터지고 세 달 동안 기차가 지나가지 않았어요. 그런데 갑자기 어느 날 밤, 기차들이 출발하는 걸 보고 파키스탄군이 시라지간지에 온다는 걸 알았죠. 도착하기 전에 그들은 동네를 마구 폭격했어요. 비행기들이 파리 떼처럼 머리 위에서 웅웅거렸죠.

남편은 대부분의 마을 사람처럼 방적 공장에서 일을 했는데 공장은 이미 가동을 멈춘 상태였어요. 저와 남편이 시가 식구들과 함께 밤새 12시간쯤 걸었을 때 기차 소리가 들렸어요. 뒤를 돌아보니 파키스탄군이 모든 것에 불을 지르고 있었어요. 불길이 어찌나 높이 치솟던지 멀리서도 볼 수 있었어요.

며칠 뒤 집으로 돌아와 보니 모든 것이 잿더미가 됐더라고요. 부엌세간이며 베개며 쌀까지요. 아무것도 없었어요. 우리는 시아버지만 빼고 모두 친척 집에 머물렀어요. 시아버지는 집으로 돌아가서 그 타버린 함석집에서 지내셨지요.

어느 날 라자카르razakar[부역자]가 시아버지를 찾아와서 가족을 다 데려오라고, 군대가 다시 오지 않을 테니 걱정하지 않아도 된다고 말했지요. 그래서 세 달 뒤 우리는 모두 돌아갔어요. 하지만 저는 불안했어요. 밤에도 등을 켜두었고 겁이 나서 오두막 밖으로 나가지 않았어요.

어느 날 아침 부역자들이 오는 소리에 우리는 연못에 숨어 수초로 머리를 가렸어요. 그들은 우리를 찾아내고는 군대가 다시 오지 않을 거라고 우리를 안심시켰어요. 정오쯤 집 안에서 기다리고 있는데 군인들이 보였어요. 18명쯤이었어요. 시어머니가 조용히 있으라고 했지만 얼마 지나지 않아 군인들이 문을 어찌나 세게 두드리던지 우리는 겁에 질렸어요.

남편이 나가 문을 열었더니 그들은 총신으로 그를 두드려 패며 밭으로 끌고 갔어요. 시아버지도 같이요. 저는 그들이 집으로 들어올 걸 알았어요. 그때 두 사람이 들어와서 저를 강간했어요.

그러고는 군인 모두가 돌아가면서 그물로 만든 침대 위에서 우리 모두를 강간했어요. 저와 시어머니, 남편의 다른 아내를요. 아주 폭력적이어서 두 사람은 한 달도 지나지 않아 죽었어요. 남편도 그때 당한 고문 때문에 1년 뒤 죽었어요. 저는 딸 셋과 아들 하나를 혼자 키웠어요.

사피나 덕택에 살았죠. 우리는 모두 여성재활센터에서 수공예품을 만들고 양식을 배급받는데 셰이크 무지브가 살해되고 센터가 문을 닫은 뒤로는 고통스럽고 힘든 삶을 살았어요. 그 뒤 저는 가정부로 일했어요.

제 아들은 요즘 황마 공장에서 일하고 딸들은 늘 가난해요. 근근이 살아가죠.

저는 '비랑고나'라는 말을 좋아하지 않아요. 제게 그 말은 고통과 경멸을 뜻해요. 무지브의 딸 셰이크 하시나Sheikh Hasina가 1996년 집권하면서 상황이 조금 나아졌어요. 그녀는 비랑고나를 복권시키려 애쓰죠. 얼마 전부터 1만 타카[약 14만 원]의 수당을 받고 있고, 이웃과 마을 사람들도 마침내 우리를 존중하기 시작했어요. 하지만 요즘도 저는 문 두드리는 소리에 깜짝깜짝 놀라요."

그녀가 말을 하는 동안 멀리 사원에서 무에진muezzin이 기도 시간을 외치는 소리가 희미하게 들려왔다. 밖에는 어둠이 깔렸다. 자리에 모인 여성들은 마을로 돌아가야 했기에 주춤주춤 일어나기 시작했다. 아이샤는 할 말이 더 남았다. "우리는 우리의 가장 소중한 것을 빼앗겼지만 어디에도 이름이 새겨지지 않을 겁니다. 저는 저를 강간한 사람들이 그들이 저지른 일 때문에 처형되길 바라요. 그 사람들 목을 매달아야 해요."

그날 밤 시라지간지의 작고 초라한 게스트하우스의 침대에서 나는 손전등 빛에 기대 책을 읽고 있었다. 그때 누군가 문을 두드리기 시작했다. 나는 얼어붙었다. 문 두드리는 소리가 더 집요하게 이어졌고 외치는 소리가 들렸다. 연기 냄새는 나지 않으니 자물쇠가 견뎌주기를 바라며 침대에 가만히 있었다. 이튿날 아침 문을 열었을 때 밖에 물병 하나가 놓여 있었다. 나는 기름에서 헤엄치고 있는 계란 프라이를 아침식사로 건네는 매니저에게 어색한 미소를 지어 보였다.

나는 시장 위쪽에 사는 사피나를 만나기 위해 일찍 출발했다. 밖으로 나서니 한 남자가 불을 피우고 주전자에 물과 네스카페를 끓여 행인들에게 팔고 있었다. '방글라데시 스타벅스!'라고 통역이 농담을 했다.

사피나의 남편 아민 울 이슬람 챠우드리Amin-ul-Islam Chaudhry는 아파트의 탁자에 앉아 조간신문들을 훑어보고 있었다. 셰이크 무지브의 사진들이 방 곳곳에 있었다. 아민은 아버지와 형제들과 함께 독립투사로 싸웠고 파키스탄군 주둔지를 공격할 때 총격을 입었다고 말했다.

"저는 인도에 가서 군사 훈련을 받았습니다. 파키스탄군이 저와 아버지를 찾고 있었기 때문에 아내와 어린 아들은 친정 부모와 함께 이 마을 저 마을로 옮겨 다녔죠. 파키스탄 군대가 여기에서 저지른 일은 제노사이드입니다. 그들은 여성과 소녀들을 끌고 가서 학대했어요."

사피나가 알록달록 수놓인 숄을 걸친 채 보행보조기를 밀며 들어왔다. 그녀의 눈은 깊고 친절했다. 뇌졸중에 걸린 이후로 그녀는 말을 하기가 힘들었다. 그래서 아민이 곁에서 도왔다.

나는 전날 만난 여성들이 그토록 애정을 갖고 말했던, 그녀가 시작한 재활센터에 대해 물었다. "처음에는 무척 힘들었어요. 셰이크 무지브가 모든 강간 희생자들을 독립투사로 여기고 도와야 한다고 말했지만 아무도 기꺼이 나서질 않았어요. 방글라데시는 매우 보수적인 무슬림 사회예요. 아무도 성희롱에 대해 말하지 않고 파키스탄군에게 강간당한 여성들은 가족에게 미움 받고 구박받았어요. 많은 여성이 정글에 숨어 지내고 있었죠. 제가 그들을 찾아내 센터에 보호소를 마련했어요.

아마 60명쯤 있었을 거예요. 그들의 이야기가 너무 끔찍해서 저는 거의 매일 저녁을 눈물로 보냈어요. 그들을 강간한 파키스탄 군인들은 아기들을 빼앗아 죽을 때까지 내리치거나 뇌가 밖으로 나올 정도로 세게 집어던질 때가 많았어요. 아시겠지만 지금 로힝야족이 같은 일을 겪고 있죠. 슬픈 일은 전쟁이 터지면 여성들이 가장 쉬운 희생자가 된다는 겁니다.

저는 여성들이 자립할 수 있도록 옷감 짜기, 재봉 기술, 팔찌 공예를 배울 수 있게 했어요. 그렇게 하면 자존감을 얻는 데 도움이 되리라 생각했거든요.

하지만 무지브가 피살당하자 군부는 24시간 안에 재활센터를 폐쇄하라고 명령했고 경찰들이 와서 여성들을 내보낸 다음 센터 건물에 자물쇠를 채웠지요.

가족에게 돌아간 여성도 있지만 가족은 그들을 원치 않았어요. 몇몇은 정글에서 살았어요. 가족이 가끔 음식을 몰래 갖다줄 때도 있지만 대부분은 구걸을 해야 했지요.

저는 그들과 일절 연락을 하지 말라는 지시를 받았어요. 하지만 그냥 그렇게 놔둘 수 없더라고요. 그래서 그들을 애써 찾았어요. 30명쯤 찾아서 어머니클럽이라는 모임을 만들었죠. 어쨌든 다들 어머니였으니까요.

기금을 모으기가 힘들어서 시라지간지여성개발기구Sirajganj Women's Development Organisation라는 비정부 단체를 만들었어요. 우리는 모든 일을 비밀스럽게 해야 했어요. 문제는 파키스탄군 부역자들이 여전히 살아서 우리를 위협한다는 거였죠.

1975년부터 1995년 사이에 저는 지역사회에서 일했어요. 작은 모임들을 만들어 지역 사람들과 함께 이야기하며 그들이 '비랑고나'에 대해 갖고 있는 편견을 바꾸려고 했어요. 이 여성들과 그들의 고통 덕분에 어떻게 방글라데시가 해방되었는지를 이해시키려 했지요. 하지만 무척 어려웠어요. 저희는 '비랑고나'와 함께 일한다고 손가락질당했어요.

드디어 1990년대 후반부터 상황이 나아졌어요. 셰이크 무지브의 딸 하시나가 집권하자 정부는 이 여성들을 다시 독립투사로 선언했어요.

여성 조각가 페르두시가 앞으로 나서서 자신의 이야기를 한 게 그 무렵이었죠. 하지만 많은 여성은 그 일을 부정하면서 너무 많은 세월을 보냈어요."

사피나에 따르면 지역의 여성 사회복지사이자 비랑고나의 딸인 미탈리 후세인Mitalee Hussein이 고등법원에 소송을 제기한 후인 2013년부터 시라지간지의 비랑고나 여성들은 월수당과 의료 지원을 받게 됐다.

"하지만 대부분 너무 늦었어요. 이미 많은 여성이 죽었으니까요. 게다가 자격을 인정받으려면 자기가 무슨 일을 겪었는지 말해야 하는데 많은 여성이 나서지 않았어요. 가족에게 이미 받아들여진 여성들은 가족의 인정을 잃게 될 위험을 무릅쓰고 싶지 않았고요. 가끔은 가족이 아예 모를 때도 있어요. 특히 자녀들이 모르는 경우가 많아요. 하지만 이미 더럽혀진 몸이라고 무시당하며 가족들에게 다시 강간당한 피해자들도 있었어요."

2010년 셰이크 하시나 정부는 그녀의 아버지가 1973년 제정한 법령을 토대로 마침내 국제전범재판소International Crimes Tribunal를 구성했다. 다카의 구 고등법원 건물에서 열린 이 재판은 2019년 3월까지 88명의 부역자와 정당 지도자들을 고문과 살해, 강간 혐의로 재판했다. 26명이 종신형을 받았고 62명이 사형을 선고받았으며, 그 가운데 여섯 명의 사형이 집행되었다.

파키스탄은 결코 사과하지 않았다. 방글라데시 독립전쟁과 파키스탄이 영토의 절반을 잃게 된 경위를 조사한 조사위원회는 상급 장교들의 '부끄러운 잔학 행위'를 비난했다고는 하지만 조사 결과를 공개하지도, 책임을 묻지도 않았다. 파키스탄의 라호르에 있는 군사박물관에는 잔학 행위에 대한 어떤 언급도 없으며 학교에서는 파키스탄이 사실상 전쟁에서 이긴 것처럼 역사를 가르친다.

다카의 독립전쟁박물관에서 만났던 모피둘은 파키스탄 예술가 닐로파르 부트Nilofar Butt가 최근에 그곳을 방문해 〈기억 상실〉이라는 제목의 1분짜리 영상을 만들었다고 말했다. 영상에는 단 세 문장이 들어간다.

당신이 그 사실을 숨겼습니다.
국가가 그 사실을 숨겼습니다.
내가 그 사실을 숨겼습니다.

내가 본 것처럼 이 여성들은 오늘날까지도 어둠 속에 산다. "여전히 감춰진 고통이지요." 모피둘이 말했다. "최근에 한 소녀를 만났어요. 어머니 몸에 흉터가 있는데 여러 해가 지난 뒤에야 딸에게 그 이유를 말해줬대요. 그 소녀는 노래를 하나 썼어요. 〈나는 비랑고나의 딸입니다〉라는 노래였어요. 아름다운 노래지만 공개할 수 없었어요. 사회는 지금도 받아들일 준비가 되지 않았으니까요. 이 여성들에게 국가가 경의를 표해야 한다고 말하는 운동이 필요합니다." 그가 다시 덧붙였다. "이 나라에서는 강간이 많이 일어나고 요즘도 강간당한 여자들은 외면당하고 비난받을 때가 많지요. 우리는 우리의 역사를 밝혀야 합니다. 우리가 교훈을 배울 수 있도록 말입니다. 젊은 연구자들은 '비랑고나'를 만나면 그들의 회복력에 무척 큰 영감을 얻었다고, 그들로부터 힘을 얻었다고 늘 말한답니다."

6
—
역사를 바꾼 르완다의 여성들

르완다 타바

르완다의 작은 도시 타바Taba는 국제법의 역사와 관련 있을 법하지 않은 장소처럼 보였다. 수도 키갈리Kigali에서 차를 타고 남쪽으로 한 시간쯤 눈부신 초록 논을 지나고 도로로 흘러넘치는 갈색 냐부고고강Nyabugogo river을 에둘러 가다 보니 아스팔트 포장도로가 작은 언덕 기슭에서 갑자기 끝이 났다. 언덕 꼭대기의 붉은 흙길이 타바의 주요 도로였다. 길은 다채로운 무늬의 키텡게—뻣뻣한 왁싱면으로 만든 옷—를 걸치고 토마토와 오이, 휴대전화 사용 시간, 제멋대로 날뛰는 염소 몇 마리를 파는 여성들과 지역에서 택시처럼 쓰이는 환한 색 자전거를 탄 남자들로 분주했다. 분홍색과 흰색의 히비스커스 꽃이 인도 가장자리에 자라고 있었고 노란 부리의 코뿔새가 바나나무에서 나팔 같은 소리를 내며 울고 있었다.

나를 기다리는 사람은 광대뼈가 튀어나오고 앞니가 조금 벌어진 키 큰 50대 여성 빅투아 무캄반다Victoire Mukambanda였다. 그녀는 내 택시에 올라탔고 우리는 초록빛 계단식 비탈을 따라 그녀의 집까지 진흙길을 덜컹이며 달렸다. 1000개의 언덕이 있는 땅으로 알려진 르완다의 풍경은 아름다웠다. 사방에 깊은 골짜기와 안개 덮인 구불구불한 언덕이 펼쳐졌다. 그때 빅투아가 상자처럼 생긴 집들을 손가락으로 가리켰다.

"여기가 선생님들이 죽은 곳, 저기가 가족이 모두 총 맞아 죽은 곳이에요 …… 꼭대기부터 낮은 곳까지 투치족이 살았는데 다 죽임을 당했어요."

언덕 너머에는 그녀가 세차게 내리던 빗속에 숨어 있던 바나나 숲이 있었다. "저 바나나 숲에서 저는 여러 번 죽었어요. 하느님께 죽게 해달라고 기도했어요. 우리 부모님이 살해됐다는 걸 알았어요. 살해된 사람들의 이름을 그자들이 언덕 꼭대기에서 큰소리로 외쳤으니까요. 네 명의 남자 형제와 여동생의 이름도 들었어요. 여전히 찾아내야 할 사람으로 제 이름을 외치는 소리도 들었죠.

그자들은 우리가 알던 사람들이었어요. 사실 이웃이었죠. 그런데 짐승처럼 굴었어요. 투치족 수천 명을 죽였어요. 작물과 소를 벨 때 쓰던 칼로 아무렇지도 않게 사람을 벴어요."

결국 택시 운전사는 진흙길에 두 손을 들고 말았고 우리는 남은 길을 걸어서 갔다. 구름이 우르릉거리며 머리 위에 모여들고 있었다. 사방에서 새가 울었다. 가슴이 하얀 까마귀 한 마리가 우리의 도착을 알렸다.

우리는 진흙 벽돌로 만든 벽에 함석지붕을 덮은, 창이 없는 허름한 집에 도착했다. 집 뒤에 붙은 비스듬한 별채에서는 소년 하나가 얼룩무늬 젖소를 보살피고 있었다. 제노사이드 생존자에게 젖소를 한 마리씩 주는 정부 계획의 일환이었다.

방은 둘이었다. 바닥에 지저분한 매트리스 하나를 놓은 침실 하나와 거실 하나였다. 거실의 유일한 가구는 갈색 소파와 커피 테이블이었고 유일한 장식은 카가메 대통령의 사진과 2년이 지난 달력밖에 없었다.

비가 내리기 시작했다. 누군가 돌멩이를 한 움큼 집어던지기라도 하듯 큼직한 빗방울들이 함석지붕을 요란하게 두들겼다.

1994년 4월, 100일 동안 빅투아의 부모를 포함해 그녀의 동족 10분의 1이 학살당한 사건이 시작됐을 때도 이렇게 비가 내렸다. 그때는 모든 사람이 사냥감, 아니면 사냥꾼이었다.

우리는 갈색 소파에 기대앉았고 빅투아가 자신의 기억을 말하기 시작했다. "저는 이곳 타바에서 자랐어요. 전에는 살기 편한 곳이었어요." 내가 르완다에서 만난 모든 사람처럼 그녀도 제노사이드 이전 시기를 그냥 '전before'이라고만 언급했다.

"부모님은 농사를 지었고 땅을 많이 갖고 있어서 젖소도 키우고 콩과 감자, 카사바, 땅콩뿐 아니라 패션푸르츠와 오렌지, 망고, 파파야나무도 키웠어요. 저는 학교 가는 게 무척 좋았지만 초등학교까지밖에 못 다녔어요. 정부는 투치족인 우리를 좋아하지 않았고 신분증에도 투치족이라고 표시돼 있었어요. 우리는 소수민족이나 다름없어서 괴롭힘을 당하곤 했죠. 투치족은 고등학교 입학시험에 합격해도 시험을 더 못 본 후투족 학생으로 교체되곤 했어요.

우리는 후투족과 투치족이 서로 다른 종족이라 배웠어요. 후투족이 진짜 르완다 사람이고 투치족은 에티오피아에서 온 침략자라고요. 투치족이라는 게 무척 부끄러웠죠. 투치족이 잘살면 사람들이 와서 약탈하고 집을 불태우고 가축을 죽이곤 했어요. 그러면 다시시작해야 했어요. 아버지는 '후투족화'가 필요해서 후투족 신분증을 위조했어요. 하지만 사람들이 그렇게 신분증을 위조한다는 것을 알아차린 정부가 대조 조사를 했고 아버지를 체포해서 구타했어요.

이 모든 문제가 1994년 훨씬 전부터 시작됐어요. 1959년 르완다가 독립되는 순간부터 타바에서는 투치족이 살해됐어요. 제가 태어나기도 전이었죠. 그리고 제가 네 살 때인 1973년 투치족을 학교에서 쫓아내고 많은 집을 불태우고 약탈했어요. 저는 사람들이 가톨릭 성당으로 달아나는 것을 보았어요. 우리는 문제가 있으면 늘 그 성당을 찾아갔지요.”

후투족은 르완다 인구의 84퍼센트, 투치족은 15퍼센트를 차지하며 그 지역에 거주하는 피그미종족인 트와가 나머지를 이룬다. 사람들은 두 종족 사이의 신체적 차이에 대해 자주 이야기한다. 후투족은 대개 피부가 더 검고 얼굴이 동그랗고 코가 납작한 반면 투치족은 더 크고 더 홀쭉하며 긴 얼굴에 더 잘 생겼다고들 말한다. 하지만 나는 키 크고 홀쭉한 후투족도 만났고 키 작고 동그란 투치족도 만났다.

일반적으로 이런 구분은 19세기 말까지 거슬러 올라간다. 당시 인기를 끌던 ‘인종과학’에 따라 유럽의 식민주의자들은 아프리카인들을 피부 색조와 두개골 크기에 따라 분류했다. 1897년 르완다를 식민화했던 독일인들은 피부색이 더 옅은 투치족을 소작농을 지배하는 전사 종족으로 보았고 제1차 세계대전 이후에 르완다를 차지한 벨기에인들은 종족을 공식 신분증에 표시해 이런 구분을 고착화시켰다.

요즘에는 이 모든 믿음이 신빙성을 잃었고 두 집단은 서로 다른 부족이 아니라 사회 계급이나 신분에 더 가깝다고 여겨진다. 투치족은 전통적으로 소치는 목동이었고 후투족은 농부였다고. 시간이 흘러 소의 가치가 더욱 높아지면서 투치족은 더 높은 지위를 차지하고 지배층이 되어 후투족의 반감을 자극했다. 마침내 1959년 후투혁명

Hutu Revolution이 일어나 투치족 출신의 왕을 폐위시켰고 수만 명의 투치족이 망명길에 올랐다. 그때부터 심심치 않게 숙청이 벌어졌다.

"투치족으로 우리가 느꼈던 고통은 개인 사이의 문제가 아니라 관료들 때문이었어요." 빅투아가 말했다. "그런데 그들이 우리 종족을 제거하려는 '최종 해결'을 시작한 1994년에 모든 게 달라졌어요. 첫 단계는 투치족을 배제한 이른바 '보안회합security meetings'이었어요. 보안회합에서 인테라함웨Interahamwe라 불리는 민병대를 훈련시켰죠. 인테라함웨는 함께 일하는 사람들을 뜻해요. 그들은 그 짓을 '일'이라 불렀으니까요. 그들은 인테라함웨 민병대에게 투치족이 그들의 적이라 가르쳤어요. 라디오에서는 우리를 인엔지inyenzi, 곧 바퀴벌레라 부르며 혐오 표현을 쏟아내기 시작했죠.

그 무렵 저는 결혼했고 남편은 술집을 운영하고 있었어요. 저희에게는 아이가 일곱 있었죠. 4월 6일 밤 하비아리마나 대통령이 탄비행기가 키갈리에서 추락해서 대통령이 사망했다는 소식이 들렸어요. 이튿날 키갈리 거리에 후투파워Hutu Power(후투족 극단주의 집단—옮긴이)의 바리케이드가 등장했고 학살이 시작됐어요. 약 11일 뒤 타바의 장폴 아카예수Jean-Paul Akayesu 시장이 르완다 남부 무차카베리에서 열린 회의에 초대받았고 투치족은 한 사람도 남기지 말고 죽이라는 명령을 받았어요.

다음 날인 4월 19일 아침 우리는 도와달라는 비명에 잠을 깼어요. 사람들이 언덕 위로 올라가서 내려다보니 학교가 불타버렸고 아카예수가 집회를 열고 있었어요. 그는 살인이 시작될 것이고 투치족은 한 사람도 살려두어서는 안 된다고 선언했어요.

바로 그때 그들이 우리가 사는 골짜기로 내려왔어요. 우리는 겁에 질렸죠. 그들은 교육받은 투치족부터 살해하기 시작했어요. 우리의 이웃이자 교사인 알렉스 카트린지Alex Gatrinzi와 그의 형 고사라시

Gosarasi를 데려가 죽였어요. 다른 교사들은 투치족 아이들을 편애했다는 이유로 구타당하고 산 채로 매장됐어요.

그 뒤 누군가가 언덕 위에 올라 선언했어요. '오늘이 투치족 최후의 날이다.' 그날 저녁 투치족이 소유한 모든 젖소가 도살됐어요. 밭에 있는 농작물은 약탈당했고요.

그들은 인간성을 잃어버린 것 같았어요. 우리가 알고 지내고 거래도 하던 사람들이었죠. 함께 어울리고 맥주도 마시던 사람들이었어요. 우리 술집에 오기도 했고 서로 기념일에 초대도 했던 사람들이었어요.

그들이 우리 집을 파괴하고 모두 가져갔어요. 가구며 심지어 지붕의 철판까지도 남김없이 뜯어갔죠. 우리가 무엇을 할 수 있겠어요? 모두 달아났고 흩어졌지요.

저는 남편이나 아이들이 어디 있는지 몰랐어요. 아기였던 딸아이만 업고 도망치는데 누군가 뒤에서 몽둥이로 저를 내리쳤어요. 제 머리를 치려고 했는데 아기를 치는 바람에 아기의 머리가 깨졌어요. 퍽 소리가 들린 뒤 울음소리가 멈춰서 저는 아기가 죽었다는 걸 알았지요. 저는 죽은 아기를 등에서 내려놓고 계속 뛰었어요. 아기를 묻어주지도 못했어요.

투치족 몇몇은 나무들 뒤에 여러 날 숨어 있었죠. 4월이라 우기여서 무척 습하고 땅이 질었어요. 숨어 있기는 했지만 우리는 죽음이 우리의 종착지라는 것을 잘 알고 있었어요.

어느 날인가는 제 여동생의 시체를 우연히 마주쳤어요. 마체테로 난도질당해 죽어 있었어요. 제가 어떻게 살아남았는지 모르겠어요. 저는 여러 차례, 거듭해서 강간당했어요. 누구든 저를 붙잡을 때마다 강간했어요. '투치 여자 맛을 보고 싶다'면서요. 한 사람씩, 차례로. 얼마나 많이 강간당했는지 셀 수도 없어요.

당신은 상상도 못할 겁니다. 강간당하고 씻지도 못하고, 옷도 갈아입지 못하고, 그러다 아침이면 비가 쏟아붓고 비가 내리다 내리다 그치면 밤이 되어 또 비가 와요.

어느 날 남자 넷에게 너무 거칠게 강간당해서 걸을 수가 없었어요. 한 여자가 밭에 가다가 저를 발견하고는 카사바를 하나 주며 조금씩 먹으라고 말했지요. 그때쯤에는 워낙 여러 날 굶어서 턱도 거의 움직이지 못할 정도였어요.

한동안 저희는 시청 앞에 피신했어요. 거기에 여자와 아이들 수십 명이 있었죠. 시장이 학살을 지시했다는 걸 알았지만 달리 갈 곳이 없었어요. 이후 몇 주 동안 민병대와 지역 사람들이 저희를 반복해서 강간하고 구타했어요. 개들이 시신을 먹어 대서 우리가 묻어주려 하면 그들이 우리를 구타했어요. 저희는 더 이상 이렇게 살 수 없으니 죽여 달라고 아카예수 시장에게 애원했지요. 그는 우리에게 '총알 낭비'를 하지 않겠다고 하더군요.

저는 언덕으로 다시 돌아갔지만 그들에게 붙잡혀 눈이 몇 달 동안 빨갛게 부어오를 정도로 두드려 맞고는 변소 통에 던져졌어요. 저는 너무 지쳐서 죽게 해달라고 하느님께 매일 아침 기도했어요."

함석지붕을 두드려대는 빗소리에 귀가 먹먹했다. 아프리카에서 늘 그렇듯 적도 지역의 어둠은 빨리, 커튼처럼 떨어졌다. 젖소를 보살피던 소년이 기름 램프를 들고 왔다. 요란한 천둥소리에 뒤이어 산에서 번쩍하고 번개가 치며 어스름 속에 그늘졌던 빅투아의 얼굴을 밝혔다.

"결국 누군가 제게 남쪽의 무삼비라Musambira로 가라고, 거기에서는 더는 여자들을 죽이지 않는다고 말해줬어요. 그곳에서 저는 후투족인 척했고 한 할머니가 저를 받아줬지요. 할머니와 일주일쯤 머물렀는데 많은 후투족이 콩고로 가는 게 보였어요. 그 노인이 RPF

가 오니 달아날 거라고 했어요. 저는 거기 있겠다고 말했지요."

RPF는 르완다애국전선Rwanda Patriotic Front을 말한다. 이웃 우간다와 부룬디로 망명했던 투치족 게릴라 세력으로, 폴 카가메Paul Kagame가 이끌었다.

"RPF가 왔을 때 저희는 그들에게 달려갔어요. 그들은 저희를 보고 무척 기뻐했어요. 이제 안전하다고 안심시키며 물과 음식을 주었어요.

아이들을 찾는 데 한 달이 걸렸어요. 제 여동생 세라피나Serafina가 보호하고 있었어요. 세라피나도 강간당하고 인테라함웨 민병대와 강제로 결혼했어요. 가족 중에 저희 둘만 살아남았어요."

그녀는 말을 잠깐 멈췄다가 나를 쳐다보며 말했다. "저희에게 이런 짓을 한 그 사람들도 죽었으면 좋겠어요."

"그 뒤로 저는 말하거나 먹을 수 없었어요. 요리하는 것도 잊곤 했죠. 여러 달 동안 거의 한 마디도 나오지 않았어요. 누군들 그 일을 어떻게 말로 옮길 수 있을까요?"

그러나 빅투아는 가만히 있지 않았다. 그녀는 목소리를 되찾았을 뿐 아니라 탄자니아의 도시 아루샤Arusha의 법정에 출석해 얇은 커튼 뒤에서 증인 JJ로 증언을 했고, 세계 최초의 전시 강간 유죄판결을 이끌어냈다.

신은 다른 곳에서 그날을 보내고 있었는지 몰라도 르완다에서는 잠을 자고 있었다, 라고 르완다 사람들은 말하곤 한다. 투치족을 절멸시키기 위해 르완다 곳곳에서 이웃들이 몽둥이와 마체테를 들고 이웃들에게 달려들던 그때 신은 어디에 있었을까?

르완다의 모든 사람이 무척 다정했고 모든 것이 무척 아름다웠지만, 모든 사람과 모든 곳이 이처럼 끔찍한 악에 대한 이야기를 품고 있었다. "저는 두 달 반 동안 분뇨 정화조에 숨어 있었어요." 운전사 장 폴Jean Paul이 말했다. "정화조 밖으로 나왔을 때는 이미 온 가족이 살해당한 뒤였어요. 의사였던 아빠와 초등학교 선생님이던 엄마, 일곱 형제자매 모두요."

그는 사람들 수백 명이 떠밀려 죽었다는 다리를 보여주었다. 용감한 지배인이 돈과 조니워커로 르완다군을 매수하는 동안 1200명이 겁에 질려 숨어 있던 밀콜린호텔도 보여주었다. 은신처를 찾아온 사람들이 몽둥이로 맞아 죽은 성당도 보여주었다. 금이 간 두개골들이 신도석을 따라 놓여 있었다.

나는 주말 브런치로 유명한 게스트하우스 헤븐에 묵고 있었는데 그곳을 운영하는 미국인 조시Josh와 알리사 럭신Alissa Ruxin에 따르면 2003년 게스트하우스를 짓기 시작할 당시에는 비가 올 때마다 뼈들이 쓸려 나오곤 했다.

르완다 인구 800만 명 가운데 80만 명이 100일 동안 살해되었다. 나치와도 비교할 수 없는 살인이었고 UN은 창립 이래 최초로 제노사이드라는 단어를 쓰지 않을 수 없었다. 그러나 제노사이드를 막기 위해 UN이 한 일은 아무것도 없었다.

UN 르완다 특별보고관은 이 조그만 나라에서 1994년 4월 6일부터 7월 12일까지 25만~50만 건의 강간이 있었다고 추정한다. 하루에 250~500건이 있었다는 말이다. 피해자는 2세부터 75세까지 이른다. 1996년 UN 보고서는 강간이 일상이었고 강간이 일어나지 않는 것이 예외였다고 표현한다. 살아남은 거의 모든 여성이 강간을 당한 지역도 여럿 있었다.

강간이 우발적 사건이 아니라 작전의 중요한 일부로 마체테와 몽둥이 같은 무기만큼 많이 사용되었다는 것이 분명했다. 후투족의 선전 자료 중에는 〈후투족의 십계명 The Ten Commandments of the Hutu〉이라 불리는 소책자도 있는데 이 소책자는 후투족에게 투치족은 르완다를 정복하기 위해 "그들의 자매와 아내, 어머니들을 무기로 삼길 서슴지 않을 것"이라 경고했다. 한 계명에 따르면 "투치족 여성은 투치족의 이익을 위해 일한다. 따라서 우리는 투치족 여자와 결혼하거나 친구가 되거나, 투치족 여자를 고용하는 그 어떤 후투족도 변절자로 여길 것"이라고 말한다.

어떻게 한 나라와 국민이 이런 일로부터 회복될 수 있을까? 포스트-제노사이드 정부는 법률 제정을 통해 소수종족인 투치족과 그들을 절멸시키려는 후투족 사이의 증오를 없애려 했다. "나는 르완다인입니다" 캠페인을 시작했고 신분증에 더는 종족을 표시하지 않았다. 내가 사람들에게 투치족인지 후투족인지 물으면 많은 사람은 그냥 고개를 돌렸다. 키냐르완다어와 함께 쓰이는 공용어가 프랑스어에서 영어로 바뀌었다. 과거 벨기에 식민 지배자들과의 연관성 때문만이 아니라 프랑스의 프랑수아 미테랑François Mitterrand 정부가 제노사이드 정권을 지원한 듯했던 상황과 관련이 있었다. 지명도 달라져서 지도에서 소도시와 마을들을 찾기가 어려웠다.

겉으로 보기에는 효과가 있는 듯했다. 르완다는 아프리카의 모델로 여겨졌다. 말 그대로 피로 붉게 물든 물이 하수구로 흐르던 키갈리 중심부에는 이제 가로등과 다듬어진 산울타리, 깨끗이 정비된 포장도로가 나란히 늘어서 있었다. 모든 시민은 한 달에 하루씩 도로를 청소해야 했다. 키갈리는 아프리카에서 가장 깔끔하고 범죄가 가장 적은 수도였다. 르완다인들은 마치 과거를 문질러 닦아 없앨 수 있다는 듯 청소를 열심히 했다. 정부는 비닐봉지 사용조차 범죄로 규정했다. 공항에서 관광객들의 비닐봉지를 빼앗기 때문에 관광객들은 대신 황마 가방을 사야 했다.

여성들에 대해 이야기하자면, 르완다는 세계에서 유일하게 여성이 의회의 과반을 차지하는 나라다. 놀랍게도 64퍼센트를 차지한다. 르완다는 관광산업도 장려했다. 3000만 파운드를 들여 아스널 선수들의 셔츠에 광고를 실었고《뉴욕타임스》의 추천을 받기도 했다. 키갈리공항에서 내 앞에 있던 금발의 미국 여성과 딸은 출입국 관리 직원에게 '화해의 역사 관광'을 위해 왔다고 말했다.

이 모든 것이 놀랄 만한 일이었다. 그리고 '1000개의 언덕'의 나라에서 르완다 사람들이 농담처럼 말하는 '1000명의 국제 구호원'의 나라로 르완다를 탈바꿈시킨 서구의 기부자들에게는 뿌듯한 일이다. 세계은행은 제노사이드 이래 르완다에 40억 달러를 쏟아부었다. 영국은 특히 새 르완다 정부를 지원했으며 당시 보수당 대표였던 데이비드 캐머런David Cameron은 2007년에 심지어 보수당 하원의원들을 이끌고 와서 며칠 동안 학교 재건을 비롯한 선행을 도왔다.

하지만 그토록 참혹한 과거를 법과 재건 활동으로 진짜 문질러 없앨 수 있을까? 사실, 많은 사람은 그들이 얻은 것은 독재적인 정부라고 말했다. 키가 크고 홀쭉해서 재킷이 펄럭거리는 듯 보이는 폴카가메는 자신의 투치족 병력을 이끌고 제노사이드를 끝낸 뒤 18년째 대통령 자리에 있다. 그는 재선이 가능하도록 헌법을 개정한 뒤 실시된 2017년 선거에서 99퍼센트의 표를 얻어 세 번째로 재선출되었다. 한편 미국에서 교육받은 회계사 디안 르위가라Diane Rwigara가 그에게 도전하려 했지만 출마가 금지되었고 가장 경비가 삼엄한 형무소에 어머니와 함께 1년 넘게 갇혀 있었다. 다른 반정부 인사들은 사라지거나 끔찍한 최후를 맞았다. 르완다에서 언론학을 가르쳤던 내 친구가 카가메를 용감하게 비판했던 르완다 기자들이 어떻게 구타당하거나 이상하게 살해되는지 내게 말해준 적이 있다.

"저는 할 일을 하고 있습니다. 우리 조국이 다시는 그런 끔찍한 일을 겪지 않도록 말입니다." 카가메가 그의 권위주의적인 통치 방식에 의문을 제기한 영국 장관에게 했던 대답이다.

르완다 국제형사재판소International Criminal Tribunal for Rwanda(ICTR)
는 구유고슬라비아 국제형사재판소International Criminal Tribunal for the
Former Yugoslavia(ICTY)가 창설된 직후인 1994년 11월에 세워졌다. 제
2차 세계대전 후 뉘른베르크와 도쿄에서 열린 이래 처음 구성된 국
제형사재판소들이었다. 두 재판소 모두 남아프리카공화국의 아파
르트헤이트 법률을 해체한 업적으로 대단히 존경받는 리처드 골드
스턴Richard Goldstone 판사가 검사장을 맡았다.

이 재판소가 많은 것을 성취하리라고 기대한 사람은 거의 없었
다. 새 르완다 정부는 400명 정도의 대량학살 고위 가담자 명단을 만
들었고, 그들을 체포하여 르완다 법정에서, 르완다 사람들 앞에서
재판할 수 있도록 UN에 도움을 호소했다. 대신에 UN은 르완다 국
제형사재판소를 구유고슬라비아 국제형사재판소의 일부분이자 거
의 가난한 친척쯤에 해당하는 지위로 만들었다. 심지어 르완다가 아
니라 이웃 국가인 탄자니아에 세웠다.

르완다 국제형사재판소의 목표는 정부 관료와 군 장교 같은 고
위급 가해자들의 제노사이드 혐의를 재판하는 것이었다. 그러나 인
력도 자원도 부족했다. 제노사이드가 벌어질 당시 행동에 나서지 못
했던 국제 사회가 뒤늦게 무언가라도 하는 시늉만 하려는 것처럼 보
였다.

검사들은 대체로 젊고 미숙했다. 나는 당시 검사 중 한 사람이
었던 세라 다레쇼리Sara Darehshori를 뉴욕에서 만났다. 뉴욕에서 그녀
는 휴먼라이츠워치Human Rights Watch의 선임변호사로 일하며 미국의
성폭행 사건을 맡고 있었다.

우리는 화창한 가을 오후 맨해튼에서 핫초코를 마시며 이야기

를 나눴다. 그녀는 컬럼비아대학교 법학대학원에서 공부할 때 강간 긴급대책본부에서 자원봉사를 했고 그 뒤 보스니아에서 전쟁 난민과 전시 강간 피해자를 재정착시키는 일을 1년 동안 했다. 막 대학원을 졸업하고 첫 직장인 법률사무소에서 일할 때 르완다 국제형사재판소가 세워진다는 소식을 들었고 조사관 자리에 지원했다.

"저는 스물일곱 살이었어요. 그 일을 하게 된다면 아마 선임변호사의 가방을 들고 따라다니게 될 거라고 생각했어요. 하지만 도착해 보니 다른 법률가는 한 사람도 없었어요. 사무실에 정말 아무도 없었어요. 범죄과학 수사관 두 사람과 비서 한 사람만 있더라고요. 저희에게 배정된 차는 한 대였고, 노트북컴퓨터도 직접 들고 다녀야 했어요. 복사를 하려면 UN 사무소까지 두 블록을 걸어가야 했죠. 첫날에는 사무실 경비원들이 발전기를 훔치려다 저희한테 붙들리기도 했어요.

저희가 UN에서 일하고 있고 심각한 일을 하고 있다고 믿기지 않았어요. 모든 게 급하게 대충 준비된 상태였어요."

그녀가 도착했을 때 공항에 마중 나온 사람은 아무도 없었다. "가로등이 다 꺼져서 깜깜했는데 저 혼자였어요. 결국 어느 구호단체의 차가 한 대 지나가서 간신히 얻어 탔죠. 첫날을 보낸 방은 문도 제대로 닫히지 않았고 벽에는 피 묻은 손자국이 있었어요.

저희가 막 조사를 시작했을 때 잠비아 정부로부터 전화가 왔어요. 저희의 핵심 지명 수배자 명단에 있는 르완다인 한 무리를 체포했다고요. 그런데 저희에겐 아직 명단이란 게 없었어요! 하지만 그때 르완다와 보스니아 두 국제재판소의 검사장이던 골드스턴 판사는 그 모든 직원을 거느리고 헤이그의 근사한 사무실에 앉아서 엄청난 스트레스를 받고 있었어요. 아직 구금된 사람이 하나도 없었고 그 많은 돈을 쓰면서 왜 재판이 한 번도 열리지 않는지 사람들이 자꾸 물어보니까요. 저희가 재판을 시작할 수 있다는 소식을 전하자 그는 아주 좋아했지요."

결국 그녀는 로스앤젤레스에서 범죄조직 사건을 담당했던 피에르 프로스퍼Pierre Prosper라는 또 다른 젊은 미국인과 함께 공동 검사가 되었다. 두 사람은 세 명의 국제판사로 구성된 판사단 앞에 전범 한 사람을 제노사이드 혐의로 세우게 되었다. 최초의 제노사이드 전범 재판이었다.

"제가 처음 기소장을 제출하러 갔을 때는 법원이 없었어요. 그냥 임시 사무실에 탄자니아에 사는 판사와 저만 있었을 뿐이었어요." 다레쇼리가 웃었다.

첫 번째 기소 대상은 타바 시장 장폴 아카예수였다. 핵심 인사였기 때문이 아니라 잠비아에서 붙들린 무리 중에 있기 때문이었다.

"우리가 찾고 있던 사람들의 부류에 딱 맞아 떨어지는 유형은 아니었을 테니 상황이 아이러니했죠." 그녀가 덧붙였다.

아카예수가 잡혀 왔을 때 그녀가 심문을 했다. "제가 최초로 심문한 혐의자였어요. 키가 크고 정중한 사람이었는데 자신은 대학살 기간에 집에 있었기 때문에 아무것도 보지 못했다고 했어요."

그다음에 풀어야 할 도전은 증인을 찾는 일이었다. 타바의 투치족 대부분은 이미 살해되었다. 물론 증인이 적지 않았지만 많은 르완다인은 본인이나 가족이 어떤 응징을 당할까 두려워했다. 수사관에 협조하는 것은 위험한 일이었다. 1996년 9월까지 최소 열 명의 증인이 아루샤의 법정에서 증언하기도 전에 살해되었다.

빅투아는 재판에서 증언한 용감한 타바 여성 다섯 사람 중 하나였다. "처음에는 망설였어요. 친구와 친척들이 말렸지요. 사람들에게 알려질 테고 끔찍한 일이 일어날 거라고요. 하지만 결국 정의가 실현되려면 누군가는 무슨 일이 일어났는지 세상에 알려야 한다고 생각했어요. 그래서 그 사람들이 처벌받고 다시는 그런 일이 일어나지 않도록 증언해야겠다고 마음먹었어요."

"저는 증오를 품은 사람으로 살고 싶지 않았어요." 고들리브 무카사라시Godelième Mukasarasi가 설명했다. 투치족과 결혼한 후투족 여성인 그녀는 이 다섯 명의 타바 여성이 난생처음 비행기를 타고 외국의 법정에 서서 그들이 겪은 끔찍한 고통에 대해 말하도록 설득한 사람이었다.

"우리의 사명은 특별하다. 우리의 사명은 마음을 치유하는 것이다." 고들리브가 제노사이드로 남편을 잃은 여성들과 고아들을 위해 세운 단체인 세보타Sevota가 자리한 타바의 작은 벽돌 건물의 벽에 붙은 글귀다. 건물 안으로 들어가니 푸른색 유니폼을 입은 아이들 무리가 'A lion is chasing us'라고 적힌 칠판 앞에 앉아 영어를 배우고 있었다. 우리가 들어가자 아이들이 환영하며 노래하고 춤을 추었다.

"학살 이후에 저는 모든 사람을 증오했어요." 고들리브가 말했다. "그러다가 몸이 아파서 거의 죽을 뻔했지요. 병이 낫자 용서하고 사랑하기 위해 무언가를 해야겠다고 생각했어요. 저는 죽을 고비를 두 번 넘겼어요. 제노사이드 때는 강간당하고 살해된 다른 여성들처럼 쫓기다가 강으로 끌려갔지만 살해되지는 않았어요."

그녀의 집은 큰길을 따라 몇 집 건너에 있었다. 튼튼한 벽돌집으로 초록색 문이 있었고 앞마당에 파파야나무가 있었다. 그녀는 빅투아보다 피부색이 훨씬 짙었고 떠오르는 아침 해처럼 빨강과 노랑, 흰색으로 염색된 재킷과 스커트를 맵시 있게 차려입고 있었다. 쉰아홉 살이라는 나이보다 젊어 보였고 미소가 따뜻해서 금방 믿음이 가는 그런 사람이었다. 집안은 먼지 하나 없이 깔끔했고 탁자 위에는 세보타에서 여성들이 엮은 바구니 한 무더기가 있었다.

"제노사이드가 시작됐을 때 저는 서른세 살이었고 아이 다섯이 있었어요. 남편 에마뉘엘은 사업을 했죠. 식품과 화장품, 맥주, 음료 같은 온갖 상품을 파는 식료품 가게를 운영하고 있었어요. 저는 사회복지사로 일하고 있었고요. 저희 가족은 행복했어요. 에마뉘엘은 지역 사업가들을 이끌었고 차와 집과 농장이 있었어요. 이 지역에서 무척 부유한 축에 속했죠.

학살이 시작되자 남편이 먼저 달아나야 했어요. 투치족인 데다 부자였으니까요. 그다음에는 아이들이 달아났죠. 저는 집과 농장을 돌보기 위해 남았어요. 후투족이라 표적이 되지 않을 거라 생각했죠.

학살은 4월 19일에 시작됐어요. 그들은 언덕을 넘고 산을 넘어 한 집씩 사람을 죽이며 다녔어요. 무기도 다양하게 이용했죠. 창과 몽둥이, 마체테로 죽이거나 사람을 그냥 강으로 던져버렸어요.

그들은 20일에 저희 시가를 공격했고 23일 밤에 우리 집에 와서 수류탄을 던졌어요. 저는 겁이 났지요. 저희 같은 상황의 가족들을 아는데 투치족이 아닌 사람까지 전부 죽임을 당했거든요.

그들은 바나나 잎을 걸치고 대마초를 피우면서 구호를 외치고 휘파람을 불었어요. 아마 바나나맥주를 마셨을 거예요. 얼굴에 흰 것을 문질러 바르고는 소리쳤어요.

'그들을 찾아! 아무도 살려둬선 안 돼!'

저는 그 사람들을 알고 있었어요. 저희 이웃이었죠. 저희 가게의 일꾼도 있었고, 동네 초등학교 선생님도 있었어요.

저는 그들과 협상을 하려고 했어요. 우리 땅에 집이 두 채가 있었거든요. 그래서 말했어요. '한 채만 부수고 하나는 내 집이니 남겨줘. 나는 후투족이잖아.' 그리고 그들에게 돈을 조금 줬어요. 하지만 그들은 밤에 다시 와서 두 채를 모두 부수고 가게의 물건을 모두 약탈하고 세 마리 있던 소와 돼지를 끌고 갔어요.

제 여동생과 키갈리에서 이곳으로 도망 온 아이들 50명도 그곳에 있었어요. 아이들은 가게 뒷마당에 숨어 있었어요.

다행히 인테라함웨 민병대가 돌아오기 5분 전에 친구 하나가 알려줬어요. '조심해. 그들이 너를 죽이러 오고 있어.' 그 친구가 저와 제 여동생을 어떤 노인이 사는 다른 곳으로 데려갔어요. 기도실에 숨어 있던 제 아이들도 찾아서 저한테 데려다 줬지요. 살인자들이 왔을 때 아들 하나는 아보카도 나무 위로 올라갔고 다른 아들 하나는 콩 바구니 안에 숨었어요.

저는 학살에 연루된 사람을 다 알아요. 죽임을 당한 사람들도, 죽인 사람들도요. 그들이 그런 일을 할 수 있을 거라 상상도 못했죠. 어떻게 어린 소년이 사람들을 지휘하며 마체테로 이웃을 베고 이웃의 딸들을 강간하라고 할 수 있었을까요? 모두 제정신이 아닌 것 같았어요. 저는 이게 현실일 리 없다고 생각했죠. 그렇게밖에 이해할 수 없었어요.

소녀들은 강간당한 다음 강으로 던져졌어요. 그들은 저도 강으로 끌고 갔지만 약탈하는 일에 더 관심이 쏠려서 그냥 내버려두고 갔어요.

저희는 그 노인과 딱 하룻밤 머물렀어요. 이튿날 아침 노인이 '떠나, 빨리 달아나. 그들이 와'라고 쓰인 담배 한 갑을 놓고 갔어요. 달아나는데 도로가 봉쇄돼 있었어요. 저는 기절했어요. 며칠 동안 먹지 못한 상태였죠. 동생이 저를 깨우려고 더러운 물이긴 하지만 웅덩이에서 물을 떠다 줬어요. 정신이 들자 지역의 행정지구에 있는 제 사무실로 갔어요. 사무실에는 성경과 예수님 액자 말고는 없어서 그냥 바닥에서 잤지요. 이틀이 지났을 때 노인이 우리가 잠을 잘 매트와 음식을 조금 갖다 줬어요.

사람들이 구덩이를 파서 시신들을 던져 넣는 걸 볼 수 있었어요. 그들은 여자를 학대했고 심지어 시체를 강간하는 자들도 있었어요. 제 눈으로 직접 봤어요.

며칠 뒤 남편이 심하게 두들겨 맞은 채 제 사무실로 왔어요. 우리는 그곳에 두 주 동안 있었어요. 남편을 숨기고 있었는데 트럭을 타고 온 인테라함웨가 남편을 끌고 우리 집으로 다시 데려갔어요. 약탈할 물건들이 어디에 있는지 알기 위해서였죠. 그들은 작은 민병대 무리가 이미 약탈한 집을 다시 약탈했어요. 나중에 그들이 남편에게 말했어요. '너를 죽이진 않을 거야. 어차피 죽을 테니까.'

우리는 시간이 많지 않다는 걸 알았죠. 남편이 이미 살해된 투치족의 차를 하나 발견해서 밤에 그 차에 우리를 태우고 우리 부모님이 사는 지역으로 갔어요. 언니도 투치족과 결혼했는데 그곳에 와 있었어요. 이웃들은 우리가 집에 뱀을 들여놓았으니 처형해야 한다고 말했어요. 가끔 그들은 투치족을 바퀴벌레 대신에 뱀이라고 불렀죠. '그 뱀들을 끝장내야 해'라고요.

그들이 다시 오기 전에 저희는 차량 여덟 대에 나눠 타고 프랑스군 UN 파견단이 있는 키부예의 안전지대로 도망갔어요.

그러나 가는 길에 계속 바리케이드에 막혔어요. 제가 맨 앞 차에 타고 있어서 그들에게 투치족은 없다고 말하며 돈을 집어줬어요. 하지만 얼마 안 가 돈이 떨어졌지요. 어머니에게 5만 프랑이 있었어요. 그래서 우리 남편과 아이들을 구할 수 있게 그 돈을 제게 달라고 했죠. 우리는 그렇게 해서 살았답니다.

저희는 새 정부가 들어서고 나서야 비로소 타바로 돌아왔어요. 돌아오기는 힘들었죠. 돈이 없었고 저도 몸이 안 좋았던 데다 무엇보다 이곳에서 일어난 일 때문에요. 남편이 키갈리 재건 사업에 목재를 공급하는 계약을 당시 정부에 있던 르완다애국전선으로부터 따냈어요.”

고들리브는 건강을 회복한 뒤 과부와 아이들을 지원하기 위해 세보타를 세웠다. 타바는 르완다 수도에서 멀지 않기 때문에 곧 정부 관료뿐 아니라 비정부단체의 방문객도 찾아오기 시작했다. 그들이 어떻게 도울 수 있는지 묻자 그녀는 여성들 대부분이 학살로 남편을 잃었으므로 생계를 꾸려가는 데 도움이 되도록 닭이나 염소를 주면 좋겠다고 제안했다.

차츰 더 많은 여성이 찾아왔다. 빅투아는 세보타의 모임에 참석해 염소 한 마리를 받았다. 그녀는 자신의 목소리를 찾는 데 그 염소가 도움이 됐다고 말했다. "염소가 있으면 무언가를 소유한 셈이지요." 그녀가 웃었다. "염소를 먹이기 위해 밖으로 데리고 나갈 수 있고 염소에게 말을 걸 수도 있어요. 염소에게 소리를 지를 수도 있고요. 염소에게 소리 지르며 쫓아다녀도 적어도 입을 열게 되는 거잖아요."

세보타의 모임에서 다른 여성들을 만난 것도 도움이 되었다. "그때 저는 그런 일이 저와 이곳 사람들에게만 일어난 게 아님을 깨닫게 됐어요."

UN 조사관들이 세보타에 왔을 때 여성들은 그들의 이야기가 진지하게 받아들여질지 확신할 수는 없었지만 그들을 괴롭힌 사람들을 법정에 세울 수 있길 바라며 조사관들과 이야기하기로 의견을 모았다.

그때 아카예수가 기소됐다는 소식이 들려왔다. 고들리브는 회원들 중 혹시 아루샤의 법정에서 증언할 수 있는 사람이 있냐는 문의를 받았다.

"진실이 꼭 알려지길 바랐어요. 증인을 찾고, 아루샤로 가기 전에 그들의 심리적 준비를 도왔지요."

고들리브는 직접 그곳에 가기를 망설였다. "그들이 물었지만 저는 거절했어요. 노르웨이에서 온 여자 말이 증언한 사람들은 늘 살해된다고 하더라고요. 그리고 아카예수의 시청에서 같은 일을 본 사람이 저 말고도 한 사람이 더 있었으니 두 사람 모두 증인이 될 필요는 없었지요."

그러나 남편 에마뉘엘은 가서 증언하겠다고 말했다. "우리는 그 문제를 의논했어요. 특히 제가 우리를 죽이겠다는 협박 편지를 받고 난 뒤에 그랬죠. 하지만 남편은 가고 싶어 했어요. 그러다가 1996년 12월 23일 저녁에 총격이 일어나서 11명이 죽었다는 소식이 들려왔어요. 민병대 몇이 콩고로 달아났다가 르완다를 공격하러 돌아온 거예요. 남편의 공사 현장이 있던 곳이었어요. 그리고 사망자 가운데 제 남편과 딸이 있다는 소식이 왔어요. 딸아이는 열두 살이었어요. 이튿날 우리는 시신을 찾으러 병원에 갔고 크리스마스에 두 사람을 묻었어요."

그녀는 일어나서 방 이곳저곳을 뒤적였다. "두 사람의 사진이 있었는데 액자가 깨졌어요."

남편이 살해되었기 때문에 그녀는 자신이 돕고 있던 여성들처럼 과부가 되었다. 그 비극을 겪으며 다른 사람을 돕고 가해자를 법정에 세우겠다는 결심이 더욱 단단해졌다.

나는 살인자와 강간범 가운데 타바로 돌아온 사람이 있는지 물었다.

"돌아왔지요." 그녀가 고개를 끄덕였다. "몇몇은 처음에 감옥에 들어갔다가 돌아왔어요. 콩고로 달아났다가 돌아온 사람도 있고요. 몇 사람은 이 거리에 살아요. 살인자였던 경비원도 있고, 저 맞은편 사람도 살인자였죠. 매일 아침 서로 인사하지만 우리 둘 다 그 사실을 알아요."

나는 두 눈을 크게 뜨고 그녀를 쳐다봤다. 가해자들이 같은 장소로 돌아오리라곤 생각하지 못했다. 그들을 매일 보는 것이 어떤 기분일지 상상할 수 없었다.

"그들을 보면 공개적으로 살인자라고 말하지는 못하지만 속으로는 알죠. 그리고 집에 와서 이야기해요."

알고 보니 아카예수의 가족 몇 명도 타바에 돌아와 있었다. 물론 그의 아내와 아이들은 모잠비크에 산다고 여겨진다.

"하지만 물론 현재의 정치적 의제는 국민 통합과 화해예요. 종족은 신분증에서 삭제되었고 어디에도 표시되지 않아요. 그러니 후투족인지 투치족인지가 덜 중요해지거나, 조금도 중요하지 않게 됐어요."

"그걸 실제 법으로 실현할 수 있나요?" 내가 물었다.

"사람들은 물론 잊지 못하죠. 하지만 그건 우리가 계속 살아가게 돕는 장치예요. 그리고 늘 그렇듯 가해자들은 자신들이 잘못된 꼬임에 빠졌었다고들 하지요."

"그 말을 믿으세요?"

"모르겠어요. 예를 들어 당신 이웃이고 당신 가족을 잘 아는 사람이 당신 아이들을 죽인다는 건 상상도 할 수 없는 일이지요. 그 사람들은 분명 세뇌당했을 겁니다."

"그들은 사람들에게 저희 투치족 여자들이 더 아름답고 섹시하며 후투족을 경멸한다고 말했습니다." 빅투아의 여동생 세라피나 무카키나니Serafina Mukakinani가 말했다. 그녀도 증언에 동의했고 증인 NN으로 법정에서 증언했다.

우리는 키갈리의 언덕 중턱에 있는 초가지붕 방갈로 식당에 앉아 있었다. 그녀는 음중구mzungu, 곧 백인과 이야기하는 모습을 동네 사람들에게 보이고 싶어 하지 않았다. "제가 돈이 있다고 수군대거나 그럴 거라고 생각하면서 돈을 바랄 테니까요." 그녀가 어깨를 으쓱했다. "원래 그렇거든요."

다시 비가 내리고 있었고 조지 마이클의 〈케어리스 위스퍼 Careless Whisper〉가 스피커를 통해 흘러나오는 동안 우리는 밥과 염소 고기 스튜를 주문했다.

세라피나는 제노사이드 이후에 키갈리로 이사 왔고 남서쪽의 가난한 교외 지역 니아미람보Nyamirambo의 시장에서 일했다. 그녀는 북부에서 오는 트럭에서 숯을 사다가 시장에서 팔았다. 수입이 좋은 날에는 90펜스에 못 미치는 1000르완다프랑을 번다.

제노사이드가 일어났을 때 그녀는 스물다섯 살이었고 민병대가 왔을 때 그녀의 언니처럼 타바 근처 마을의 집에 있었다.

"그들은 지붕을 부수고 의자와 침대, 모든 것을 가져갔어요. 우리는 입고 있는 옷 말고는 아무것도 챙기지 못하고 이웃 동네로 달아났어요. 그 후에 아카예수가 집회를 시작했어요. 그는 집회에서 사람들에게 누가 당신들의 적인지 내내 말해왔고, 이제 그 적이 바로 당신들 이웃들이니 무엇을 해야 할지 알길 바란다고 말했어요.

그 뒤에 그들은 눈에 띄는 사람은 누구든 죽이기 시작했어요. 다들 사방으로, 밭과 언덕으로 달아났죠. 저는 가족을 다시 보지 못했어요. 그들은 우리 부모와 형제자매를 죽였어요. 우리 부모님은 어느 투자자의 광산에서 작은 보석을 캐는 일을 했는데 인테라함웨 민병대가 부모님을 그 광산에 던져 넣고 돌로 쳐 죽였어요.

누군가 죽을 때마다 우리는 알았어요. 그들이 소리를 질렀거든요. '우리가 아무개와 아무개를 죽였다!'

저는 나무 밑에 여러 날 숨어 있었어요. 비가 내려서 움직일 수 없었어요. 그들이 바나나 농장과 나무들을 베어내는 바람에 모든 것이 드러나 숨기가 더 어려워졌지요. 그들은 저를 발견하고 그들의 학살터 중 하나로 데려갔어요. 제가 어떻게 살아남았는지 모르겠어요. 그 주변에 변소들이 있었는데 그들이 그 더러운 구덩이에 저를 집어던졌어요. 산 채로 매장하려고요.

그 사람들은 제 이웃들이었어요. 공적으로 조직된 일이었으니 그들은 낮에 그 짓을 했죠. 그래서 알아볼 수 있었어요.

물론 그들은 저를 강간했지요. 여자들은 신체적으로 약한데 정부는 여성들을 보호하길 포기했고, 심지어 그 남자들에게 우리를 추격하라고 했어요. 여자가 나무 밑에 숨어 있으면 남자들이 찾아내 강간하고, 죽이기도 했지요. 많은 남자가 그 짓을 했어요. 여자들의 은밀한 부분에 막대와 병을 꽂아 넣고 배까지 밀어 넣기도 했지만 제게는 그렇게 하진 않았어요. 저는 여러 번 의식을 잃었어요."

그녀는 입을 다물었다. 나는 내 염소고기 스튜를 멍하니 쳐다보다가 바보같이 물었다.

"기분이 어땠어요?" 나는 그 말이 입 밖으로 나온 순간 바로 취소하고 싶었다.

"제가 질문 하나 해도 될까요?" 그녀가 조용히 대답했다. "나무 아래에서 사흘 동안 아무것도 먹거나 마시지 못하고 숨어 있던 당신을 누군가 발견했는데, 그게 당신 부모와 가족을 죽인 사람이고, 이제 그가 당신을 끌고 가요. 당신이 뭘 느낄 거라고 생각하세요? 그냥 아무 감각이 없어요. 제발 제 입장이 되어 상상해보세요.

얼마 뒤에 아카예수 시장이 주민들에게 숨겨주고 있는 사람이 있다면 데려오라고 했지만 그건 우리를 시청 본부로 끌고 가려는 덫이었어요. 사람들이 계속 들어왔고 아카예수는 우리가 모두 죽어야 한다고 말했어요.

그때 살인자 중 하나가 저랑 결혼하겠다고 했어요. 저를 그곳에서 구해준다고요. 당신이라면 어떻게 하겠어요? 저는 그렇게 해서 살아남았어요. 그렇게 해서 빅투아 언니의 아이들을 구했고요.

그 남자가 민병대였으니 보호막이 되는 셈이었지만 상황이 좋지는 않았어요. 그가 우리 투치족을 죽여 없애고 있었으니까요. 그의 동지들도 불만스러워했죠. 너는 왜 우리 자매가 아니라 이 바퀴벌레와 결혼했냐면서요.

그래서 그는 저를 다른 곳에 데리고 갔어요. 결국 르완다애국전선이 들어오자 그와 그의 친구들은 콩고로 달아났죠. 군인들에게 발견됐을 때 저는 혼자였고 굶주린 상태에서 그냥 죽기만 바라고 있었어요. 그 모든 구타와 굶주림, 비, 공포 때문에 상태가 안 좋았죠. 그들은 우리를 상담했고 보호하겠다고 말했어요.

저는 모든 일이 끝난 7월 4일에 타바로 돌아갔어요. 투치족의 집은 대부분 파괴되었지만 도망간 후투족의 집 몇 채가 비어 있었어요. 애국전선은 우리에게 그 집을 줬어요. 가족 중에 저만 살아남았다고 생각했는데 8월에 빅투아 언니가 돌아왔어요. 언니를 보고 무척 안심했지요. 저희 둘밖에 없었어요. 여동생은 강간당하고 살해됐어요. 몸이 온통 난자당했죠. 남자 형제들은 모두 살해당했고요."

르완다는 무척 인구가 과밀한 나라이고 경작 가능한 땅을 구하기가 힘들기 때문에 많은 여성은 끔찍한 시련을 겪은 부모의 땅으로 돌아가는 수밖에 없었다.

"저는 그 모든 일이 일어난 뒤에 그 장소에 머무는 것이 무서웠어요. 빅투아 언니가 와서 아이들을 데려가자 키갈리로 옮겨왔어요. 처음에는 삼촌 댁에서 지냈어요. 제노사이드에서 아내와 11명의 아이를 잃은 분이어서 누군가의 돌봄이 무척 필요했으니까요. 삼촌이 일자리를 얻고 얼마 뒤 재혼했는데 삼촌의 새 부인이 저를 좋아하지 않아서 떠나야 했지요. 그래서 살 곳을 하나 빌려서 청소와 정원 관리 같은 허드렛일을 하면서 근근이 살았어요.

제가 증언하기 위해 아루샤 법정에 간 이유는 이 범죄가 처벌받는 것을 봐야겠다고 결심했고, 이 나쁜 일을 끝내기 위해 제가 할 일을 하고 싶어서였어요. 저는 두렵지 않았어요. 그게 진실이라는 것을 아니까요."

그러나 처음에 아카예수는 강간죄로 기소조차 되지 않았다. 대량 강간의 증거가 없었기 때문이 아니었다. 증거는 잘 기록돼 있었다. 문제는 재정적으로 쪼들리고 과로에 시달리는 조사관과 검사, 다른 법정 관계자들의 관심이나 자원이 쏠릴 만큼 대량 강간이 중요한 문제로 여겨지지 않았다는 것이다.

그러던 중 1996년 9월 휴먼라이츠워치에서 〈부서진 삶들 Shattered Lives〉이라는 보고서를 발표했다. 르완다 제노사이드 시기에 벌어진 성폭력을 포괄적으로 담은 최초의 기록으로, 강간과 강제 결혼, 집단 강간, 질에 칼이 꽂혀 죽은 여성들에 대한 참혹한 이야기들이 실려 있었다. 인터뷰에 응한 생존자 중에는 타바 사람들도 있었다. 국제재판소가 이런 성폭력을 저지른 혐의로 누군가를 재판하고 있는지 묻는 여성 단체들의 질의가 이어졌고 《뉴욕 타임스》에도 이 이야기가 실렸다.

국제재판소는 아카예수에 대한 성폭력 기소를 뒷받침할 증언이 있는지 조사하기 위해 서른두 살의 미국인 리사 프루잇 Lisa Pruitt을 르완다에 젠더 고문으로 파견했다. 프루잇은 나중에 캘리포니아대학교 데이비스캠퍼스의 법학 교수가 되었는데, 우리는 그곳에서 만나 이야기를 나누었다. "국제재판소에 많은 비판이 쏟아졌고 뭔가 하고 있는 것처럼 보여야 했기 때문에 저를 파견했던 것 같아요." 그녀가 말을 시작했다. "저는 당시 강간 소송 변호사로 일하고 있었고 페미니즘 법이론에 대한 논문을 막 마무리한 상태여서 적절한 시기에 적절한 자격으로 적절한 장소에 있었던 셈이죠. 저는 몹시 흥분했어요."

하지만 그녀는 낙심해서 그곳을 떠났다. 조사관들이 강간 문제를 대체로 무시했고 '하던 말을 곧잘 잊어'버리거나 '진술의 일관성이 부족'하다는 이유 같지 않은 이유를 대며 빅투아 같은 강간 생존자들을 믿지 않았다.

"당신이라면 그런 트라우마적 경험을 묘사하는 사람에게 무엇을 기대하시겠어요?" 프루잇이 물었다. "게다가 조사관들이 대체로 백인 남자라는 사실도 도움이 되지 않았죠."

그녀는 조사관들이 스스로 더 중요한 범죄라고 생각하는 제노사이드에만 집중하고 있다는 것을 깨달았다. "많은 조사관이 이렇게 말했어요. '강간당한 여성 몇 사람에게 신경 쓸 수는 없어요. 그런 범죄를 조사하는 데 자원을 분산할 수 없습니다. 제노사이드 문제가 있잖아요.'"

그녀는 심각한 트라우마를 경험한 여성들을 면담하는 방법에 대해 조언하고, 여성들이 불안을 덜 수 있도록 물을 제공하라는 메모를 써서 건넸다가 비웃음만 샀다.

프루잇은 헤이그의 국제재판소 본부로 날아가 골드스턴 판사의 뒤를 이어 검사장을 맡은 캐나다 판사 루이즈 아부르Louise Arbour에게 자신의 조사 내용을 제시했지만 예상과 달리 강간 혐의 기소에는 관심이 없다는 대답을 들었다.

"르완다를 떠나 루이즈 아부르를 만난 뒤에 제 기록으로는 아무것도 이룰 수 없다는 걸 분명히 깨달았어요. 그때 이런 생각이 들었죠. 아, 이제야 알겠어. 이건 사실 전략일 뿐이었어. 그들은 이 문제를 파고들 마음이 없어. 그냥 젠더고문을 두고 문제를 살펴보고 있다고 말할 수만 있으면 되는 거였어."

1996년 10월 그녀가 제출한 보고서 〈타바 마을 성폭행 증거 요약Taba Commune Sexual Assault Evidence Summary〉은 문서철로 들어갔다.

"정말 참담했어요. 저는 대학생이던 1984년에 강간당한 적이 있어서 존재 깊숙한 곳에 강간 생존자의 고통을 안고 있었죠. 그래서 그렇게 열심히 일했고요. 제가 중요하다고 생각하는 일에 그렇게 몰두했는데 결국에는 '고맙지만 필요 없습니다. 우리는 공소장을 수정하지 않을 겁니다'라는 말밖에 듣지 못한 거죠."

아루샤의 젊은 검사들 입장에서는 공소장 수정이 너무 위험해 보였다. 그들은 살인을 토대로 제노사이드를 입증하는 것만으로도 벅찼고, 그것도 전례 없는 작업이었다. 일을 복잡하게 만들어서 소송 전체를 잃게 될 위험을 무릅쓰고 싶지 않았다.

"저희가 아는 한 아카예수를 타바에 만연했던 강간과 구체적으로 연결할 고리가 없었습니다." 다레쇼리가 말했다.

1997년 1월 9일 아카예수는 세계 최초로 제노사이드 혐의로 재판을 받았다. 재판에는 세 사람의 판사가 있었다. 재판장을 맡은 세네갈 출신의 레이티 카마Laïty Kama와 스웨덴 출신의 레나르트 아스페그렌Lennart Aspegren, 남아프리카공화국 출신이자 유일한 여성인 나바네템 필레이Navanethem Pillay였다.

"처음에는 내키지 않았습니다." 필레이 판사는 이렇게 인정했다. "저희 나라에서 만델라가 [최초의 다수 정부의] 대통령으로 막 취임했고, 저는 그 변화에 참여하고 싶었어요. 하지만 국제재판소 업무를 1년 동안 해보기로 동의했지요."

더반의 버스 운전사의 딸인 그녀는 아파르트헤이트 기간에 성장했고, 그 경험 때문에 인권변호사가 되었다고 말했다. 그녀는 용케 고등학교를 마쳤을 뿐 아니라 나탈대학교도 다닐 수 있었다. "저는 공원이나 해변에 들어갈 수 없었어요. 백인 전용 구역이었으니까요. 버스비가 없어서 수업이 없는 시간에 집에 다녀올 수 없었기 때문에 도서관에 앉아서 뉘른베르크 재판 자료를 읽었습니다."

백인 법률사무소 중 어느 곳도 그녀를 채용하려 하지 않아서 그녀는 결국 사무소를 직접 열고 가정폭력 사건을 주로 다뤘다.

르완다 국제형사재판소의 검사들처럼 그녀도 지원이 부족한 상황에 충격을 받았다. 그래도 그곳에서 8년 반 동안 일했다. "왜냐고요? 정의가 실현되는 걸 보려고 이날까지 기다려왔다는 여성 증인들 때문이었지요."

아카예수의 재판에서 그녀가 증인에게 던진 질문 하나가 모든 상황을 변화시켰다. 재판 3주째 증인 J가 증인석에 나와 임신 여섯 달째일 때 민병대가 와서 가족 대부분을 죽였고 그녀와 여섯 살짜리 딸아이가 간신히 탈출해 바나나나무에 숨은 이야기를 했다. 그러고는 거의 지나치듯 다른 이야기를 언급했다.

"그 여성은 여섯 살짜리 딸과 함께 나무에 올라가 숨었는데 그때 그 아이가 이미 세 명의 남자들에게 강간당했고 그들의 이름을 안다고 말했어요. 하지만 검사가 증인의 말을 끊었죠. '네, 그 점에 대해선 묻지 않았습니다'라면서요. 조사관들이 그것에 대해 물어본 적이 없다는 거예요! 그 이야기가 증언 진술서에 없기 때문에 검사는 증인이 새로운 이야기를 꺼내면 증언의 신빙성이 떨어질까 걱정했던 것 같아요.

하지만 제 생각은 이랬습니다. 이 사람은 용기를 내 이곳까지 와서 증언하는데, 그 끔찍한 일을 되살리면서도 아무것도 얻지 못하겠구나. 대체 우리가 뭐라고 이것만 듣겠다, 저것만 듣겠다 할 수 있나 싶었죠. 그녀는 일어난 일을 전부 말할 권리가 있잖아요. 그녀는 시청에서 벌어진 다른 강간들에 대해서도 들었다고 말했어요."

필레이는 재판이 열리기 얼마 전 인권의날에 UN에서 강연을 했는데 한 여성 국제 구호원으로부터 질문을 받았다. 왜 국제형사재판소에 제출된 37건의 기소 중에 강간 혐의는 단 하나도 없냐는 질문이었다. "저는 그 자리에서 할 수 있는 대답을 했어요. 그런 질문은 검사들에게 해야 한다고요. 판사들은 기소장만 볼 뿐이라고 말입니다. 하지만 질문을 받고 나서 그 문제를 심각하게 생각하게 됐어요. 37건의 기소 중 성폭력 혐의가 단 한 건도 없다니! 하지만 UN 안전보장이사회가 르완다 국제형사재판소를 세우고 우리 판사들에게 제시한 보고서에는 대규모 강간과 성폭력에 대한 사실적인 정보들이 있었어요."

다음 여성인 증인 H가 3월에 증인석에 섰을 때 필레이는 이번에도 그녀가 하고 싶은 이야기를 충분히 할 수 있게 해줘야 한다고 주장했다. 증인 H는 집이 습격당할 때 숨어 있다 들켜서 수수밭에서 강간당했다고 말했다. 결국 그녀는 사람들이 시청으로 대피했다는 말을 듣고 그곳으로 달아났다. 그곳에는 약 150명의 사람들이 있었는데, 주로 여성과 아이들이었다. 그리고 새로운 사실을 말했다.

"그때 여자들이 시청 뒤쪽으로 끌려가는 걸 봤어요. 그들이 강간당하는 걸 봤어요." 그리고 남자들이 "명부에 이름을 쓰고 여자들을 데리고 갔어요"라고 덧붙였다.

필레이 판사는 그 언급을 놓치지 않고 물었다. "아카예수가 이 강간이 일어나는 것을 알고 있었다는 말인가요?"

"그 일이 시청에서 일어났고 그는 우리가 거기에 있다는 걸 알고 있었습니다." 증인이 대답했다.

"그게 빠진 고리였습니다." 다레쇼리가 말했다. "시청에서 일어난 강간은 아카예수가 모르고 지나칠 수 없는 일이었을 테니까요."

검사들은 강간 혐의를 조사하기 위한 재구류를 요청했고 재판은 두 달 동안 휴정되었다. "재판이 꽤 진행된 상태였기 때문에 드문 경우였죠." 필레이가 말했다. "하지만 거대한 범죄를 처음으로 재판하는 것이었잖아요. 첫 제노사이드 재판이니 시간을 제한할 수 없다고 생각했어요."

검사들은 서류철에 묻혀 있던 리사 프루잇의 기록을 발견했다. 그 기록의 도움으로 그들은 빅투아와 세라피나를 비롯해 조사관들이 예전에 인터뷰했던 세 명의 다른 여성을 알게 됐다.

"정보가 내내 거기 있었던 겁니다." 필레이가 말했다. "의아한 일이 아닐 수 없었죠."

1997년 6월 검사들은 아카예수의 기소장에 강간과 성폭력 혐의를 더했고 아카예수가 직접 강간하지 않았다 해도 민병대가 강간하기 위해 투치족 여성들을 끌고 가는 것을 알면서도 자신의 권한으로 그들을 막지 않았음을 입증할 준비를 마쳤다.

타바의 여성들은 아루샤로 와서 증언해달라는 요청을 받았다.

"저희는 서로 함께했기 때문에 힘이 있었어요." 세실 무카루그위자Cecile Mukarugwiza가 말했다. 증인 중 가장 젊은 그녀는 제노사이드 당시 열네 살밖에 되지 않았고, 그 모든 세월이 지난 뒤 내가 그녀를 만났을 때는 서른여덟 살이었다. "그 일을 혼자서는 할 수 없었을 겁니다."

세라피나처럼 그녀도 키갈리로 옮겨 와 키갈리 동쪽의 카부카Kabuka라는 시골 동네에서 흙길로 도착할 수 있는 언덕 비탈의 한 움막에 살고 있었다. 새소리가 들렸고 가끔 소가 울었다. 집 밖 관목에 널어둔 빨래가 마르고 있었다. 집 안 벽에는 잡지에서 찢어낸 르완다 팝스타 조디 피비의 사진이 의무적으로 걸어야 하는 카가메 포스터 옆에 붙어 있었다.

나는 내 통역을 향해 눈살을 찌푸려 보였다. 오는 길에 그는 전화로 온 메시지 하나를 내게 보여줬다. 카가메가 메리 포핀스처럼 큼직한 검정 우산을 쓰고 있었고 우산에는 '생일 축하합니다'라는 말이 적혀 있었다. "오늘은 그의 생일이 아니에요." 그가 웃으며 말했다. "그는 매일 이런 선물을 받지요."

세실은 무척 매력적이고 맵시 있는 사람이었다. 나중에 나는 그녀가 재봉사라는 사실을 알게 됐다. 오두막 안에는 짙은 색 청바지에 줄무늬 셔츠를 입은 키 큰 청년이 우리를 기다리고 있었다. 진중한 분위기로 주변을 차분하게 가라앉히는 청년이었다. "이쪽은 클레멘테Clemente예요." 그녀가 말했다. "'앙팡 모베 수비니흐les enfants mauvais souvenirs(나쁜 기억의 아이들)[강간으로 태어난 아이들] 중 한 사람이에요."

"저는 제가 나쁜 피로 태어났다는 걸 열두 살 때 알게 됐습니다." 청년이 말했다. "엄마가 제 손톱을 잘라주고 있을 때였죠. 저는 제가 아빠라고 부르는 사람이 저를 진짜 아들처럼 대하지 않는다는 걸 늘 알고 있었어요.

오랫동안 공부에 집중하지 못했어요. 진짜 아빠의 가족에게 데려가 달라고 했지만 엄마는 아빠가 누군지 모른다고 했어요. 엄마는 제가 상담받는 걸 바라지 않으셨어요. 주변 사람들이 뭔가 문제가 있다고 생각한다고요.

결국 엄마는 세보타[고들리브가 세운 단체]에 저를 데리고 가셨어요. 거기서 저와 같은 아이들을 만났죠. 세실도 그곳에서 만났고요."

"제노사이드 시기에 일어났던 일들은 저희 중 많은 사람에게는 여러 면에서 그냥 학살로 끝나지 않아요." 세실이 말했다.

클레멘테는 자동차 도색 일을 하러 가야 했고, 앉아 있을 때만큼이나 조용히 떠났다.

세실이 이야기를 시작했다. "저는 타마 옆 마을인 무항가Muhanga 의 할머니 집에서 자랐어요. 할머니를 돌보라고 그곳에 보내졌죠. 그러다가 1993년 10월에 할머니가 돌아가셔서 부모님 댁으로 들어 갔어요.

학교와 직장에서 투치족을 차별했지만 우리는 모두 어울려 살 고 있었어요. 오빠는 후투족 여자와 결혼했죠. 그러다가 갑자기 상 황이 달라졌어요.

어느 날 아침 고모 댁에 걸어가는데 몇몇 사람이 제게 말했어 요. '애야, 안전하지 않아. 돌아가렴.' 저는 무슨 일인지 몰랐어요. 집 에 오니 사람들이 비명을 지르고 있었고 소를 많이 갖고 있던 우리 이웃들이 습격당하고 있었어요.

부모님이 달아나라고 해서 바나나나무가 있는 곳으로 달려갔 죠. 그곳에 산 지 몇 달밖에 되지 않아 동네에 익숙하지 않아서 어디 에 숨어야 할지 몰랐어요. 발견된 사람은 모두 살해됐어요. 우리가 아는 사람들이 우리가 아는 사람들에게 살해되는 것을 매일 보았어 요. 아이들까지 가담했어요. 우리는 범죄자나 짐승처럼 쫓겨다녔답 니다.

여자나 소녀가 잡히면 옷을 벗기고 강제로 눕힌 다음 한 사람씩 강간했어요. 사람들이 다 있는 데서 그러니 더 끔찍했지요. 사람들 은 고함을 질러댔어요. '빨리해! 나도 하고 싶다고!'

저는 셀 수 없이 강간당했어요. 저를 마지막으로 강간한 무리는 사람이 무척 많았는데 한 남자가 이렇게 소리쳤어요. '난 저 더러운 곳에 내 페니스를 쓸 수 없어 막대를 쓸 거야!' 저는 그렇게 당해서 죽은 여자들을 많이 알아요. 그들은 막대를 뾰족하게 깎은 다음 그 것들을 질에 세게 밀어 넣었어요.

저는 부모님을 잃었어요. 부모님을 마지막으로 본 것은 집에서 달아날 때였어요. 그들은 아빠를 몽둥이로 때린 다음 변소 통에 던지고는 그 위로 변소를 부숴 무너뜨렸어요. 일곱 살짜리 남동생이 죽는 모습도 봤어요. 동생은 나무를 타고 올라가려 했는데 그들에게 붙잡혀서 몽둥이로 맞아 죽었어요. 아홉 살짜리 남동생에게는 연장을 주며 구덩이를 파라고 시킨 다음 거기에 집어넣고 산 채로 매장해버리더군요.

누군가를 붙잡을 때마다 그들은 언덕에서 소리를 지르곤 했어요. '우리가 아무개를 잡았다. 오늘이 그의 마지막 날이다!'

아빠는 아내가 둘이었어요. 우리 엄마와는 다섯 아이를, 다른 아내와는 두 아이를 낳았는데 모두 살해됐어요.

저는 죽음을 기다렸어요. 당신도 강간당하고 거기에 누워 있는데 그들이 막대와 이런저런 것들을 사용한다면 죽음 말고 다른 건 생각할 수 없을 거예요. 육체적 고통이 너무 심했어요. 아마 당장, 아니면 몇 시간 뒤에, 아니면 내일 죽을 거라 생각했어요. 매일 그렇게 살았어요.

민병대 한 사람이 저를 노예로 데려갔어요. 집에다 가둬 놓고 계속 강간하다가 나가서 사람들을 죽이고 다녔어요."

얼룩무늬의 작고 앙상한 고양이가 오두막을 들락날락했고 누군가가 근처에서 신시사이저로 재즈를 연주하기 시작했다. "새로 생긴 복음주의 교회입니다." 통역사가 설명해주었다. 기존의 가톨릭교회는 제노사이드 기간에 신도들을 보호하지 못했다는 오점을 남겼다.

세실은 이야기를 다시 시작했다. "결국 르완다애국전선이 도착했어요. 민병대들은 콩고로 달아나면서 저를 데리고 갔어요. 아내를 잃고 아기가 있던 남자가 제게 아기를 안고 다니라고 시켰어요. 콩고에서 그들은 텐트를 쳤는데 저는 밖에 내버려졌어요. 한 여자가 제게 깔고 잘 매트를 주었지요. 우리는 식량을 구하기 위해 르완다로 넘어오곤 했어요. 결국 저는 간신히 달아났지요. 어느 날 르완다 애국전선 사람 몇 명을 만났어요. 그들이 제게 거기서 뭘 하느냐고 묻더니 저를 고향으로 데려다줬어요.

타바에 돌아왔을 때 가족 중에 살아남은 사람은 고모밖에 없었어요. 고모는 후투족 사람과 결혼했거든요. 다른 사람은 아무도 살아남지 못했어요. 고모와 함께 살았지만 고모부가 저를 좋아하지 않아서 힘들었어요.

처음에는 그때 일어난 일들에 대해 이야기하는 걸 상상도 못했어요. 그러다가 세보타에 들어가고 고들리브를 만났는데, 어느 날 아카예수가 체포당했고 증인이 필요하다는 소식을 들었어요. 저희는 증언이 필요한 곳이 있다면 어디에서든 증언하기로 마음을 모았기 때문에 조사관들에게 이야기해야 한다는 의무감을 느꼈어요.

아카예수는 그들의 지도자였어요. 저는 실제로 그 시청에 갇혀 있었기 때문에 그가 이런저런 명령을 내리는 것을 보았어요. 한번은 교사들을 한 방에 넣고 죽이라고 명령하는 것도 보았죠. 강간을 명령하는 것을 직접 보지는 못했지만 그 상황을 직접 본 사람들을 알고 있었어요.

나중에 아루샤에서 증언해달라고 요청받았을 때 물론 저희는 두려웠지요. 증언을 막기 위해 공격하고 협박 편지를 보내는 사람들이 있다는 걸 알고 있었어요. 하지만 학살과 강간이 그렇게 심각했는데 어떻게 증언하지 않을 수 있겠어요?

저는 열일곱 살이었고 갓 결혼했어요. 고모 부부가 서른일곱 살난 투치족 남자와 억지로 결혼시켰죠. 그래야 그들이 우리 부모님의 재산을 물려받고 그 땅에 집을 지을 수 있었거든요. 그 남자는 저를 매일 밤 때렸지만 저는 신경 쓰지 않았어요. 그는 제가 아루샤에 가서 증언하면 돈을 받을 거라 생각했어요."

그렇게 해서 세실은 증인 OO가 되었다.

타바의 다섯 여성은 비행기를 타본 적이 없었고 두려웠다. 가장 나이가 많은 빅투아는 출산한 지 고작 열흘밖에 되지 않았고 말라리아에 걸려 열에 시달렸지만, 다른 여성들을 달래며 안심시켰다. "비행기 타는 게 무서웠어요. 귀가 아프더라고요." 그녀가 말했다.

아루샤에서 그들은 안전가옥에 수용되었다. 재판 전날 밤 그들은 함께 기도했다. 진실을 말할 수 있도록, 어떤 일이 일어났는지 말하고 복수가 아니라 정의를 구할 수 있도록.

이튿날 아침 법정에 도착했을 때 그들은 아카예수가 그곳에 앉아 있는 것을 보고 질겁했다. 물론 커튼 뒤에 있었기 때문에 그는 그들을 볼 수 없었다. 빅투아가 증인 JJ로 처음 증언에 나섰고, 가냘픈 목소리로 떨면서 이야기를 시작했다. 검사가 삽입 행위를 묘사한 뒤 물었다. "공격자가 당신에게 성기를 삽입했습니까?"

그 질문에 빅투아는 힘을 되찾았다. "그들은 제게 그것만 한 게 아니었어요. 그들은 어린 소년들이었고 저는 아이를 둔 엄마였지만 제게 그 짓을 했어요."

그녀는 셀 수 없이 강간했다고 말했다. "공격자들을 마주칠 때마다 강간당했습니다." 아카예수에 대해 질문을 받자 그녀는 15명의 소녀와 여성들과 함께 시청에서 문화센터로 강제로 끌려가 인테라함웨 민병대에 강간을 당하고 또 당할 때 그가 그곳에 왔다고 말했다. 두 번째 끌려갔을 때는 그가 큰소리로 이렇게 말하는 것도 들었다. '내게 다시는 투치족 여자가 어떤 맛인지 묻지 마라.'[★]

타바 여성들의 증언에 법정은 흥분했다. "외국의 법정에서 외국

[★] 국제형사재판소 96-4 ICTR 96–4 증인 JJ의 증언 기록, 1997년 10월 23일.

어를 쓰는 법복 입은 외국 판사에게 이야기해야 했지만 저는 두렵지 않았습니다. 진실을 말할 때는 두려울 게 없는 법이니까요." 빅투아가 말했다.

두 딸의 엄마인 필레이 판사는 20년이 흐른 지금까지도 타바 여성들의 증언을 결코 잊을 수 없다고 했다. "여자로서 그걸 듣는다는 건, 여성들이 집단 강간당하고 남자들이 임신한 여성에게 달려들어 강제로 낙태시킨 그 이야기를 듣는다는 건, 결코 잊을 수 없는 일입니다. 몸과 마음으로 그 일을 느끼거든요."

남자 판사들은 경악했다. "그들은 손으로 귀를 막고 싶어 했죠. 더는 듣고 싶지 않았어요. 이 증거들로 무얼 할 수 있는지 자기들은 모르겠으니 저한테 맡기겠다고 하더군요. 강간과 성폭력에 대해 국제적으로 인정된 정의가 없었던 터라 저는 정의부터 내리기로 결심했어요."

1998년 3월 아카예수는 결국 증인석에 섰다. 그는 무죄를 주장했다. 자신은 그저 명목상 최고 책임자일 뿐이며 그의 행정구역에서 일어나는 폭력을 줄이기 위해 할 수 있는 모든 일을 했다고 주장했다. 그의 주요 주장은 UN 평화유지군 사령관 로메어 달레어Roméo Dallaire 소장도 막을 수 없던 학대 행위를 자신이 어떻게 막을 수 있었겠냐는 것이다. 그는 강간을 직접 지켜봤다는 사실을 부인했고 자신의 강간 혐의는 여성운동이 대중적 압력을 행사한 결과이지 사실을 근거로 한 것이 아니라고 주장했다. 그는 또한 증인들의 신빙성도 문제 삼았다. 예를 들어 임신 6개월이었다는 증인 JJ가 어떻게 나무에 올라갈 수 있었겠냐고 물었다. 14개월에 걸친 재판 끝에 법정은 심의를 위해 퇴장했다.

타바로 돌아온 여성들은 힘든 시간을 보내고 있었다. 증인 H가 사라졌다. 또 다른 여성 하나는 강간을 당할 때 감염되었던 HIV 때문에 세상을 떠났다. 세실도 몸이 아팠다.

"남편에게 끊임없이 맞다 보니 정신적 문제가 생겼어요. 아루샤의 재판소가 상담자를 연결해줬는데 남편을 떠나라고 제안하더군요. 하지만 갈 곳이 없었고 그때는 딸도 하나 있었어요. 우선 친구 집에 머물렀지만 그녀는 단칸방에 살며 매춘을 했어요. 아이와 함께 그곳에 있기가 너무 힘들어서 결국 집으로 돌아갔어요.

제가 구타와 말라리아 때문에 앓아누워 있으니 동네 사람들이 와서 강간 때문에 HIV에 걸린 거라고 조롱하더군요. 의사가 누군가에게 저 노파를 살펴보라고 말하는 걸 들었어요. 그때 저는 열아홉 살이었어요!

건강을 회복했을 때 저희 부부는 둘째 딸을 가졌고 결국 제가 스물세 살이 됐을 때 그 사람은 떠났어요. 제게 돈이 조금 있어서 월세 3000프랑에 방을 하나 빌렸어요. 그냥 화장실 한 칸 같은 방이었죠. 스푼 하나, 플라스틱 접시 하나, 매트리스 하나에 바나나를 팔 바구니 하나를 샀어요. 그게 제 삶이었죠.

어느 날 한 청년이 와서 청혼했어요. 저는 혼자 고생하는 일에 익숙하니 내 고통을 나눌 생각을 하지 말라고 했죠. 하지만 나중에는 안전을 느끼는 것도 좋겠다는 생각이 들더군요. 그래서 그가 제 방에 들어와 살았어요. 며칠이 지나지 않아 저는 그가 술꾼에다 도둑에 바람둥이라는 걸 깨달았죠.

그는 오토바이를 훔치다 감옥에 갔어요. 감옥에서 나온 다음에는 자전거를 훔쳐서 또 체포됐어요. 하지만 그때쯤 저는 그의 아들을 임신하고 있었어요. 저는 그에게 제 고통을 더 늘리고 있다고 말했지요.

그는 사람들을 오토바이에 태워주는 일로 돈을 벌었어요. 그런데 어느 날 키갈리 당국이 오토바이가 도시를 어지럽힌다며 오토바이 영업을 금지했어요. 제 바나나 장사마저 그만둬야 했어요.

불행은 혼자 오지 않는 법이죠. 저는 다시 임신을 하게 됐어요.

그때 고모가 돌아가셔서 고모의 땅을 물려받았어요. 저는 콩고 국경 근처의 남편 고향으로 가기 위해 땅의 일부를 팔았어요. 그곳에서 그의 부모와 1년을 살았지만 그들은 후투족이어서 저를 좋아하지 않았어요. 타바에 있는 부모님 땅에서도 살 수 없었어요. 그곳에서 일어난 일도 있었고 이웃이 살인자들이었으니 무서웠거든요. 요즘에도 저는 그곳에서 하룻밤도 지내지 못해요.

그래서 이곳으로 돌아왔어요. 남편은 은행의 야간 경비로 일자리를 구했어요. 은행에서 그에게 5만 프랑을 대출해주어서, 제가 그 돈으로 장사를 시작했어요.

이곳 카부카에서는 카사바를 싸게 살 수 있으니 카사바를 사다가 시내에 가서 팔기 시작했어요. 그러다가 은행이 문을 닫는 바람에 남편이 공사장에서 일하기 시작했죠. 우리는 아들을 하나 더 뒀는데 그 아이는 2013년에 차 사고로 죽었어요. 다섯 살이었죠."

세실은 눈부시게 아름다운 소년의 사진을 꺼내 보였다. 두 눈에 호기심이 가득했다.

"남편은 공사장의 감독이 되었지만 수입이 올라가니 올챙이 시절을 잊고는 다른 여자들을 쫓아다니기 시작했어요. 아들이 죽고 나니 이혼하자고 하더군요.

첫 남편은 이미 재혼했는데 우리 두 딸에게 잘해주지 않았어요. 거리로 아이들을 쫓아냈지요. 그래서 제가 데려와서 함께 살아요.

생존자들을 위한 교육 프로그램이 있어서 저는 재봉을 선택해 옷 만드는 법을 배웠어요. 하지만 카부카에는 재봉사들이 많아서 경쟁이 무척 심하답니다. 인생에서 실패한 모든 사람, 특히 여자들이 재봉사가 되지요.

최근에 저는 큰마음을 먹고 생존자들을 지원하는 대통령 직속 사무실로 가서 집을 신청했어요. 남자 직원이 남쪽 타바에, 제 아버지가 살던 그 동네에 집을 한 채 줄 수 있다고 하더군요. 저는 그곳에서 일어난 일 때문에 거기에서는 절대 살 수 없다고 설명했어요.

그랬더니 그 직원이 이렇게 말하더군요. '그러면 당신을 도울 수 없습니다. 젊고 건강해 보이시네요. 아직 극복할 시간이 있습니다. 이곳은 당신이 문제를 들고 오기에 좋은 장소가 아닙니다.'

그게 제 삶입니다. 좋은 삶은 아니지만 살아내고 있어요. 저는 마음이 무감각해져서 어떤 일도 더는 고통스럽지 않아요. 겉으로는 괜찮아 보이지만 제 속이 어떤지는 아무도 몰라요."

1998년 10월 2일 국제형사재판소는 장폴 아카예수에게 학살과 고문, 살인, 그리고 13번째 죄목인 강간을 포함해 인도주의에 반하는 범죄 15가지 중 9가지에 대해 유죄판결을 내렸다.

그는 종신형을 선고받고 말리에 수감되었다. 타바에서 최소 2000명에 달하는 투치족을 살해한 것과는 별도로 법정은 이렇게 결론을 내렸다. "투치족 여성의 강간은 체계적이었으며 모든 투치족 여성에게, 오직 그들에게만 자행되었다."

세 명의 재판관이 169쪽의 판결문에 서명한 것은 새벽 2시였다. 그들은 법무관들과 함께 밤낮으로 일하며 판결문을 작성했고, 그들에게 있는 단 한 대의 프린터로 출력했다.

몇 시간 눈을 붙이고 난 뒤 그들은 사상 최초의 제노사이드 판결을 보도하기 위해 기다리는 세계의 언론에 판결을 발표하기 전에 작은 대기실에 모였다.

그러나 필레이 판사가 문제를 제기했다. "카마 판사[판사장]가 낭독하려는 판결 요약문은 프랑스어였기 때문에 제가 영어판 판결문을 볼 때까지는 법정에 들어가지 않겠다고 말했어요. 그들이 영어판을 가져다주며 '서둘러요'라고 제게 말했죠. 제가 들여다보니, 어땠는지 아세요? 몇 페이지가 빠진 거예요. 성폭력에 대한 마지막 네 가지 죄목이요.

제가 항의하자 스웨덴 재판관이 '무슨 소리입니까? 여기 다 있잖아요'라더군요. 우리는 모두 짜증이 나기 시작했어요. 결국 다른 판사들도 상황을 이해하고는 법무관에게 소리를 질렀지요. 법무관이 가서 그 골칫덩이 프린터에서 사라진 페이지들을 구해 왔어요."

사라졌던 그 페이지들에는 국제형사재판소가 강간과 성폭력이 '그 자체로 표적이 된 특정 집단 전체나 일부를 파괴하려는 구체적 의도로 자행됐다면 다른 행동과 마찬가지로 제노사이드를 구성한다'라고 판결한 부분이 담겨 있었다.

국제재판소에서 강간이 제노사이드 도구로 인정되고 전쟁범죄로 처벌된 최초의 사례였다.

당시 필레이 재판관은 이렇게 발언했다. "태곳적부터 강간은 전쟁의 전리품으로 여겨져왔습니다. 이제 강간은 전쟁범죄로 간주될 것입니다. 강간이 더는 전쟁의 전리품이 아니라는 강력한 메시지를 전하고 싶습니다."

판결문에는 그녀가 강간과 성폭력에 대해 진술한 정의도 포함되었다. 국제법 사상 최초이자 신중하게 성 중립적으로 표현된 정의였다.

국제형사재판소는 강간이 공격의 한 형태이며 대상과 신체 부위를 기계적으로 묘사하는 방식으로는 이 범죄의 주요 요소를 포착할 수 없다고 간주한다. …… 국제형사재판소는 강간을 강압적인 상황에서 한 사람에게 자행되는 성적 특성의 신체 침해로 정의한다. 성폭력은 신체에 대한 물리적 침해에만 국한하지 않으며 삽입이나 심지어 신체적 접촉을 수반하지 않은 행동들도 포함한다.

"그때까지 강간은 부수적 피해로 여겨졌고, 또한 여성에게 미치는 영향을 이해하지 못한 채 신체적인 피해로만 여겼지요." 그녀가 설명했다. "우리는 증인 JJ 같은 여성들이 강간은 그들의 삶 자체를 파괴했다고 말한 것에 주목했습니다."

목소리를 내기 위해 너무나 많은 위험을 무릅썼던 타바의 여성들에게 그 판결은 큰 위안이 되었다. "여러 달 동안 저는 증언하겠다는 우리의 결정이 헛되지 않을까 걱정하면서 판결을 기다리며 라디오에 귀를 기울였어요." 빅투아가 말했다. "아카예수가 유죄판결을 받았다는 소식을 들었을 때 저는 춤을 췄답니다!"

"그들의 행동은 모든 여성을 위해 법과 사법제도를 변화시켰습니다." 키갈리의 미국 대사 에리카 바크스-러글스Erica Barks-Ruggles가 내게 말했다. "이 여성들은 최악의 트라우마를 가지고 힘과 승리의 이야기를 쓸 수 있다는 것을 보여주었어요."

당시 국제형사재판소의 젠더법률고문관이던 퍼트리샤 셀러스Patricia Sellers는 국제형사재판소 소추부의 특별고문관이 되었고, 옥스퍼드에서 법학을 가르치기에 이르렀다. 그녀는 아카예수 소송이 '국제 형사적 관점에서 브라운 대 교육위원회 소송만큼 중대'하다고 본다. '브라운 대 교육위원회' 소송은 1954년 미국 연방대법원이 공립학교의 인종 분리 정책을 위헌이라고 만장일치로 판결한 획기적 소송이다.

그러나 타바의 여성들이 국제사법재판에 변화를 일으켰을지 몰라도 그들 자신의 삶은 결코 회복되지 않았다.

"저는 유죄판결 소식을 듣고 무척 기뻤습니다. 강간범을 감자나 염소를 훔친 도둑과 같이 분류할 때마다 늘 괴로웠으니까요. 그건 정말, 정말 부당하잖아요." 세라피나가 말했다. "우리는 세상을 깨웠어요. 그 일로 목소리를 낼 자신감을 얻었다고 제게 말한 여성들이 많았어요. 하지만 그 판결로 제 삶이 나아지지는 않았지요. 제노사이드 이후 25년이 지났지만 저는 여전히 아무도 믿지 못합니다. 우리 집이나 고향으로 돌아갈 수도 없고, 그 이후로 관계를 맺어본 적도 없어요."

세실이 동의했다. "처음에 증언하러 갈 때는 정말 무서웠지만 일단 저희가 첫걸음을 떼고 나자 다른 사람들이 뒤를 이었어요. 그 판결이 없었다면 우리는 여전히 이웃으로 살지 못한 채 악의에 찬 눈으로 서로를 쳐다보았을 겁니다.

저는 아카예수가 유죄판결을 받아서 행복했지만 개인적으로는 힘들었어요. 제 안이 망가졌다고 느껴요. 사람은 치유되지 않아요. 하지만 치유는 하나의 여정이니까요. 같은 곳에 머무는 게 아니잖아요. 저는 더 이상 과거를 그리 많이 생각하지 않아요. 매일 아침에 잠을 깨면 무엇을 먹을지, 등록금은 어떻게 낼지 생각하니까요."

그들은 어떤 배상도 받지 못했다고 말했다. 그리고 내가 본 것처럼 모두 힘들게 살아가고 있었다.

아카예수 판결 이후 거의 10년이 지난 2005년 필레이 재판관은 《침묵에 귀 기울이기Listening to the Silences》의 서문에서 전쟁에서 여성이 겪는 경험에 대해 썼다. "나는 증인 JJ가 맨땅에 지은 다 쓰러져가는 판잣집에서 양식도 거의 없이 …… 다른 사람들과의 교류를 거부당하고 거부하며 살아간다는 것을 알게 됐다. …… 국제 사회는 제노사이드가 남긴 결과의 한 측면에만, 곧 가해자들을 법정에 세우는 것에만 응답했을 뿐이다. 여성들의 의식주와 교육과 치유, 무너진 삶을 다시 세우려는 바람에 도움을 주지는 못했다."

2018년 내가 방문했을 때 증인 JJ(빅투아)의 집에는 여전히 전기가 들어오지 않았다. 그러나 그들은 무엇보다 자신들이 용기를 내 이야기를 털어놓았는데도 다른 곳에서 여성들에게 자행되는 잔학 행위를 멈출 수 없었다는 점에 가장 크게 좌절하는 듯했다. 타바의 여성 중 몇몇은 뉴욕에 있는 UN 본부에서 야지디족 생존자들을 만나기도 했다.

"저희는 국제 사회와 UN이 아무것도 하지 않고 저희가 강간당하는 것을 지켜보기만 했다고 비난했는데, 같은 일이 세계 곳곳에서 거듭, 거듭 일어나고 있어요." 빅투아가 말했다. "저희는 배운 것 없는 여자들일 뿐이지만 어떻게 이런 일이 계속 벌어지는지 이해하기 어렵습니다."

타바의 언덕에 자리한 오두막에서 자신이 몇 번이나 강간당했던 바나나 숲을 내다보는 그녀는 아주 외로워 보였다. "어쩌면 당신은 저희가 제노사이드에서 살아남았고 병에 걸리지 않았으니 운이 좋다고 생각할지 모르겠어요. 하지만 저희는 걸어 다니는 죽은 여자들이나 다름없어요.

저는 죽이는 것보다 강간하는 것이 훨씬 나쁘다고 생각합니다. 그것을 매일매일 살아내야 하니까요. 다 자라서 겪은 일이니 저는 하나도 빠짐없이 기억하고 있어요. 같은 나라에서 같은 마을에서 같은 언어를 쓰고 피부색도 같고 같은 모습으로 태어난 사람들이 제게 그 짓을 했어요. 저는 여전히 그들과 함께 삽니다. 저를 돕던 그 소년도 후투족이에요. 사람들은 묻지요. '왜 쟤를 옆에 놔두는 거야?'"

타바의 여성들은 신체적 통증도 호소했다.

"요즘에도 밭에서 일하거나 물을 나를 때 너무 아파요. 허리 통증이 사라지지 않아요." 빅투아가 말했다.

내가 천둥과 번개가 치는 언덕에 있는 그녀의 어둑한 오두막을 나서기 전에 그녀는 잠을 거의 못 잔다고 말했다. "저는 혼자 살고 외롭지만 어쩔 도리가 있겠어요? 문과 창문을 잠그고 나면 기억들이 되살아나지요……"

아루샤의 국제 재판은 21년 동안 지속되며 3000명이 넘는 증인의 증언을 듣고 93명을 기소했으며 그중 62명에게 유죄판결을 내렸다.

그러나 실제로 강간을 했다는 이유로 처벌된 사람은 없었고, 아카예수처럼 강간을 감독하고 조장했다는 이유로 처벌받은 사람들은 있었다.

놀랍게도 그중에는 여성도 있었다. 폴린 니라마수후코Pauline Nyiramasuhuko는 10년의 재판 끝에 아들과 함께 유죄판결을 받았다. 법정은 전 여성개발부 장관인 그녀가 어떻게 키갈리의 인테라함웨 민병대를 고향 부타레로 불러 아들이 이끄는 다른 민병대원들과 함께 여성들을 죽이고 강간하게 했는지에 대한 증언을 들었다. 그녀는 여성들을 트럭에 태우기 전에 옷을 벗으라고 직접 강요했다.

20억 달러의 비용을 고려했을 때 유죄판결의 수는 적었고 가해자의 일부만 처벌받았다. 주모자 몇몇은 영국을 비롯한 다른 유럽 국가들에서 여전히 도망을 다닌다. 르완다의 법무부 장관 존스턴 부싱예Johnston Busingye에게는 분통 터지는 일이 아닐 수 없다.

카가메 정부의 많은 관료처럼 부싱예도 제노사이드 기간에 르완다에 있지 않았다. 1959년과 1963년에 벌어진 투치족 초기 학살 이후 그의 가족은 우간다로 달아났고, 그는 거기서 성장했다. 그는 포스트-제노사이드 정부가 집권한 이래 사법제도에 관여해왔으므로 적절한 사법 정의가 이루어질 수 있는지를 묻기에 적절한 사람이라 여겨졌다. 보라색 셔츠에 짙은 색 정장을 입고 금속테 안경을 썼으며 키가 큰 그는 긴 테이블에 앉아 있었다. 테이블 둘레에는 '유럽 구속 영장'이라고 표시된 문서 보관함이 줄줄이 꽂힌 캐비닛들이 늘어서 있었다. 르완다 법무부의 도주자 추적팀은 여전히 해외에 숨어 있는 학살 가담자를 500명 넘게 찾아냈다.

"이 모든 강간과 대량 살인의 책임자 가운데 몇 명은 당신 나라에 있지만 당신네 정부가 그들에 대한 인도를 거부하고 있습니다." 그가 말했다. "영국은 프랑스와 더불어 이들에게 안전한 피난처가 되고 있어요. 그들[혐의자들]은 자기를 르완다에 넘겨주면 공정한 재판도 없이 고문당하고 죽게 될 거라고 호소하겠지요. …… 하지만 영국에 도피해 있는 그 사람들이 당신의 가족을 죽이고 당신의 여자를 강간한 사람들이라고 상상해보세요. 그들을 자유롭게 놔두는 것이 어떤 뜻이겠습니까?"

나는 르완다 사회가 과거의 고통으로부터 회복될 수 있다고 생각하는지 물었다. "우리의 치유 과정은 시간의 흐름 위에 지어졌습니다. 1994년은 몹시 지독하고 잔인했습니다. 매해 4월이면 저희는 기념식을 합니다. 처음 몇 년 동안 많은 사람이 모여 울부짖곤 했습니다. 요즘에는 기념행사가 조용하고 침착합니다. 행사가 끝나면 조용히 집으로 걸어가지요."

그에 따르면 치유의 중요한 부분은 2002년 시작된 가차차gacaca라 불리는 공동체 재판 프로그램이었다. 가차차는 사람들이 앉아서 그들이 겪은 잔학 행위를 진술하거나 고백하는 풀밭을 일컫는다. 10년 동안 거의 200만 건에 달하는 사례가 진술되었다.

많은 사람에게 가차차는 진실과 화해의 놀라운 성취였다. 나는 오른팔이 있어야 할 자리에 의수를 단 앨리스Alice라는 여성을 만났다. 그녀는 바로 그 팔을 난도질한 옛 동창생 에마뉘엘과 친구가 되었다. 하지만 가차차가 투치족만 살해당했다는 신화를 퍼트린다고 보는 사람들도 있다. 가차차 법정은 제노사이드 이후 투치족이 복수로 저지른 범죄에 대해서는 침묵한다. 카가메는 그가 이끄는 르완다 애국전선 군대를 콩고로 보내 UN 난민촌에 있는 후투족을 강제로 르완다로 끌고 오거나 정글로 추격하며 수천 명을 죽였다.

타바의 여성들은 국제 무대에서 아카예수의 유죄판결을 이끌어낸 것 말고 고국에서도 중요한 승리를 거두었다. 강간을 소매치기와 같은 4급 범죄에서 살인과 같은 1급 범죄로 바꾼 일이었다.

가차차 법정에서 강간 사례 증언은 신분을 노출시키지 않기 위해 닫힌 문 뒤에서 이루어진다. 그래도 많은 여성은 나서지 않는다. 그들이 증언하기 위해 건물로 들어가는 것을 마을 사람들이 볼까 두렵기 때문이다.

"상당한 수가 가차차에서 유죄판결을 받고 강간죄로 복역하고 있습니다." 부싱예 장관이 말했다. "하지만 제가 보기에 그 수는 저질러진 범죄에 미치지 못합니다. 저희에게는 증거가 없으니까요."

그는 생각에 잠겼다가 말을 이었다. "당신은 어떻게 사회가 과거의 고통을 극복할 수 있는지 물었지만 사회는 극복하지 못합니다. 1994년 저희는 이렇게 생각했어요. '르완다 사람들이 예전에도 아주 많은 폭풍을 견뎠으니 이것도 견뎌낼 거야. 우리를 죽인 정권을 제거했으니 이제 온전한 삶을 되찾자.'

하지만 르완다는 저희에게 하나의 학교가 되었습니다. 저는 1995년부터 사법 기관에서 일을 했습니다. 검사였다가 판사였다가 법무부 사무차관이었다가 이제 장관이 됐습니다. 저는 수천 명의 사람들과 이야기를 했고, 트라우마를 배우는 학생이 되었습니다. 처음에 제가 품었던 희망 중 몇몇은 막다른 길에 부딪혔습니다. 이제 위협이 없으니 삶다운 삶을 살 수 있다는 생각 말입니다. 그것은 가능하지 않았습니다. 특히 이 여성들에게는 더욱 그렇습니다.

그게 바로 강간이 의도적으로 계산된 무기인 이유입니다. 강간했고 강간을 기획한 그들은, 강간당한 사람은 그 자리에서 죽든 나중에 죽든 그 모든 시련을 겪고 나서는 결코 사람으로 다시는 살아갈 수 없다는 걸 알았습니다.

여기 도시에서든 마을에서든 타바에서든 그 여인들을 만나면 겉으로는 멀쩡해 보입니다. 하지만 그들이 밤에 집으로 돌아가 문을 닫으면 그들 안에는 누가 무슨 수를 써도 뚫고 들어갈 수 없는 공간이 있을 겁니다."

7
—
보스니아의 무슬림 여성

보스니아헤르체고비나연방 사라예보

2018년 3월 내가 탄 비행기가 착륙할 무렵 사라예보Sarajevo에는 눈이 내리고 있었다. 주위의 산들은 하얗고 웅장했다. 어쨌든 사라예보는 1984년 동계올림픽이 열렸던 곳이 아닌가. 그해 올림픽에서 영국의 아이스댄싱팀 토빌과 딘이 '볼레로' 연기로 만점을 따내 영국 전역의 나 같은 십대 소녀들이 아이스댄서를 꿈꾸기도 했다.

사라예보는 또한 제1차 세계대전의 도화선이 된 장소로도 유명하다. 라틴다리의 북쪽 끝 프란츠요제프거리 모퉁이에는 단순한 모양의 회색 명패가 설치돼 있다. 1914년 6월 28일, 화창한 일요일에 무개차를 타고 지나가던 합스부르크 왕가의 왕위 계승자 프란츠 페르디난트 대공과 그의 임신한 아내 소피 대공비를 열아홉 살의 세르비아 민족주의자 가브릴로 프린치프가 총으로 쏘아 죽인 자리임을 표시하는 명패다.

애니 레녹스의 〈스위트 드림스Sweet Dreams〉에 매혹되어 그녀의 노래를 들으며 영어를 배웠다는 내 가이드 레자드 트르보냐Resad Trbonja는 그 사건이 거의 일어나지 않을 뻔했다고 이야기했다. 프린치프는 여섯 명으로 구성된 모임의 일원이었고, 원래 계획은 오스트리아-헝가리제국의 이 변경 지역을 방문하는 황태자 부부의 차가 지나갈 때 다른 동료 한 사람이 수류탄을 던지는 것이었다. 그러나 수류탄은 차의 뒤쪽 덮개에 맞고 튕겨나가 뒤따라오던 차의 운전사에게 떨어졌고 대공 부부는 차를 마시기 위해 시청사로 계속 이동했다.

나중에 대공 부부는 부상당한 운전사가 있는 병원을 방문하기로 했다. 그러나 운전사가 길을 잘못 들어 프란츠요제프거리로 들어서서 카페 앞에 잠시 멈췄는데 바로 그곳에서 프린치프가 브라우닝 권총을 들고 서 있었던 것이다. 그런 운명적인 우연들이 전쟁으로 이어졌다. 오스트리아-헝가리제국은 황태자를 암살한 세르비아를 비난했고 한 달 뒤 독일의 지원을 받아 전쟁을 선포함으로써 모든 주요 열강을 끌어들이고 결국은 1700만 명을 죽음으로 몰고 간 도미노 효과를 일으키게 된다.

1990년대 사라예보는 현대사에서 가장 긴 도시 봉쇄로 유명해졌다. 발랄한 노란색 트램 전차와 북적이는 카페, 패션 브랜드 자라 매장이 있는 지금의 사라예보에서는 상상하기 힘들지만 1992년 4월 5일부터 1996년 2월 29일까지 거의 4년 동안 봉쇄 상태였다. 구유고슬라비아가 해체되었고 보스니아의 세르비아인들이 지난 수 세기 동안 함께 살아온 무슬림을 쓸어내려 했다. 인종청소ethnic cleansing라는 용어를 세계에 소개한 전쟁이었다.

언덕 위에 진을 친 세르비아 군대가 날마다 아래쪽 도시를 폭격하며 국립도서관으로 개조된 시청 건물을 비롯해 많은 건물을 파괴했다. 고층 건물에 자리 잡은 저격수들이 물을 받기 위해 줄을 서 있던 사람들과 줄넘기 하는 어린 소녀들, 다리 위의 연인들, 장례식의 문상객들을 저격했다.

"제 머리카락이 저격수 때문에 날아갔었어요."통역사인 아이다 Aida가 말했다. 그녀는 삐죽삐죽한 검은 머리의 중년 여성으로, 보라색으로 된 모든 것을 좋아했다.

"스물네 살이던 1994년 새해 첫날이었어요. 우리는 친구 집에 함께 모였지요. 그때쯤 저희는 임시변통으로 무언가를 하는 데 도통해졌죠. 제 가장 큰 문제는 길고 치렁치렁한 머리였어요. 감으려면 물과 물을 데울 전기가 많이 필요한데 둘 다 없었거든요. 세르비아인들이 수도와 전기를 끊은 데다 나무란 나무는 봉쇄 첫해 겨울에 장작으로 베어 썼으니까요.

저희는 직접 만들거나 서로에게 쓸모가 있을 만한 선물을 친구들에게 주었어요. 친구들은 제게 온수 7리터를 선물했어요. 제 머리를 감기에 딱 적당한 양이었죠. 친구들이 해줄 수 있는 최고의 선물이었어요. 저는 그 새해 첫날 아침에 머리를 감으면서 무척 행복했어요. 머리카락을 구름처럼 풀어헤치고 집으로 걸어가기 시작했어요. 손에는 제가 축제 분위기를 내려고 가져온 작은 크리스마스트리를 들고 있었죠.

갑자기 날카로운 소리가 들리더니 무언가 날아가는 느낌이 났어요. 제 머리카락이었어요. 어떤 여자가 엎드리라고 제게 소리를 질렀어요. 사실, 제가 사는 동네에서는 저격수들의 위치를 알지만 다른 곳에 가면 잘 모르거든요. 그렇게 머리를 풀어헤치고 손에 크리스마스트리를 든 제가 군인으로 보였을 리는 없을 거예요."

그 저격수와 포병대들은 보스니아의 세르비아계 군사령관 라트코 믈라디치Ratko Mladić의 지휘 아래 1만 1000명의 주민을 죽음에 이르게 했다. 그들 가운데 절반 이상이 민간인이었다.

그렇게 죽은 이들 중에는 1994년 그가 아끼는 권총으로 자살한 그의 딸 아나Ana도 있었다. 그녀는 아버지가 벌이는 일에 너무나 경악했다.

전쟁은 결국 NATO가 공습을 시작하며 개입한 1년 뒤에 끝이 났다. 1995년 데이턴평화협정Dayton Peace Accord을 중재한 미국 외교관 리처드 홀브룩Richard Holbrooke은 보스니아전쟁을 '1930년대 이래 서구 최대의 집단적인 안보 실패'라 불렀다.

1997년 사라예보의 조사기록센터가 발표한 사상자 보고서인 〈보스니아 사망 보고서The Bosnian Book of the Dead〉는 9만 2207명의 사망자 가운데 40퍼센트가 민간인이라고 기록한다. 사망자의 3분의 2가 무슬림이었다.

그리고 강간이 있었다. 강간이 얼마나 많았는지는 그 누구도 진짜로 알 수 없지만 2만~6만 명의 피해자가 있다고 추정된다. 대부분이 보슈나크인(무슬림)이지만 크로아티아인과 세르비아인도 있고, 더러 남자도 있었다.

희생자들의 나이는 6세부터 70세까지이고 반복해서 여러 차례 강간당했으며, 몇 년 동안 붙들린 경우도 많았다. 많은 여성이 강제로 임신당했고 임신 중지가 불가능할 때까지 붙잡혀 있었다. 여성들은 소유물처럼 취급되었고 강간은 공포와 굴욕, 모멸감을 주려는 의도로 사용되었다.

새로운 것이 있다면 보스니아전쟁에서 강간에 쏠린 관심이었다. 구유고슬라비아에서 전쟁 도구로 쓰이는 강간의 확산과 강간 수용소에 갇힌 여성들의 이야기에 세계는 충격에 빠졌다. 아무도 몰랐다고 말할 수 없는 상황이었다. 현대사에서 최초로 기자와 역사학자들이 인종청소와 제노사이드를 수행하는 무기로서 강간과 성폭력의 사용을 꼼꼼하고 체계적으로 기록했다.

"이 분쟁에서 민간인에게 가해진 고통의 거대함은 표현이 불가능하다" 유럽의회가 파견한 조사관들이 1993년 2월 발표한 〈워버턴 보고서Warburton report〉의 내용이다.

보고서에 따르면 강간은 "희생자들과 그들의 가족, 공동체 전체에 최대치의 굴욕을 가하기 위해 유별나게 가학적인 방식"으로 자행되었다.

"침략 중에 부수적으로 일어난 행동으로 볼 수 없"고 "의도적인 패턴"으로 "그 자체로 전략적인 용도로 쓰였으며 …… 대개 공동체의 사기를 꺾고 공포를 조장해 그들을 고향으로부터 몰아내고 침략 세력의 힘을 과시하려는 의도에 따라 의식적으로 자행되었다.

많은 경우 여성들을 억지로 임신시킨 다음 임신 중지가 불가능할 때까지 억류함으로써 추가적인 형태의 굴욕감을 주고 그들에게 가해진 학대를 끊임없이 상기시키려는 의도였음에 의심의 여지가 거의 없어 보인다."

보스니아에는 무슬림(1993년부터 스스로를 보슈나크인이라 부른)과 세르비아인, 크로아티아인이 섞여 있지만 모두 생김새가 같고 같은 언어를 쓴다. 세르비아인은 키릴 알파벳을 쓰긴 하지만 언어는 모두 세르보크로아트어를 쓴다. 이름과 종교만 다를 뿐이다. 세르비아인은 정교회 신도이고 크로아티아인은 가톨릭 신자이며 보슈나크인은 무슬림이다. 여러 세기 동안 그들은 서로 결혼도 했다.

사라예보의 구도심은 종교의 용광로처럼 보인다. 구리 세공인들이 몇 세기 동안 이어진 방식으로 열심히 일하는 오래된 돌길을 따라 가톨릭 성당과 정교회 성당, 유대교 회당, 여러 세대에 걸쳐 한 가문이 관리하는 시계탑이 있는 이슬람 사원이 있다.

이토록 오랜 이웃이 어떻게 그렇게 잔인하게 등을 돌릴 수 있었을까?

"논리가 끝나는 곳에서 보스니아가 시작되지요." 애니 레녹스를 사랑하는 가이드 레자드가 어깨를 으쓱하며 말했다. 전쟁이 일어난 1992년에 그는 열아홉 살이었고 총을 한 번도 사용해본 적 없는 학생이었지만 하룻밤 사이에 AK47 소총과 총탄 세 발을 가진 군인이 되었다. "제 군복은 아빠가 정원을 가꿀 때 입던 작업복이었어요. 전선은 우리 집에서 고작해야 1.5킬로미터를 좀 넘은 거리에 있었죠. 우리 가족은 식량이 부족해서 저는 전투에서 돌아오는 길에 병원에 들러 헌혈을 하고는 고기를 한 캔 받아 엄마에게 갖다 드리곤 했어요. 그러고는 다시 돌아가서 다른 쪽 팔로 헌혈을 하고 다시 하나를 받아왔죠. 매일 아침 눈을 뜰 때 확실한 것이라고는 오늘이 인생의 마지막 날이 될 수도 있다는 것밖에 없었어요."

프란츠 페르드난트 대공 부부가 그들 인생의 마지막 차를 마셨던 시청사는 최근에 무어 양식의 그 모든 웅장함을 되살려 재건되었다. 벽에는 어색한 영어 명패가 붙어 있었다.

1992년 8월 25~26일 밤 이곳에서 세르비아 범죄자들이 국립대학 도서관에 불을 질렀다. 200만 권이 넘는 책과 간행물, 기록이 불꽃 속으로 사라졌다.
잊지 말라, 기억하라, 그리고 경고하라!

'잊지 않는 것'이 헤이그재판소로 알려진 구유고슬라비아 국제형사재판소의 목적이었다. 보스니아전쟁이 끝나기 전 UN 안전보장이사회의 투표로 탄생한 구유고슬라비아 국제형사재판소는 책임자를 찾아내고 처벌하기 위해 마련된 특별 법정이었다. 이 재판소가 실제로 표상하는 것은 제2차 세계대전 이후 유럽 최악의 잔학 행위를 막지 못한 국제 사회의 실패에 대한 부끄러운 인정이었다.

　재판소의 출발은 순조롭지 않았다. UN이 지원하는 자금이 너무 적어서 첫 18개월 동안 재판소 건물을 임대할 수도 없었다. 넬슨 만델라Nelson Mandela가 아파르트헤이트를 해체한 남아프리카공화국의 판사 리처드 골드스턴을 설득해 국제형사재판소의 검사장을 맡도록 했을 때 비로소 무게가 실리기 시작했다. 그래도 1994년 11월, 법정에 선 첫 피고인은 주모자가 아니라 지위가 낮은 교도관이었다. 아주 못된 교도관이긴 했다. 그는 뮌헨으로 달아났는데 보스니아 난민이 그를 알아보고 독일의 텔레비전 기자에게 제보했다.

　제2차 세계대전 이래 최악의 대학살이 일어나고 나서야 국제 사회는 충격을 받고 진짜 행동에 나섰다. 1995년 7월, 8000명이 넘는 보스니아 남자와 소년이 UN의 보호지대로 여겨졌던 스레브레니차Srebrenica에서 세르비아군에 학살됐다. 시체들 아래 숨어서 살아남은 소수의 사람들이 학살 현장을 빠져나와 들려준 참혹한 증언에 세계는 더 이상 사태를 외면할 수 없었다.

　모든 분쟁 당사자로부터 전범으로 기소된 161명의 명단이 작성되었다. 결국 영국 특수부대 SAS와 미국 특수부대 델타포스를 포함해 10여 개 나라의 특수부대와 정보기관이 참여하는, 9·11 이전 시기 최대의 국제적인 범인 추적이 시작되었다. 그러나 구유고슬라비아의 유혈 사태는 계속되었다. 기소 대상 명단의 우두머리는 일명 보스니아의 도살자라 불리는 세르비아 대통령 슬로보단 밀로셰비치Slobodan Milošević였다. 그는 1998년 또 다른 발칸전쟁을 이어서 시작했다. 이번에는 코소보에서 수천 명의 알바니아인이 학살당하고 강제 추방됐으며 많은 여성이 강간당했다.

　2000년 10월 마침내 그는 권좌에서 물러났고 이듬해 3월 세르비아의 수도 베오그라드에 있는 호화 별장에서 스키마스크를 쓴 전투복 차림의 남자들에게 체포당했다. 미국이 세르비아에게 전범 재판에 협조하지 않으면 원조를 잃고 심각한 경제 제재에 직면하게 되리라고 경고한 마감 시한 직전이었다.

이듬해 6월 어느 늦은 밤 헬리콥터 한 대가 헤이그의 UN 구치소 마당에 착륙했다. 헬리콥터 안에는 전 국가 수장으로서는 최초로 국제재판소 법정에 서게 될 밀로셰비치가 있었다.

그는 크로아티아와 보스니아, 코소보에서 세 차례의 전쟁을 선동한 죄로 기소되었기 때문에 그의 재판은 여러 해가 걸렸으며 그는 증인을 반대심문하며 자기 변호에 나섰다. 결국 그는 판결이 내려지기 전인 2006년 구치소에서 심장마비로 죽었다. 그러나 갱단 두목 같은 몸집에 머리가 큰 밀로셰비치가 피고석에 앉은 모습은 여전히 강력한 상징으로 남았다.

학살의 배후인 보스니아의 세르비아계 지도자 라도반 카라지치Radovan Karadžić는 2008년 베오그라드의 아파트에 숨어 있다가 붙잡혔다. 긴 백발과 수염으로 거의 희극적인 분장을 한 채 새로운 이름으로 영적 치료자 행세를 하고 있었다.

세르비아군 사령관 믈라디치 장군은 16년 동안 도주하다가 결국 마지막으로 체포되었다. 그는 유고슬라비아의 오랜 통치자였던 티토를 위해 보스니아 동부 산속 깊은 곳에 지어진 핵 벙커로 달아났다가 세르비아로 들어왔고, 결국 2011년 5월 세르비아 북부의 작은 마을 라자레보에 있는 사촌의 허름한 농가 위층 방에서 붙들렸다. 검정 야구 모자를 쓰고 한 줄짜리 히터 앞에 웅크리고 있는 주름진 노인의 모습에서는 잔인한 명령을 외치며 거만하게 굴던 두툼한 몸집의 장군을 찾기가 힘들 지경이었다.

2016년 열린 그의 재판에서는 그가 사라예보 주민들에게 포 사격을 퍼부으라고 군대에 지시하는 무선이 재생되었다. "정신 못 차리게 퍼부어서 잠을 못 자게 만들어!" 플라디치의 체포로 기소 대상 명단에 오른 161명이 모두 체포되었다.

보스니아에서 멀리 떨어진 네덜란드의 딱딱한 법정에서, 주홍색 법복을 걸친 판사들이 검은색 정장을 입은 변호사석을 내려다보며 재판을 주관하고 법정 서기가 컴퓨터 앞에 줄줄이 앉은 그곳에서 남자와 여자가 상상을 초월하는 악행을 증언했다. 여성과 소녀가 학교에 감금된 채 항문과 구강, 성기를 통해 반복적으로 강간을 당했다는 이야기, 혀가 잘려나간 사람들의 이야기, 인간 횃불로 산 채로 불태워지며 '고양이처럼 비명을 지른' 사람들의 이야기.

2017년 재판소가 문을 닫을 때까지 5000명이 증언했다. 기소된 161명 가운데 90명의 전쟁범죄자가 유죄판결을 받았다.

그들이 투옥된 북해 해변에 자리한 네덜란드의 스헤베닝언 Scheveningen 감옥은 아주 안락해서 개인 트레이너와 조리 시설을 갖추고 일주일의 가족 면회를 허락하는 감옥 겸 스파라고 묘사될 정도였다. 그러나 적어도 가해자들이 추적되고 투옥되기는 했다. 독재자들은 더 이상 남프랑스의 저택에서 말년을 보내지 않을 것이다.

기소 명단의 161명 가운데 78명이 성폭력으로 기소되었다. 유죄판결의 반 이상에 성폭력에 대한 책임이 포함되었다. 그러나 재판소에 2만 건 넘는 강간 신고가 접수된 것을 고려한다면 일부일 뿐이었다.

르완다 국제형사재판소가 강간을 제노사이드 범죄의 일부로 처벌할 수 있다는 선례를 만들었다면 유고슬라비아 국제형사재판소는 한층 더 나아가 체계적 강간과 노예화를 고문과 살상 무기로— 따라서 전쟁범죄로—취급할 수 있다는 판결을 내렸다.

"강간은 보스니아의 세르비아계 무장 세력에 의해 테러의 수단으로 사용되었다." 첫 유죄판결을 주관했던 잠비아의 플로렌스 뭄바

Florence Mumba 재판관이 선언했다.

헤이그 재판소는 가해자들을 추적하는 데 여러 해가 걸렸고, 물론 애초에 이런 잔학 행위가 일어나게 방관했다는 사실을 어떤 식으로도 보상하지는 못했다. 하지만 그래도 나는 헤이그 재판소가 인도주의에 반하는 범죄를 저지른 자들의 책임을 추궁하고 불처벌이란 있을 수 없다는 입장을 분명히 밝혔다는 점에서 임무를 잘 해냈다고 생각했다.

그런데 사라예보 호텔에 커피를 마시러 갔을 때 가이드인 레자드가 짙은 색 정장을 입고 근처 테이블에 앉은 한 남자를 가리키며 말했다. "저기 저 사람, 전쟁범죄자에요."

"제 취미는 흡연과 전범 추적입니다." 바키라 하세치치Bakira Hasecić가 담뱃불을 붙여 담배를 깊이 빨며 쉰 목소리로 웃으며 말했다. 그녀는 또한 프라이마크 의류 매장에서 쇼핑하는 것도 좋아했다.

그녀의 말은 농담이 아니었다. 그녀가 추적해서 찾아낸 전범은 100명이 족히 넘는다. 29명은 헤이그에서, 80명은 보스니아에서 기소되었다.

회색 골지 폴로넥 셔츠에 청바지를 입고 짧게 깎은 솜털 같은 옅은 금발에 화장을 하지 않은 그녀는 반항적인 분위기를 풍겼다.

그녀의 여성전쟁피해자연합Association of Women Victims of War 사무실에서 우리는 만났다. 1층에 사무실이 있는 건물은 공산주의 시대 사라예보 외곽에 지어진 아파트 건물로, 음울하고 음산했으며 사라예보의 많은 건물처럼 사라예보의 장미라 알려진 포탄과 총탄의 흔적이 마맛자국처럼 있었다.

사무실 벽은 사진과 오려낸 신문기사뿐 아니라 붉은 점이 곳곳에 찍힌 커다란 보스니아 지도로 덮여 있었다. 붉은 점 하나하나는

지도에 점으로 표시된 도시들은 대량 강간과 성적 학대가
조직적으로 자행된 장소들이다. ⓒ크리스티나 램

강간 수용소를 표시했다. 보스니아전쟁 시기에 57개의 강간 수용소
에서 2만~5만 명의 여성이 강간을 당했다.

　붉은 점 가운데 하나가 보스니아 남동부에 있는 바키라의 고향
이자 그녀의 직장이었던 지방의회가 자리한 비셰그라드Visegrád였다.

　"우리 고장의 다리에 대해 들어보셨을 겁니다." 그녀는 16세기
에 오스만 통치자 대 베지르 마흐메드 파샤Vezir Mehmed Paša의 명에
따라 11개의 부석 아치 구조물로 건축된 웅장한 16세기 다리에 대
해 이야기했다. 이 다리는 노벨문학상을 수상한 이보 안드리치Ivo
Andrić의 소설《드리나강의 다리The Bridge on the Drina》의 주무대이자 여
러 세기 동안 무슬림과 정교도, 유대인, 가톨릭교도가 뒤섞인 이 소
도시의 삶과 역사를 묵묵히 지켜본 증인이었다. 그러나 안드리치조
차 비셰그라드 사람들이 서로에게 등을 돌리고 이 다리가 시체들을

집어던지는 도살장이 되어 잔잔한 청록색 강에 붉은 강물이 흐르게 될 거라고는 전혀 상상하지 못했다.

바키라도 마찬가지였다. "인구의 거의 3분의 2가 보스니아의 무슬림이었고 1992년까지 아무 문제도 없었어요. 저와 가장 친한 친구의 90퍼센트가 세르비아인이었다고 말할 수 있어요.

1992년 전쟁이 시작됐을 때 저는 서른아홉 살이었고 열여섯 살과 열아홉 살 두 딸을 키우며 행복하게 살고 있었습니다. 우리는 열심히 일했고 강가에 있는 집에 살았어요. 꽤 잘사는 편이었어요. 큰딸을 위해서 미용실을 지었지요. 그러다가 4월 초에 갑자기 지옥문이 열리고 세상이 무너져 내렸어요.

4월 6일, 세르비아인들이 비셰그라드를 폭격하기 시작하자 저희는 많은 무슬림처럼 고라주데Goražde로 달아났어요. 하지만 얼마 뒤에 군대가 비셰그라드로 들어왔고 우리에게 돌아오라고 했지요. 사흘 안에 돌아오지 않으면 직장을 잃을 거라고요.

남편은 돌아가려 하지 않았지만 제가 고집을 부렸죠. 어떻게 먹고 살지 걱정됐으니까요. 우리는 군대를 믿었죠. 남편이 유고슬라비아 시절에 군에 복무했고 저도 그때만 해도 우리가 진짜로 전쟁을 하리라고는 조금도 생각하지 않았어요. 그래서 돌아가자고 고집을 부렸답니다.

고향에 돌아와서 저는 사무실에 나갔어요. 위장 군복을 입은 남자들이 건물에 있었어요. 열 명의 무슬림 동료가 한 방에 모여 있는 걸 보고는 저도 그들에게 갔죠. 그때 군복을 입은 남자들이 들어와 저희에게 나가라고 말했어요. 아무 설명도 없었어요.

며칠 뒤 4월 21일에 남편과 제가 집에서 커피를 마시는데 갑자기 남편이 '저기 봐!'라고 하더군요.

저희 집은 그 유명한 다리와 무척 가까워요. 다섯 명의 군인이 우리 쪽으로 오고 있었어요. 우리 이웃인 벨리코 플라닌치츠Veljko Planincic도 있었어요. 그는 우리 집에서 100미터쯤 떨어진 곳에 사는 데다 같이 자란 사이라서 제가 잘 아는 경찰이었어요. 구레나룻을 기른 키 큰 남자였는데 그날은 턱수염이 있었어요."

그녀는 손을 말아 턱밑에 대며 그의 모습을 묘사했다.

"갑자기 그들이 우리 문을 벌컥 열고는 위층으로 돌진했어요. 벨리코는 위장복을 입고 헌병이라는 표시의 MP라 적힌 흰 벨트를 두른 두 남자와 함께였어요. 그들은 긴 머리에 긴 수염을 길렀고 끔찍하고 희한해 보였어요. 짐승처럼요.

경찰이 집에 들어오면 우리를 지켜주길 바라는 법이지만 벨리코는 알고 보니 짐승이었어요. 마치 우리를 생전 처음 본 것처럼 굴었죠. 우리를 을러대며 돈과 금을 내놓으라고 했어요. 우리 집을 온통 뒤집으며 값나가는 것은 다 빼앗았어요.

우리는 모두 울고 있었어요. 그러더니 큰딸이 자기들에게 뭔가 보여줘야 할 게 있다며 딸아이를 다른 방으로 데려갔어요. 저는 그게 거짓말이라는 걸 알았죠. 간신히 몸을 빼서 그 방으로 달려갔어요. 하지만 너무 늦었어요. 그들은 제 큰딸을 저와 제 남편 앞에서 강간했어요.

그 뒤에 개머리판으로 딸의 머리를 박살 냈어요. 피가 너무 많이 나서 저는 그들이 아이의 목을 벤 줄 알았죠. 온통 피밖에 보이지 않았어요.

우리는 딸을 병원으로 데려갔어요. 의사들은 매우 능숙했어요. 딸은 머리를 길고 아름답게 길렀는데 의사들은 머리를 잘라내고 상처를 꿰맸어요.

그러고 나니 집에 있기가 두려웠어요. 우리는 어렵게 다리를 건너 우리 이웃 중 한 사람의 집으로 갔어요. 우리 집 맞은편에서 다리를 굽어보는 건물이었지요.

　그날 밤 딸은 열이 났어요. 열이 40도가 넘었는데 약이 없어서 약국을 찾아 거리를 헤매고 다녔어요.

　그날 밤은 제가 죽을 때까지 잊지 못할 겁니다. 저는 세 번 끌려가서 강간당했어요. 처음에는 경찰서 지하실로 저를 끌고 가더군요. 거기에는 큰 안락의자 하나와 의자 몇 개가 있었고 벽 중간쯤까지 나무판이 둘려 있었어요. 밀란 루키치Milan Lukić와 그의 사촌인 경찰 스레도예 루키치Sredoje Lukić가 보였어요. 비셰그라드는 작은 도시여서 바로 그 사람들을 알아봤죠. 저는 밀란 루키치를 매우 잘 알아요. 우리가 과거에 그의 가족을 도운 적이 있거든요.

　그는 초승달 모양의 칼을 뽑더니 제게 옷을 벗으라고 했어요. 저는 농담인 줄 알았어요. 그런데 그자가 칼을 제 코 앞에 들이대더군요.

　시키는 대로 바지와 셔츠를 벗고 속옷만 입고 서 있었어요.

　두 번째는 치료 시설에서였어요.

　세 번째는 고등학교 건물에서였고요.

　세 곳 모두에 저만 있었던 게 아니라 다른 여자들도 많았어요.

　그들은 집단 강간을 위해 여러 장소를 사용했어요. 경찰서, 지역 스포츠 센터, 심지어 아동 보호 시설까지요. 우리를 투르크인이라 불렀어요. 이렇게 말하더군요. '너희는 이제부터 투르크인이 아니라 세르비아인을 낳게 될 거야.'

　세 번째 끌려갈 때는 남편이 제가 있는 곳을 알아내 따라왔어요. 세르비아인 사이에서 싸우는 소리가 들렸는데 그들이 남편을 때리고 있었어요.

　나중에 제가 집에 온 다음 남편이 돌아왔는데 울고 있었어요. 오늘까지도 남편은 그들이 제게 무슨 짓을 했는지 묻지 않아요."

그 무렵에는 보스니아 곳곳의 도시와 마을에서 끔찍한 공격이 일어나고 있었지만 비셰가르드는 특히 잔혹했다. 밤마다 무슬림 남자들이 세르비아 민병대의 트럭에 가득 실려 다리로 끌려갔다. 그곳에서 총에 맞거나 칼에 찔린 뒤 죽거나 반쯤 죽은 상태에서 강으로 던져졌다. 유리 조각으로 목이 베인 사람들도 있었고 목에 드라이버가 박힌 채 발견된 시신도 있었다. 너무나 많은 시체가 강으로 던져져서 세르비아 하구의 수력발전소 관리자가 댐이 꽉 막혔다고 불평할 정도였다. 학살은 강에서만 일어난 게 아니었다. 비셰그라드 전역에서 여자와 아이들을 포함한 수백 명의 무슬림이 집에 가득 갇힌 채 산 채로 불태워졌다. 이들은 끔찍하게도 '살아 있는 횃불들'이라 불렸다.

보스니아 곳곳에서 벌어진 살육은 보스니아의 세르비아계 지도자 라도반 카라지치와 군사 지도자 믈라디치 장군의 명령에 따라 실행되었고, 보스니아의 모든 세르비아 공동체에 설치된 '위기대응위원회Crisis Committee'가 감독했다. 비셰그라드에서 살육을 이끈 이는 밀란 루키치와 그의 민병대, '흰 독수리들'이었다. 그들은 공장들에 진입해서 무슬림을 끌어낸 다음 강둑에 줄지어 세우고 총으로 쏴 죽였다. "세르비아 형제들이여, 이제 무슬림을 끝장낼 때가 왔소." 밀란 루키치가 확성기로 외쳐댔다.

"이 법정에서 많은 진술을 들어왔지만 가장 경험 많은 판사와 검사들조차 비셰그라드에서 저질러진 범죄에 대한 진술을 듣고는 멈칫했습니다." 헤이그 재판소의 한 판사가 말했다. 그는 비셰그라드에서의 잔학 행위를 "다른 어느 곳에서도 본 적 없는 예측 불가능한 잔인성이 전례 없는 정점에 달한 범죄들"이었다고 표현했다.

비셰그라드는 가장 악명 높은 강간 수용소가 있던 곳 중 하나였다. 루키치의 무리가 무슬림 여성과 소녀들을 감금했던 빌리나블라스Vilina Vlas라는 스파 호텔이었다. 그곳에서 여성들은 매일 밤새 정신이상과 자살에 이를 정도로 강간을 당했다. 유리 발코니를 뚫고 뛰어내려 자살하는 여성들도 있었다. 그곳에 감금됐던 여성 200명 가운데 살아남은 여성은 열 명이나 11명밖에 되지 않을 거라고 바키라는 믿는다.

바키라와 그녀의 가족은 시련을 겪은 뒤 강을 따라 서쪽으로 가서 고라주데로 간신히 탈출했다. 그곳은 UN 평화유지군의 보호를 받는다는 무슬림 보호구역 여섯 곳 중 하나였다. "살아남아서 우리 이야기를 할 기회가 있을 거라는 희망을 감히 품지 못했어요."

전쟁이 끝날 때까지 그녀는 20명의 가족을 잃었다. 남편 쪽까지 합하면 50명이었다. 그들 중에는 그녀의 여동생도 있었다. 여동생은 수천 명의 무슬림이 캠프에 감금되거나 살해된 또 다른 도시인 블라세니차에서 여러 차례 강간을 당했다. "그들이 동생을 강간하고 나서 죽였대요. 동생의 유골은 1998년에 발견됐어요. 유골이 서로 다른 학살터 세 곳에 흩어져 있었어요."

바키라가 전범들을 추적하기 시작한 것은 1998년 고향의 집과 친척들의 무덤을 찾아보려는 고향 방문단을 이끌고 비셰그라드에 다녀온 뒤였다.

"고향이 너무 많이 파괴되어서 불에 타버린 아버지의 오토바이가 밖에 있는 걸 보고서야 저희 집을 알아볼 수 있었어요."

그녀는 고향을 여러 번 찾았다. "저는 사라예보에 아는 사람이 없어요. 여기에서는 안개 속에 사는 것 같아요. 비셰그라드에 살고 싶어요. 고향 방문단은 주로 이탈리아군 같은 국제군의 호위를 받았지만 세르비아 경찰이 호위할 때도 있었어요. 그때마다 방문단 중에 몇몇 소녀들이 호위를 맡은 세르비아 경찰 중에서 가해자였던 몇 사람을 알아보곤 했어요. 어떤 엄마는 자기 딸을 강간한 바로 그 남자들이 거기에 있는 것을 보고 기절하기도 했답니다.

고향을 방문했을 때 그 경찰들에게 모욕을 당하기도 했어요. 대놓고 웃으면서 이렇게 묻지요. '더 원해서 다시 온 거야? 우리가 시작한 일이니 끝내달라고 다시 온 거야?'

그들은 이미 우리에게서 여자로서의 삶을 앗아갔어요. 그들이 우리를 비웃고 조롱하는 모습을 보면서 침묵을 깨야 한다고 생각했어요. 우리가 겪은 일을 말하지 않는다면, 그들이 처벌받지 않는다면 그들의 자식 세대가 똑같은, 심지어 더 큰 악을 저지를 거라 예상할 수 있지 않겠어요?

그 시절에는 심지어 밀란 루키치까지 그 도시에 있을 때가 많았어요. 그자는 그곳과 베오그라드를 오가며 살았죠. [1998년에] 이미 기소됐지만 사촌이 세르비아 경찰청장이어서 보호받고 있었어요.★

처음에는 딸들을 위한 복수를 생각했지요. 그러다가 제 복수는 정의를 실현하는 것이어야 한다고 생각하게 됐죠. 제게 카메라가 있으니 사진을 찍고 어머니들로부터 진술을 받아 유고슬라비아 국제형사재판소로 보내기 시작했어요. 우리의 가장 큰 복수는 이 사람들을 법정에 세우는 것임을 깨달았어요."

2003년에 그녀는 여성전쟁피해자연합을 세웠다. 강간당했던 사람만 회원이 될 수 있다. 바키라는 자신의 이야기를 공개적으로 밝힌 첫 여성이었다. "처음에는 이야기하기가 지독히 힘들었지만 우리 가운데 누군가 텔레비전에 나올 때마다 더 많은 여성이 합류했어요. 이제 우리 회원은 3만 5000명입니다. 우리가 구축한 데이터베이스에는 모든 것이 있어요. 강간 날짜와 장소, 소녀의 나이, 사회적 지

★   밀란 루키치는 2002년에 브라질로 달아났다.

위, 종족. 회원 중에는 무슬림만이 아니라 크로아티아인과 세르비아인도 있어요. 그러나 강간당한 뒤 살해된 여성들의 이야기는 아무도 대신해줄 수 없지요. 그들과 함께 끌려갔다가 살아남은 사람들의 진술을 통해서만 그들에 대해 알 뿐입니다.

그리고 여성만이 아니에요. 2006년 이후 남자들도 침묵을 깨기 시작했어요. 보스니아헤르체고비나에서 여성들이 강간을 신고한 지역은 73곳, 남성들이 신고한 지역은 23곳입니다."

르완다에서처럼 강간의 목적은 세 가지였다. 적의 여성을 욕보이기, 보스니아계 주민들에게 엄청난 충격을 주어 고향을 떠날 수밖에 없도록 만들기, 그리고 여성들에게 세르비아계 아기를 임신시켜 인구 구성을 변화시키기.

"우리에게 보고된 바로는 62명의 아이가 강간의 결과로 태어났어요. 하지만 많은 여성이 말을 하지 않아요. 게다가 강간으로 태어난 아이를 데리고 가족에게 돌아가지 않으려고 임신 말기에도 임신 중지를 선택한 여성이 아주 많아요."

살아남은 아이 가운데 많은 아이가 보육원에 맡겨져서 그들의 출신을 알지 못한다. 이런 아이들은 '보이지 않는 아이들invisible children'이라 불린다. 자신이 강간으로 태어났다는 사실을 아는 아이들에게는 그 사실이 견디기 힘든 짐이 된다. 2019년 10월 사라예보에서 공연된 연극 〈아버지의 이름으로In the Name of the Father〉에서는 보이지 않는 아이들의 목소리가 스피커를 통해 울려퍼졌다. "엄마가 저를 미워한다고 생각했어요. 제가 엄마의 삶에서 가장 끔찍했던 경험이니까요." 야나 주스니츠Ajna Jusnic의 목소리였다. 강간으로 태어났다고 최초로 등록된 아이였다.

바키라의 사무실 복도 벽에는 중년 남자들의 사진 수십 장이 스카치테이프로 줄줄이 붙어 있다. "우리는 사람들에게 자기 이야기를 하도록 격려하는 일만 하는 게 아닙니다. 전범들을 추적하고 있지요.

경찰과 조사관의 일을 하는 셈이죠. 현장 조사를 많이 해요. 몇몇 여성 회원은 비밀스럽게 일합니다. 검사가 피고인을 찾아낼 수 없어서 소송을 시작할 수 없다고 말하면 그 전범과 같은 지역에 사는 여성에게 부탁해 그의 사진을 찍어서 검사에게 갖다줍니다. '이거 보세요. 그 사람이 자기 집 앞에 서 있잖아요.' 그러면 검사가 말하죠. '이런 행위는 불법입니다.' 그러면 저는 이렇게 말해요. '그럼, 저를 기소하시지요. 검사님!'"

이 여성들이 지금까지 잡은 전범 중 29명은 헤이그에서, 80명은 보스니아에서 기소되었다.

"우리 여성들이 이 일을 해야 해요. 진짜 경찰들은 관심이 없거든요. 많은 경찰이 사실은 전범이니까요!"

바키라는 전쟁 중에 다 잃었기 때문에 헤이그 국제재판소에서 처음 증언할 때 입고 갈 옷을 빌려야 했다. 그런데 보스니아를 출발할 예정이던 바로 그날 투옥되고 말았다. 그녀는 간신히 감옥을 나왔다.

"안타깝지만 아무도 신경을 안 쓰기 때문에 제가 그렇게 공격적으로 될 수밖에 없어요." 그녀가 어깨를 으쓱하며 말했다. "정부는 이 강간에 대해 잊고 싶어 해요. 우리 마음속에서 지워버리고 싶어 하죠."

그토록 큰 고통을 가한, 바로 그 남자들 앞에서 세부적인 것까지 자세히 증언한 바키라 같은 여성들의 용기 때문에 르완다 재판에서처럼 헤이그 재판에서도 강간이 전쟁범죄로 처벌될 수 있었다.

"법정에서 가해자를 보면 전에는 말하지 않았던 것들까지 다 기억나지요. 경험상 그게 얼마나 사람을 힘들게 하는지 잘 알아요."

첫 번째 쾌거는 2001년 2월 22일에 이루어졌다. 유고슬라비아 국제형사재판소가 세 명의 세르비아계 보스니아인에게 동부의 소도시 포카Foca에서 저지른 '강간과 노예화, 고문'에 대해 유죄판결을 내렸다.

생존자들은 1992년 여름 열두 살짜리 어린아이들을 비롯해 수백 명의 여성과 아이가 이들에게 납치되어 체육관과 '강간 주택'에 붙들려 있던 상황을 세부적인 것까지 생생하게 증언했다. 그곳에서 그들은 성기와 항문, 구강으로 반복해서 강간당했으며 총구가 겨눠진 채 발가벗고 춤을 추도록 강요당했다.

"피고인 세 사람은 전쟁의 역경 속에서 도덕적으로 해이해진 평범한 군인들이 아닙니다." 플로렌스 뭄바 판사가 법정에서 말했다. "그들은 적이라 여기는 사람들의 인간성을 말살하는 어두운 분위기를 이용해 번성했습니다."

마흔 살의 드라골류브 쿠나라츠Dragoljub Kunarac는 '악몽 같은 성 착취 계획'에 가담하여 강간과 고문을 저지른 죄로 28년형을 받았다. 서른아홉 살의 라도미르 코바치Radomir Kovač는 비슷한 범죄로 20년형을 선고받았다. 세 번째 피고인인 마흔다섯 살 조란 부코비치Zoran Vuković는 12년형을 선고받았는데 검사들이 제출한 증거가 다른 사람에 비해 적었기 때문이었다. 그러나 그의 딸과 비슷한 또래인 열다섯 살 무슬림 소녀를 강간하고 고문한 혐의에 대해 유죄판결을 받았다.

"당신들은 출신 종족을 이유로 무슬림 여성을 학대하고 유린했으며 그들 중에서 마음에 드는 이는 누구든 선택했습니다." 뭄바 재판관이 그들에게 말했다. "당신들은 여성의 존엄과 기본적인 인권을 침해했으며, 그것도 사람들이 전시 강간의 평균적인 심각성이라 부를 만한 것을 훨씬 넘어서는 정도로 침해했습니다."

그러나 바키라의 사건에서는 가해자 중 단 한 사람만 철창에 갇혔다. 그리고 그것도 강간죄 때문이 아니었다. 그녀를 처음 강간한 밀란 루키치는 2005년 부에노스아이레스에서 체포되었고 133명 이상의 민간인을 살해한 죄로 2009년에 종신형을 받았다. 그중 120명은 두 채의 집에 몰아넣어 산 채로 불태웠다. 한편 그의 사촌 스레도예는 27년형을 받았다.

"저는 증인으로 불려갔고 증언을 했지만 정의가 이루어졌다고는 말하지 못하겠어요. 그 모든 경험을 재구성하고 트라우마를 다시 겪으며 저를 진정시키기 위해 약을 삼키고 또 삼켜야 했어요. 그런데 그 사람은 강간죄가 아니라 살인죄로만 처벌받았지요."

검사들은 이 사촌 형제에 대한 기소장을 수정해 강간과 노예화, 고문을 아우르는 성폭력 혐의를 추가했고 르완다의 아카예수 판례를 인용했다. 그러나 재판소는 그런 조치가 피고인에게 부당한 편견을 갖게 할 수 있다는 이유로 신청을 기각했다.

바키라는 분노했다. "50명에서 60명의 여성이 루키치에게 강간당했다고 증언했는데 검사장은 그들[그 사촌 형제]이 너무 늦게 체포되었고 그를 더 쉽게 기소할 만한 혐의가 많다는 거예요.

몇몇 여성은 괜찮다고, 그 사람이 평생 갇혀 있으면 된다고 말했지만 저 같은 사람은 마음이 무척 상했어요. 우리에게 저지른 행동은 인정되지 않는 거였고, 그건 중요한 문제였으니까요."

바키라와 여성들은 사라예보의 국제재판소 사무실 밖에서 시위를 했지만 소용이 없었다. 그녀는 일이 그렇게 된 것이 한 여성 때문이라고 생각했다. "저는 카를라 델 폰테Carla Del Ponte[당시 검사장]의 책임이라고 생각해요. 그녀는 재판이 마무리되는 중이니 소송을 짧게 하길 원했어요."

헤이그에 설립된 구유고슬라비아 국제형사재판소가 2017년 말해산되었으므로 보스니아의 법정에서 증언이 청취되고 있었다.

"우리는 전범 추적을 멈추지 않았습니다." 바키라가 말했다. "생존자와 가해자가 매일 죽어가니까 시간과 경주를 벌이고 있는 셈이지요."

그러나 헤이그 재판소에는 여성들을 위한 특별지원부서가 있어서 여성들이 법정에 출석할 수 있도록 보육료뿐 아니라 심리적 지원까지 제공했던 반면 보스니아 법정은 그런 지원의 필요성을 잘 이해하지 못한다고 바키라는 말했다. "이 나라의 정치인과 검사들은 지원이 어떤 건지 이해하지 못합니다. 그냥 이렇게 말하지요. '안녕하세요? 오늘 기분이 어떠신가요. 화장실은 여기입니다. 물 한 잔 드릴까요?' 우리가 찾는 지원은 그런 종류가 아닙니다.

법원은 도움이 되지 않아요. 저희 회원 중에는 20명의 가해자에게 50~100번 강간당한 여성들이 있어요. 헤이그 재판소 시절에는 모든 것을 한 번만 진술하면 됐는데 여기에서는 가해자 한 사람이 재판을 받을 때마다 증언을 하면서 그 모든 일을 다시 겪어야 합니다. 여성들이 원하는 방식으로 말하고, 원하는 대로 이야기할 수 있도록 해주어야 해요.

회원 중에 지금까지 열 명이 자살했고 많은 여성이 해외로 떠났습니다. 우리의 데이터베이스에는 있지만 법정에 갈 힘을 내지 못한 사람들도 많아요. 하지만 증언하지 않으면 그 일이 결코 일어나지 않았던 것처럼 되잖아요. 이 남자들은 우리 안의 아름다웠던 모든 것을 빼앗아갔어요. 과거를 지우고 이 고통을 끝낼 마법의 지팡이는 없어요. 정말입니다. 제가 강간당하고 나서 처음 비누를 손에 넣었을 때 피가 날 정도로 저를 씻고 또 씻어봐서 알아요.

하지만 가해자가 형을 선고받는 것을 보는 것이 최고였어요. 저는 그들이 수갑을 찬 모습을 보고 기뻤어요. 그때야 이제 그들이 아무엇도 할 수 없고, 칼도 총도 없다는 것을 알게 됐죠. 이제는 제가 달아나는 게 아니라 범죄자들이 저를 보고 달아납니다. 저는 믈라디 치가 유죄판결을 받을 때 맨 앞줄에 있었는데 그를 지지하기 위해 깃발을 들고 온 남자와 싸웠어요.

보스니아에서는 피해자보다 가해자가 되는 것이 더 낫습니다. 가해자의 변론 비용은 정부가 지불하지만 우리는 법정 부담금을 우리 돈으로 내야 해요. 그리고 피해자 보상은 여전히 없지요.

가해자가 특정 액수의 돈을 배상해야 한다고 판결을 내려도 그들은 대개 모든 것을 가족에게 이미 양도했기 때문에 공식적으로는 돈이 하나도 없어요. 민사법원으로 가면 피해자의 신원이 노출되는데 그건 아무도 원하지 않지요.

배상금이 지불된 경우는 제가 알기로 딱 한 건밖에 없습니다. 가해자가 덴마크에 살고 있었는데 아버지 장례식 때문에 보스니아에 돌아온 거예요. 우리가 그를 찾아냈어요. 그는 아버지를 묻는 순간에 체포당해서 전시 강간으로 유죄판결을 받았지요. 그는 희생자에게도 배상했고, 형기를 치르지 않기 위해서도 돈을 냈어요. 4만 3000유로로 오명을 씻었지요. 하지만 이제는 법이 바뀌어서 전범들이 돈으로 형량을 치를 수 없게 됐어요. 이제 우리는 피해자에게 배상금을 지불하도록 법을 개정하기 위해 애쓰고 있습니다."

바키라의 활동은 정부의 지원 없이 기부금에 의존하고 있었다. 이 여성들의 경제적 자립을 위한 정부 지원이 없다는 것이 그녀의 가장 큰 불만이었다. "정부로부터 엄청 많은 지원을 받는 단체들도 있다던데 우리는 한 푼도 구경하지 못했어요. 제가 아는 한 그런 지원금은 학회와 호텔 숙박비로 들어가지요. 우리한테는 오지 않습니다. 우리에게 일어난 일이 다른 곳에서 일어나서는 안 된다고 세상에 메시지를 보내는 우리 여성들한테는 오지 않아요."

그녀와 동료들은 큰 위험을 무릅쓰고 있었다. 그녀의 생명과 집을 위협하는 시도가 세 번 있었고 비셰그라드에서는 차가 파손됐다. 경찰은 아무 일도 하지 않았다고 그녀는 말했다. "우리 집에 누군가 발포했다고 신고했더니 결혼식장에서 축포를 쏘았을 뿐이라더군요.

가족은 이 일이 너무 위험하다고 말하곤 했는데, 막상 법정에서 전범들이 거짓말을 하고 자기가 한 짓을 부인하는 것을 보더니 제게 그런 일을 막아야 한다고 말했어요.

저는 두렵지 않습니다. 그들이 그럴수록 저는 더 힘이 납니다. 그들이 저를 죽여도 제 뒤에는 수천 명의 바키라가 있습니다. 우리 모두를 죽일 수는 없어요. 누군가는 살아남아서 무슨 일이 일어났는지 말할 겁니다.

가장 중요한 것은 그들이 당신 안의 모든 것을 정말 파괴했다는 사실을 그들에게 들키지 않는 겁니다. 그들이 우리 집에서 금을 다 훔쳐갈 때 저는 간신히 반지 하나를 지켰어요. 딸 아밀라가 결혼할 때 그것을 빼서 줬지요. 그리고 나중에 고향을 방문하러 갈 때 저희는 이웃에게 보석을 빌려서 손가락마다 반지를 서너 개씩 끼고 갔어요. 그들이 경제적인 면에서도 우리를 무너뜨리지 못했다는 걸 보여주고 싶었어요. 그 경찰들이 놀라더군요. '바키라가 어떻게 저 모든 금을 구했지'라면서요. 저는 몇 달 동안 그러고 다녔어요. 일종의 복수였죠."

나는 강간이 그녀에게 어떤 영향을 남겼는지 물었다.

"저는 악몽을 꾸곤 했어요. 개인 치료와 집단 치료를 모두 시도해봤지만 제 생각에는 저 스스로 문제를 해결한 것 같아요. 가끔 휘청거릴 때도 있긴 해요. 우리의 사법제도에 실망할 때죠. 하지만 현장에 나가 전국을 돌아다니고 제게 욕을 해대는 남자들을 보면 힘이 솟아요."

그녀는 감자를 키운 덕택에 미치지 않을 수 있었다고도 덧붙였다. "사라예보에 살지만 주말마다 비셰그라드에 가요. 거기에 텃밭이 있어서 감자와 당근, 콩을 키워요. 제 땅에서 온전히 저 자신으로 있는 게 좋아요.

우리 아이들이 다 살아 있으니 저는 아내이자 어머니, 할머니로서 무척 뿌듯합니다. 손주가 다섯이 있어요. 둘은 대학에 다니고 하나는 간호사로 일하고, 가장 어린 손주 둘은 학교에 다닌답니다. 저는 손주들에게 즐거움을 주려고 애써요. 전쟁 때문에 우리 아이들에게 줄 수 없었던 것을 손주들에게는 주고 싶거든요.

큰 손녀는 열아홉 살이에요. 제 딸이 강간당했을 때와 같은 나이이죠. 저는 손녀에게는 이 일을 말하지 않으려 했어요. 그러나 플라디치가 재판을 받을 때 제가 그 남자와 논쟁하는 모습이 텔레비전에 나왔어요. 손녀가 집에 와서는 대학에서 다들 그렇게 용감한 할머니가 있어서 좋겠다고 말했다더군요."

바키라는 회원들과 함께 많은 강간범을 추적해서 찾아냈지만 그녀 자신의 사건을 추적하는 데는 그다지 성공적이지 못했다.

"제 강간범 중에서는 루키치만 유죄판결을 받았어요." 그녀가 한숨을 쉬었다. "다른 하나는 전쟁에서 죽은 것 같고 또 다른 하나는 세르비아에 숨어 있어요.

하지만 가장 중요한 목표는 벨리코 플라니치츠를 찾는 겁니다. 제 집에 그자들을 끌고 와서 우리 딸을 강간하게 한 자죠. 저는 그를 찾아내려고 아주 많이 애썼어요.

그녀는 전화를 꺼내 그의 이름으로 된 페이스북 페이지를 열었다. 그와 금발의 아내, 아이들이 생일 케이크의 촛불을 끄는 사진들이 있었다.

"다들 그 사람이 어디에 있는지 알아요. 러시아죠. 거기에서 결혼했어요. 저는 그가 전쟁 중에 저지른 일을 찍은 사진을 몇 장 찾아내서 페이스북으로 그의 아내에게 보냈어요. 저는 러시아로부터 그의 신병이 인도되는 날을 기다리며 살고 있어요. 그가 법정에 서는 것만 본다면, 그러면 저는 눈을 감을 수 있어요."

아주 오랫동안 바키라는 딸의 강간에 대해서는 말하지 않았다. "그러다가 2015년에 다큐멘터리를 찍고 있을 때였어요. 제가 무심코 딸이 강간당한 이야기를 한 거예요. 집에 오니 남편이 울고 있었어요. 제게 제 이야기를 하면서 왜 아밀라를 언급했냐고 소리 지르더군요."

"딸은 그 일을 제 탓으로 돌립니다." 그녀가 덧붙였다.

"제가 비셰그라드로, 전쟁이 일어난 곳으로 돌아가길 고집하지 않았다면 우리가 그런 일을 겪지 않았을 거라고 끊임없이 말했지요. 아밀라는 아주 힘들어했어요. 하루에 다섯 번씩 기절하기도 했죠. 검사를 받았더니 스트레스와 철분 부족 때문이래요. 철분이야 쉽게 해결할 수 있지만…….

어느 날 함께 집단 치료를 받는데 아밀라가 일어나서 그때 그 일이 제가 돌아가자고 고집부린 탓이라고 말했어요. 그 많은 여자 앞에서 제게 그 말을 토해내더군요.

저는 그때는 그게 옳다고 생각했다는 걸 설명하려 했어요. 직장을 잃을 수 없었으니까요. 그래서 말했어요. '너도 아이들이 있고 네가 그 아이들을 부양해야 한다는 걸 알잖니.' 그제야 딸은 저를 이해하고 용서했습니다."

이야기를 나누는 동안 그녀의 전화가 울렸다. 그녀는 전화를 받고 몇 마디를 나누더니, 걱정스러운 표정으로 한숨을 내쉬었다. "남편이에요. 텔레비전에서 그 다큐멘터리를 다시 내보내고 있대요. 그래서 딸을 밖으로 데리고 나왔다고 하네요. 남편도 우리가 그때 집으로 돌아가지 않았다면 그런 일이 일어나지 않았을 거라고 얘기해요. 이제 우리는 그 일에 대해 더는 이야기하지 않아요……"

비극적인 일은 인종청소가 그들이 의도한 효과를 내는 듯하다는 것이다. 보스니아전쟁을 끝낸 데이턴평화협정은 보스니아를 두 개의 '독립체'로 나누었다. 주로 무슬림과 크로아티아인으로 구성된 보스니아헤르체고비나연방과 세르비아계가 주로 장악한 세르비아 자치공화국인 스릅스카공화국이다. 평화를 보장하려는 의도였지만 세르비아계가 장악해버린 고향으로 돌아가기가 무서운 많은 무슬림에게 이 협정은 피로 그은 경계를 법적으로 승인하는 것과 다름없었다.

스릅스카공화국 대통령 밀로라드 도디크Milorad Dodik는 사실상의 세르비아 민족주의자로, 스레브레니차Srebrenica에서 일어난 제노사이드와 세르비아군의 사라예보 봉쇄를 부인하며 두 사실 모두 학교에서 가르치는 것을 금지했다. 2016년 그는 심지어 세르비아계 보스니아인들의 독립 선언으로 전쟁의 도화선이 된 1992년 1월의 그 날을 국경일로 정할 것인지 의견을 묻는 국민투표를 하기도 했다. 이제 그는 연방 탈퇴 의견을 묻는 국민투표를 원한다.

바키라의 고향 비셰그라드는 세르비아의 도시가 되었고 스릅스카공화국에 포함되었다. 거리는 반쯤 비었다. 전쟁이 시작되던 당시 2만 5000명이던 인구가 절반쯤으로 줄었기 때문이다. 2013년 인구조사 결과 전쟁 전에 3분의 2를 차지하던 무슬림 인구는 이제 고작 10퍼센트로 줄었고, 지방 의회에는 무슬림 의원이 딱 한 사람 있다. 강간 피해자를 위한 기념비는 없지만 지방 정부는 세르비아 전쟁에 참전했던 친세르비아계 러시아인 지원병들을 기리는 기념비를 세웠다. 그들 중 많은 이가 강간에 가담했다. 지방 정부는 또한 비석들이 빼곡하게 들어찬 비셰그라드 무슬림 묘지의 기념비에서 제노사이드라는 단어를 파내라고 명령했다.

심지어 바카라의 강간범 밀란 루키치가 강간 수용소로 사용했던 악명 높은 빌리나블라스 스파호텔마저 다시 문을 열었다. 아무것도 모르는 관광객들은 1992년에 호스로 피를 씻어내야 했던 로비로 들어와 사람들이 처형당했던 수영장에서 수영을 한다. 그러나 트립어드바이저 사이트에 올라오는 가장 큰 고객 불만은 불결한 객실이다.

루키치는 감옥에 있고 에스토니아로 이송됐다. 2011년에는 그의 회고록이 베오그라드의 세르비아 정교회 성당에서 발표되었다. 헤이그 구치소에 수감된 다른 죄수들도 크로아티아와 세르비아의 정치인들에게 영웅으로 환영을 받으며 돌아왔다. 극우 세르비아 민족주의 정당의 대표였던 예순여섯 살의 보이슬라브 셰셸Vojislav Šešelj 은 전쟁범죄로 재판을 받고 거의 12년간 복역한 뒤 2014년 세르비아로 돌아와서 리얼리티 텔레비전 쇼의 스타가 되었다. 2018년 그의 무죄 방면 판결이 뒤집힌 뒤 그는 이렇게 으스댔다. "나는 나 때문에 일어났다는 그 모든 범죄가 자랑스럽고 그 범죄들을 기꺼이 다시 저지를 것이다. 우리는 결코 대세르비아주의를 포기하지 않을 것이다."

8
—
이것이 제노사이드다

보스니아헤르체고비나연방 스레브레니차

복도의 테이블 위에 '소지품의 책Book of Belongings'이 놓여 있었다. 책에는 평범한 물건들을 찍은 사진들이 있었다. 단추, 허리띠 버클, 시계, 지갑, '메이드 인 포르투갈' 라벨, 장난감 자동차. 여러 해동안 이 사진들은 제2차 세계대전 이래 유럽 최악의 학살에서 죽은 유골들의 신원을 확인할 거의 유일한 방법이었다. 사체의 훼손이 너무 심했기 때문이다.

보스니아전쟁이 끝난 뒤 실종된 남자와 소년들의 엄마와 아내들이 이곳에 와서 조용히 페이지를 넘기며 사진 하나하나를 살폈다. 생사를 확실히 알고 싶다는 마음과 알아볼 만한 물건이 없기를 바라는 마음이 엇갈리는 심정으로.

이 여성들은 스레브레니차 사람들이었다. 그곳에서는 1995년 7월 11일 8300명 정도의 무슬림 남자와 소년이 세르비아 군대에 의해 트럭에 실려 초원과 축구장, 농장과 공장에서 총과 몽둥이에 맞아 죽은 뒤 집단 매장지에 버려졌다. 총살 집행대가 얼마나 무서운 속도로 사람들을 죽였는지, 나중에 헤이그재판소에서 증언한 총살 집행 대원 드라젠 에르데모비치Dražen Erdemović에 따르면 너무 힘들어서 잠시 앉아 쉬게 해달라고 부탁할 정도였다.

나는 스릅스카공화국 깊숙이, 드리나강 유역에 있는 도시 투즐라Tuzla의 작은 공원에 있는 흰색 창고 건물에서 이 '소지품의 책'을 보았다. 강 맞은편은 세르비아다. 러시아 지원병들이 그곳에서 무차별 사격을 가했다고 레자드는 말했다. 2018년 3월 사라예보에서 산을 넘어 그곳에 이르는 길은 신비로웠다. 눈 덮인 숲과 통나무집들이 있는 나니아왕국을 지나는 것 같았다. 그러나 사라예보에서 바키라와 나눈 이야기로 마음은 여전히 무거웠다. 그리고 이 소지품의 책은 이곳에서 일어난 악행을 내게 뚜렷이 상기시켰다.

밖에서 보면 창고 건물은 특별할 것이 없었다. 문 옆에 달린 작은 명패에는 국제실종자위원회International Commission of Missing Persons라고 적혀 있었다. 건물 안에서는 세계 최대의 DNA 분석 프로젝트가 진행 중이었다.

나를 안으로 들여보내준 사람은 '유골 여사Bone Lady'라 불리는, 청바지를 입은 진지한 여성 드라가나 부체티치Dragana Vučetić였다. 그녀는 이상하고 퀴퀴한 냄새가 나는 오른쪽 방으로 나를 안내했다. 안으로 들어가니 줄줄이 놓인 철제 선반 위에 숫자가 휘갈겨 쓰인 흰 자루들이 나란히 놓여 있었다. 선반 꼭대기에는 큼직한 갈색 종이가방들이 줄줄이 있었다. 흰 자루에는 유골들이, 맨 꼭대기 종이가방에는 옷 유물들이 담겨 있었다. 바닥에는 긴 금속 판 위에 거무스름한 갈색 뼈의 사체 두 구가 놓여 있었다.

선임 법의인류학자인 드라가나는 자신이 맡은 이 섬뜩한 업무

여전히 신원을 확인하지 못한 사체들과 함께 있는 드라가나 부체티치. ⓒ크리스티나 램

에 무덤덤했다. 그녀의 설명에 따르면, 스레브레니차에서 살해된 사람들은 처음에 집단 매장지 몇 곳에 묻혔지만 나중에 사체가 발견되는 것을 막기 위해 세르비아인들이 파내어 다른 곳으로 옮겼다. "그들이 대형 굴착기를 이용했기 때문에 너무 많은 사체가 훼손되고 유골이 여기저기로 흩어져버렸어요. 우리가 찾아낸 유골 한 구는 집단 매장지 네 곳의 서로 다른 열다섯 지점에 흩어져 있었어요. 발굴된 유골의 10퍼센트만 온전합니다."

유골은 500곳이 넘는 장소에서 발견되었다. "유골을 맞추는 일은 퍼즐 같아요. 우선 유골을 씻은 다음 해부학적 위치에 맞게 늘어놓고 연령과 크기 면에서 모두 일관되는지 살펴봅니다. 두개골 조각을 발견하면 이리저리 맞추며 붙여보지요. 그런 다음 유골 일람표를 만들어요."

그녀는 내게 인쇄된 종이 한 장을 건넸다. 어린이 색칠 놀이 도안 같아 보이지만 그림이 인체 뼈대라는 점만 달랐다. 흰색으로 남겨진 뼈들은 '있는 뼈들'이고 빨간색으로 칠해진 뼈는 '없는 뼈', 노란색은 '일부만 있는 뼈'였다.

금속판 위에 놓인 유골들은 없는 뼈가 많고, 있는 뼈들도 거의 가루에 가깝게 부서졌다는 것을 알 수 있었다. 갈비뼈 다섯 개, 손가락 뼈 여섯 개, 정강이뼈 한 개…….

드라가나는 아무 감정도 드러내지 않았다. 다른 직원은 새로 발굴된 사체가 담긴 자루를 열 때면 피부와 머리카락이 함께 있고 냄새가 너무 역해서 토할 때도 있다고 내게 말했다.

실종자위원회는 1997년에 문을 열었는데 사체가 심하게 부패했기 때문에 처음 5년 동안은 140명의 신원만 확인할 수 있었다.

흉터와 의치처럼 신원을 알아볼 만한 특징과 나이, 몸집 외에도 소지품의 책을 사용해 주로 신원 확인 작업이 이루어졌다.

다른 단서가 있을 때도 있었다. 몇몇 유골에는 초록색 유리 조각들이 박혀 있었다. 병 포장 공장 근처에서 처형됐다는 단서였다.

그러다가 2002년부터 DNA 분석을 사용하기 시작했다. 그 해에 501구의 신원을 공식적으로 확인했다.

검사의 입회 아래 넓적다리뼈나 정강이뼈처럼 비교적 큰 뼈에서 DNA를 채취한 다음 헤이그의 분석실로 보낸다. 두어 달이 걸려 결과가 나오면 실종자 가족의 혈액 샘플과 비교한다. 데이터베이스에는 7만 개가 넘는 혈액 샘플이 있다.

이 방법은 무척 성공적이어서 희생자 6708명의 신원을 확인했다. 실종자의 80퍼센트를 넘어선다. 대부분 남성이고—여성은 열서너 명밖에 없다—가장 어린 희생자는 열세 살밖에 되지 않았다. 신원이 확인된 희생자 가운데 절반 정도는 확연히 눈에 띄는 총상 구멍이나 깨진 두개골을 통해 어떻게 살해됐는지 알 수 있다.

선반 위 자루들에는 신원을 확인하지 못한 800구의 유골이 있다. 92구는 일치하는 DAN를 찾지 못했다.

"DNA 분석은 100퍼센트 정확하지만 문제는 우리가 모든 뼈를 검사하는 것이 아니고 모든 가족이 혈액을 제공하지도 않았다는 겁니다." 드라가나가 설명했다 "유골의 상태가 점점 나빠지기 때문에 매해 찾아내는 수가 줄어들고 있습니다. 있을 만한 위치는 증언이나 위성 이미지를 토대로 찾지요. 마지막으로 집단 매장지를 찾은 때는 2016년이었어요. 개인 18명의 유골 조각 55개가 발견되었습니다."

여전히 발견되는 유골이 있다. 2018년의 첫 세 달 동안 유골 세 구가 발견되었다. 지금 바닥에 놓여 있는 유골 두 구는 코즈룩에서 나왔다. 군대 농장이 있는 그곳에서는 500명쯤이 처형됐다.

몇몇은 이른바 죽음의 행진Death March(스레브레니차 대학살을 피하기 위해 보스니아 무슬림이 안전지대인 투즐라까지 숲을 뚫고 엿새 동안 이동한 행진으로, 1만 명이 넘는 인원이 출발했지만 세르비아계 병력의 매복과 공격으로 많은 이가 목숨을 잃어 약 2000~3000명 정도만 투즐라에 도착했다—옮긴이)으로 탈출을 시도하다가 숲에서 희생돼 얕게 묻힌 시신들이었다. 이런 유골들은 주로 개를 데리고 다니는 사람들에게 발견됐다. 드라가나는 내게 '유골 사냥꾼'이라 불리는 라미즈 누키츠 Ramiz Nukic라는 사람의 이야기를 들려주었다. 그는 250구가 넘는 유골을 발견했다. 아버지와 두 형제, 삼촌의 유골을 찾기 위해 매일 개를 데리고 30킬로미터씩 숲을 걸었고, 마침내 아버지의 유골 일부는 찾았지만 다른 가족은 찾지 못했다.

일단 신원이 확인되면 의사가 사망증명서에 서명을 하고 가족은 유골을 어떻게 할지 결정해야 한다. 대부분은 학살 기념일인 7월 11일에 스레브레니차의 포토차리 묘지에 매장한다.

2017년에 66구가 추가로 매장되었다. 그러나 매장을 거부하는 가족도 있다. "여기에서 공식적으로 신원을 확인한 유골 중에 가족이 매장을 거부한 경우가 40건 있어요. 아직도 찾지 못한 부분들이 있어서요. 뼈 하나만 묻은 경우들도 있고요."

이미 매장된 유골에 속한 뼈들을 더 찾아낼 때도 많다. 그런 경우에는 유골을 파내 다시 매장한다. 2017년에 뼈를 추가로 묻기 위해 550구를 파냈고 2018년에는 150건의 재매장이 예정돼 있다.

이곳에서 수집된 법의학 증거는 헤이그에서 열린 몇몇 재판에서 중요한 역할을 했다. 그리고 이곳에서 사용된 신원 확인 방법은 이라크처럼 많은 사람이 실종된 다른 분쟁지역에서도 채택되었고 몇몇 직원이 그쪽으로 파견되었다. 보스니아 프로젝트는 서서히 축소되고 있다. 자금 지원이 감소했고 투즐라의 직원 수는 20명에서 여덟 명으로 줄었다.

여전히 아들이나 남편을 찾지 못한 사람들에게는 매우 우려스러운 일이다. "가족에게는 우리가 계속 이 일을 하는 것이 중요합니다. 그들은 우리가 포기하지 않길 바라지요.

아직 신원을 밝히지 못한 유골 말고도 옷을 모은 가방이 3000개가 있고 너무 작아서 신원을 확인할 수 없는 뼈나 조각이 담긴 작은 유골 가방이 1만 2000개가 있어요."

제노사이드의 지도를 그리며 하루하루, 한 해 한 해를 보내는 일이 어떤 일일지 상상해본다. "저는 그냥 뼈만 다룰 뿐입니다." 그녀가 어깨를 으쓱하며 말했다. "이 사람들의 이름이나 이야기는 알지 못합니다." 그녀가 유골이 놓인 금속판을 가리켰다.

나중에 나는 그녀가 세르비아인이라는 것을 알게 됐다.

투즐라에서 스레브레니차까지 가는 길에는 버려진 집과 새로 지은 집들이 뒤섞인 기이한 풍경이 펼쳐졌다. 이 계곡에서 남자와 소년들이 처형장으로 버스에 실려가거나 탈출을 시도하다가 언덕에서 총에 맞아 죽었다. 이곳을 죽음의 계곡이라 부른다고, 보라색 머리의 통역사 아이다가 말했다.

스레브레니차 외곽에 자리한 포토차리 묘지에는 무덤들이 파도처럼 출렁였다. 흰색 바늘 모양 비석들이 언덕 중턱까지 줄줄이 이어졌다. 어느 비석에는 누군가 흰 장미 한 송이를 놓아두었다. 다른 비석 앞에는 눈이 녹은 자리에 노란 앵초꽃이 몇 포기 있었다.

도로 건너편에는 문기둥에 더치뱃DutchBat이라는 글자가 찍힌 커다란 흰색 격납고들이 있었다. UN이 안전지대로 지정한 스레브레니차에서 사람들을 보호하는 임무를 맡은 700명의 튼튼한 네덜란드 부대가 주둔했던 곳이다.

1995년 7월 믈라디치의 군대가 스레브레니차를 점령했을 때 네덜란드 부대는 맡은 임무를 해내지 못했을 뿐 아니라 피난처를 찾아 군 기지로 몰려온 2만~3만 명의 민간인조차 보호하지 못했다. 처음에는 몇천 명을 기지 안으로 받아들였지만 그 뒤에는 문을 닫아걸었고, 결국 모든 민간인을 세르비아군에게 넘겨주었다. 세르비아군은 파란 헬멧을 쓴 네덜란드 군인들이 지켜보는 앞에서 사람들을 분류하기 시작했다. 그 사람들을 그려보기는 어렵지 않다. 남편과 아들들이 오른쪽으로 보내지는 동안 노인, 아이들과 함께 왼쪽으로 가라는 지시를 받고 비명을 지르는 여자들의 모습을.

격납고들은 마음 아픈 이야기를 전하는 박물관으로 개조되었다. "제 아들의 손이 제 손에서 뽑혀나갔어요." 한 여성이 영상에서 말했다. "아들은 끌려가면서 자기 가방을 잘 지키라고 부탁했어요. 그리고 돌아오지 않았어요."

남자들이 끌려가고 난 뒤 더 많은 비명이 들렸다. 젊은 여성들이 세르비아 군인들에게 강간을 당했다.

나는 브란카 안티츠스타우베르Branka Antic-Stauber 박사를 보자마자 마음이 푸근해졌다. 그녀는 편안한 미소를 띤 친절한 얼굴에 희끗희끗한 단발머리를 한 여성이었고, '여성의 힘'이라는 의미의 '스나가제네Snaga Zene'라는 단체를 운영하고 있었다.

그녀는 투즐라에 자리한 아늑한 사무실로 나를 안내했고 스레브레니차의 여성들이 키운 카모마일과 타임으로 만든 차를 내게 대접했다. 바키라처럼 이 여성들도 흙에서 일하는 자연의 치유를 발견했다. 그녀는 크리스마스 머그잔으로 차를 마셨다.

2001년 브란카 박사는 소아과 의사인 한 동료와 함께 스레브레니차의 여성과 아이들을 수용하고 있는 투즐라의 임시 보호소들에서 감염병을 치료하고 있었다. 그들은 몇몇 여성이 스레브레니차로 돌아갔다는 말에 충격을 받았다.

"우리는 직접 가보기로 했어요. 저는 그곳에 가본 적이 없지만 여성들에게 이야기를 많이 들어서 잘 아는 장소처럼 느껴졌죠. 그들은 발코니와 장미들에 대해 이야기하곤 했지만 우리가 갔을 때는 도시 전체가 파괴돼 있었어요. 온통 검은색과 회색뿐이었지요. 그때 파괴된 집 한 곳의 굴뚝에서 연기가 나오는 게 보였어요. 들어가 보니 코트와 스카프를 두른 여성 여섯 명이 장작 난로 주변에 웅크려 있었어요. 11월이었고 무척 추운 날이었죠.

'여기서 뭐 하세요?' 제가 물었어요. '춥지 않아요? 무섭지 않아요?'

한 여성이 대답했어요. '하나도 무섭지 않아요. 더 무서울 게 뭐가 있겠어요. 죽은 우리 아이들을 찾으러 왔어요. 우리는 이미 오래전에 죽었어요. 그냥 몸뚱이만 남았어요. 누군가 와서 이 몸뚱이를 죽인다고 해도 달라질 건 없어요.'"

브란카 박사의 눈에서 눈물이 흘러내렸다.

"그 대답이 한 여자로서, 엄마로서, 의사로서 제게 정말 와 닿았어요. 저는 그들을 돕기로 결심했죠. 저희는 그들의 모든 문제를 해결하지는 못해요. 죽은 아이를 되살릴 수도 없고, 그들에게 일어났던 일을 없던 것으로 되돌릴 수도 없지만 적어도 함께 이야기하고 새로 뭔가를 만들어갈 수는 있었죠. 저는 이 우주의 무언가가 저희에게 힘을 줄 거라 느꼈어요."

이후 그녀는 격주로 그곳에 갔다. 처음에 여섯 명이던 귀향 여성들은 300명 넘게 늘어났고 가족도 함께했다.

"거의 교육을 받지 못한 소박한 여성들이지만 저는 그들이 위대한 본보기가 될 만하다고 생각합니다. 전쟁은 늘 있었고 앞으로도 있겠지만, 전쟁을 통과한 사람들이 앞에 나서서 목소리를 낼 수 있다면 어쩌면 우리는 교훈을 배우게 될지 모르죠.

지난 20년 동안 저는 그들이 복수를 원한다고 말하는 것을 듣지 못했어요. 그들은 대답을 바랄 뿐입니다. 그리고 그런 일이 다른 사람들에게 일어나지 않기를 바랄 뿐이죠."

그녀는 그들을 어떻게 도와야 할지 오랫동안 고심했다.

"강간 트라우마는 늘 풀기가 무척 어렵습니다. 여성의 정신과 신체, 재생산 건강에 영향을 미치지요. 하지만 스레브레니차 여성들의 트라우마는 그들이 겪은 일, 곧 강간당하고 사랑하는 사람들이 살해당했기 때문만이 아닙니다. 그들은 고향에서 추방돼 임시 보호소에서 살아야 했어요. 게다가 매해 유골이 발견될 때마다 장례와 매장을 거치며 다시 트라우마를 경험하고요.

다양한 방법을 시도했지만 5년이 지나도 진전이 없었어요. 여전히 모든 것이 어둠 속에 있는 것 같았어요. 그러다가 저는 여성들이 저희에게 무언가를 말하려 한다는 것을 깨달았어요. 그들은 남편과 아들을 잃었지만 그 땅으로 돌아왔어요. 마치 어머니 대지가 그들을 부른 것처럼요. 그래서 원예 치료를 시작했고, 모든 것이 달라졌지요."

방글라데시의 사피나 로하니가 깨달은 것처럼 브란카 박사도 여성들이 삶의 주도권을 되찾기 위해서는 어느 정도 경제력을 갖는 것이 중요하다는 사실을 깨달았다. 그녀는 장미를 재배하자는 아이디어를 떠올렸고 네덜란드로부터 3000개의 꺾꽂이 순을 기증받았다.

"저는 여성들이 재배한 장미를 포토차리기념관의 가게에서 팔게 할 생각이었습니다. 하지만 장미가 자라자 그들은 꽃을 자르지 않더군요. 정원에 앉아서 커피를 마시며 장미의 아름다움과 향기를 즐기는 게 좋대요!"

결국 그녀는 3만 5000그루의 묘목을 구해왔다. 그렇게 해서 여성들의 정원뿐 아니라 농장에서 키우기에도 충분한 장미가 생겼다. 그들은 장미 농원 세 곳을 운영하면서 우리가 마시는 허브차 사업도 새로 시작했다. 원예는 작업치료로써 도움이 될 뿐 아니라 활동 기금에도 보탬이 된다.

장미 재배가 여성들의 치유에 도움이 되긴 했지만 많은 여성이 여전히 신체 질환을 앓고 있었다. "성폭력을 겪은 여성들은 무슨 일이 일어날까 두려워서 부인과 전문의에게 아예 가지 않거나, 늘 병원을 들락거리거나 둘 중 하나입니다. 자궁경부암이 생긴 여성도 있고, 많은 여성이 갑상선 질환을 안고 있어요. 갑상선은 스트레스의 영향을 많이 받는 기관이지요. 그리고 많은 여성이 인슐린 수치가 낮아서 당뇨병 위험이 있어요."

그녀는 여전히 금요일마다 생존자들을 만나고 있었다. "오랜 시간이 흘렀지만 그들의 이야기는 여전히 무척 생생합니다. 그들은 여전히 울고 몸을 부들부들 떨지요. 저도 들을 때마다 충격을 받아요."

내가 방문하기 일주일 전에도 한 여성이 그녀에게 가슴 아픈 이야기를 들려주었다. "그들은 임신 상태인 그녀를 강간하면서 여덟 살짜리 딸이 그 광경을 지켜보게 했대요. 딸 앞에서 여러 남자에게 강간당한 거죠. 그러고 나서 이 강간범들은 딸에게 그들과 엄마의 성기를 씻으라고 시켰답니다. 나중에 이 여성은 34주에 조산을 했는데 아기가 눈이 먼 상태로 태어났어요. 딸은 학교를 마치지 못했고 성관계가 무척 문란해서 세 사람의 서로 다른 남자에게서 다섯 명의 아이를 낳았다더군요.

듣기 힘든 이야기였어요. 그 남자들은 너무나 많은 것을 손상시켰어요. 이 여성이 자신의 트라우마야 어떻게든 견딘다 해도 눈이 먼 아들과 부서진 딸은……

그녀는 강간당했던 이야기를 여러 해 동안 하지 않았어요. 그 일이 일어난 뒤에 집이 불에 타 없어져서 살 곳도 없었고 아이들을 부양하느라 힘들게 지냈으니까요. 그 모든 어려움 속에서 강간에 대해 이야기하는 것은 덜 중요해 보였던 거죠. 많은 여성이 수치심 때문에 여러 해 동안 자기 이야기를 하지 않아요."

누군가에게 자신의 이야기를 꺼내기까지 에네사Enesa는 25년이 걸렸다. 붉은 머리를 뒤로 당겨 짧게 하나로 묶은 그녀는 눈 주위가 붉었고 계속 입술을 축이며 손을 비볐다. 쉰아홉 살의 에네사는 삶에 완전히 지친 듯 보였다.

그녀는 투즐라에 살지만 원래는 스레브레니차가 고향이었고, 전쟁이 시작될 무렵에는 스레브레니차와 포토차리 사이에서 남편과 두 자녀와 함께 살고 있었다. "1992년 4월 16일 그 일은 저희 집에서 일어났어요." 그녀가 말을 시작했다. "스레브레니차는 UN의 보호를 받는 안전한 피신처로 여겨졌지만 우리 무슬림들이 떠나야 하는 상황인 것이 분명해 보였어요. 그래서 우리는 모두 망을 보며 경계했어요. 밤이면 몇 가족씩 함께 모여 있었어요. 그 일이 일어난 밤에 저는 친구와 아이들과 함께 세 번째 집에 있었어요. 전기와 수도는 세르비아인들이 이미 차단한 상태였고, 우리 모두 강제로 쫓겨나기 며칠 전이었어요.

어둠이 깔리기 시작한 어스름한 무렵에 저는 물이 충분치 않다는 것을 깨달았어요. 2리터짜리 통을 몇 개 집어 들고 친구에게 샘에 가서 물을 좀 길어 오겠다고 말했어요. 집에 가서 아이들 여벌 옷도 좀 챙겨오고 싶었죠. 그래서 물통들을 우리 집 현관 앞에 놔두고 들어갔어요. 집이 열려 있었어요. 현관으로 들어서는데 뒤에서 누가 저를 붙잡았어요. 남자의 손이 제 입을 막았고 복면을 쓴 다른 남자가 나타나서 저를 '발링카balinka'라 불렀어요. 무슬림을 욕하는 말이죠. 금과 돈이 어디 있는지 말하라더군요. 그들은 군복을 입고 있었어요. 저는 몸을 떨며 비명을 질렀어요. 목욕가운처럼 여미는 어두운 빨간색 실내복을 입고 있었는데 제가 금이나 돈이 없다고 말하자 그들은 제 옷을 잡아당겨 벗기고는 하고 싶은 대로 그 짓을 앞과 뒤에서 했어요. 한 사람이 저를 강간하는데 다른 사람이 '나도 좀 줘' 하더군요. 제가 바닥에 누워 있는데 또 다른 남자가 다가왔어요. 갑자기 왼쪽 가슴에 뭔지 모를 날카로운 통증이 느껴졌어요. 저는 까무러쳤어요. 정신이 들어보니 피투성이가 되어 누워 있었고 왼쪽 가슴과 오른손에서 피가 흘렀어요. 젖꼭지가 반쯤 물어 뜯겨 있었죠. 저는 옷으로 바닥의 피를 지우려고 애쓰고는 수납장으로 가서 옷을 좀 꺼냈어요. 그때 두 살짜리 아들이 집으로 들어오더니 묻더군요. '엄마, 이게 뭐야?'"

그녀는 울기 시작했다. "저희는 집을 한 층 더 올리는 중이었어요. 그래서 아직 완성되지 않은 계단에서 미끄러졌다고 말했죠. 아들은 제 손을 잡았고, 저희는 친구 집으로 돌아왔어요.

저는 팔에 붕대를 두르고 아무에게도 그 일을 말하지 않았어요. 이튿날 떠나야 한다는 소식이 들려서 17일에 다른 사람들과 함께 투즐라로 가서 난민 등록을 했어요. 가는 길에 검문소 군인들이 있었어요. 우리 밴을 세운 남자들이 전날 밤과 똑같은 욕설을 하며 금과 은과 돈을 내놓으라고 했어요.

저는 두 아이를 안고 있었어요. 아이들은 겁에 질려 떨고 있었지요. 아무것도 없다고 하자 군인들은 저희를 거칠게 뒤지기 시작했어요. 딸아이가 할머니한테 선물 받은 아주 작은 금귀고리를 하고 있었는데 군인이 뺏어갔어요. 아이가 비명을 질렀고 저희는 아이를 달랬죠. 군인은 죽이지 않았으니 운이 좋은 줄 알라고 했어요.

남은 것이라고는 담요밖에 없었어요. 1년 넘게 우리는 마이단 스포츠센터에서 살았어요. 남편은 스레브레니차에 남아 다른 여자와 함께 4년을 살았죠. 용케 살아남아서 사라예보로 갔는데 거기에서 2002년에 죽었지요.

그런데 투즐라로 오고 나서 1년 뒤에 아들의 건강이 좋지 않다는 것을 알았어요. 아이가 자라지 않는 거예요. 갑상선을 비롯한 다른 기능들이 멈췄더라고요. 결국 아이는 아홉 살 때 스트레스로 인한 호르몬 장애를 진단받았어요. 이제 아들은 호르몬주사를 맞아요. 걷고 말하지만 완전히 주사에 의존해서 살지요. 저는 한 달에 55유로 말고는 국가로부터 어떤 도움도 받지 않아 가정집과 사무실을 청소하지만 아들의 약값이 매우 비쌉니다. …… 이제는 아이의 몸에 구리도 부족하고 간도 거의 기능을 멈췄다는데 의사마다 어떻게 해야 할지 의견이 달라요……."

그녀는 절망적으로 보였다.

"당신의 건강은 어떤가요?" 내가 물었다.

"말도 마세요. 혈압에 스트레스에, 심장…… 의사들은 제 몸을 먼저 돌보지 않으면 아들을 돌볼 수 없다고 해요."

작년까지만 해도 그 모든 세월 동안 그녀는 자신에게 일어난 일을 아무에게도 말하지 않았다.

"여러 문제 때문에 말하기가 쉽지 않았어요. 하나는 그 일에 대한 수치심이었어요. 또 하나는 그 일에 대해 말하기 시작하면 그런 일이 다시 일어날지 모른다는 두려움이었고요. 그러다가 한동안 자살하고 싶었어요. 그러다가 제 여자 부분을 다 도려내버리고 싶었죠. 그 뒤로는 아들이 아파서 아들을 위해 이리 뛰고 저리 뛰느라 바빴어요.

누군가에게 말을 해야겠다 싶을 때마다 누구에게 해야 할지 몰랐어요. 그러다가 또 아들에게 문제가 생기곤 했죠. 아이가 발작을 하곤 해요. 지난번에는 아이에게 필요한 약을 제가 다 찾아내지 못해서 아이가 쓰러졌어요. 눈이 하얗게 뒤집히면서 입에 거품을 물었어요. 얼마나 정신이 없었는지 응급 전화번호도 생각나지 않더군요. 9년 전에는 이제는 말해야겠다고 생각하고 있었는데 아들이 병원에 입원하고 말았지요."

상황이 달라진 것은 지난해 그녀가 이사해서 같은 아파트에 사는 이웃을 만나면서부터였다. 그녀 역시 강간당한 경험이 있었다.

"저희는 살아온 이야기를 이것저것 했는데 결국 제가 그녀에게 이야기했어요. 1993년 스레브레니차에서 박격포 공격으로 돌아가신 엄마 꿈을 꾼다고요. 그녀가 계속 캐물었어요. '자기야, 나한테 말하고 싶은 게 있지?' 저는 그냥 너무 지쳤던 것 같아요. 그래서 이야기했죠. 그 이웃이 브란카 박사에게 가보라고 하더군요."

"그 이야기를 한 뒤에도 기분이 조금도 나아지지는 않았지만 지금은 치료를 받고 있어요." 그녀가 덧붙였다.

브란카 박사가 그녀의 손을 살며시 도닥이며 말했다. "그 일을 인정하는 것이 중요한 걸음이에요."

"제 아이들은 모릅니다." 에네사가 말했다. "딸에게는 넌지시 말을 해서 딸은 무슨 일인가 있었다는 걸 알긴 할 거예요. …… 제가 왜 부끄러움을 느끼는지 모르겠어요.

저는 그 집에 다시 가지 않을 거예요. 추모식만 다녀와도 회복하는 데 서너 달이 걸려요. 여동생은 스레브레니차로 돌아갔지만 저는 동생을 방문할 수 없어요."

나는 에네사에게 남편 이후로 다른 사랑을 만났는지 물었다. "아니요." 그녀가 거의 진저리를 치며 말했다. "상상도 할 수 없어요. 강간당했을 때 저는 서른세 살이었어요. 그날 흘린 피가 제게서 나온 마지막 피였어요."

브란카는 이런 이야기를 전에도 들은 적이 있다고 말했다. "스물두 살에 강간당한 여성을 알고 있는데 그 뒤로 생리를 하지 않았대요. 스트레스 때문에 호르몬이 비정상 수치까지 올라가서 모든 게 멈춰버리는 거죠. 스트레스 때문에 분비되는 아드레날린과 코르티솔이 다른 모든 것을 차단하거든요."

브란카 박사는 남자들은 전시 강간으로부터 무엇을 얻는지 궁금해져서 뇌의 화학 작용을 조사해봤다고 했다. "욕망에서 동기 부여가 된 게 아닌데도 어떻게 발기가 될까요? 증오나 공포, 복수가 그걸 할 수 있을까요? 여자와 남자 모두가 분비하는 옥시토신 호르몬은 성적 관심과 성적 흥분을 담당하고 그런 걸 느낄 때 수치가 높아져요. 그래서 포옹 호르몬이라 부르는 사람도 있지요. 그런데 공포를 느낄 때도 분비된대요. 어쩌면 그게 하나의 설명이 되지 않을까요. 하지만 그 남자들은 사랑과 새로운 생명을 상징하는 것을 공격하기로 선택했으니 용납할 수 없지요. 왜 그들은 의도적으로 그걸 공격하길 선택했을까요?"

"그 남자들은 어떤 최악의 처벌이든 받아야 합니다." 에네사가 말했다. 그녀는 코를 풀고 시계를 보고는 청소 일을 하러 가야 한다고 말했다. 나는 그녀를 포옹해도 되는지 물었다. 접촉을 좋아하지 않는 여성들도 있지만 그녀는 미소를 지으며 내 점퍼 안에 몸을 묻고 나서 빠져나갔다.

그녀는 너무 허약해 보였다. 나는 브란카 박사에게 그 일에 대해 말하는 것이 그녀를 더 힘들게 하지 않았을지 두렵다고 말했다. "그 일로부터 치유되기란 영원히 불가능해요. 하지만 최대한 빨리 그 일에 대해 이야기하고 연민의 마음으로 잘 들어주는 누군가와 이야기를 공유하는 것이 도움이 됩니다. 제가 지켜본 바로는 치유에 확실한 도움이 되는 것은 가해자들의 처벌이에요. 그럴 때 피해자는 그 일이 자기 때문에 일어난 게 아니고 자기에겐 죄가 없다고 사회의 권위로부터 인정을 받았다고 느끼거든요.

문제는 오직 소수만 유죄판결을 받는다는 것입니다. 저희 단체는 여덟 건의 재판에 참여했고 여성들이 법정에 나갔지만, 딱 두 건에서만 유죄판결이 나왔어요. 11명의 남자를 기소한 재판이 있었어요. 이 남자들은 집마다 돌아다니며 소녀들을 납치했죠. 모두 56명의 소녀를 납치했답니다. 하지만 11명 중 유죄판결은 세 명만 받았어요. 다른 세 명은 무죄 판결을 받았고, 나머지는 증거 불충분으로 풀려났어요. 그 재판은 3년이 걸렸어요. 여성들은 법정에 나가 증언을 하고 또 해야 했고, 저희는 그때마다 그들의 준비를 도와야 했어요. 정의를 얻기 위해 온갖 고단한 고통을 거친 뒤에 이 여성들은 가해자가 무죄라고 선언되는 걸 들어야 했습니다. 그 일이 있고 나서 이들은 목소리를 내봐야 소용이 없다고 생각했어요. 다른 여성들에게도 침묵하는 게 낫다고 말하더군요.

저는 이렇게 말했지요. '여러분이 계속 침묵하면 아무 일도 일어나지 않았던 게 돼버려요, 가해자가 없는 게 돼버립니다. 물론, 그 남자들은 무죄판결을 받았어요. 하지만 3년 동안 법정에 불려갔고 이름이 공개되었고 그들의 가족과 친구들이 그 이야기를 들었잖아요. 사람들은 그게 정말일까, 하고 생각하지 않을까요?'

하지만 강간 재판이 정말 오래 진행되고 유죄판결이 정말 적게 내려지는 걸 보고 있으면 뭔가 다른 게 있다는 느낌을 지울 수가 없습니다. 그러니까 정부가 전시 강간을 심각하게 보지 않는다는 느낌 말입니다. 이 일은 종족에 관계없이 모든 정치 지도자의 정치적 의지와 인정이 필요한 일입니다."

에네사의 이야기를 듣고 나는 할 말을 잃었다. 우리는 어둠 속으로 다시 나왔다. 나는 우리 일행이 아침을 먹고 스레브레니차를 나선 뒤부터 아무것도 먹지 않았다는 사실을 깨닫고 운전사에게 가까운 쇼핑몰로 가자고 말했다. 안에 들어서니 빛이 환했고 사람들 소리로 가득했다. 우리는 피자 식당에 자리를 잡았고 보스니아에서 늘 그렇듯 아이다와 운전사를 포함해서 주변의 모든 사람이 담배를 피웠다.

사라예보로 돌아오는 길에 아이다와 운전사는 만난 지 이틀밖에 되지 않았는데도 오래된 부부처럼 티격태격 말다툼을 시작했다. 나는 무엇 때문에 그러는지 물었다. "자기가 낭만적인 사람이라면서 쿠바에 가서 살길 꿈꾼다잖아요." 아이다가 투덜거렸다. "제가 그럴 거면 바로 가라고 했어요. 기다리지 말라고. 인생이 당신에게 무얼 던질지 결코 모를 일이니까요."

9

—

강간 군대와 사냥의 시간

독일 베를린

대다수의 평범한 사람이 강간이 전쟁 무기로 이용된다는 것에 대해 처음 들은 것은 1990년대 보스니아전쟁 기간이었다. 강간 수용소가 처음 보도됐을 때 충격의 물결이 일었다. 어떻게 이런 일이 유럽 한복판에서 일어날 수 있단 말인가?

그러나 결코 새로운 일이 아니었다. 나뭇잎이 노랗게 물들고 푸른 하늘이 화창한 시월의 어느 날 나는 에스반 열차를 타고 동베를린이었던 트렙타워파크역에 도착했고 계단을 내려가 여행자 카페와 유리 지붕 달린 유람선이 있는 슈프레강을 따라 걸었다. 표지판을 따라가다 보니 회색 석조 아치와 통로가 나왔다. 통로를 따라가니 슬퍼하는 어머니 러시아의 동상으로 이어졌다. 나는 그녀의 시선이 향하는 방향을 따라 흰자작나무 길을 걸어 망치와 낫이 그려진 두 개의 거대한 붉은 화강암 깃발 사이에 있는 단에 올라섰다.

놀라지 않을 수 없었다. 아무도 스탈린주의자들처럼 기념비를 만들지 않는다. 그리고 구소련 영토 밖에서 최대 규모라 꼽히는 이 소비에트전쟁기념관Soviet War Memorial은 압도적이었다. 특히 그 의외성 때문에 더욱 그러했다. 내 눈 앞에 펼쳐진 기다란 성큰가든sunken garden 양쪽으로 거대한 묘석이 늘어서 있었는데, 묘석마다 전쟁이나 해방의 장면이 새겨져 있었다. 한 묘석에는 몸은 없고 머리만 있는 레닌이 병사들 위에 떠 있었다. 정원 맞은편 끄트머리의 잔디 봉우리 위에 웅장한 조형물이 푸른 하늘을 배경으로 뚜렷한 실루엣을 드러내며 하나의 선언처럼 우뚝 서 있었다.

소비에트 병사의 청동상이었다. 그는 으스러진 하켄크로이츠를 밟고 서서 한 손에는 검을, 다른 손에는 작은 독일 소녀를 안고 있었다. 높이 10미터에 무게가 70톤쯤 된다.

할 말을 잃게 만드는, 그럴 의도로 만들어진 동상이었다. 트렙타워파크는 제2차 세계대전 시기 유럽에서 벌어진 마지막 대공세였던 1945년 봄 베를린 진격전에서 목숨을 잃은 8만 명의 소비에트군 가운데 7000명이 마지막 안식처로 잠들어 있는 곳이다.

나는 노랗게 물든 나무 아래 벤치에 앉아 고향으로 돌아가지 못하고 이곳에 묻힌 그 모든 아들과 남편과 아버지, 그들을 잃은 어머니와 아내, 딸을 생각했다. 사람들은 조깅하고 개를 산책시키고 유모차를 밀며 가을 햇살을 즐기고 있었다. 자전거를 탄 한 무리의 여행자가 지나갔다. 공원은 분주한 도로 곁에 있었지만 분위기는 조용했다.

계단을 올라가 동상의 기단 내부를 들여다보았다. 종교 프레스코화처럼 선명한 붉은색과 금색 모자이크로 한 무리의 사람을 묘사한 벽화가 있었고, 바닥에는 줄기가 긴 빨간 장미와 카네이션들이 놓여 있었다. 벽화 위에는 러시아어와 독일어로 선언문이 쓰여 있었다. "소련인들이 파시즘으로부터 유럽 문명을 구했다."

그 희생은 헤아릴 수 없을 정도였다. 1941년부터 1945년까지 3000만 명의 여성과 남성이 소비에트 군대에 복무했다. 패배가 거의 확실해 보이던 이 전쟁에 징집된 사람들이 대부분이었다. 전쟁 초기 다섯 달 동안 250만 명의 병사가 포로로 잡혔고, 전쟁이 끝날 때까지 800만 명이 목숨을 잃었다.

다시 벤치로 돌아와 나는 소녀를 안고 우뚝 서 있는 병사를 응시했다. 이 청동상이 전달하려는 영웅적 이미지와는 관계없이 많은 독일 여성은 이 기념비를 '무명 강간범의 무덤'이라 부른다.

묘석에 새겨진 전투와 해방의 장면이 말하지 않는 것들이 있다. 붉은군대가 독일의 수도로 진격하는 동안 수많은 여성을 강간했다는 사실이다. 이 사건을 '역사상 가장 거대한 대량 강간 현상'이라고 표현한 역사학자 앤터니 비버Antony Beevor에 따르면 베를린에서는 여성 세 명에 한 명꼴로 많은 여성, 10만 명으로 추정되는 여성이 강간당했고, 전체적으로는 '최소한 200만 명'이 강간당했다.

앤터니 비버는 그의 책 《베를린: 몰락, 1945 Berlin: The Downfall, 1945》를 쓰기 위해 일기장과 군인들의 편지, 공산당 정권의 기록을 샅샅이 뒤지면서 발견한 사실에 충격을 받고는 이렇게 썼다. "많은 면에서 베를린 여성과 소녀의 운명은 스탈린그라드에서 굶주리고 고통받은 병사들의 운명보다 훨씬 비참했다."

1944년 1월 스탈린 군대가 동프러시아와 슐레지엔 지역에 들어서자마자 강간이 시작됐다. 영국과 프랑스, 미국, 캐나다의 군대도 독일 여성을 강간했지만 그 규모가 달랐다. 많은 도시와 마을에서 "여덟 살부터 여든 살까지 모든 여성이 강간당했다"고 붉은군대의 작전을 지켜본 소비에트 종군기자 나탈리야 게세Natalya Gesse가 말했다. "그들은 강간 군대였다."

당시 젊은 대위였던 알렉산드르 솔제니친Alexandr Solzhenitsyn은 이야기시 〈프로이센의 밤Prusskie Noči〉에서 그 끔찍함을 묘사했다.

어린 딸이 매트리스 위에
죽어 있다. 그 위에 얼마나 많은 자들이 있었을까?
한 소대가, 어쩌면 한 중대가?

그러나 대부분 아무 말도 하지 않았다. 이 도취된 광란에 끼어
들기를 거부한 병사들은 의혹의 눈초리를 받았다.

엄밀히 말해 강간은 붉은군대에서 죽음으로 처벌할 수 있는 죄
였으나 실제로는 병사들이 집단 강간을 하는 동안 장교들은 방관하
며 서 있거나 모든 병사에게 기회가 돌아가도록 신경 썼다. 그것은
정책이었을까? 전쟁 무기였을까? "그렇기도 하고 아니기도 하다"라
고 비버는 말한다. "나가서 강간하라는 명령은 없었지만 복수를 부
추기는 분위기나 잠재 심리 같은 것이 있었다."

1941년 나치가 바르바로사 작전으로 소비에트연방을 침공한
이래 전쟁이 끝날 때까지 러시아인들은 여러 해 동안 잔학 행위에
시달렸다. 나치는 슬라브족을 쓸어내 아리아족이 이주할 공간을 만
들고 더 많은 식량 자원을 확보하려 했다. 이 전쟁에서 소비에트연
방 주민 2700만 명이 사망했다고 여겨지는데, 이 중에는 독일이 전
쟁포로 수용소에서 일명 '기아 작전'을 통해 고의로 굶겨 죽인 300
만 명도 포함된다.

독일 여성을 욕보이는 것은 나치에게 열등 종족으로 취급당한
러시아인이 쓸 수 있는 보복 수단 중 하나였다. 여성의 성은 가장 쉬
운 공격 대상이었다. 여러 해 동안 반독일 선전을 흡수한 붉은군대
병사들은 독일 여성을 아마 사람으로 보지 않았을 것이다.

비버는 붉은군대의 폭력이 그들의 장교로부터 받은 굴욕에 대

한 반응이었을지도 모른다고 생각한다. 그는 이런 현상을 '억압의 연쇄 반응 이론'이라 부른다. 그리고 분노를 부채질할 많은 보드카와 술이 있었다. 그래서 자신이 강간을 수행할 수 없을 때는 대신 술병을 이용했다.

"그건 진짜 폭력이었을 뿐입니다." 비버가 내게 말했다. "그들은 여든이나 아흔 노파부터 일곱 살 소녀까지 강간했어요. 선별이란 게 전혀 없었습니다."

강간은 신체 절단과 살인을 동반하곤 했다. 나치가 내보내는 뉴스 영상에 나오는 시체들이 너무 참혹해서 처음에는 괴벨스 선전 체제가 날조한 이미지라고 생각하는 여성들도 있었다.

그러나 실제 벌어지고 있는 일에 대한 소문이 퍼지자 러시아 군대가 접근하기 전에 미리 자살하는 일이 물결처럼 퍼졌다. 부모가 자식들을 죽인 뒤 자살하는 경우도 있었다. 이 시기에 스스로 목숨을 끊었다고 추정되는 수십만 명에 대한 책을 쓴 독일의 다큐멘터리 제작자 플로리안 후버Florian Huber에 따르면 1945년 봄에 북부의 한 소도시 뎀민Demmin에서만 600명이 자살했다.

베를린에서 소비에트 병사들은 보드카를 마시고 사냥 파티를 나가곤 했다. 손전등을 획획 비추며 희생자를 골랐다. 여성들은 '사냥의 시간'인 밤에는 숨어 있거나 매력 없게 보이기 위해 얼굴에 재와 요오드를 바르는 법을—수년 뒤 야지디 여성들이 갤럭시시네마에서 했던 것처럼—터득했다. 폭격으로 대부분의 창문이 파괴된 도시에서 비명으로 가득했던 밤들에 대해 많은 사람이 이야기했다. 피해자 중에는 이미 나치 수용소에서 고통을 겪었으며 소비에트 군대를 해방군으로 여긴 유대인 여성들도 있었다.

강간은 독일뿐 아니라 소비에트의 동맹인 헝가리와 루마니아, 폴란드, 유고슬라비아에서도 자행되었다. 유고슬라비아의 공산주의자 밀로반 질라스Milovan Djilas가 항의했을 때 스탈린은 이렇게 대꾸했다. "피와 불과 죽음을 뚫고 수천 킬로미터를 건너간 병사들이 여자와 재미를 보고 희롱하는 걸 이해하지 못한다는 거요?"

그 '재미'라는 것은 그 여성들이 결코 극복하지 못할 사건이었다. 베를린 병원들의 기록에 따르면 수천 명이 죽었다. 대개 자살이었다. 많은 여성이 성병에 감염되었다. 강간으로 임신한 여성들은 태어난 아기들을 죽였다.

소비에트 병사들은 심지어 동족의 여성, 강제노동자로 독일에 데려온 러시아 여성과 우크라이나 여성도 강간했다.

비버는 집단 강간을 당한 뒤에 자살을 시도했지만 손목을 잘못 베어서 불구가 되고 만 여성들의 이야기를 어느 독일인 피해자로부터 듣고 자신이 얼마나 동요했는지 이야기했다. 그 이야기들이 너무 참혹해서 그는 그 후 며칠 동안 밤에 잠을 이루지 못했다.

그러나 전쟁이 끝난 뒤 이런 사건은 거의 이야기되지 않았다. 이 전쟁을 위대한 애국 전쟁으로, 돌아온 병사들을 영웅으로 찬양한 소비에트사회주의공화국연방에서는 당연히 이야기되지 않았다. 1945년에 전쟁에서 돌아온 이반에 대한 뒤틀린 농담이 회자되긴 했다. 이반의 귀환을 축하하기 위해 아내가 아껴두었던 보드카를 꺼냈는데, 발기가 되지 않아 아내에게 '자, 저항해봐'라고 명령했더라는 이야기.

독일에서도 거의 이야기되지 않았다. 집으로 돌아온 남자들은 그들이 보호하지 못한 여성들의 이야기로부터 뒷걸음질쳤다. 한 독일 여성이 《베를린의 여인Eine Frau in Berlin》이라는 익명의 회고록을 발표한 적이 있었다. 자신을 "늘 똑같은 겨울 코트를 입고 다니는 창백한 얼굴의 금발 여자"로 묘사한 이 회고록에서 그녀는 소비에트 병사들에게 집단 강간을 당했고 결국에는 "늑대 무리의 접근을 막을 늑대"가 되어줄 러시아 장교를 찾아낸 이야기들을 썼다. 1953년 출판되었을 때 이 책은 사방에서 공격을 받았고, 그녀는 "독일 여성의 명예에 먹칠을 했다"고 비난받았다. 책은 곧 절판되었다.

미국의 해리 트루먼Harry Truman 대통령은 1945년 7월 포츠담회담 동안 처칠, 스탈린과 함께 머물며 전후 세상을 분할한 그 호숫가의 저택이 바로 몇 주 전만 해도 끔찍한 일이 벌어진 현장이었다는 사실을 여러 해가 흐른 뒤에야 알게 됐다.

그는 그 노란색 치장 벽토를 바른 저택이 시베리아로 보내진 전 나치 영화산업 수장의 소유였다고 알고 있었다. 그는 일기에 이렇게 적어 놓았다. "다른 모든 것과 마찬가지로 이곳도 러시아인들이 전부 벗겨갔다. 심지어 주석 스푼 하나도 남지 않았다."

여러 해 뒤 그는 부유한 출판업자 한스 디트리히 뮐러 그로테Hans Dietrich Muller Grote로부터 편지를 한 통 받았다. 그는 사실 그 집이 자기 아버지 한스 구스타프 뮐러 그로테Hans Gustav Muller Grote의 집이었고, 아버지도 출판업자였으며 그곳이 오랫동안 작가와 예술가들의 모임 장소였다고 그에게 썼다.

"전쟁 막바지에 부모님은 여전히 그곳에 살고 계셨습니다. 제 자매들이 아이들을 데리고 그곳에 와 있었지요. 교외 지역이 공습으로부터 더 안전한 것처럼 보였으니까요. …… 5월 초에 러시아군이 도착했습니다. 당신이 그 집에 들어가기 10주 전에 그곳 거주자들은 끊임없는 공포와 두려움 속에 살았습니다. 밤낮을 가리지 않고 약탈하는 러시아 병사들이 들락거렸고 부모님과 아이들의 눈앞에서 제 자매들을 강간하고 나이 든 부모님을 구타했습니다."[*]

---

[*] David McCullough, *Truman*(New York: Simon & Schuster, 1992)에서 재인용

사람들은 반세기가 지나고 나서야 그 일에 주목하기 시작했다. 앤터니 비버의 폭로가 있고 나서 1년 뒤인 2003년 그 익명의 베를린 여성의 회고록은 다시 출판되었고 베스트셀러가 되었다. 글쓴이는 이미 세상을 떠난 뒤였다. 또 다른 마음 아픈 회고록인 가비 쾨프Gabi Köpp의 《왜 나는 여자여야만 했을까Warum war ich bloss ein Mädchen?》가 2010년에 출판되었다. 쾨프는 자신이 겪은 일을 공개적으로 밝힌 첫 번째 여성이었다. 쾨프는 열다섯 살밖에 되지 않은 1945년 1월 눈 속에서 도망치다가 소련군 병사들에게 붙들려 14일 동안 지옥을 경험했다. 그녀는 강간을 당하고 또 당했으며, "귀여운 가비가 어디 있지?"라는 말에 테이블 밑에서 숨을 죽여야 했다. 그녀가 마침내 탈출해서 엄마와 다시 만났을 때 엄마는 그 일을 아무에게도 말하지 말라고 했다. 그녀는 남은 평생 잠을 이루기 힘들었고 낭만적인 사랑을 결코 알지 못했다고 말했다. 그녀는 책이 출판된 직후 세상을 떠났다.★

1945년 5월 8일 자정, 독일군이 연합군에 항복한다는 문서에 서명한 항복 홀이 있어서 예전에는 '항복박물관Surrender Museum'이라 불리던 베를린의 독일-러시아박물관Deutsch-Russisches Museum에는 전시실마다 독일이 저지른 잔학 행위가 자세히 소개돼 있다. 하지만 붉은군대의 강간에 대한 언급을 찾기는 어려웠다. 안내원에게 두 번을 물어본 뒤에야 '학대'라고 표시된 9번 전시실의 작은 전시를 안내받을 수 있었다.

손으로 쓴 몇 개의 강간 보고 옆에 이렇게 타자기로 친 카드가 있었다.

★　*Der Spiegel*, 26 February 2010.

붉은군대는 독일 민간인에 자행된 범죄 보고를 모스크바의 정치, 군사 지도부에 보냈다. 1945년 4월 20일 소비에트군 최고 사령관은 전투와 이후 점령의 용이성을 위해 범죄를 멈추라고 명령했다.

내가 1980년대 학교에서 제2차 세계대전에 대해 배울 때 교과서에는 집단 강간에 대해 한마디도 언급되지 않았다. 사실, 그것은 남자들의 전쟁처럼 보였다. 내 아들이 공부하는 최근 역사책도 마찬가지다.

아무도 사과하지 않았다. 아무도 기소되지 않았다.

사실 요즘까지도 붉은군대의 강간은 러시아에서 금기된 주제이며 붉은군대를 모함하는 서구의 선전으로, 일종의 신화로 여겨진다. 요즘 말로 하자면 가짜 뉴스로 치부된다. 비버의 책이 나왔을 때 그리고리 카라신Grigori Karasin 런던 주재 러시아 대사는 "거짓말과 비방, 모독"이라 비난했고 그의 책은 러시아의 학교와 대학에서 금서가 되었다.

2014년 블라디미르 푸틴Vladimir Putin 대통령은 제2차 세계대전 당시의 러시아의 기록을 더럽히는 사람은 무거운 벌금형과 5년형에 처할 수 있다는 법에 서명했다. 비버는 자신이 참고한 기록들이 어쩌면 기록보관소에서 폐기됐을 것이라고 생각한다.

폴란드의 주요 일간지 《가제타 비보르차Gazeta Wyborcza》는 폴란드 도시 그단스크Gdansk의 기록에 따르면 도시 여성의 최대 40퍼센트가 붉은군대에 강간당했다고 전한다. 2013년 그단스크의 젊은 미대생 예르지 슘치크Jerzy Szumczyk는 만삭인 여성의 다리 사이에 무릎을 대고 한 손으로 여성의 머리를 내리누리고 다른 손으로는 그녀의 입에 총구를 들이대는 러시아 병사의 조각상을 세웠다. 그는 이 조각상에 〈콤, 프라우Komm, Frau〉라는 제목을 붙였다. '이리 와, 여자'라는 뜻이다. 붉은군대 병사들이 알고 있던 몇 안 되는 독일어이자 모든 독일 여성이 두려워하던 말이었다. 조각상은 분노한 러시아의 항의에 몇 시간 만에 철거되었다.

침묵, 불처벌, 부정. 역사를 들여다보면 아프가니스탄부터 짐바브웨에 이르기까지 내가 취재한 모든 곳에서 여성이 군대에 강간당했다는 사실은 놀랍지도 않다. 보편적으로 비난받는 범죄인 강간이 어떻게 전시에는 문제시되지 않고 하찮게 여겨지는 것일까?

나는 이 장의 첫머리에서 전시 집단강간이 세계 언론의 광범위한 관심을 받은 최초의 전쟁으로 보스니아 전쟁을 언급했다. 그러나 내가 주위를 둘러보기 시작하자 전시 집단강간을 표현한 아주 많은 재현물이 있었다. 런던의 내셔널갤러리 18전시실만 가도 페테르 파울 루벤스Peter Paul Rubens의 그림 〈사빈느 여인들의 강간The Rape of the Sabine Women〉을 볼 수 있다. 로마의 시조 로물루스가 높은 단에서 지켜보며 지시하는 동안 치마가 들춰지고 가슴이 노출된, 반쯤은 벌거벗겨진 고통스러운 표정의 여성들이 로마 병사들에게 잡혀 있는 모습이 표현돼 있다.

이 형상들은 로마의 역사가 티투스 리비우스Titus Livius가 남긴 이야기를 표현한다. 기원전 753년 로물루스는 로마를 건국한 다음 로마의 미래를 보장할 여성이 부족하다고 걱정했고, 넵투누스Neptunus를 기리는 축제에 이웃 사빈느 부족을 초대한 다음 그들의 여자들을 납치할 책략을 생각해낸다.

로마는 강간 위에 건설되었다고 말할 수 있다. 이 사빈느 여인들의 강간이라는 소재는 뉴욕 메트로폴리탄미술관에 있는 니콜라 푸생Nicolas Poussin의 그림과 피렌체 우피치미술관 옆면의 로지아데이란치 옥외 회랑에 있는 잠볼로냐Giambologna의 대리석 조각상에도 영감을 주었다. 잠볼로냐의 조각상은 서로 뒤엉킨 세 개의 몸으로 구성된다. 그중 하나인 여성은 젊은 남성의 손아귀를 빠져나오려 위쪽을 향해 필사적으로 몸부림치고 있고, 남성은 아마 그녀의 아버지인 것으로 보이는 아래쪽의 늙은 남자를 밀쳐내고 있다.

동작을 이토록 유연하게 돌로 재현해낸 조각가의 솜씨에 감탄하는 관객 중 이 조각상이 실제로 표현하는 것이 무엇인지 생각하는 사람은 얼마나 될까? 어떤 면에서 회랑 전체가 여성의 강간을 비난하기는커녕 찬양하는 것처럼 느껴진다.

〈사빈느 여인의 강간〉 곁에는 피오 페디Pio Fedi의 〈폴릭세네의 강간The Rape of Polyxena〉이 있다. 이 조각상은 가슴을 드러내고 있는, 트로이 왕의 막내딸 폴릭세네를 왼쪽 팔로 움켜쥐고 있는 아킬레우스일 수도 있고 아닐 수도 있는 한 그리스 전사를 표현한다. 그의 발치에는 딸을 놓치지 않으려고 필사적으로 매달리는 헤카베 왕비가 있고 전사는 오른쪽 팔로 검을 들어 올려 왕비를 내리치려 한다. 그의 발밑에는 왕비의 죽은 아들 헥토르가 있다.

아킬레우스는 물을 긷는 폴릭세네에 반했고 폴릭세네는 오빠 헥토르의 시신과 교환하는 조건으로 자신을 바쳤다고 한다. 그녀는 아킬레우스의 취약한 발뒤꿈치의 비밀을 알게 됐고 오빠인 파리스에게 화살로 그곳을 쏘게 해서 전쟁을 끝낼 수 있었다. 그러나 조각상은 그녀를 영웅으로 그리는 대신 아킬레우스의 무덤에 제물로 바쳐지기 위해 납치되는 모습으로 그렸다.

이 회랑에는 또한 첼리니Cellini의 의기양양한 페르세우스 청동상도 있다. 페르세우스는 머리카락 대신 쉭쉭 대는 뱀들이 똬리를 튼 메두사의 잘린 머리를 들고 있는데 메두사의 머리카락이 그렇게 된 이유는 그녀가 포세이돈에게 강간당했다는 이유로 아테나가 그녀에게 벌을 내렸기 때문이다.

오비디우스는 메두사를 고르곤이라 불리는 세 자매 중 유일하게 불멸의 존재가 아닌 아름다운 아가씨로 묘사했다. 그녀의 아름다움은 바다의 신 포세이돈의 눈에 띄었고, 그는 아테나의 신성한 신전에서 그녀를 강간하기에 이른다. 신전에 대한 신성 모독에 분노한 아테나는 메두사를 괴물로 변신시켜 얼굴을 쳐다보는 자는 누구든 돌로 변하게 하는 치명적인 능력을 지니게 한다. 한편 포세이돈은 아무 처벌도 받지 않는다. 이 신화를 피해자 비난의 초기 사례로 보는 사람들도 있다.

전쟁에서 강간의 사용은 "분쟁의 역사만큼이나 오랫동안 존재해왔다"라고 1998년 UN 여성기구United Nations Women의 보고서는 선언했다.

rape(강간)라는 영어 단어는 중세 영어 rapen, rappen(유괴하다, 강탈하다, 채가다)에서 유래한다. 이 단어는 훔치거나 붙잡거나 쟁취하는 것을 뜻하는 라틴어 rapere에서 유래한다. 마치 여성이 재산이라도 되는 것처럼. 이 표현은 오랜 세월 남자들이 여성을 어떻게 생각했는지 정확히 보여준다.

헤로도토스는 기원전 5세기 그리스와의 전쟁에서 페르시아인이 여성들에게 저지른 집단 강간에 대해 썼다. "포키스인 몇이 쫓겨가다가 산 근처에서 붙들렸고 몇몇 여자는 너무나 많은 페르시아 병사들에게 잇따라 강간을 당한 나머지 죽었다."

구약성서도 이스라엘 사람들의 전투를 다루며 강간이 일반적인 관행이었음을 분명히 보여준다. 《신명기》21장 10~14절은 이렇게 말한다. "네가 적과 대적하여 전쟁에 나갈 때 …… 포로 중에 아름다운 여성을 보고 그녀를 차지하고 싶다면 …… 그녀에게 가서 그녀의 남편이 될 수 있다."

모세는 미디안 사람들과 싸울 때 3만 2000명의 처녀를 강간하라고 명령한 것으로 보인다. 《민수기》 32장에서 그는 이렇게 말한 것으로 인용된다. "이제 어린 것들 중에서 남자는 모두 죽이고 남자와 동침함으로써 남자를 아는 모든 여자를 죽이시오. 그러나 남자와 동침하지 않아 남자를 알지 못하는 어린 여자들은 당신들의 몫으로 살려두시오."

고대에만 그랬던 것도 아니다. 바이킹도 강간과 약탈로 유명했고, 칭기즈칸과 몽골군을 비롯해 거의 모든 이들이 중세시대 내내 그리고 그 이후로도 그러했다.

미국의 남북전쟁 시기에 쓰인 일기와 집으로 보낸 편지, 군사기록을 보면 백인과 흑인을 불문하고 많은 남부 여성이 강간당했음을 분명히 알 수 있다. "집에서 보낸 소식을 받았다." 1863년 봄 테네시 7연대의 존 윌리엄스John Williams는 일기에 이렇게 썼다. "양키들이 그곳을 지나갔다. 그들의 목적은 눈에 보이는 모든 니그로 여자를 강간하는 것처럼 보인다."★

남북전쟁의 마지막 몇 달간 윌리엄 셔먼William Sherman 장군은 전투 경험으로 다져진 북부군 6만 명을 이끌고 남부를 휩쓸며 악명 높은 '바다를 향한 행진'을 벌였다. 불타오르는 애틀랜타부터 조지아와 노스캐롤라이나와 사우스캐롤라이나를 거쳐 마침내 서배너항구에 이르러 그곳을 점령하여 1864년 12월 크리스마스 전에 링컨대통령에게 넘겼다. 이렇게 남부를 휩쓰는 동안 그들은 남부군의 사기를 떨어뜨리기 위해 집들을 불태우며 파괴의 흔적을 남겼다. 남부의 한 신문에 따르면 북부군은 또한 그들이 지나가는 길에 '수백 명

★ Crystal Feimster, *Southern Horrors: Women and the Politics of Rape and Lynching*(London: Harvard University Press, 2009)에서 재인용.

의 능욕당한 여성과 처녀성을 빼앗긴 처녀'도 남겼다.★

강간이 공포감을 퍼트리는 특수한 전쟁 도구로 사용되기 시작한 것은 아마 스페인내전에서였을 것이다. 스페인내전은 중도파와 좌파 연합이 근소한 차이로 선거에서 이겨 정치범을 석방하고 소작농들의 토지 소유를 권장한 이후인 1936년 7월에 시작되었다.

분열의 골이 깊었던 스페인에서 우파들은 상황을 지켜보며 점점 불안해했다. 당시 참모총장이던 프란시스코 프랑코 장군이 더는 참을 수 없다고 결정하고 스페인령 모로코에서 파시스트 반란군을 일으켰다. 파시스트 반란군은 독일군 수송기를 타고 지브롤터 해협을 건너 마드리드의 공화당 정부를 전복시키는 일에 착수했다.

전쟁은 곧 좌파와 우파의 이데올로기 전장으로 여겨졌고 국제 여단에 합류하려는 좌파 의용군이 세계 각지에서 몰려 왔다. 그중에는 어니스트 헤밍웨이와 마사 겔혼, 존 더스 패서스, 조지 오웰, W. H. 오든 같은 작가와 지식인, 로버트 카파와 게르다 타로 같은 사진작가들도 있었다. 그중 몇몇은 전쟁을 배경으로 열정적인 사랑에 빠지기도 했다.

3년간의 전쟁에서 수십만 명의 스페인 사람이 살해됐다. 그러나 이 전쟁에서 여성에 대한 박해가 얼마나 의도적이고 체계적이었는지는 잘 알려지지 않았다.

프랑코의 아프리카군 소속 레굴라레스regulares(모로코 원주민 부대)는 우파 국민파의 돌격부대가 되었다. 프랑코의 장교들은 마드리드로 진군하는 동안 부대가 공화파 여성에게 참혹한 잔학 행위를 자행하도록 부추겼다. "안달루시아와 에스트레마두라의 소작농 여성들에 대한 강간뿐 아니라 충격적인 내장 적출"이 있었다고 스페인내

★ Matthew Carr, *Sherman's Ghosts: Soldiers, Civilians, and the American Way of War*(New York: New Press, 2015)에서 재인용.

전에 대한 책을 쓴 비버는 말한다.

파시스트들은 처형되거나 쫓겨난 좌파의 아내와 어머니, 누이, 딸을 강간으로 응징했고, 이들의 머리를 밀고 하제 기능이 있는 피마자기름을 억지로 먹여 사람들 앞에서 지저분한 모습을 보이게 하는 방식으로 욕보였다. 여성을 강간한 뒤 그들의 가슴에 파시즘 정당 팔랑헤당의 상징인 멍에와 화살 묶음을 낙인으로 찍기도 했다.

소도시나 마을을 점령한 뒤에는 병사들에게 약탈과 강간을 할 수 있도록 2시간을 주었다.

정치 활동을 벌였던 여성들은 지저분하고 빽빽한 감옥에 감금되어 강간당하곤 했다. 그리고 그 뒤에 총살되기도 했다. 살아 나온 사람들은 평생에 걸친 심리적·신체적 문제에 시달렸다. 가진 것을 모두 빼앗기고 가족의 남자들은 모두 살해당한 여성 중 많은 이가 생존을 위해 매춘으로 내몰렸다.

영국의 역사학자 폴 프레스턴Paul Preston에 따르면 "모로코 군대의 의도적 강간은 공포를 주입하려는 계획의 일부였다." 등골을 서늘하게 하는 그의 책《스페인 홀로코스트The Spanish Holocaust》는 이 암흑 시기에 진짜 무슨 일이 벌어졌는지를 그 어떤 책보다 많이 폭로한다.

여성 학대가 얼마나 공식적인 정책이었는지는 스페인 남부를 사실상 통치했던 군 지도자 곤살로 퀘이포 데 야노Gonzalo Queipo de Llano의 연설들에서 명백히 드러난다. 프레스턴에 따르면 그의 라디오 방송에는 "성적 언급이 잔뜩 달라붙어" 있었고 "천박하게도 강간 장면을 즐겁게 묘사하며 그의 민병대들이 그런 장면을 따라하도록 부추겼다."★

★   Paul Preston, *The Spanish Holocaust: Inquisition and Extermination in Twentieth-Century Spain*(London: HarperPress, 2013), p.149.

한 방송에서는 이렇게 선언했다. "우리의 용감한 병력과 정규군은 소심한 빨갱이들에게 남자가 어떤 것인지 보여주었다. 덧붙여 말하자면 빨갱이의 아내들에게도 보여주었다. 어쨌든 이 공산주의자와 무정부주의자 여자들은 그들의 자유연애 원칙에 따라 스스로 쉬운 먹잇감이 되었다. 그리고 이제 그들은 의용군 애송이 말고 적어도 진짜 남자를 알게 되었다. 다리를 버둥거리고 비명을 질러대도 구원받지 못할 것이다."

1975년 프랑코가 노환으로 죽은 뒤 스페인은 민주주의로 돌아가는 길을 닦는 과정에서 과거를 지우기 위해 할 수 있는 모든 일을 했다. 1977년 스페인 의회는 '망각협정Pact of Forgetting'에 동의했고 사면법을 통과시켜 아무에게도 책임을 물을 수 없게 했다. 숙청도, 진실위원회도 없었고, 역사책에 아무 언급도 없었다. 시인 페데리코 가르시아 로르카Federico García Lorca를 포함해 세비야 주민 5만 4000명의 처형에 책임이 있는 데 야노 장군은 바로 그 도시에 있는 마카레나성당 특별 예배당에 안장되었다.

스페인내전이 시작되고 얼마 뒤 난징의 강간이 일어났다. 2차 청일전쟁 기간에 당시 중국의 수도였던 난징을 공격한 일본제국군이 자행한 잔학 행위였다. 1937년 12월부터 1938년 1월까지 여섯 주에 걸친 학살에서 일본군은 집마다 돌아다니며 열 살 소녀까지 찾아내 아주 많은 여성을 강간했다. 2만~8만 명의 여성이 강간당한 것으로 추정된다. 당시 진술에 따르면 많은 여성은 강간당한 뒤 살해되었고, 다리가 벌려지고 질에 나무막대와 잔가지, 잡초가 꽂힌 채 버려져 있었다.★

★ Iris Chang, *The Rape of Nanking: The Forgotten Holocaust*(New York: Basic Books, 1997);《역사는 누구의 편에 서는가: 난징대학살, 그 야만적 진실의 기록》(2014, 미다스북스).

난징의 대량 강간은 세상을 경악시켰고 히로히토 천황은 일본의 이미지가 손상될 것을 우려했다. 그러나 강간을 억제하기는커녕 그의 제국군은 제2차 세계대전 기간 동안 중국과 한국, 동남아시아에서 수많은 여성과 소녀를 납치하는 방법을 선택했다. 일본군은 점령지 군부대의 유곽들에 이들을 감금하고 '위안부'라 불렀지만 사실상 성노예였다.

1938년 일본 전쟁성의 작전 명령은 "군대의 사기를 진작하고, 법과 질서를 유지하며, 강간과 성병을 막기" 위해 '위안소'에서의 규제된 섹스를 옹호했다.

동남아시아 곳곳에서 열두 살밖에 안 된 소녀들까지 끌려왔다. 납치당하거나 간호 병동이나 공장에서 일한다고 속아 오거나 부모로부터 계약노동자로 팔려오기도 했다. 그러나 그들이 보내진 곳은 때로는 하루에 50명까지 일본군을 성적으로 상대해야 하는 유곽이었고, 그곳에 여러 달, 심지어 여러 해 동안 붙들려 있었다.

5만~20만 명으로 추정되는 위안부가 300만 일본군의 접대를 강요받았다. 전후에 일본 관료들이 문서를 파기했기 때문에 정확한 수는 아무도 모른다. 많은 여성은 후퇴하는 군대에 살해당했다. 일본 군인의 폭력 때문에 생긴 합병증이나 성병으로 죽은 여성도 많았다. 자살한 여성들도 있었다.

1993년 UN의 세계여성인권침해법정Global Tribunal on Violations of Women's Human Rights은 제2차 세계대전 말에 이미 90퍼센트의 '위안부'가 사망했다고 추정했다. 살아남은 사람들은 '일본의 매춘부'라 불리며 사회적으로 외면당했다.

일본은 침묵했다. 관료들은 위안소가 존재하지 않았거나 그 여성들이 매춘부라고 주장했다.

그러나 차츰 증언에 나서는 용감한 생존자들이 늘어났다.

1993년 일본이 호소카와 모리히로 총리의 사과로 과거의 일을 공식적으로 인정하기까지 거의 50년이 걸렸다.★ 그러나 그 뒤에도 후임 총리 중 하나인 아베 신조는 그를 비난했다. 2015년에 이르러서야 생존자들에게 10억 엔을 지급한다는 한국과의 합의에 도달했다. 그때까지 살아남은 생존자는 50명도 되지 않았다.★★

이 문제는 여전히 해결되지 않았다. 한국은 옛 식민 권력에게 더 강력한 사과를 요구하며 여성들은 수요일마다 서울의 일본 대사관 앞 소녀상에 모여 '사과하라!'와 역사 교과서를 다시 쓰라고 외치고 있다.

일본은 계속 부인하는 것으로 보인다. 2014년부터 일본 공영 방송 NHK 편집자들은 성노예라는 용어를 사용할 수 없게 되었고, 대신에 이들을 '전시 위안부라 불리는 사람들'로 묘사해야 했다.

2018년 10월 일본의 도시 아소카는 샌프란시스코 차이나타운에 위안부를 기리는 동상이 세워진 것에 항의해 샌프란시스코와의 자매도시 관계를 끊었다.

물론, 제2차 세계대전 기간 동안 강간을 한 병사들은 러시아군과 일본군만이 아니었다. 영국군, 프랑스군, 미군, 캐나다군도 강간을 했지만 규모가 훨씬 작았다. 이탈리아에서는 모로코 용병부대가

★   옮긴이─당시 일본의 관방장관 고노 요헤이는 1991년 8월 김학순 할머니의 첫 증언 이후 진행된 조사 결과와 함께 발표된 '고노 담화'에서 위안소 설치 및 관리에 일본군의 관여를 인정하며 "사과와 반성의 마음을 올린다"고 표현했다.

★★   옮긴이─2015년 12월 아베 정부와 박근혜 정부는 '한일 일본군 위안부 합의'를 발표하여 한국 정부가 위안부들을 지원하는 재단을 설립하고 일본 정부의 예산으로 10억 엔을 출연하기로 하였다. 이 합의는 일본 정부의 법적 책임과 배상을 회피했을 뿐 아니라 진상 규명과 역사 교육 등에 대한 언급이 없고 피해자를 중심에 두지 않은 정부 사이의 합의로 '위안부' 문제를 종결하려 했다는 비판을 받고 있다.

'적의 영토에서 강간과 약탈을 할 자유'를 포함한 조건 아래 자유 프랑스군과 함께 전투를 벌였다.

또한 역사의 카펫 아래 감춰진 사건은 1961년부터 1973년에 걸친 베트남전쟁에서의 강간이었다.

5만 8000명의 미국인이 죽고 그보다 네 배 많은 베트남인이 죽은 이 대참사를 한탄하는 책이 수천 권 쓰였지만, 미군과 베트남군이—그리고 그들 이전의 프랑스군도—저지른 강간에 대해서는 거의 언급하지 않았다.

베트남전쟁의 악명 높은 사건 가운데 하나는 1968년 3월의 미라이 학살My Lai Massacre이다. 미군이 아이들을 포함해서 400명의 비무장 주민들을 죽인 이 학살은 일련의 생생한 사진들로 폭로되었다. 다수의 강간도 있었지만 학살을 다룬 어떤 보도에서도 강간은 거의 단 한 줄도 언급되지 않았다.

이후 윌리엄 피어스William Peers가 이끈 미라이학살 진상조사에는 열 살부터 마흔 살에 이르는 여성과 소녀들에 대한 강간 20건에 대한 자세한 목격담이 실렸다.★ 많은 성폭행은 집단 강간이었고 성고문을 포함했으며, 이를 막으려고 시도한 병사는 단 한 명도 없었다. 그러나 아무도 기소되지 않았다.

이웃 캄보디아에서는 크메르루주Khmer Rouge가 1975년부터 1979년 사이에 수천 명을 학살했다. 크메르루주 지도자 폴 포트Pol Pot가 '원년'으로 돌아가 시작하길 원했던 새 캄보디아에서 의사와 교사, 변호사를 비롯해 교육받은 사람은 누구든 반역자로 간주되었다. 손이 부드럽거나 안경을 썼다는 것만으로도 처형을 받을 사유가 됐다. 4년도 채 안 되는 시간에 폴 포트의 마오쩌둥주의 정권은 캄보

★   피어스위원회의 조사는 1970년에 마무리되었고 1974년에 보고서가 발표되었다.

디아 인구의 4분의 1인 200만 명의 캄보디아인을 처형했다. '킬링필드killing field'로 알려진 집단 처형장들에서 많은 이들이 살해됐다. 여기에서도 훨씬 덜 보도된 사실은 그들이 여성들을 강간도 했다는 것이다. 여성들은 전통적인 불교 의식도 없이 치러진 집단 결혼으로 낯선 사람들과 강제로 결혼해야 했고, 총으로 위협받으며 초야를 치러야 했다. 나중에는 그들이 반드시 섹스를 하도록 크메르루즈 간부가 문밖에서 감시했고 당을 위해 아이를 생산하도록 명령했다.

1974년 키프로스 침략과 점령에 참여한 터키군도 여성과 소녀들에 대한 광범위한 강간으로 악명이 높았다. 25명의 소녀가 터키 병사들에게 강간당했다고 터키군 장교들에게 신고했다가 그 장교들에게 다시 강간을 당한 사례도 있었다.

1990년 사담 후세인의 병사들과 비밀경찰들이 쿠웨이트를 침공했을 때 그들은 가게와 가정집을 약탈하고 유정에 불을 질렀으며 왕궁 바닥 곳곳에 배설물을 문대고 쿠웨이트라는 이름을 긁어내어 쿠웨이트의 정체성을 지우려 했다.

그러나 당시 수천 명의 쿠웨이트 여성과 필리핀 가정부가 강간당했다는 사실은 훨씬 덜 알려져 있다.

"전쟁은 한 사람 한 사람에게 일어난다." 마사 겔혼Martha Gellhorn이 1959년 《전쟁의 얼굴The Face of War》에서 쓴 구절이다. 그러나 전쟁은 다양한 방식으로도 일어나며 어쩌면 죽음이 최악이 아닐 수도 있다.

나는 더 많이 읽고 더 조사하고, 여성들과 이야기를 나누면 나눌수록 내가 역사에 대해 배워온 모든 것에 의문을 품게 됐다.

10
—
삶을 도둑맞은 아이들

아르헨티나 부에노스아이레스

1987년 여름, 열 살이던 마리아 호세 라바예 레모스María José Lavalle Lemos는 당시 살고 있던 마르델플라타Mar del Plata 해변 휴양지의 친구 집에서 디즈니 만화를 보고 있다가 지역 판사의 방문을 받았다. 판사는 마리아를 자신의 사무실로 데려갔고, 그곳에는 그녀가 엄마라고 알고 있던 테레사 곤살레스 데 루벤Teresa González de Rubén이 기다리고 있었다.

후안 라모스 파딜라 판사는 마리아에게 "엄마가 네게 할 말이 있단다"라고 말했다. "저는 왜 친구 집에 남아서 아이스크림을 먹을 수 없는지 어리둥절했어요." 마리아 호세는 이렇게 회상한다. "무슨 일이 일어날지 전혀 몰랐죠."

그녀는 자신이 그때까지 엄마와 아빠로 알고 있던 사람들이 실은 진짜 부모가 아니라는 이야기를 들었다. 마리아는 동네 병원이 아니라 은폐된 고문 시설에서 태어났다. 그녀의 진짜 부모는 데사파레시도스desaparecidos(실종자들)였다. 1976년 3월 군부가 정권을 잡은 이후 비밀경찰에게 납치되어 감금 시설로 끌려간 수천 명에 속했다. 이들 대부분은 고문 받거나 살해됐다. 마리아를 자기 딸로 등록하고 키운 여성은 마리아의 친부모가 실종된 반피엘드Banfield의 고문 시설에서 일하던 교도관이었다.

파딜라 판사의 사무실에서 진실을 알게 된 이후 사흘 동안 마리아 호세는 가슴이 텅 빈 것 같았다. 그녀는 5년 뒤 우리가 만났을 때 이렇게 말했다. "제가 진실이라고 생각했던 모든 것이 진실이 아니었어요. 제가 누구인지 더 이상 모르겠더라고요."

마리아는 병원에서 피 검사를 받은 다음 혈액 샘플이 분석되는 동안 지역의 호텔에서 보살핌을 받았다. 세 번째 날 아침, 결과가 나왔다. 그녀는 99.88퍼센트의 확실성으로 모니카Mónica와 구스타보 안토니오 라바예Gustavo Antonio Lavalle의 잃어버린 딸이었다. 부부는 1977년 7월 21일 이른 시간에 부에노스아이레스의 집에서 열다섯 달짜리 아기 마리아 라우라María Laura와 함께 끌려갔고 나중에 살해당했다. 납치될 당시 모니카는 임신 8개월이었다.

가죽 공방을 운영했던 부부는 둘 다 숙련 노동자 조합의 헌신적인 회원이었다. 모니카는 지리학을 전공했던 대학에서 학생 운동에 참여했고 구스타보 역시 활동가였다. 나중에 부부의 이름을 딴 거리가 생길 정도로 두 사람은 지역에서 무척 인기 있었다.

군사 정권에게 그들은 좌익 '불순분자'였다. 집이나 거리에서, 사무실을 나서거나 버스에서 내리거나 심지어 고등학교 교문을 나서다가 복면을 한 남자들에게 끌려간 수천 명의 노동조합원과 변호사, 학생에 속했다.

부부가 실종된 닷새 뒤 구스타보의 부모는 익명의 전화를 받았고 버려진 채 발견된 아기 마리아 라우라를 찾게 됐다. 아기는 영양실조였다. 그러나 더 이상의 소식은 들리지 않았다.

가족에게는 마치 대지가 두 사람을 집어삼켜버린 것 같았다. 그들의 운명과 관련된 모든 기록이 파괴되었다.

1976년부터 1983년까지 7년에 걸친 군부독재 기간에 수천 명의 아르헨티나 남자와 여자가 '사라졌다.' 나중에 '더러운 전쟁'이라 불리게 된 이 시기 동안 공식 자료에 따르면 1만 3000명, 인권단체에 따르면 3만 명 이상이 사라졌다.

스포츠클럽과 버스 터미널, 군사학교, 심지어 서커스장까지 약 600곳이 감금 수용소로 개조되었다. 납치된 사람들은 그곳으로 끌려가 고문받다 죽는 경우가 많았다. 시체들은 비밀 매장지에 버려졌고, 많은 사람이 비행기에 줄줄이 실려 플라타강이나 대서양에 산 채로 던져져 죽었다.

납치된 사람 중 30퍼센트 정도가 여자였고 몇몇은 모니카처럼 임신한 상태였다. 그들은 출산 때까지 감금 수용소의 특별실에 살려둔 다음 출산 뒤에는 이른바 죽음의 비행기에 실렸다. 태어난 아기들은 부모의 혈통을 전혀 모르는 아기 없는 부부에게 주기도 했고, 그들의 어머니를 살해한 군사경찰이나 비밀경찰이 데려다 키우는 섬뜩한 경우도 있었다.

모니카가 실종되고 2년 뒤 그녀의 어머니 아이디 바이노 데 레모스Haydee Vallino de Lemos는 반피엘드 감금수용소에 있던 여성을 만났다. 그녀는 모니카가 그곳에서 딸아이를 낳았다고 말했다.

"저는 모니카가 끌려갈 때 임신했다는 것을 알았으니 아이가 있을지 모른다는 상상을 자주 했어요. 하지만 그 아이를 어디서부터 어떻게 찾아야 할지 알 수 없었어요."

그녀는 부에노스아이레스 5월광장의 종려나무와 자카란다나무 아래에서 매주 목요일 오후 3시 30분에 침묵의 행진을 벌이는 다른 실종자의 어머니와 합류했다.

그 행진은 상징적 선택이었다. 5월광장은 스페인으로부터 아르헨티나를 독립시킨 5월혁명의 이름을 딴 장소였고, 강력한 가톨릭 교단의 본산인 대성당과 한때 에바 페론이 환호하는 군중에게 연설했던 분홍색 카사로사다 대통령궁이 굽어보는 곳이었다.

1977년 4월 30일 시작된 첫 행진에는 14명의 여성만 있었다. 세명 이상 모이면 불법 집회로 간주되므로 둘씩 짝을 지어 광장 한복판의 피라미드 주위를 돌고 또 돌았다. 아기 기저귀 천을 머리에 쓰자는 아이디어에 영감을 얻어 흰색 머릿수건에 실종된 아이들의 이름을 수놓아 머리에 쓰기 시작했다.

처음에는 아무도 관심을 기울이지 않았다. 많은 사람이 그저 서둘러 지나쳐갔다. 5월 광장의 어머니회 Las Madres는 경찰에게 공격당하고 군부로부터 '미친 여자들'이라는 비난을 받았다. 가족은 그들의 안전을 걱정하며 그만하라고 애원했다. 어머니회의 지도자 세 사람이 납치되었고, 그들을 돕던 프랑스 수녀 두 사람과 함께 살해당했다.

그러나 행진하는 어머니는 늘어났다. 이들 중에는 아이디처럼 납치된 딸이 감금 수용소에서 출산했다는 사실을 알게 된 사람들이 있었다. 그들은 아부엘라스 Abuelas, 곧 할머니회라는 모임을 따로 만들었다.

할머니회의 초기 회원 중에는 예전에 고등학교 교장이던 에스텔라 바르네스 데 카를로토 Estela Barnes de Carlotto도 있었다. 그녀는 이도둑맞은 아이들을 되찾는 것을 삶의 사명으로 삼게 됐고, 1989년에는 할머니회 회장이 되었다. 에스텔라는 구름 같은 옅은 금발에 흠잡을 데 없는 화장을 하고 직접 만든(그녀는 패션디자이너의 딸이었다)

멋진 옷을 입은 매력적인 여성이었다. 우리는 마리아 호세처럼 되찾은 아이들의 사진과 봉제완구가 가득한 그녀의 작은 사무실에서 만났다.

"우리는 모두 예순이 넘었고 대체로 정치 경험도, 투쟁성도 없는 평범한 주부들이었지만 모두 우리의 아이들뿐 아니라 손주들까지 빼앗겼다는 사실을 알고 있었어요. 이 약탈자들은 우리 여성들이 나약하게 공포에 떨며 집에서 울 거라고 생각했지만 틀렸어요."

그녀의 뒤쪽 벽에 걸린 흑백사진 속에는 아름다운 큰딸 라우라가 파도가 부서지는 바다 앞에 서 있었다. 까만 눈과 긴 머리를 지닌 그녀는 존 바에즈를 닮았다.

라우라는 라플라타대학교의 역사학과 학생이었고 학생 운동가였다. '개성과 정의감이 강한' 딸이었다고 그녀는 말했다. 라우라는 남자친구 왈미르 몬토야와 함께 1977년 11월에 납치되어 라플라타 외곽의 비밀 감금 수용소로 끌려갔다. 수용소는 옛 라디오 방송국에 있었고 아이들을 납치하는 만화 속 마녀의 이름을 따서 라카차La Cacha라는 별칭으로 불렸다.

"우리는 그때 너무 순진했어요. 군부가 사람들을 죽이고 있다는 걸 몰랐어요." 에스텔라가 말했다. 라우라의 시신은 1978년 8월 소총으로 맞아 얼굴이 깨지고 온몸에 총알이 박힌 채 발견되었다. 에스텔라는 말을 멈추고 잠시 고개를 숙였다. "어떻게 보면 저희는 운이 좋았죠. 대부분의 부모는 매장할 시신조차 없었으니까요."

그러나 에스텔라가 모르고 있던 것이 있었다. 딸 라우라는 납치 당했을 때 임신 3개월이었다. 딸이 죽고 2년 뒤 에스텔라는 라카차에서 살아나온 몇 안 되는 생존자인 한 여자 변호사를 만났다. 그녀는 라우라가 살해되기 전에 들것에 수갑으로 묶인 채 아들을 낳았고, 구이도라는 이름을 붙여줬다는 사실을 알게 됐다. "딸이 라카차에 있었다는 건 알았지만 그 아기에게 무슨 일이 일어났는지는 알수 없었어요. 그 애는 제 손자인데 도둑맞은 거잖아요. 저는 아이를 찾기로 했어요."

불가능한 일 같았다. 라우라의 남자 친구 왈미르도 이미 살해당했다. 초기 조사는 대부분 막다른 골목에 부딪혔다. 할머니들은 비밀리에 움직여야 했다. 끊임없이 미행당했고 협박 전화를 받았으며 체포될 때도 있었다. "진짜 007 작전이었죠. 상상해보세요. 우리는 이름도, 얼굴도, 소재도, 출생일도 모르는 아이들을 찾고 있었어요."

그들은 주로 익명의 제보에 의존했다. 수상하게 행동하거나 갑자기 이사가 버린 이웃에 대한 전화와 편지가 도착했다. 에스텔라의 전화가 끊임없이 울렸다.

"별의별 단서가 있을 수 있죠." 아이디가 말했다. "군부 일을 하는 사람이 임신한 기미도 없다가 갑자기 아기를 데리고 나타난다거나 아이는 피부색이 하얀데 부모는 어둡다거나 아이를 학대한다거나. 이런 사람들은 주로 수상쩍게 행동하고 대개는 군부와 연줄이 있기 때문에 사람들의 호감을 사지 못하지요."

그토록 큰 고통 앞에서 이 여성들이 보여준 용기와 존엄은 국제적 관심을 끌었고 아이들을 찾는 조사팀에 지원금이 들어왔다.

군사정권은 1982년 영국령 포클랜드제도를 점령하며 시작한 전쟁에 패하면서 몰락의 길을 걸었고, 이후 조사는 더 쉬워졌다. 몇 년 뒤에는 DNA 분석이 등장하면서 조사가 더욱 쉬워졌다. 1987년 새로운 민선 대통령 라울 알폰신Raúl Alfonsín은 모든 조부모의 혈액 샘플을 아우르는 국립유전정보은행의 설립을 승인했다. 일단 마리아 호세 같은 아이가 발견되면 이 정보를 이용해 가족을 찾을 수 있었다.

1992년 내가 처음 방문했을 때 할머니회는 50명의 아이를 찾아냈고, 그들 중 절반은 생물학적 가족에게 돌아갔다. 13명은 입양 가족에 남았지만 진짜 가족과 연락하며 지낸다. 다섯 명은 법정 소송이 진행 중이다. 그리고 일곱 명은 살해당했다. 그러나 에스텔라는 실종자가 3만 명에 이른다는 점을 생각하면 도둑맞은 아이들은 훨씬 많을 것이라 믿는다.

마리아 호세와 그녀의 할머니 아이디와 이야기를 나누면서 나는 관련된 모든 사람의 어려움을 이해할 수 있었다. 아이디는 조사 비용을 마련하기 위해 결혼반지와 텔레비전을 팔아야 했다. 누군가 집에 침입해 온통 뒤지고 간 적도 있었다. 그녀는 그 침입이 자신을 위협하기 위해서였다고 믿는다. 이제 그녀에게 남은 것이라곤 기억 그리고 모니카와 구스타보의 구겨진 흑백 사진 한 장밖에 없다.

마리아 호세의 다른 조부모, 곧 구스타보의 부모는 부부의 실종을 인정하려 들지 않았다. 그들은 다른 많은 아르헨티나인처럼 군부의 억압이 없던 일인 양 행동했다. 더구나 아이디의 할머니회 활동을 못마땅하게 여기며, 그들이 키우고 있는 모니카의 다른 딸 마리아 라우라도 만나지 못하게 했다.

마리아 호세의 양부모는 할머니회가 자신들을 추적한다는 소문을 듣고는 네 번 이사했고 아이를 거의 밖에 내보내지 않았다. 그러나 그들이 이사할 때마다 수상쩍게 여긴 이웃들이 제보를 했다. 제보 가운데 하나가 결국 파딜라 판사에게 들어갔고, 그는 테레사 곤살레스가 1976년부터 1978년 사이 많은 실종자가 끌려갔던 반피엘드수용소에서 일했다는 사실을 발견했다.

처음에 곤살레스는 마리아 호세에 대한 사실을 인정하지 않았다. 그러나 구금된 이후에는 마리아가 자기 딸이 아니라 자신이 일하던 수용소에서 태어난 아이라는 사실을 인정했다. "사실, 그녀는 10년간 품고 있던 거짓을 내려놓고 거의 안도하는 듯했어요." 파딜라 판사가 말했다. 판사가 아이디에게 사실을 알렸을 때 그녀는 아이의 나이와 태어난 장소가 맞긴 했지만 자기 손녀가 맞을 거라고 감히 희망할 수 없었다. 그녀는 운이 좋았다. 마리아 호세는 그렇게 해서 찾은 두 번째 아이였다.

파딜라 판사는 어떻게 해야 할지 확신이 서지 않았다. "너무 새로운 일이어서 아이에게 무엇이 최선인지 모르겠더라고요. 부모로 알던 사람들이 부모가 아니라는 것을 갑자기 알게 되는 일은 아이에게 끔찍한 고통이지요. 정신과 의사들과 이야기를 나누었지만 그래도 무얼 해야 할지 확실히 알 수 없었어요. 결국 제 열두 살짜리 아들이 이렇게 말하더군요. '하지만 아빠, 진실은 밝혀야죠.' 그때야 저는 아무리 고통스럽더라도 거짓보다는 진실이 아이에게 더 낫다고 깨닫게 됐습니다."

마리아 호세는 판사와 정신과 의사와 상담하는 동안 마음의 문을 닫고 말을 하지 않았다. "처음에는 겁이 났어요. 저를 키운 사람들에게 돌아가는 게 낫겠다고 생각했어요." 마리아가 말했다.

언니인 마리아 라우라도 자신에게 여동생이 있다는 사실을 받아들이길 힘들어했다. 그러나 둘은 놀랄 만큼 서로 닮았다. 결국 어른들은 방에 두 사람만 남겨 두었다. 40분의 침묵이 흐른 뒤 판사의 귀에 킥킥대는 웃음소리가 들리더니 결국 깔깔대는 웃음이 터졌다. 두 아이는 각자 팔을 들어 올리며 나왔다. 똑같은 위치에 달 모양의 점이 있음을 발견한 것이다.

"우리는 늘 함께 있었던 것 같았어요." 언니인 마리아 라우라가 말했다.

"할머니와 언니를 만나자마자 저를 키운 사람들에게 돌아가고 싶지 않아졌어요." 마리아 호세가 말했다.

이 사건의 경우에는 곤살레스의 자백 덕에 일이 쉬웠다. 진실을 알게 된 지 한 주 만에 마리아 호세는 할머니와 살기를 선택했고, 언니인 마리아 라우라도 다른 조부모를 떠나 동생과 함께 살기를 선택했다.

아이디는 일흔두 살의 나이에 두 손녀와 함께 살게 되어 가슴이 뛰었다고 내게 말했다. 아이들은 각자 외동으로 자란 탓에 지독하게 자주 싸웠지만 차츰 적응해가고 있다. 할머니회를 통해 그들은 적응을 돕는 상담을 받을 수 있었다.

부에노스아이레스에 있는 아이디의 작은 아파트에서, 마리아 호세는 유괴범들의 집에서 누렸던 사치는 누릴 수 없었다.

"그들은 제게 잘해주었지만 모두 거짓이었어요." 그녀가 말했다.

"예쁜 옷과 장난감을 가질 수 있다고 해도 정체성을 빼앗긴 아이는 가장 소중한 것을 잃어버린 거잖아요." 아이디가 말했다. "그건 노예가 되는 것보다 더 나빠요. 적어도 노예에게는 역사가 있지요."

몇 년 뒤 2018년 구스타보 부부가 처음 감금된 산후스토San Justo 수용소 장교들의 재판에서 마리아 자매들의 고모이자 자매들의 살해된 아버지 구스타보의 누나인 아드리아나Adriana는 그 일이 가족 모두에게 얼마나 힘들었는지 증언했다. 마리아 라우라는 어린 시절 내내 악몽을 꾸었고 "큰 소음과 사이렌 소리, 제복 입은 사람들을 무서워"했으며 마리아 호세는 "부모가 있어야 할 자리가 비어 있는, 낯선 사람들로 구성된 가족에 적응하느라 힘들었다."★

다른 할머니들의 손주 찾기는 여전히 진행 중이다. 군사정권이 몰락한 이후 경찰 기록 접근권을 달라는 그들의 요구는 거부당했지만 처음 몇 년 동안 상황은 긍정적으로 보였다. 독재를 빠져나온 다른 라틴아메리카 국가들과 달리 아르헨티나는 '더러운 전쟁'의 책임

★   'Declararon las hermanas Lavalle Lemos', *El Teclado*, 29 August 2018.

자들에게 신속하게 책임을 묻기 시작했다. 1985년 군부 재판은 뉘른베르크 이래 세계 최초의 대규모 전범 재판이었고 에스텔라를 비롯해 833명이 증언했다. 마지막 재판은 검사가 '눈카마스Nunca más!(다시는 절대로 안 됩니다!)'를 선언하며 막을 내렸다.

그러나 이듬해 알폰신 대통령은 군부가 쿠데타를 다시 일으킬까 두려워하며 아르헨티나가 과거가 아닌 미래를 보아야 한다고 선언했다. 그는 조사와 기소를 중단하는 국민화합법을 선포했다. 그 뒤를 이어 명령복종처벌불가법이 제정되어 군부 치하에서 군부의 명령을 따랐던 하급 및 중급 장교들이 사면되었다. 1990년 그의 후계자 카를로스 메넴Carlos Menem 대통령은 유죄판결을 받은 다른 사람들도 사면했다.

미래는 다시 어두워 보였다. 어머니회는 분열되었다. 정부의 방침에 따라야 한다는 사람들과 따를 수 없다는 사람들로 나뉘었다. 할머니회의 회장 에스텔라가 아이들을 찾기 위해 의지할 것은 불굴의 의지와 대중의 관심밖에 없었다. 그녀는 양부모 밑에서 자란 아이들이 나이가 들면 과거를 묻기 시작할 테고 뭔가 이상하다고 느껴 할머니회 사무실로 연락하길 여전히 바라고 있다고 했다. 그러나 할머니회가 납치되었다고 보는 아이들 중에는 검사를 거부한 사례도 있었다.

아이들을 돌려줘야 하는 '부모' 중 누구도 기꺼이 나서서 진실을 밝히지 않았다. 그러나 테레사 곤살레스의 친구는 이런 말을 하기도 했다. "그녀는 마리아 호세에게 삶의 기회를 주려고 한 것입니다. 수용소에서 죽게 놔두는 것보다 구조해서 안전하게 키우는 게 분명 더 낫지 않겠어요?"

돌아온 아이들을 상담한 정신과 의사 알리시아 로 히디세Alicia Lo Giúdice는 이렇게 말했다. "그들은 아이를 훔쳤다고 생각하지 않아요. 입양했다고 말하죠. 어쩌면 정말 그렇게 믿는지도 모릅니다."

조부모들은 그런 생각에 그다지 동의하지 않았다. 소름 끼치는 일이지만 전리품의 일종으로 아이들을 데려갔다고 보는 사람도 있고 세뇌를 위해, 그들이 탄압하려는 반대자들을 궁극적으로 꺾기 위해 데려갔다고 보는 사람도 있다. "압제자들은 부모를 죽인 뒤에도 아이들의 운명을 통제하려 했던 거예요." 에스텔라가 말했다.

파딜라 판사는 마리아 호세의 판결 요약에서 이 어린 소녀는 '애정 어린 대우를 받았지만 주인에게 기쁨을 주는 것이 유일한 목적인 애완동물'과 비슷했다고 표현했다.

고문자들이 임신한 수감자를 출산할 때까지 살려두었다가 아기를 빼앗았다니 디스토피아 소설에나 나옴 직한 사악한 일이었다. 사실, 소설가 마거릿 애트우드는 아르헨티나에서 벌어진 사건들이 《시녀 이야기》에 포함된 몇몇 실제 사례를 제공했다"고 썼다.[★]

어떻게 사람이 그런 일을 할 수 있을까? 그리고 그 아기들을 받아낸 의사나 산파, 아기들에게 세례를 준 신부, 그 일에 공모한 모든 사람을 어떻게 봐야 할까? 그러나 억압자 중에는 그들이 한 일을 이념적 측면에서 바라보는 사람들이 분명 있었다. 친부모의 '불경한' 좌파 신념을 물려받지 않도록 공산주의자로부터 아이들을 구해 '품위 있는 가톨릭 가정'에 건네준 행동이었다고.

"불온한 부모는 아이들에게 체제 전복을 교육시킵니다. 그것을 막아야 합니다."[★★] 1976~1978년 사이 부에노스아이레스 지역의 경찰청장을 지낸 라몬 후안 알베르토 캄프스Ramón Juan Alberto Camps의 말이다. 그는 더러운 전쟁의 지도자들은 실종자의 자녀들이 부모의

★ Ana Correa, *Somos Belén*(Buenos Aires: Planeta Argentina, 2019)의 서문.
★★ 산티아고 아로카와의 인터뷰, *Tiempo*, Madrid, 9 November 1983.

운명을 알게 되면 군부를 증오하는 사람으로 자라나 새로운 세대의 불순분자가 될 것을 두려워했다고 설명했다.

시간이 흐르면서 할머니들의 수사 작업으로 더 많은 아이를 찾아낼 수 있었고, 나중에 재판이 다시 열리기 시작했을 때 그들의 작업은 수십 명의 고문자에게 유죄판결을 내리는 데도 도움이 되었다.

그러나 에스텔라는 여전히 손자를 찾지 못했다. 남편은 세상을 떠났고 그녀의 머리카락은 백발이 됐으며 주름은 늘었다. 그래도 그녀는 언제나처럼 우아하고 힘이 있었다. 2014년 여든네 살의 나이에도 그녀는 결코 포기하지 않을 것이라 말했다. "우리 내면에서 나와 우리를 이끄는 강력한 힘이 있어요. 그건 사랑입니다. 우리 아이들과 손주들에 대한 사랑이지요."

음악을 공부하던 학생인 이그나시오 우르반Ignacio Hurban도 그녀의 헌신에 깊은 인상을 받은 사람들 중 하나였다. 그는 어느 날 텔레비전에서 에스텔라의 인터뷰를 보았다. "저는 얼마나 안타까운 일인가 생각했어요. 이분은 평생 손자를 찾았는데 어쩌면 영영 찾지 못할 수도 있겠구나 하고요."★

그의 부모는 부에노스아이레스에서 350킬로미터 떨어진 작은 시골 소읍 올라바리아Olavarría의 농장 노동자들이었다. 그들은 부유한 지주인 프란시스코 아길라르Francisco Aguilar 밑에서 일하고 있었다. 그는 자라면서 자신의 외모가 부모와 조금도 닮지 않고 인생관도 매우 다르다는 것을 의아해하곤 했다

이그나시오는 부에노스아이레스의 예술학교에서 공부한 뒤 재

★ Uki Goñi, 'A Grandmother's 36-Year Hunt for the Child Stolen by the Argentinian Junta', *Observer*, 7 June 2015.

즈뮤지션이 되어 밴드에서 피아노를 연주했다. 결혼한 뒤에는 올라 바리아로 돌아와서 앨범을 녹음하고 음악학원을 운영하기 시작했다. 삶은 순조로웠다. 부부는 새 차를 샀고 아이를 가질 생각도 하고 있었다. 그러다가 2014년 6월 그의 서른여섯 번째 생일을 축하하는 식사에서 모든 것이 달라졌다.

초대받은 손님 중에 지주 아길라르의 딸의 친구가 있었다. 그녀는 이그나시오가 독재가 한창이던 시절에 난데없이 나타난 아기였다고 그의 아내에게 말했다.

이그나시오는 그 이야기를 전해 듣고 큰 충격을 받았다. 그는 친부모를 찾아보기로 마음먹고 할머니회를 찾아갔다. 할머니회는 그의 혈액검사 일정을 잡아주었고, 검사 결과는 국립유전자정보은행으로 보내졌다. 며칠 뒤인 2014년 8월에 결과가 도착했다. 그는 에스텔라의 실종된 손자였다.

나중에 이그나시오는 텔레비전에서 몇 년 전에 봤던 인터뷰를 기억하고 있었기 때문에 에스텔라가 할머니였으면 좋겠다고 생각했다고 했다. 두 사람은 볼을 맞대고 환하게 웃으며 기자 회견에 나타났다. 에스텔라는 국보나 다름없었다. 온 나라가 그녀와 함께 기뻐했다. "나는 손자를 안을 수 있었어요." 그녀가 말했다. "손자는 딸과 닮지는 않았지만 딸의 핏줄이라는 걸 알아요. 딸과 손자를 다 되찾은 것 같아요."

이그나시오 우르반은 이름을 이그나시오 몬토야 카를로토 Ignacio Montoya Carlotto로 바꿨다. 그를 키운 부모는 그 뒤 법적 절차를 거쳐야 했다. 아이 한 사람을 찾을 때마다 사법부가 관여한다.

"제 손자를 키운 사람들은 심각한 범죄를, 인도주의에 반하는 범죄를 저질렀지요." 에스텔라가 말했다. "하지만 그들은 아이를 가질 수 없는 순박한 농부들이었고 어느 날 고압적인 주인이 아기를 데리고 와서 어떻게 생긴 아기인지 묻지도 말고, 친자가 아니라는 걸 누구에게도 절대 발설하지 말라고 엄포를 놓았으니 정상참작이 됩니다."

에스텔라는 손자를 찾고 나서도 조사 작업을 멈추지 않았다.

이그나시오는 신원이 확인된 114번째 실종 아동이었다. 에스텔라가 여든여덟 살이 된 2018년까지 신원이 확인된 아이들의 수는 129명으로 늘었다. "저는 죽는 날까지 실종된 아이들과 진실과 정의를 계속 찾을 겁니다." 그녀가 내게 말했다.

분만실은 꼭대기 층에 있었다. 방마다 수술대가 하나씩 있었고 의료 기구가 몇 개 있었다.

아르헨티나는 고통스러운 과거를 받아들이려는 노력으로 최근에 과거의 고문 시설 몇 곳을 기념물이나 기념 정원, 박물관으로 조성했다. 이런 장소들은 어울리지 않게도 주택가 한가운데 있을 때가 많았다. 부에노스아이레스의 5번 버스 터미널이었던 가라헤올림포Garage Olimpo가 대표적이다.

가장 크고 가장 악명 높은 곳은 해군기계병양성소Escuela Superior de Mecánica de la Armada(ESMA)다. 5000명이 끌려가서 고문당했다. 살아남은 사람은 200명 정도밖에 되지 않는다. 내 아르헨티나 친구는 '우리 나라의 아우슈비츠'라고 그곳을 불렀다.

해군이 마지못해서 그곳을 떠난 뒤인 2015년 ESMA는 박물관으로 문을 열었다. 국내선 공항과 그리 멀지 않은 부에노스아이레스 북쪽의 분주한 도로에 있는 나무가 무성한 큰 부지에 자리한 그곳의 중앙 입구로 들어가면 웅장한 흰색 주랑 건물로 들어서게 된다. 그 건물 너머에 장교 클럽이 있다. 어두운 초록색 덧문이 달린 4층짜리 크림색 건물인 그곳에서 고문이 이루어졌다. 건물 정면에는 희생자들의 얼굴이 흑백으로 찍힌 유리벽이 세워져 있었다. 그들 모두가 얼마나 젊은지 나는 할 말을 잃었다.

바로 이곳에 학생과 활동가, 기자, 노동조합원 들이 머리에는 두건이 씌워지고 손목과 발목에는 쇠고랑이 채워진 채 발을 끌며 잡혀왔다. 일단 안으로 끌려온 사람들은 번호가 배정되었고 지붕 밑으로 끌려갔다. '카푸차Capucha' 곧 두건이라 불리는 그 공간에서 그들은 머리에 두건이 씌워진 채 관처럼 오목하게 들어간 바닥에 누워 있어야 했다. 양동이가 화장실을 대신했다.

가끔 번호가 불리면 지하실로 끌려가 고문을 당했다. 볼 것은 거의 없었지만 그곳에서 어떤 일이 벌어졌는지는 충분히 상상할 수 있다. 때리고 담뱃불로 지지고 최고치의 출력에 맞춰진 전기 소몰이 막대로 전기충격을, 주로 생식기에 가하고, '잠수함(물고문)'도 했다.

죄수들은 곤죽이 되도록 두드려 맞고는 다리를 절며 2층과 3층의 장교 침실을 지나 다시 꼭대기 층으로 끌려갔다. 자신들이 먹고 자며 사교 활동을 하는 바로 그 건물에서, 자신들이 잠을 자는 침실 방문 밖 복도로 죄수들에게 두건을 씌우고 쇠고랑을 채워 끌고 다니며 고문을 자행한 자들에게는 유독 잔인한 구석이 있었다.

수요일마다 몇몇 죄수에게는 이송을 준비하라는 지시가 떨어졌다. 사실, 그 이송이라는 것은 죽음의 비행이었다. 그들은 공항으로 끌려가 약이 투여된 상태에서 군용 비행기에 태워진 다음 공중에서 플라타강이나 바다로 내던져졌다. 몇몇 시신은 우루과이로 떠내려가기도 했다.

사람들을 비행기에 태우라는 지시를 받은 트럭 운전사의 재판 증언에 따르면 그가 한 장교에게 "이 사람들을 어디로 데려갑니까?"라고 물었을 때 "아무도 모르는 안개 속으로 간다"는 대답이 돌아왔다.

경악할 만한 것은 이 모든 일이 일어나는 동안 아르헨티나는 1978년 월드컵을 주최했으며 스코틀랜드부터 스웨덴까지 여러 축구팀과 팬을 초청했고 우승을 거두었다는 사실이다. 네덜란드와 결승전을 펼친 모뉴멘탈 경기장은 ESMA에서 1.6킬로미터 정도밖에 떨어지지 않은 곳이었다. 호르헤 아코스타를 비롯한 장교들은 얼마 전까지 고문하던 여성들에게 키스를 하며 승리를 자축했다. 한 생존자는 이렇게 증언했다. "아코스타가 '이겼어, 우리가 이겼어!' 하고 외치며 방에 들어왔어요."★

내가 방문한 많은 장소와 달리 이곳에서는 적어도 이제는 정의가 이루어지고 있었다. 1층 홀에는 유죄판결을 받은 가해자들의 얼굴과 이름을 보여주는 영상이 벽에 투사되고 있었다.

2005년 아르헨티나 대법원은 네스토르 키르치네르Néstor Kirchner 대통령의 촉구로 사면법을 폐지했다. 살인적 억압을 자행했던 사람들에 대한 기소가 다시 시작될 수 있다는 뜻이었다.

2006년과 2018년 사이에 3010명의 군 장교가 인도주의에 반하는 범죄로 기소되었다. ESMA와 관련된 재판들은 너무나 많은 가해자와 희생자가 연루돼 있어서 메가 재판이라 불렸다. 세 번째 메가 재판은 2012~2017년에 걸쳐 이루어졌고, 아르헨티나 역사상 규모가 가장 큰 재판이었다. 피고인 54명이 피해자 789명에게 저지른 범죄로 법정에 섰다. 지금까지 862명이 유죄판결을 받았고 530명이 사망했으며 715명이 여전히 재판을 받고 있다. 수감된 사람 중에는 '죽음의 비행'을 했던 조종사들도 있었다. 재판이 열릴 때마다 실종자들의 부모들이 잃어버린 아들과 딸들의 확대된 흑백 사진을 들고 왔다. 형이 선고되면 군중들은 환호했다.

★   그라시엘라 달레오의 증언, ESMA 2 재판, 사건 번호 1270, 2010년 4월 29일.

그라시엘라 그라시아 로메로Graciela García Romero는 ESMA의 생존자 중 한 사람이었다. 갈색 눈과 깃털 같은 갈색 머리에 검정 부츠를 신고 검정 진과 파란색 패딩 재킷을 입은 그녀는 60대 후반이라기에는 젊어 보였고 씩씩해 보이면서도 왠지 모르게 상처받은 사람처럼 보였다. 2018년 어느 금요일 오후 세 시에 그녀는 내가 머물던 칼레산마르틴Calle San Martín 호텔 카페에 나를 만나러 왔다.

이야기를 시작하기 전에 그녀는 나를 밖으로 데리고 나갔다. "여기에요." 그녀가 말했다. 그녀는 호텔에서 두 집 건너 파이로극장 입구 옆 700번지의 파란 현관 앞에 멈췄다. "여기가 내가 납치된 곳이에요. 1976년 10월 15일 금요일 오후 3시였어요.

친구 다이아나 가르시아와 걸어가는데 갑자기 팔들이 제 목과 몸을 붙들었어요. 저는 소리를 질렀지만 아무도 달려오지 않았어요. 사복을 입고 권총을 든 남자 예닐곱 명이 저희를 붙들고 아베니아 코르도바 간선도로로 끌고 갔어요. 그러고는 우리를 흰색 차에 밀어 넣고 ESMA로 데려갔어요. 다이아나는 다시 보지 못했어요."

나는 깜짝 놀라서 그녀를 쳐다봤다. 부에노스아이레스의 그 많은 장소 중 하필 이곳으로 내가 그녀를 불러내다니, 얼마나 끔찍한 우연의 일치인가.

그녀는 내 사과를 웃어넘겼고, 우리는 다시 카페로 들어가 주문해둔 카푸치노를 마셨다. 그녀는 야지디족 성노예로서의 경험을 쓴 나디아 무라드의 책을 방금 읽었노라고 내게 말했다. "저는 우리에게 일어났던 일이 바로 그런 거였다는 것을 깨달았어요. 우리도 성노예였습니다."

그녀는 자신의 이야기를 들려주기 시작했다. '네그리타la Negrita'라는 별명으로 불렸다던 그라시엘라는 좌파 도시 게릴라 집단인 몬토네로스Montoneros의 활동가였다. 몬토네로스는 처음에는 망명 중

납치되기 전의 젊은 그라시엘라. ⓒ크리스티나 램

인 후안 페론Juan Perón 전 대통령을 다시 불러오기 위해 만들어진 단체였다. 1970년대 초반 페론이 그들과 관계를 단절하자 그 뒤로는 국제적인 사업 관계자들을 공격하는 일로 초점을 옮겼다. 부에노스아이레스의 셰러턴호텔을 폭탄 공격했고 기업의 중역들을 납치했다. 그들이 기업가 본 형제의 몸값으로 부른 6000만 달러는 여전히 세계 최고의 몸값으로 기록된다. 군부가 정권을 잡자 몬토네로스는 정권을 전복하기 위한 무장 투쟁으로 방향을 전환했다.

그라시엘라는 남자 친구를 통해 이 운동에 합류했고 권총을 받았지만 한 번도 쓰지는 않았다. 길거리에서 비밀경찰에 붙들려 ESMA로 끌려갈 때 그녀는 20대 중반이었다. 그녀는 두건이 씌워진 채 카푸차로 끌려갔다. 그녀는 그들을 감시하던 경비병을 풋내기 Verdes라 불렀는데 제복이 초록색이기 때문이기도 했고 그들이 어린 대학생들이기 때문이기도 했다. "우리는 악취 나는 양동이에 소변과

대변을 봐야 했어요. 어쩌다 진짜 화장실을 갈 때면 풋내기 중 하나
가 따라와 지켜보면서 몸매에 대해 이러쿵저러쿵 말했지요.”

그녀가 고문실이 있는 지하로 끌려갔을 때 그곳에는 통로를 따
라 많은 감방이 있었다. 그들은 그 통로를 '행복의 거리'라 불렀다.
그곳에서 그녀는 발가벗겨진 채 뺨을 맞으며 취조를 당했다. 그들은
가끔 그녀를 들것에 묶고는 처형하는 흉내를 냈다. 그것은 괜한 협
박이 아니었다. 바닥에는 움직임 없는 몸들이 쌓여 있었다.

처음에 그들은 그녀를 남부의 '재활 농장'으로 보낼지 모른다
고 말했다. 그 뒤 그녀는 '이송'에 대한 이야기를 들었다. “우리는 사
람들을 그 비행기에 태울 때 신발을 신기지 않는다는 것을 알게 됐
어요. 매주 수요일이면 이른 시간부터 긴장이 느껴졌어요. 사람들은
누가 끌려갈지, 누구의 번호가 불릴지 초조하게 기다렸어요.”

2주 뒤 어느 날 저녁 그녀는 다른 여성 죄수들과 함께 어느 농
가로 끌려갔다. “해군 장교 한 무리가 테이블에 앉아 요리다운 요리
를 먹고 있었어요.” 그녀가 회상했다. “우리가 ESMA에서 배급 받는
것이라고는 상한 빵과 가끔은 썩은 고기와 마테차가 전부였어요. 그
래서 우리는 그 기회를 놓치지 않고 먹었어요. 그러다가 대령이라
는 사람이 자리에서 일어나 우리 쪽으로 오더니 아리아다Ariada라고
자기 이름을 밝히고는 서양 문명에 대해, 아리스토텔레스와 플라톤
에 대해 말하기 시작했어요. 저는 그곳에서 제가 무엇을 하는 건지
몰랐으니까 아무 말도 하지 않았어요. 그러고는 레코드를 틀더군요.
그 아리아다라는 남자가 장교들에게 한 사람씩 물었어요. '어느 여
자가 마음에 드나?' 마치 우리를 갖고 노는 듯했어요.”

나중에 그녀는 그 대령이 ESMA를 관리하는 정보 장교 호르헤
에두아르도 아코스타Jorge Eduardo Acosta라는 것을 알게 됐다. 그는 '엘
티그레El Tigre' 즉 호랑이로 불렸다. 모든 장교는 서로 소, 피라냐, 퓨

마 같은 동물 이름으로 불렀다.

ESMA로 돌아왔을 때 그녀는 카마로테camarote라는 유리창이 봉쇄된 작은 칸막이 방으로 옮겨졌고 또 다른 여성 죄수와 방을 함께 썼다.

'쥐'라 불리는 안토니오 페르니아스Antonio Pernías라는 술 취한 장교가 그녀를 여러 번 찾아왔다. 한 번은 갓 구운 크루아상을 침대에 올려놓으며 그 대가로 구강성교를 요구했다. "그 사람을 간신히 물리치긴 했지만 그 일은 그 뒤 일어날 일의 예고편일 뿐이었어요."

어느 날 그녀는 다른 세 여자 죄수들과 함께 아코스타의 총괄 고문이자 은퇴한 해군 대령인 프란시스 와몬드Francis Whamond에게 보내졌다. "어떤 위생용품이 필요하지?" 그가 물었다. "우리는 무슨 말인지 몰랐어요. 그는 목욕을 해야 하니 샴푸와 비누, 데오도란트가 필요하지 않겠냐고 했어요. 우리는 그 사람이 미쳤다고 생각했죠. 하지만 사실 그들을 위해 우리를 준비시키고 있던 거예요.

우리가 몸을 씻고 나오자 그는 우리 넷을 데리고 아래층으로 갔어요. 저는 아코스타의 사무실로 끌려갔어요. 불빛이 흐릿했어요. 하늘색 티셔츠를 입은 그의 앞에 케이크가 조금 있더군요.

한 조각 먹고 싶으냐고 제게 묻기에 그렇다고 대답했어요. 미칠 정도로 배가 고팠으니까요. 그는 이야기를 하고 또 했어요. 그러더니 '내일, 내가 너를 밖으로 데리고 갈 거야'라더군요.

이튿날 그는 저를 차에 태우고 그들이 이런 짓에 쓰는 아파트로 데리고 갔어요. 벨그라노의 우아한 동네에 있는 칼레올레로스Calle Olleros라는 건물이었어요. 전기가 나가서 그는 짜증을 냈지요. 층이 많았거든요. '왜 불이 안 들어오는 거야?'라고 계속 말했어요. 저는 그 기회를 이용해 몸이 좋지 않다고 말했죠. 그는 그런 건 중요하지 않다며 8층인가 10층쯤까지 올라갔어요. 마침내 아파트에 도착했는데 더블베드 하나 말고는 거의 텅 빈 곳이었어요.

그곳은 해군 장교들이 섹스를 위해 쓰는 아파트였는데 그들은 제2차 세계대전의 유명한 전투 이름을 따서 그곳을 과달카날이라 불렀어요.

그런 곳에 데리고 간 건 그때가 처음이었어요. 그 뒤로 그들은 그 건물이나 또 다른 건물로 저를 여러 번 데려갔어요. 주말 내내 저를 가둬 놓고 아코스타가 와서 강간하도록 했어요. 저항하면 '이송' 명단에 넣겠다고 협박했죠."

ESMA에 있는 동안 그녀는 '544, 아래층으로!'라는 말을 두려워하게 됐다.

"보초병이 그 말을 할 때마다 저는 움츠러들었어요." 544는 그녀에게 배정된 번호였고 그 말은 끌려가서 장교 중 하나에게 강간당한다는 뜻이었다.

아코스타는 그녀를 여자 친구처럼 취급할 때도 있었다. "옷을 갖다주며 잘 차려입고 화장하게 하고는 부에노스아이레스의 최고급 식당에 데려가 저녁을 먹였어요. 유명한 나이트클럽에 데려가 춤을 추게 했고요.

저는 그 사람이 역겨웠어요. 그는 30대 중반이었는데 목소리가 높았고 옅은 색 눈동자에 아랫입술이 얇았어요. 매일 밤 예수와 이야기한다고 하더군요."

어느 날 그는 심지어 그녀를 가족에게 데려가기도 했다. "늦은 밤이어서 다들 잠옷을 입고 있었어요. 모두 저를 끌어안고 울었어요. 아코스타는 제 옆에 앉아서 군부가 서구와 기독교 문화의 수호자들이고, 자신이 나 같은 젊은이들을 구하기 위해 나섰으니 가족들도 이 재활 작업에 협조해야 한다고 말했어요. 그는 제 두 자매에게 무슨 일을 하는지 물었어요. 한 사람은 변호사였고, 다른 사람은 대학에서 철학을 공부하는 학생이었어요. 그는 그녀에게 왜 그 좌파 교수들에게 가냐고 물었죠.

나중에 그는 우리 아버지에게 집을 옮겨야 한다고 말했고 제 변호사 언니를 ESMA로 호출해서 이렇게 말했대요. '이곳은 들어오기는 싫지만 나가기는 어렵소.'

그들이 우리에게 한 일은 사악했어요. 그건 몸과 마음을 파괴하는 것이었어요. 우리는 언제든 죽일 수 있는 노예였어요. 2년 동안 그런 상황에서 지내다보니 저는 그 감방에서 그냥 죽어버리고 싶었어요."

유일한 탈출구는 잠이었다. "몇몇 동료는 그 아파트에 갔다 돌아오면 간호사에게 수면제를 얻어서 종일 잠을 잤어요. 잠을 깨면 그 악몽이 떠오르니까요." 그러나 그라시엘라는 불면증을 겪었다.

1978년 그녀는 몇몇 여성들과 함께 석방됐다. 그러나 그 석방은 보호관찰이었다. 그녀는 외교부에서 감시를 받으며 일을 하다가 밤에는 ESMA로 돌아와야 했다. 풋내기 보초병들이 그녀를 데려가곤 했다.

죽음의 비행을 위한 호출이 있는 수요일마다 그녀는 자신의 번호가 불리길 기다렸다. "정보 장교 한 무리가 수감자들의 운명을 선택했어요. 우리가 로마시대 검투사인 양 각기 다른 이름에 엄지를 올리거나 내리거나 했죠."

감방 동료를 비롯해 점점 더 많은 여성이 살해되었다. 그녀는 아코스타에게 왜 그녀는 살아남고 다른 사람은 죽었는지 물었다. "예수님이 그렇게 말했기 때문이지." 그가 대답했다.

얼마 뒤 그녀는 다른 억류자와 함께 인쇄 작업을 하는 부서로 옮겨갔고 나중에 포클랜드 전쟁 기간에는 사회복지부로 옮겨갔다. 그 뒤에야 마침내 석방되었다.

그 장소들에서 일하는 동안 그녀는 왜 탈출하지 않았을까? 나는 궁금했다.

"신분증이 없어서 나갈 수 없었어요. 그리고 가족과 다른 두 자매가 걱정돼서 그럴 수 없었어요. 아코스타가 그들에 대해 다 알고 있으니까요.

그 기간에 저는 아코스타를 만나러 두 번 끌려갔어요. 마지막에는 감히 그에게 더는 보고 싶지 않다고 말했지요. 그가 죽이든 말든 신경 쓰지 않았어요."

그때 그는 이렇게 대답했다. "여자들을 조심해, 네그리타. 그들에게 상처받을 수 있어."

그녀는 자신이 동성과 관계한다는 말을 그에게 한 적이 없었다. "전화를 도청하고 있었던 게 분명해요."

이후 여러 해 동안 그라시엘라는 자신이 겪은 일에 대해 한마디도 하지 않았다. "저희는 강간당했지만 부역자들이라고 비난받았어요. 마치 제가 아코스타의 여자 친구였던 것처럼요. 우리는 시한폭탄 같은 존재였죠. 아무도 저희와 어울리려 하지 않았어요."

'30년에 걸친 고통의 시작'이었다고 그녀는 말했다.

그녀는 사진가이자 기록관리인으로 일하기 시작했지만 오랫동안 홀로 살았다. "친구 중 누구도 만나고 싶지 않았어요. 늘 불을 켜두고 잤지요."

결국 동료 한 사람이 실종자들에 대한 기록을 만들기 위해 ESMA에서 목격된 사람들의 명단을 만드는 수요 모임에 가보라고 권유했다. "그 모임에 다녀온 다음 날에는 늘 아팠어요."

나는 그라시엘라의 이야기에 충격을 받았다. 올림포터미널에도, ESMA 기념관에도 여성을 구체적으로 어떻게 취급했는지에 대

1976년 그녀가 납치되었던 문 앞에 선 2018년의 그라시엘라. ⓒ크리스티나 램

한 언급은 없었다. 그러나 그라시엘라가 묘사한 수법은 만연한 것이었다. 여성 수감자들을 강간하고 '강요에 의한 공생'이라 부를 만한 관계에 묶어두는 수법 말이다. "저는 ESMA에서 모든 여성이 강간당했다고 생각합니다." 그녀가 말했다.

새로운 민주 사회에서 에스텔라 같은 할머니와 어머니들의 실종자 수색이 영웅적인 상징이 된 반면 그라시엘라처럼 고문자와의 잠자리를 강요당했던 여성들에 대한 이야기는 금기시되었다.

사법 정의를 실현하기 위해 어떤 노력이 이루어지는지 알아보려고 나는 2014년에 검찰총장 산하에 구성된 성폭력 조사팀의 사회학자 로레나 발라르디니Lorena Balardini를 만났다. 성폭력 조사팀 이전에 그녀는 법과사회연구소Centre for Legal and Social Studies의 법률팀에서 독재정권에 대한 소송을 다루고 있었다.

"구금 수용소에서 벌어진 강간에 대해 처음 들은 건 2007년 처음 열린 ESMA 재판에서였어요." 그녀가 말했다.

첫 재판은 아주 짧게 끝났다. 피고인은 해안경비대 장교인 엑토르 페브레스Héctor Febres 한 사람뿐이었다. 그는 대량 고문을 저지르고 신생아의 엄마들을 처형한 혐의로 기소되었다. ESMA에서 그는 지독한 고문 수법 때문에 고르도 셀바Gordo Selva(살찐 정글)라 불렸다. 판결 전날 밤 그는 아내와 성인 자녀들과 함께 저녁을 먹은 뒤 감방에서 숨진 채 발견됐다. 겉보기에는 청산가리 음독이 원인이었다. 하지만 군부에서 입을 막기 위해 살해했다는 소문이 돌았다.

로레나는 그 재판에서 그녀의 상사이자 유명한 인권 변호사인 카롤리네 바르스키Caroline Varsky와 함께 호세파 프라다Josefa Prada라는 여성이 ESMA에서 보낸 시간에 대해 증언하는 모습을 지켜보았다. "그녀는 무척 감정에 북받쳐 있었어요. 검사가 동료 수감자들에 대해 물었는데 그녀는 자기가 그곳에서 느꼈던 감정을 이야기하려 했어요. 증언 중에 그녀는 그날을 기억하는 이유는 바로 자신이 강간당한 날이었기 때문이라고 말하며 자기 내면이 어떻게 파괴되었는지, 그 느낌을 이야기했어요.

우리는 모두 충격을 받았어요. 그런 이야기는 처음이었으니까요. 그런데 이 검사는, 여자였는데요, 그냥 '알겠습니다' 하더니 다음 질문으로 넘어가는 거예요.

제 상사였던 카롤리네는 무척 화가 났고 이 피해자와 이야기를 나누러 갔어요. 우리는 가만히 있을 수 없다고 결정했어요. 피해 여성들은 말을 하는데 정부 관료들이 듣지 않으니까요. 우리는 그들이 목소리를 내도록 돕고 싶었어요. 그래서 이 여성들과 이야기하기 시작했죠. 관료들은 그동안 이 여성들이 강간에 대해 말한 적이 없다고 주장했지만 그건 사실이 아니에요. 이들과 대화를 해보면 그 문제에 대해 말하고 있고 무언가 하기를 원한다는 걸 알 수 있습니다."

사실, 그들은 여성들이 아주 초창기부터 이 문제에 대해 목소리를 내고 있었음을 깨달았다. 아무도 듣지 않았을 뿐이다. "아홉 명의 사령관이 재판받은 1985년 군부 재판에서도 강간당했다고 증언한 피해자가 있었지만 검사가 그냥 무시했어요. 그는 대놓고 이렇게 말했더군요. '나무만 보느라 숲을 놓치지 마세요. 우리는 고문과 살인에 집중해야 합니다.'"

　　그때 증언한 여성은 파리에 있던 엘레나 알파로Elena Alfaro였다. 나는 그녀를 만나러 파리로 갔다. 스물다섯 번째 생일 며칠 전인 1977년 4월 19일 자정 무렵 부에노스아이레스의 집에 무장한 남자들이 들이닥쳐 침대에서 끌어냈을 때 그녀는 임신 2개월째였다.

　　함께 살던 배우자 루이스 파브리Luis Fabbri는 그보다 몇 시간 전에 길에서 납치됐다. 그녀는 치과교정학을, 그는 법학을 공부하다가 만난 사이였고 두 사람이 납치된 이유는 그의 정치 활동 때문이었다. 그는 지역 의회에서 기자와 조합 대표로 일하고 있었다.

　　"그들은 집을 약탈하고 저를 차 바닥에 내동댕이치고 눈을 가린 뒤 그들이 병원이라 부르는 곳으로 데려갔어요. 하지만 그곳은 고문실이 줄줄이 있는 곳이었고 저는 나중에 알게 될 다른 사람들의 비명과 신음을 들을 수 있었답니다.

　　그들은 저도 그런 방 중 하나로 데리고 갔어요. 그들이 '그릴grill'이라 부르는 금속 틀이 있는 탁자에 제 손과 발을 묶더군요. 제가 임신했다고, 아기가 죽을지 모른다고 소리 지르는 걸 무시하면서 전기 소몰이막대로 저를 고문했어요.

　　남편이 바로 옆방에 있었어요. 그들은 그가 그 소리를 듣길 바랐던 거죠. 나중에 그들이 그를 데려왔는데 워낙 심하게 고문당해서 거의 무너진 상태였어요."

　　그들이 있던 곳은 엘베수비오El Vesubio라 알려진 비밀 구금 수용소로, 부에노스아이레스 외곽의 농장에 있었다. 그곳을 부르는 암호명인 엠프레사엘비수비오Empresa El Vesubio(베수비오 회사)는 그곳에서 수감자들에게 가하는 폭발적인 폭력을 가리키는 말이었다. 환경은 끔찍했다.

"우리는 쿠차cuchas, 곧 개집이라는 곳에 갇혔어요. 벽돌로 벽을 두른 작은 방들이었죠." 그녀는 회상했다.

그녀는 남편을 몇 번 더 보았지만 그는 5월 23일 이송된 16명에 포함되어 부에노스아이레스로 끌려가 총살당했다.

그때부터 엘레나에게 악몽이 시작됐다. 한때 라팜파에서 밀의 여왕으로 뽑힐 만큼 아름다운 여성이었던 엘레나는 수용소 사령관 두란 사엔스Durán Sáenz의 눈에 띄었다. 국경일이던 6월 20일 그는 그녀를 자기 방으로 데리고 가서 강간했다. "그는 [이틀날 밤까지] 저를 발가벗긴 채 먹을 것도 마실 것도 주지 않고 그 침대에 묶어 놨어요." 그녀는 나중에 이렇게 증언했다. "저는 임신 4개월째였고 눈으로도 분명 상태를 알 수 있었어요. 임신한 여자를 강간하다니 사디스트적인 짓이죠……우리 여자들은 남자들의 쾌락과 야만적인 의식 같은 죄악에 이용되었어요."

"저는 두란 사엔스의 소유물이었어요." 그녀가 덧붙였다. "적절한 단어를 쓰는 것이 중요해요. 저는 그와 '성관계'를 가진 것이 아니었어요. 누군가와 성관계를 갖는다는 것은 상대가 동의했다는 뜻이지요."

엘베수비오에서는 강간이 흔했다고 엘레나는 말했다. 그녀는 또한 악명 높은 술꾼이자 호색한인 프랑코 루쿠Franco Luque 중령에게도 강간당했다. 보초병들은 여성 수감자들의 몸을 자주 더듬었다. 그들은 기니피그 한 마리를 키웠는데 여성들을 발가벗기고 막대에 묶은 다음 다리 사이에 그 기니피그를 집어놓곤 했다.

1977년 11월 아들이 태어나자 그녀는 아들을 키우게 해달라고 간청했다. 얼마 뒤 사령관은 두 사람을 라플라타에 있는 고모와 함께 살도록 풀어주었지만 그녀의 움직임을 통제했다. "그들은 늘 저를 감시했어요." 사령관은 계속 그녀를 찾아왔고 그가 미국으로 간 뒤에는 그의 남자 형제가 찾아와 그녀를 강간했다.

결국 1982년 3월 엘레나는 아들과 함께 파리로 달아났다. "유럽으로 휴가를 가는 척했어요. 너무 힘들었죠. 프랑스어는 전혀 몰랐어요. 하지만 프랑코 때문에 스페인으로는 가고 싶지 않았어요."

그녀는 프랑스어를 배우고 의료 연구를 공부했을 뿐 아니라 여성권 운동가가 되었다. 2018년 나와 만났을 때 그녀는 학교들을 방문하며 자신의 경험에 대해 말하고 있었다.

1985년 재판에서 엘레나는 여섯 명의 판사 앞에서 증언했고 자신과 여섯 여성의 강간에 대해 진술했다. 그중 세 사람도 사엔스의 하렘에 갇혀 있다가 나중에 실종됐다. 한 사람은 열일곱 살의 여학생이었다. "여성으로서 우리는 우연히 그곳에 있었던 어떤 권력이나 남자의 손에 완전히 좌지우지됐습니다." 그녀가 진술했다. "그곳에서 강간은 매우 흔한 일이었어요."

그러나 재판장인 호르헤 발레르가 아라오스Jorge Valerga Aráoz는 아무 논평도 하지 않았다. 대신에 그녀에게 이렇게 물었을 뿐이다. "엘베수비오의 수감자 가운데 혹시 외국인을 보았습니까?"

피고 측 변호인은 그녀를 문란한 여자이자 배신자로 묘사했다.

사람들은 그녀가 군인들과 동침했기 때문에 살아남았다고 수군거렸다. "마치 제가 그 모든 것에, 수 세기에 수 세기를 이어온 가부장제에 돌을 던진 것 같았어요. 아무도 제 말을 듣지 않았어요. 오히려 제 증언을 이용해 저를 비난하고 비방했죠. 군부는 제 이름에 먹칠을 했어요."

하지만 군부만이 아니었다. 그녀는 할머니회도 비판했다.

"그분들은 그들 문제에만 집중하기를 바랐어요. 그게 하나의 사업이 됐죠."

카롤리네 바르스키Caroline Varsky와 로레나Lorena는 증언을 수집하다가 이런 일들이 개별적인 사례가 아니라는 걸 깨달았다. 한 사령관은 여자 수감자들을 잡아두고 매일 강간했다. 몇몇 여성은 고문을 당해 거의 걷지도 못하는 상태에서 강간을 당했다. 그라시엘라와 엘레나와 비슷한 성노예 사례도 많았다.

많은 여성이 앞으로 나서지 않은 이유는 가족에게 알리고 싶지 않았기 때문이거나 배반자로 여겨질까 두렵기 때문이었다. 그 일이 그들에게 수치와 도덕적 모멸감을 주는 일이었으며 만약 그 장교들의 말을 듣지 않았다면 살해되었을 상황이었는데 말이다.

"우리는 국가 폭력의 피해자가 얼마나 많은지, 성폭력을 당한 사람들이 정확히 몇 명인지 모릅니다. 하지만 감금 수용소마다 수십 명의 피해자가 있었다는 사실을 발견했지요." 로레나가 말했다. "우리는 이런 일이 전국의 감금 수용소에서, 주택에서, 군사 시설에서 벌어졌다는 결론에 이르렀어요.

그래서 우리는 성폭력이란 그냥 어쩌다 일어나는 일이었고, 여자들이 너무 예뻐서 남자들이 제정신이 아니었다고 봤던 1980년대의 관점에 이의를 제기했죠. 오히려 아기를 훔쳐간 것과 마찬가지로 성폭력은 피해자의 인간성을 파괴하려는 체계적인 계획의 일부이자, 고문과 비슷하면서도 본질적으로는 다른 수법이지요.

성폭력을 당했다고 증언하는 여성이 있다면 고문 혐의의 일부가 아니라 그 자체로 기소가 이루어져야 하는 게 분명했습니다. 우리는 성폭력을 독립적인 범죄로 다루려고 많이 싸웠어요."

그러나 그들은 이런 태도를 바꾸기가 쉽지 않다는 것을 깨달았다. 강간 피해자들이 증언을 하더라도 그들의 증언이 신뢰받지 못할 때도 있었다. 너무 많은 세월이 흐른 탓에 대부분 물적 증거가 없었다. 가해자의 신상을 모를 때도 많았다.

"고문도 마찬가지였지만 그럴 경우 검사들은 감금 수용소의 소장이나 지휘 계통에 책임을 돌리곤 했습니다." 로레나가 말했다. "하지만 강간은 그렇게 하지 않았어요. 그들에 따르면 욕망을 가진 사람은 수용소장이 아니었다는 거죠."

로레나와 카롤리네가 증언을 수집하면서 만난 여성 중 한 사람이 그라시엘라였다. 그들은 매주 열리는 ESMA의 모임에서 그녀를 만났다. 그들은 그녀에게 호르헤 아코스타 대령을 기소할 준비를 하고 싶은지 물었다.

그라시엘라는 동의했고 2007년 법정에서 증언했으며, 2009년 시작된 두 번째 ESMA 재판에서 다시 증언했다. 68건의 소송을 아우르는 두 번째 재판은 첫 번째 재판보다 규모가 훨씬 컸다. 소송이 진행되는 도중에 증인과 가해자가 사망할 수도 있고, 생존자들이 서로 다른 재판에서 거듭 증언하면서 반복적으로 트라우마를 겪을 수도 있으므로 인권 단체들은 이 억압의 체계적 특성을 보여줄 한 번의 큰 재판을 진행할 것을 요구했다.

피고인 중에 아코스타가 포함돼 있었다. 2009년 6월 23일 판사는 아코스타를 강간죄로 기소했다. 수감자에 대한 강간이 독립적 범죄로 간주된 최초의 사례였다. 연방법원 판사 세르히오 토레스Sergio Torres는 이렇게 선언했다. "성적 예속은 고립된 범죄가 아니라 억압과 절멸을 위한 비밀 계획의 일부로 체계적으로 수행되었다."

ESMA에 근무했던 또 다른 장교로, 펭귄으로 불렸던 라울 셸레르Raúl Scheller 대위가 조사관들에게 아코스타가 여성 수감자들을 붙잡아 강간하라는 명령을 남자들에게 내렸다고 말했다.

아코스타는 사죄하지 않았다. "전시 인권 침해는 피할 수 없는 일이오"라고 말했다.

그라시엘라는 법정에서 이렇게 진술했다. "증언하러 오기 전에 내내 저는 시간이 흐르면서 그 경험이 희미해졌는지 생각해봤지만 그렇지 않았습니다. 이 모든 세월을 다시 살면서 그 경험이 희미해지지 않고 더 끔찍하고 심각하고 용서할 수 없는 것이 되었습니다."

그러나 상급법원은 그라시엘라가 당한 것이 강간이 아니라 고문이었다고 판결했다. 2011년 10월 아코스타와 ESMA의 다른 죽음의 부대 대원들은 결국 종신형을 선고받긴 했지만 강간이 아니라 살인죄와 고문죄 때문이었다.★

로레나는 충격을 받았다. "저는 그라시엘라가 자신이 증언에 자부심을 느껴야 한다고 생각하지만 법적인 관점에서 본 결과는 실패였어요. 저희는 그녀에게 법원에 가서 재판을 청구하도록 격려했고 그녀는 여러 번 증언했거든요."

ESMA 재판에서 아주 많은 증인이 강간과 성폭력에 대해 증언했기 때문에 변호사들은 최종 변론에 로레나가 성폭력에 대해 정리한 장을 특별히 포함시켰다.

"그 뒤 우리는 이 모든 증언을 토대로 성폭력을 처벌하는 새로운 소송을 시작하길 하급법원에 신청했습니다." 그녀가 말했다. "악몽 같았어요. 4년쯤 걸렸지요. 만약 제가 피해자이고 그렇게 힘든 증언

★　2012년 7월 아코스타는 영아 납치 혐의로 30년형을 추가로 선고받았고 2017년 11월에는 죽음의 비행으로 종신형을 다시 선고받았다. 2019년 12월 그는 여전히 수감 상태에 있다(2021년 8월 ESMA의 여성 수감자들에게 저지른 성폭력에 대해 24년형을 추가로 선고받았다―옮긴이).

을 이미 했다면 다시 소송을 시작할 필요가 없어야 하는 거잖아요."

법원은 그라시엘라의 소송에서 강간 혐의를 기각했지만 그녀는 증언을 해서 다행이었다고 내게 말했다. "판사들에게 이야기하는 것이 회복의 시작이었어요. 너무나 많은 세월 동안 사회는 들으려 하지 않았어요. 게다가 우리는 살아남았다는 이유로 비방을 당했습니다. 우리가 선택한 일이 아닌데도 어떤 특권을 누린 것처럼 여겨졌지요. 하지만 이제 우리는 우리의 관점에서 이야기할 수 있었어요. 우리가 겪은 것을 표현할 적절한 단어가 있다면 그건 테러입니다. 제가 살아남은 건 우연입니다. 저는 늘 이 얼룩을 갖고 살겠죠. 하지만 그들이 그 모든 일을 저지른 뒤 결국 종신형을 받는 것을 보고 나니 정말 삶을 다시 찾은 느낌이었어요."

그녀는 여전히 치료를 받고 있지만 행복한 연애를 하고 있고, 우리가 만나기 직전에 다른 생존자 두 명과 함께 일본에 다녀왔다. 일본에서 그녀는 제2차 세계대전에서 살아남은 위안부 여성들을 만나 경험을 공유했다. "그분들은 수십 년에 걸친 제국의 침묵을 깨고 구체적인 재판 청구를 원하고 있어요." 그녀가 말했다.

그녀는 야지디족 여성들에게 일어난 일을 읽으면서 그 모든 기억이 되살아났다고 말했다. "야지디족 여성들은 이라크의 사막에, 저희는 라틴아메리카의 대도시에 있었지만 같은 상황이었어요. 그들도 저를 납치해서 그 야지디족 소녀들처럼 은밀한 장소에 감금했으니까요. 그리고 딸을 잃은 가족이 겪은 고통도 같지요."

아르헨티나에서 군부독재 시기에 벌어진 성폭력에 첫 유죄판결이 내려진 것은 2010년, 범죄가 자행된 지 약 33년이 흐른 뒤였다.

가해자는 마르델플라타 공군기지의 폐기된 레이더 관측소에서 라쿠에바La Cueva라 불리던 고문 수용소를 책임지던 전 공군 부사관

그레고리오 라파엘 몰리나Gregorio Rafael Molina였다.

낮고 굵은 목소리에 콧수염을 기른 그는 자신을 배우 찰스 브론
슨으로 상상하길 좋아했고 그 이름으로 부르길 요구했다. 그는 자신
의 하렘에 〈찰리의 천사들〉이라는 인기 텔레비전 시리즈의 이름을
붙였지만, 그곳에 붙들린 여성들 사이에서 그는 얽은 자국이 있는
피부 때문에 두꺼비라 불렸다.

그가 여성들에게 저지른 일에 대한 폭로는 1985년 군부 재판에
서 처음 등장했고 진실위원회에서도 반복됐지만 무시되었다.

마르타 가르시아 칸델로로Marta García Candeloro는 그의 피해자 중
한 사람이었다. 심리학자인 그녀는 저명한 노동 변호사인 남편 호르
헤 칸델로로Jorge Candeloro 박사와 함께 1977년 6월 13일 아르헨티나
서부 네우켄에서 납치되었다.

부부는 비행기에 실려 마르델플라타의 공군기지로 끌려갔다.
나중에 그녀가 묘사한 바에 따르면 그들은 사지가 붙들린 채 잔디
둔덕의 문을 통과해 콘크리트 계단 20~30개 아래로 끌려갔다. 금속
문들이 쿵 닫히는 소리, 사람들이 웅성대는 소음, 메아리치는 목소
리들이 들렸다.

그곳은 몰리나가 통치하는 커다란 지하 수용소였고, 그는 들어
오는 거의 모든 여성을 강간했다. 마르타는 이렇게 회상했다. "남자
하나가 제게 말했어요. '아, 그래, 당신이 심리학자라고? 정신과 의
사들과 똑같은 창녀잖아. 여기에서 도움이 될 만한 걸 배울 수 있을
거야.' 그리고 제 배를 주먹으로 구타하기 시작했어요. 지옥이 시작
되었죠……"

군부 재판에서 그녀는 남편의 목소리를 마지막으로 들은 때를
진술했다. 납치되고 15일 뒤였다. "그들은 항상 그를 먼저 데려간 다
음에 저를 데려갔어요. 그런데 이번에는 반대였어요. 제가 취조 받

는 도중에 남편을 데리고 와서는 그가 입을 열지 않으면 저를 죽인다고 했어요. 그들은 남편이 제 비명을 들을 수 있도록 제게 전기충격을 가하기 시작했어요. 남편이 제게 큰 소리로 말했어요. '여보, 사랑해. 당신에게 이런 일이 일어날 줄은 상상도 못했어.' 그 말에 그들은 폭발했어요. 남편의 마지막 몇 마디는 중간에 끊겼어요. 그들이 전기충격 막대를 그에게 갖다 댔으니까요. 그들은 결박했던 저를 풀고 감방에 집어넣었어요. 남편의 취조는 끝없이 이어졌어요. 갑자기 가슴이 터질 듯한 날카로운 외마디 비명이 들렸어요. 제 귀에는 아직도 그 비명이 쟁쟁해요. 결코 잊지 못할 거예요. 그게 남편의 마지막 외침이었어요. 그리고 침묵이 있었죠."

그녀는 여덟 시간 동안 증언했지만 강간에 대해서는 말하지 않았다. "수용소에서 벌어진 그 모든 끔찍한 일 중에서 강간은 부차적인 것으로 보였어요." 나중에 그녀가 설명했다. "남편의 죽음과 거기에서 벌어진 그 모든 끔찍한 일들에 강간은 뒤로 밀려났죠."

2007년 재판이 다시 열렸을 때 그녀를 비롯한 다른 생존자들은 강간을 고발했다. 처음에 법정은 그들의 기소를 기각했지만 마르델플라타 항소법원이 결정을 뒤집고 강간 혐의를 추가했고 3년 뒤 재판이 열렸다.

마르타는 1977년 몰리나에게 당한 세 번의 강간을 증언했고, 그 참혹한 이야기에 여성 판사 한 사람을 비롯한 판사들과 모든 사람이 눈물을 흘렸다. 세 시간에 걸친 증언에서, 마르타는 고문을 받고 나온 그녀에게 술에 취한 그가 다가와서 "그렇게 고통을 받았으니 내가 즐거움을 주지"라고 말한 날의 이야기를 했다.

그는 45구경 권총을 그녀의 가슴에 갖다 대고는 고문당한 상처에서 나오는 그녀의 피에 자신의 정액을 섞었다. "이해하기도 어려웠지만, 잊기는 훨씬 더 어려운 일이었습니다." 그녀가 말했다.

2010년 6월 몰리나는 2회의 살인과 36회의 납치와 고문, 다섯 항목의 강간치상, 두 피해자에 대한 강간 미수 1회로 종신형을 선고받았다. 그는 2012년 6월 교도소 병원에서 사망했다. 몰리나 재판은 아르헨티나에서 최초로 강간을 인도주의에 반하는 범죄로 간주한 판결로 더 많은 기소를 위한 장을 열었다. 그러나 많은 다른 법정은 고문 혐의를 성폭력 혐의로 바꾸는 것이 적절치 않다고 결정했다.

2019년까지 26건의 성폭력 판결이 있었다. 2018년에 시작된 네 번째 ESMA 메가 재판에서는 아홉 명의 장교가 936명의 피해자에게 저지른 범죄로 기소되었고 검사들은 성폭력 범죄를 별도로 고려하길 요구했다.

점점 더 많은 여성이 증언을 위해 나섰다. "지난 몇 년간 많은 여성이 증언을 결정한 이유는 안전하다고 느끼기 때문입니다. 그전에는 불안해하거나 강간을 부정하거나 가족으로부터 침묵을 강요받았지요." 로레나가 말했다. "이제는 아르헨티나 곳곳의 재판에서 성범죄를 언급하는 많은 증언이 이루어지고 있습니다."

또한 남성들도 성적 학대를 증언하기 위해 나섰다.

여전히 문제는 있었다. "우선 피해자가 직접 성폭력 기소를 원한다고 말해야 하는데, 많은 사람이 그 점을 잘 모릅니다. 불합리한 일이지요. 피해자들은 사법기관 담당자에게 이야기하면 검사가 알아서 뭔가를 할 거라고 생각하곤 합니다. 그리고 또 한 가지 어려움은 성범죄는 가해자의 성적 욕망이나 욕구 때문에 생기는 범죄라는 생각이 여전하다는 겁니다. 문제는 우리 법정에 그들을 처벌한 도구가 없어서가 아닙니다. 판사가 그 시기에 정치적 반대자들을 억압하려는 조직적인 의도가 있기는 했지만 강간은 거기에 포함되지 않는다고 말한다는 것이지요."

"성폭력에 대한 인식은 여성 자신들을 위해서 중요한 일입니다." 그녀는 덧붙였다. "2007년 법정에서 호세파의 증언을 처음 들었을 때부터 저는 그것이 분명 고문과 다르다고 느꼈습니다. 여성들은 제게 이렇게 말하곤 합니다. 구타당했을 때는 아프고 스스로가 아주 하찮게 느껴지지만 강간당했을 때는 자신이 파괴되었다고요. 마치 그들이 자기 안의 무언가를 죽이는 것 같았다고요."

그녀는 또 다른 문제도 지적했는데, 나 역시 무척 우려하던 문제였다. "아르헨티나에서 이 여성 피해자들은 대체로 중산층이고 교육받은 도시 거주자입니다. 변호사와 치료사를 만날 수 있는 사람들입니다. 직장도 있고 싸울 수 있는 특권을 지닌 여성들이죠. 그런데도 여전히 사법정의를 얻어내지 못하고 있어요. 그러니 이 제도의 무언가가 정말, 정말 잘못된 것이지요.

이 사람들은 수도조차 들어오지 않는 가난한 시골 여성들이 아니에요. 슈퍼마켓에서 원하는 대로 생수를 살 수 있는 사람들이죠. 그런데도 여전히 사법정의를 얻어내지 못하고 있습니다. 그라시엘라를 보세요. 그녀는 총을 갖고 있었고 영향력 있는 정치 활동가였어요. 그런데도 한 남자에게 체계적으로 강간당했고 그 사실을 법정에서 증언했지만 법정은 그녀가 당한 것이 강간이 아니라 고문이었다고 판결했어요. 우리가 정의를 이루지 못하면 우리보다 개발이 덜 된 다른 지역들에 사는 여성들에게는 어떤 희망이 있을까요?"

부에노스아이레스에서 보낸 마지막 밤에 나는 널찍한 문화센터로 개조된 웅장한 보자르 양식의 포스트오피스 타워에 갔다. 그리고 지하에서 열리는 탱고 공개 레슨에 참가했다. 다양한 연령대의 커플 수십 명이 천정에 매달린 장식천의 숲 아래에서 춤을 추고 있었다. 세상에 이보다 더 정열적인 춤이 있을 수 있을까? 나는 무리에 합류할 용기를 내기까지 시간이 좀 걸렸다. 남자들에게 이끌려 빙글 빙글 돌고 머리를 앞뒤로 꺾으며 다리를 들어 올렸다가 파트너와 서로 엉키는 여자들의 모습을 보자니 탱고가 이 나라의 과시적인 남성성의 초상처럼 보이기도 했다. 그러나 여자가 남자를 이끄는 커플들도 있었다.

그날 오후에 나는 여성 기자들과의 인상적인 토론회에 참가했다. 모두 임신 중지를 합법화하자는 최근 운동에 대해 이야기하고 있었다. 아르헨티나에서 임신 중지는 강간당하거나 산모의 생명이 위험한 경우를 제외하고는 불법이었다. 그리고 한 해 34만 5000건의 임신 중지 수술이 몰래 이루어진다고 추정된다. 하원은 그해 여름에 법안을 통과시켰지만 상원이 거부해서 그들은 다시 애쓰는 중이었다.

매주 아주 많은 여성이 국회 밖과 아르헨티나 곳곳의 도시에 모여 선택의 권리를 요구하고 있다. 그들은 또한 평균 30시간에 한 명 꼴로 여성이 살해되는, 아르헨티나의 충격적인 페미사이드femicide 비율도 조명했다. 많은 사람은 이처럼 페미사이드 비율이 높은 이유는 불처벌 관행이 만연한 탓이라 생각했다.

집회에 참여한 여성들 모두 5월 광장의 어머니회와 할머니회에 대한 존경의 뜻으로 초록 머릿수건을 둘렀다. 나와 이야기를 나눈 여성들과 탱고 클래스에서 만난 몇몇 여성도 가방에 초록 손수건을 묶고 있었다. 머릿수건은 무척 상징적이어서 이런 현상을 지칭하는 단어 pañuelización(머릿수건 착용, 머릿수건을 뜻하는 pañuelo에서 나온 표현으로, 오월광장 어머니회에서 유래한 머릿수건이 아르헨티나 시민 저항의 상징이 된 현상을 가리킨다—옮긴이)이 생겼을 정도다.

할머니회는 투쟁을 포기하지 않았다. 이제 80대, 90대가 된 이 여성 중 몇몇은 휠체어나 보행 보조기, 지팡이가 필요하지만 여전히 목요일 3시 30분이면 이름이 수놓인 머릿수건을 쓰고 젊은 여성과 남성들의 빛바랜 사진이 찍힌 플래카드를 든 채 5월 광장을 돌며 행진한다. 그들은 거의 42년 동안 한 주도 거르지 않았다.

11
—
목숨을 건 구조 작전

이라크 도혹

나는 압둘라 쉬림Abdullah Shrim을 만나기 전에는 양봉이 여성의 권리나 용감한 행동과 관련이 있으리라 생각해본 적이 없었다.

쉬림은 딜샤드 펠리스호텔의 어둑한 라운지에서 번쩍이는 롱존 실버 조상과 먼지 덮인 어항 사이의 소파 가장자리에 부엉이처럼 앉아 있었다. 그는 주름진 회색 정장에 금테 안경을 썼고 머리가 살짝 희끗희끗한 마흔세 살의 사내였다.

그의 옷이나 태도에 어디에서도 영웅이라는 단어는 떠오르지 않았다. 사실, 그는 길에서 그냥 스쳐 지나갈 법한 평범한 사람이었다. 그러나 2018년 초 내가 이라크 북부의 난민촌에서 ISIS로부터 간신히 탈출한 야지디족 소녀들을 만나 탈출을 도운 사람이 누구인지 물었을 때 하나 같이 쉬림이라고 대답했다.

"ISIS가 들어오기 전에 저는 양봉업자이자 상인이었습니다. 신

ISIS 점령 이전의 압둘라 쉬림과 그의 벌들. ⓒ압둘라 쉬림

자르에 벌집을 두고 알레포에서 꿀을 팔았죠. 이 지역에서 자라는 여성들에게는 권리가 없습니다. 중동에서는 아들을 얻으면 잔치를 열고 노래를 부르고 사람들이 음식을 들고 축하하러 오지만, 딸을 얻으면 아무것도 하지 않습니다. 딸이 자라 결혼할 무렵이 되면 가족의 말 외에는 자신만의 생각이나 의견을 가질 수 없지요.

하지만 제가 벌을 키우다 보니 벌의 사회는 여왕벌을 중심으로 정말 잘 돌아가더라고요. 왜 우리 세상은 달라야 하는지 의문이 생기더군요. 그래서 여성이 지도자로 있는 다른 나라들을 조사하기 시작했습니다. 그러다가 ISIS가 와서 우리 여성을 죽이고 납치해가자 뭔가를 해야겠다고 결심했지요."

그렇게 납치된 사람들 중에는 그의 가족 56명도 있었다. 하지만 그는 이렇게 말했다. "제가 이 일에 뛰어든 것은 가족 때문이 아닙니다. 벌 때문이지요. 신자르의 모든 것이 파괴되었고, 이제 제겐 벌집이 몇 개밖에 없지만 벌과 함께 있으면 기분이 좋아집니다."

2014년 10월 27일 그가 처음으로 구출한 소녀는 조카딸이었다.

"조카는 라카의 한 남자에게 붙들려 있던 중에 제게 전화를 했어요. 저는 예전에 같이 일하던 상인 몇 명에게 연락해서 조카를 빼낼 방법을 물었죠.

담배 밀수업자들을 통하는 길밖에 없다더군요. ISIS의 통치 아래에서 담배는 '하람haram', 곧 금기지만 사람들은 여전히 담배를 원하니까요. 우리 야지디족도 그들에게는 하람입니다. 그래서 상인들이 말하기를 그 소녀들을 빼내고 싶으면 담배처럼 하는 수밖에 없대요. 하지만 소녀들은 비용이 더 비쌌지요.

저는 그런 일을 해본 적이 없었습니다. 밀수업자와 일하거나 국경을 불법으로 넘어가거나 하는 일요. 그래서 겁이 났지요."

그는 상인 인맥을 동원해 조카딸이 잡혀 있는 지역의 한 쿠르드족 운전사를 찾아냈다. 그는 조카를 억류한 사내가 기도하는 시간에 그녀를 차에 태워 국경까지 데려다주었다. "이렇게 하면 되겠구나 하는 자신감이 생겼어요." 그가 말했다. 3년 반 뒤 나와 만날 무렵 그는 칼리프 국가의 손아귀에서 367명의 여성과 소녀를 구해냈다.

놀랍게도 납치된 야지디 소녀들은 많은 경우 휴대전화를 여전히 갖고 있어서 가족과 연락할 수 있다는 것이 도움이 됐다. 그러나 시간이 지나면서 그 또한 달라졌다고 쉬림은 말했다. "쿠르드족이 ISIS 점령 지역을 떠나면서 아랍인 운전사를 써야 하니 구출하기가 더 복잡해졌어요. 그들은 돈도 더 많이 받지요. 1000달러에서 많게는 4000달러까지 받습니다.

구조를 시작할 때마다 저는 엔지니어인 아들과 함께 계획을 짭니다. 한 번은 여섯 명의 야지디족 여성과 아이가 경비가 대단히 삼엄한 집에 갇혀 있었어요. 우리는 두 명의 아이가 죽어서 매장이 필요한 척하고는 관과 영구차를 들여보냈습니다."

그 일은 거의 재앙이 될 뻔했다. 경비병들이 자신들도 따라가서 무덤을 파주겠다고 우겼기 때문이다. "아이들이 산 채로 묻히겠구나 생각했죠. 그자들이 연장을 가지러 간 사이에 간신히 모두 빠져나올 수 있었습니다."

가장 힘든 부분은 소녀들을 집 밖으로 빼내는 것이었다. 탈출하다가 잡히면 고문을 당할 터였다. 그는 들고나는 사람들을 지켜보거나 소녀들이 머물 수 있도록 근처에 안전가옥을 빌리곤 했다. 그곳으로 일단 소녀들을 이동시키면 경계가 내려졌을 때 검문소를 통과하지 않아도 된다. 심지어 빵집을 빌려 빵을 배달하러 가는 척하면서 소녀들이 아직 집에 있는지 확인하기도 했다.

"우리는 정말 많은 방법을 썼습니다. 여성들에게 옷을 나눠주는 여성을 쓴 적도 있어요. 그러면 집에 들어가서 여성들이 얼굴을 가리지 않은 모습을 볼 수 있으니까요."

위험한 일이었다. 시리아에서는 구출 네트워크에 협조하던 남성 다섯 명과 젊은 여성 한 명이 붙잡혀 ISIS에 처형당했다. 쉬림은 자주 협박을 받곤 했다. "그들은 여기 도훅으로 제 사진을 보내면서 마음만 먹으면 언제든 죽일 수 있다고 하지요. 제가 구조한 어느 소녀 말이, ISIS가 제 사진을 갖고 있었는데 눈에 띄면 죽일 거라고 말했다더군요."

그는 어깨를 으쓱했다. "제 생명은 제가 구한 조카나 다른 소녀들의 눈물에 비하면 별 게 아닙니다."

2017년부터 칼리프 국가가 무너지기 시작하고 IS가 모술, 그다음 라카의 통제권을 잃기 시작한 이래 소녀들을 빼내기가 더 힘들어졌다. 많은 소녀가 터키로 이동했는데, 터키 당국이 협조를 거부한다고 그는 말했다. 몇몇 소녀는 유럽의 매춘 조직으로 이미 팔려갔다고 여겨진다. 쉬림은 아마 1000명쯤이 아직 살아 있을 테지만 많은 소녀는 이미 죽었을 것이라 생각한다.

그가 마지막으로 구한 소녀도 다른 조카딸 키타브Khitab였다. 키타브는 고작 아홉 살에 납치당했다. 그는 나와 만나기 사흘 전에 시리아 북부의 도시 이들리브Idlib에서 키타브를 구했다. 그녀는 알카에다와 연계된 이슬람 조직인 알누스라 전선에 억류돼 있었다. "조카는 너무 많은 남자에게 팔려 다니며 학대받았어요." 그가 고개를 저으며 말했다.

그는 전에도 구급차를 타고 조카를 구출하려 시도했지만 빠져나오는 길에 그들이 차를 세우고 키타브를 다시 납치해갔다. "그 뒤에 아이를 아주 여러 번 고문했어요."

이번에 키타브는 이들리브종합병원 근처에 억류돼 있었다. 그는 조카에게 억류자가 금요일 예배를 위해 나갈 때 흰 가방을 들고 병원 밖에 서 있으라고 했다. "조카에게 '나는 압둘라야'라고 말하는 남자를 기다리라고 했어요."

그와 아내는 국경 건너 소형 승합차에 앉아서 기다리고 있었다. 그는 전화를 꺼내 모두 행복하게 재회하는 모습이 담긴 사진을 보여주었다. 쉬림은 아내와 함께 신자르로 돌아가서 꿀벌을 키우는 조용한 삶을 다시 시작할 수 있기를 간절히 바랐다. 우리가 만나는 내내 그의 전화가 쉼 없이 울렸다. 그가 누군가를 구할 때마다 아직 딸과 자매를 찾지 못한 가족이 새로 구출된 소녀가 다른 소녀들에 대한 정보를 혹시 아는지 묻는 전화가 오곤 했다. 그는 모든 소녀의 이름과 날짜, 사진을 보관하고 있었다. "힘이 닿는 한 여성과 아이를 구하는 일을 계속 도울 겁니다."

세상 사람들의 도움을 기다리길 포기하고 직접 행동에 나서기 시작한 야지디족은 그만이 아니었다. 독일에서 내 통역을 맡았던 야지디족 청년인 셰이커 제프리를 포함해 최소한 세 곳의 다른 서로 조직이 연계하는 일종의 언더그라운드 레일로드(19세기 초 미국에서 흑인 노예들의 탈출을 도왔던 비밀 네트워크—옮긴이) 같은 것이 있다.

또 다른 날 저녁에 나는 칼릴 알다키Khaleel al-Dakhi와 그의 아내 아미나 사이드Ameena Saeed를 만났다. 칼릴은 변호사였고 아미나는 이라크 의회에 진출한 두 야지디족 의원 중 하나였지만 야지디족을 보호하지 못하는 정부에 항의하며 2014년에 사퇴했다.

두 사람 모두 굉장히 지쳐 보였다. 어린 아기가 있는 데다 실종 자들을 찾느라 매일 밤늦도록 잠을 자지 못했다. 칼릴은 주머니에서 전화 세 대를 꺼내 탁자 위에 놓았다.

"처음에는 납치된 사람들의 이름과 나이, 출신 마을을 수집하기 만 했습니다. 저희는 자원봉사단체입니다. 변호사도 있고 경찰도 있 고, 야지디 왕자의 가족도 있습니다. 처음에 저희의 계획은 실종된 사람들이 누구인지, 그들에 대한 정보가 무엇인지 기록하는 것이었 습니다. 왜냐하면 저희가 감당하기에는 일이 커 보였고, 이 소녀들 의 구출을 도울 정부가 있을 거라 생각했지요.

우리는 이라크 정부와 쿠르드자치정부 당국, 여러 대사관, 미군 에 정보를 주었지만 아무도 아무 일도 하지 않았습니다. 한 달 뒤 자 금을 지원하겠다고 연락한 [쿠르드자치정부의] 바르자니 총리실 말고 는 아무 답도 없었어요. 그래서 우리가 일을 직접 해야 한다는 걸 깨 달았지요."

부부는 그때까지 265명의 소녀를 구했지만 2015년 5월에 시도 한 구조는 비극적으로 틀어지고 말았다. 그들은 많은 소녀를 한 번 에 데리고 나올 계획이었다. 그래서 한 무리를 먼저 호송해서 빠져 나오는 동안 나머지 13명을 안전가옥에 남겨두어야 했다. 하지만 먼 저 출발한 무리가 어둠 속에서 페시메르가(쿠르드 민병대) 검문소까 지 걸어가는 동안 길을 잃었고, 그가 두 번째 무리를 데리러 돌아왔 을 무렵에는 한 소녀가 겁에 질려서 안전가옥을 나왔다가 ISIS에 붙들려 다른 소녀들이 어디에 있는지 말해버렸다. "그중 한 명만 찾았습니다." 칼릴이 말했다. "나머지는 실종되거나 살해됐어요."

그들은 여러 위험과 어려움에도 포기하지 않았다. 부부에게는 여덟 살과 다섯 달짜리 딸이 있었다. "저는 우리 딸들이 교육받고 미래를 꿈꿀 수 있길 바랍니다." 칼릴이 말했다. "소녀들을 잃어버린 가족도 마찬가지지요. 이 소녀들은 아무 잘못도 없어요. 그들도 미래를 꿈꿀 자격이 있습니다."

많은 사람은 아미나와 칼릴, 쉬림 같은 구조자들을 전시 지하 저항운동에 빗대며 영웅으로 여기지만 그들이 돈벌이를 하고 있다거나 그들에게 지원한 돈이 ISIS로 들어간다고 비난하는 사람도 있었다. 쉬림은 그가 돈벌이로 그 일을 한다는 생각에 모욕감을 느꼈고, 자신은 ISIS 자금을 댄 적이 절대 없다고 주장했다. 대신에 그는 이렇게 물었다. "이 여성들이 당신의 어머니나 딸이고, 당신이 1만 달러를 내고 그 끔찍한 상황으로부터 그들을 빼낼 수 있다면 그렇게 하지 않으시겠습니까?"

쉬림 덕택에 생명을 구한 사람 중에는 투르코가 있었다. 그녀는 쿠르드스탄 지역의 도시 도훅에서 45분 거리의 칸케의 야지디족 난민촌 바깥 황무지에 흩어져 있는 막사에서 다섯 아이를 데리고 사는 씩씩한 여성이었다.

2017년 12월 이라크 총리 하이데르 알아바디Haider al-Abadi가 ISIS를 이라크에서 몰아냈으며 전쟁이 끝났다고 선언했을 때 나는 야지디족이 사랑하는 고향 신자르로 돌아가리라고 짐작했다. 하지만 야지디족의 80퍼센트인 35만 명이 여전히 이라크 북부 곳곳의 난민촌에 있었다. 그들은 철조망 담장 안 흙바닥에 줄줄이 늘어선, 여름에는 너무 덥고 겨울에는 너무 추운 튜브형 흰색 텐트에서 황량

사랑스러운 쌍둥이를 안고 있는 투르코. ©크리스티나 램

한 삶을 살고 있었다. 가끔 스토브가 쓰러지면 화재가 휩쓸고 지나가 그들이 가진 몇 안 되는 소지품을 파괴하곤 했다.

칸케 난민촌에는 1만 6000명 넘는 야지디족이 산다. 투르코는 가시철조망을 두른 난민촌이 감옥처럼 느껴져서 바깥에 사는 것이 좋다고 말했다. 그녀의 막사는 놀랍게도 아늑했다. 더블베드 하나와 텔레비전 하나, 추위를 녹여줄 가스난로 하나, 환한 분홍색 퀼트와 쿠션들이 있었다. 그렇다 해도 여전히 집과는 거리가 먼 막사였다.

발그레한 뺨에 윤기 있는 황갈색 머리를 늘어뜨린 그녀는 바닥에 놓인 방석 위에 앉아 다섯 달 된 사랑스러운 쌍둥이를 안고는 이야기를 시작했다.

"2014년 8월 ISIS 대원들이 우리 마을 헤르단Herdan에 왔을 때 남편과 오빠는 쿠르디스탄에 일하러 가서 집에 없었어요. 그들은 우리 젊은 여자들 모두를 데려갔어요. 제 딸들은 그때 세 살, 여섯 살,

여덟 살이었는데 그들은 저와 제 딸들을 끌고 여기저기 이동했어요.

저희는 결국 라카에서 사우디의 ISIS 지휘관인 하이데르Haider
라는 사람에게 억류됐어요. 그는 딸들에게 코란 공부를 강요했지요.
제게 억지로 성관계를 맺게 하면서 괴롭혔어요. 딸들에게도 같은 짓
을 할까 봐 무서웠어요."

그녀는 탈출하려 했지만 집에 보초병들이 있었다. "그는 '탈출
시도를 멈추지 않으면 딸들을 빼앗을 거다'라고 제게 말했어요. 달
아나다 잡히면 전기 처형을 당했어요.

ISIS는 처형된 사람들의 머리를 잘랐고, 우리가 가서 보고 오도
록 했어요. 아이들까지도요. 머리 없는 시신들을 며칠씩 매달아두었
는데 사원에 오가는 길에 그 앞을 지나쳐야 했지요.

어느 날 그가 저를 강간하는데 제가 말했어요. '너희들 모두 언
젠가는 끝장날 거야.' 그는 저와 딸들을 지저분한 지하실에 내동댕
이치더군요. 우리는 석 달 동안 씻지도 못하고 음식도 거의 먹지 못
했어요."

"저야 어떻게 되든 상관없었어요. 저 혼자였다면 자살했을 거예
요." 그녀가 울면서 말했다. "하지만 딸들이 같이 있었잖아요. 그 지
하실에서 나왔을 때 우리는 너무 안 좋은 상태여서 병원으로 실려
갔어요. 장티푸스에 걸려 있었어요."

나중에 다시 그 사우디 지휘관에게 억류됐을 때 투르코는 희망
이 없다고 판단했다. "그 모든 고문과 강간 …… 죽음이 더 나았어요.
딸들과 함께 죽으려고 했지요. 기름을 붓고 불을 붙이려는데 딸 하
나가 저를 말렸어요."

얼마 뒤인 2016년 11월 사우디 지휘관은 모술을 되찾으려는 이
라크군과 싸우기 위해 모술로 갔다. "그는 음식을 사 먹을 돈을 좀 두
고 갔어요. 저는 한 시리아 여성에게 돈을 주고 그녀의 신분증을 빌

려서 ISIS 아내처럼 니캅을 쓰고는 와이파이가 있는 사무실로 가서 왓츠앱으로 오빠에게 메시지를 보냈어요. 무척 위험한 일이었어요. 잡히면 큰 우리에 갇혀 산 채로 타 죽었을 거예요. 하지만 딸들 때문에 너무 절박했어요."

투르코의 오빠는 쉬림에게 전화해서 그녀의 위치 정보와 출생일 같은 개인 정보를 생존의 증거로 건넸다. 쉬림은 그에게 어머니에게 말해 쿠르드자치정부의 납치국 관련 부서로부터 3만 2000달러를 수령하라고 했다.

그 뒤 그는 투르코를 한 아랍인 난민 브로커와 연결했다. 그녀는 격추된 비행기 근처에 있는 집의 위치를 설명했고, 사우디 지휘관이 집에 없는 시간을 알려주었다. 어느 날 공습이 시작됐을 때 그 브로커가 지금이 기회라고 그녀에게 알렸다.

하지만 딸들은 달아나길 원치 않았다. "아이들은 세뇌됐어요. 특히 큰딸인 레한Rehan이 그랬죠. 탈출하는데 아이가 소리를 질렀어요. '우리를 그 불신자들에게 다시 데려가지 마!' 아이들은 모두 화를 내며 우리가 기도나 금식을 하지 않기 때문에 천국에 못 갈 거라고 투덜거렸어요."

라카 밖으로 나오자 투르코와 딸들은 가끔 갈대숲에 숨어 쉬면서 음식도 물도 없이 나흘 동안 걸어야 했다. 딱 한 번 물탱크를 마주쳤을 때만 예외였다. 어느 지점에선가 투르코는 넘어져 발목을 다치는 바람에 브로커가 그녀를 들고 가야 했다. "너무 무서웠어요. 잡힐 것 같았어요."

마침내 그들은 시리아 북부 코바니Kobane의 쿠르드족 마을에 안전하게 도착했다. "저는 야호! 하고 소리쳤어요." 그녀가 웃었다. "너무 행복했어요."

이튿날 아침 그들은 새벽에 일어나서 무슬림처럼 기도하기 위해 엎드렸다. 다른 야지디족이 물었다. "뭐 하는 겁니까? 여기는 이슬람국가가 아니에요!"

"우리를 보세요!" 투르코가 내게 전화를 내밀며 온통 검은 히잡을 걸치고 강둑에 있는 자신과 세 딸의 영상을 보여주었다. 2년 반 동안 억류되었다가 돌아오니 쉽지 않았다. "남편을 만나서 무척 행복한 동시에 행복하지 않았어요. 제게 일어난 일 때문에, 그리고 그가 저를 받아들일지 어떨지 몰랐기 때문이지요. 이제 1년도 더 지났지만 여전히 남편을 평소처럼 쳐다보지 못해요."

딸들은 이슬람 교리를 워낙 심하게 주입받아서 야지디족 동포를 불신자로 본다. "딸들은 늘 종교에 대해 이야기하고 자신을 무슬림으로 생각해요. 제가 무슬림이 사람들의 손과 머리를 자르고 있다고 말하면 이렇게 대답하지요. '그 사람들은 그런 대접을 받아 마땅해요.' 삼촌이나 사촌들과 말도 섞지 않아요. 불신자라면서요."

내가 쉬림에게 이 상황에 대해 묻자 그는 씁쓸하게 웃으며 대답했다. "투르코는 제게 자기 남편이 여전히 기도하는지 물었어요. 그녀도 세뇌되기는 마찬가지예요."

그는 돌아온 여성 중에는 심하게 세뇌를 당해서 ISIS가 세상을 지배한다고 믿는 경우도 많다고 말했다. 자신을 억류했던 사람에게 다시 연락하려는 여성들도 있었다.

내가 이야기를 나누었던 대부분의 야지디족 여성처럼 투르코도 신자르로 돌아가길 두려워했다. 그녀는 이라크를 떠나고 싶어 했다. "그냥 우리를 이라크 밖으로 데려가 주세요. 이라크 사람들이 우리에게 이런 짓을 했잖아요." 그녀가 간청했다.

ISIS를 떠난 것으로 그들의 문제가 끝나는 것이 아님이 분명했다. 칸케 난민촌 안의 트레일러 몇 군데에서는 자유야지디재단Free

Yazidi Foundation이 여성들을 위해 요가와 미술 수업뿐 아니라 트라우마 상담도 진행하고 있다. 나는 요가 수업에 초대받았다. 한 무리의 소녀가 바닥에 앉아 있었다. 벽에는 꽃과 눈을 그린 그림들이 있었고 히잡을 입은 소녀 네 명이 사슬로 묶여 있는 모습을 연필로 그린 스케치도 한 점 있었다.

강사인 자이나브Zainab를 비롯해 수강생 모두 ISIS 대원들에게 성노예로 붙들려 거듭 강간당하고 팔려 다니다 빠져나온 생존자들이었다. 자이나브가 '천천히, 그리고 깊이' 호흡하라고 말하자 소녀들이 어색해하며 쭈뼛댔다.

나 때문에 불편해하는 것 같아 슬그머니 밖으로 나왔다. 그러나 그들을 상담하는 영국인 트라우마 심리학자 예심 아리쿠트트리스Yesim Arikut-Treece가 같은 수업을 듣던 스무 살의 칼리다가 지난주에 목을 매 자살해서 그렇다고 설명해주었다.

야지디 여성들 사이에서 자살은 흔한 일이었다. 많은 여성이 반복된 강간으로 신체적 손상을 입었다. 밖으로 나가는 걸 견디지 못하는 여성들도 있었다. 남자들은 술에 의존하는 사람이 많았고 가정폭력이 만연했다. 많은 야지디 가족이 딸들을 구출하기 위해 수천 달러를 빌렸기 때문에 빚을 진 상태였다. 내가 만난 압둘라라는 남자는 일곱 자녀를 되찾기 위해 7만 달러를 썼다.

그들은 고향으로 돌아갈 수 없다고, 세비 하산Sevvi Hassan이라는 여성이 설명했다. 많은 야지디족 여성처럼 얇은 흰색 긴소매 상의에 긴 치마의 금욕적 복장을 걸친 그녀는 마흔다섯 살이라고 내게 말했지만 스무 살은 더 들어 보였다. 그녀는 최근에 고향 신자르로 돌아갔다가 다시 나왔다.

"모든 게 박살 났어요. 우리 집은 문도 없고 지붕도 창문도 없어요. 물도 전기도 사람도 없고 유령들만 있죠. 우리는 석류와 무화과,

올리브, 포도, 양 90마리, 염소 30마리를 키우며 꽤 잘살았는데 다 사라졌어요."

그리고 신자르는 안전하지도 않았다. 서로 다른 민병대가 지역에서 싸우고 있었다. 무엇보다 어두운 기억 때문에 갈 수 없다고 그녀는 말했다. 그녀의 큰딸인 지나Zeena는 네 아이를 둔 스물여덟 살의 엄마인데 트라우마가 너무 심해서 몸에 기름을 붓고 불을 질렀다. "ISIS가 자기와 아이들을 다시 잡으러 올 거라고 계속 생각했던 거예요. 얼굴 한쪽 빼고 온몸에 흉터가 남았어요."

칸케 난민촌 한 곳에서만 네 명의 소녀가 자살했고 13명이 자살을 시도했다. 미국에서 활동하는 젊은 야지디족 변호사로, 40명의 가족을 잃은 뒤 자유야지디재단을 만든 파리 이브라힘Pari Ibrahim은 매주 약 열 명의 야지디족이 자살한다고 알고 있었다.

"이 여성들을 위해 트라우마 치료소를 열고 싶었지만 그게 낙인이 될 것 같았어요." 파리가 말했다. "중동에서는 정신건강 문제가 있으면 미친 사람으로 보니까요."

그래서 그녀는 생존자들이 안전하게 모일 수 있는 장소로 여성 센터를 열었고 우먼포우먼인터내셔널Women for Women International과 UN, 영국 정부로부터 기금을 확보해 트라우마 심리학자를 채용했다. 처음 파견된 심리학자는 도싯Dorset 출신의 지니 돕슨Ginny Dobson이라는 영국 할머니였다. 처음 이틀 동안 그녀는 여성들과 90회의 상담을 했다.

여성센터에 나오기를 주저하는 여성들도 있었다. 딸기색 머리에 얼굴에 주근깨가 난 요가 강사 자이나브도 처음에 그랬다. 그녀는 다섯 자매 모두와 함께 납치당했다. 자매 중에서는 마지막으로 탈출에 성공했다. 탈출하고 보니 자매들은 모두 독일로 이송됐고, 부모와 남자 형제는 어디에서도 찾을 수 없었다.

"제가 있든 없든 세상이 달라지지 않을 것 같았어요." 그녀는 다른 여성에게 설득되어 여성센터 졸업식에 따라갔다가 영어 수업을 듣기로 했고 그러다가 지니를 만났다. 몇 달 만에 완전히 다른 사람이 됐다고 파리가 말했다. "짓다 만 건물에 우두커니 앉아 있는 여성에서 빛을 발하는 사람이 됐어요."

내가 난민촌을 방문하기 전에 파리는 내게 야지디족이 그들의 불행으로 배를 불리는 독수리 떼처럼 그 끔찍한 일에 대해 캐묻는 기자들에게 지쳐 있다고 경고했다. 이야기를 해봐야 소용이 없다고 생각한다는 것이다. 세계적인 분노가 그들의 고향을 재건하거나 그들이 겪은 고통을 위해 정의를 실현하는 일로 이어지지 못하기 때문이었다. 그들은 특히 최근 BBC에서 방송한 다큐멘터리를 불편하게 여겼다. 다큐멘터리 제작자는 칸케 난민촌의 구조된 소녀들 가운데 한 사람을 설득해서 모술로 데려가서 그녀가 붙잡힌 채 거듭 강간당했던 집을 찾아가게 했고, 한 ISIS 죄수와도 대면시켰다.

"제발 그들을 성노예로 그리지 마세요. 그들은 성노예이기 이전에 인간입니다." 파리가 말했다.

제비뽑기로 이름이 뽑힌 뒤 12명의 남자에게 팔려 다닌 소녀 나이마를 만난 곳도 바로 이 칸케 난민촌이었다. 나이마는 그들과 맞선 경험에 대해 이야기하길 원했다.

"그 ISIS 남자들이 강간할 때마다 아픔과 고통이 저를 더 강하게 만들었어요. 죽거나 아니면 받아들이길 선택해야 하는 상황이었죠. 하지만 저는 언젠가 제 차례가 올 테고, 그들이 제 상황에 놓일 날이 올 거라 생각했어요."

2014년 8월 3일 막 열여덟 살이 된 그녀가 카네소르Khanesor에 있는 집에 있을 때 ISIS가 신자르에 들어왔다는 소문이 퍼졌다. "다들 산으로 도망갔어요. 하지만 산에 가면 식량이나 물이 없을 테고, ISIS가 시리아로 가는 길을 막을 거라는 소문이 들려서 우리는 길이 막히기 전에 빠져나가기로 했어요. 두 가족이 차 두 대에 나눠 탔어요. 20명쯤 되는 가족이 끼여 탔지요. 삼촌네 가족과 우리 부모님과 할머니, 우리 네 자매와 다섯 형제. 하지만 두그레의 옛 미군 검문소에 도착해보니 총을 들고 검은 옷을 입은 ISIS 대원이 가득한 차 두 대가 이미 길을 막고 있었어요. '머릿수건을 쓰지 않은 여자들과 금을 내놔라!' 그들이 요구했어요.

우리는 무서웠어요. 그때 폭격 소리가 들려서 그들은 우리에게 다시 차로 들어가라고 했지요. 거기에는 우리처럼 야지디족이 가득 탄 차들이 30대쯤 있었어요. ISIS 픽업트럭들이 차들을 호위했어요. 맨 앞에 두 대, 중간에 한 대, 맨 끝에 두 대. 우리는 달아나서 산으로 갈까 생각했지만 그렇게 달아나려던 사람들이 총에 맞아 죽었다는 말을 들었어요.

실로에 멈췄을 때 그들은 남자와 여자를 분리했어요. 그리고 총소리가 들렸어요. 여자들 몇 명이 비명을 질렀지요.

제가 가봤더니 남자들은 그냥 앉아 있었어요. 그러고는 남자와 여자를 다른 차에 태웠어요. 제 어머니와 형제, 자매는 용케 탈출했어요. 할머니와 또 다른 남자 형제도요. 그들을 태운 운전사는 야지디족이었거든요.

저는 사촌과 함께 있었어요. 울고 있던 여섯 살짜리 여동생 마하Maha는 큰오빠와 함께 갔어요. 그들은 신자르 시내로 우리를 데려갔어요. 가는 길에 끔찍한 모습을, 죽은 사람들과 불타는 자동차들을 봤어요. 그들은 우리를 소녀와 여자가 가득한 어느 행정 건물로 데려갔어요. 조금 있으니 제 여동생도 거기로 데리고 왔고요. 오후 8시쯤 물라가 와서 《코란》을 읽기 시작했고 사진을 찍고 나면 집에 갈 수 있다고 했어요. 하지만 그들은 우리를 집으로 데려가지 않았어요. 제가 물었죠. '남자들은 어디 있어요?'

이후 20일 동안 그들은 우리를 여기저기로 옮기더니 결국 여자와 소녀가 가득한 바두시Badush 감옥으로 데리고 갔어요. 보석이나 돈은 다 빼앗았어요. 먹을 것도 없었고 끔찍했어요. 땀과 구토와 생리혈 냄새가 났어요. 역겨웠어요. 매일 남자들이 와서 소녀들을 골랐어요. 남자들이 처음 저를 데려갔을 때 저는 얼어붙었어요. 그날까지 저는 강간이란 게 뭔지 몰랐어요.

폭격 소리가 점점 가까워져서 그들은 우리를 또 다른 학교로 옮겼죠. 그다음에는 탈아파르Tal Afar의 카스르알가리브Qasr al Gharib로 옮겼어요. 오래된 시아파 마을이었는데 주민들은 다 달아났고 ISIS가 개종자들을 위해 쓰고 있었어요. 남자 형제와 삼촌들이 거기 있었어요. ISIS가 한쪽에는 단검을, 다른 쪽에는 《코란》을 놓고 이렇게 말했대요. '《코란》을 선택하면 이슬람으로 개종해 가족을 보게 될 것이다. 단검을 선택하면 죽임을 당할 것이다.'

우리는 그 마을에 넉 달 동안 있었어요. 그들은 마음에 드는 여자나 소녀를 데려갔고 소년은 노예노동이나 훈련을 시키기 위해 데려갔어요. 또 양과 염소는 ISIS 대원을 먹이기 위해 모술로 가져갔고요.

어느 날 버스 한 대가 와서 여자 한 무리를 태우고 모술의 갤럭시시네마로 갔어요. 기둥들이 서 있고 타일 바닥이 깔린 큰 홀인데 결혼식에 쓰는 곳이었어요. 입구에는 남자 샌들이 많았어요. 그곳은 소녀들을 사고파는 시장 같았어요. 우리를 못생긴 애들과 예쁜 애들로 나눴어요. 예쁘게 보이지 않는 게 나으니까 머리를 헝클어뜨리고 먼지와 재를 얼굴에 문질러 발랐죠.

일주일 뒤에 라카에서 온 남자 몇이 저와 여섯 살짜리 동생과 사촌을 데려갔어요. 라카에 도착하자 저는 그들과 헤어져서 제 또래 소녀 열 명과 많은 아이들, 심지어 아기까지 있는 집으로 보내졌어요. 무척 소란스러웠어요. 어느 날 아부 알리Abu Ali라는 이라크인이 와서 저를 데려갔어요. 저는 소음으로부터 벗어나서 안도했지만 그가 여자와 소녀가 가득한 ISIS 훈련소에 저를 남겨뒀어요

물라가 와서 제가 개종했다는 증거로 샤하다Shahadah[이슬람의 다섯 기둥 중 첫 번째]를 말해보라고 했죠. 저는 말하기 시작했어요. '알라 외의 다른 신은 없으며 무함마드는 알라의 전령……' 하지만 그가 총을 꺼냈어요. '제발 죽여주세요. 그러면 자유로울 수 있으니까요.' 제가 애원했어요. 저는 그 모든 것이 끝난다는 생각에 안도했죠. 하지만 그가 말하더군요. '너는 개종을 했으니 아무도 너를 해치지 못한다.' 그리고는 제게 씻고 오라고 했어요. 그 뒤 그들은 저희를 모술로 데려갔어요. 그러고는 우리 이름을 그릇에 넣고 판매가 시작된 거죠."

그녀가 남자들에게 맞서기로 한 것은 네 번째 '주인'인 폭탄 제조자 파이잘부터였다.

"어느 날 그가 이러더군요. '너는 미친년이야.' 제가 물었어요. '그게 무슨 뜻인지 알아? 너는 내가 좋아서 이런다고 생각해?'

그날 그는 저를 아부 바드르에게 팔았어요. 그가 말하더군요. '갈 준비해. 넘어지지 않게 천천히 걸어.' 제가 대꾸했어요. '내가 어떻게 걷는지 네가 상관할 바가 아니야.' 2015년 12월의 마지막 날이었어요. 춥고 질척이는 날이었어요. 그는 신발도 안 신고 밖에 나왔어요. 저는 차까지 걸어갔다가 다시 돌아가서 말했지요. '파이잘, 언젠가는 네가 한 짓 때문에 벌을 받을 거야.' 차가 출발할 때 그는 울기 시작했고 저는 행복했어요. 그는 총을 갖고 있었겠지만 그날 눈물을 흘린 사람은 제가 아니라 그였어요.

저는 아부 바드르와 24일 동안 함께 있었어요. 물론 그는 저를 강간했지요. 여러 번 팔려 다녔지만 그와 있을 때가 최악이었어요. 그는 자기 친구인 아부 사히브Abu Sahib의 아내가 아파서 나를 그녀에게 데려갈 거라고 말하더군요. 하지만 아부 사히브의 집에 가보니 아내는 아무 이상이 없었어요. 그들은 저를 방 하나에 집어넣었고 그날 밤 아부 사히브가 제게 왔어요. 저는 말했죠. '나는 당신 게 아니야. 아부 바드르 거야.' 저는 아부 바드르의 소유이니까 다른 사람이 저를 건드리는 것은 하람이었어요. 그는 강간하려 했지만 제가 소리를 지르고 비명을 질러대서 결국 그의 아내가 왔죠.

이튿날 아침 그는 저를 또 다른 ISIS 센터로 데리고 가서 그곳에서 강간했어요. 저는 감시를 받으며 그곳에 갇혀 있었는데 오후에 아부 바드르가 왔어요. 그에게 저를 팔았냐고 물었지만 아니라고 하더군요. 그래서 아부 사히브가 한 짓을 이야기했죠.

그때 아부 사히브가 돌아와서 저를 데려가겠다고 했어요. 저는 아부 바드르가 저를 팔지 않았다고 말하며 거부했어요. 그리고 고함을 지르기 시작했죠. 그는 입 닥치라고 말했지만 저는 그럴 수 없다고 했죠. 저는 모든 사람에게 알리고 싶었어요. '너희는 이슬람을 전파한다고 하지만 너희들이 하는 짓은 이슬람을 거스르는 거야. 너희들도 너희 규칙을 따르지 않잖아. 너희는 임신한 여자들까지 강간했어.'

그는 힘으로 저를 제압하려 했지만 제게는 그의 집에서 갖고 온 칼이 있었어요. 보초병이 와서 칼을 뺏고는 저를 안에 가두었어요. 저는 유리창을 주먹으로 깨고 손목을 그어 자살하려고 했지만 보초병이 와서 유리를 빼앗았어요.

결국 24일 뒤에 1만 200달러에 다시 아부 하만Abu Haman에게 팔렸어요. 그의 진짜 이름은 아메드 하소움Ahmed Hasoum이고 마찬가지로 폭탄 전문가였어요. 저는 모술의 유명한 식당인 젠둘 근처에서 그와 여덟 달 동안 있었어요."

"저는 노예였지만 약간의 힘이 있었어요." 그녀는 계속 말을 이었다. "한번은 어느 사령관을 울게 만든 적도 있어요. 제 친구 하나가 그의 노예였어요. 친구에게는 아이가 둘 있었는데 이 남자가 먹을 걸 조금도 갖다 주지 않았어요. 텔레비전에 음식이 나오면 아이들이 울면서 먹고 싶다고 했어요. 한 달 동안 마실 차나 요리용 기름도 없었고 한 주 내내 상한 빵만 먹었어요.

그런데 아부 왈리드Abu Walid라는 사령관이 와서 그 사람들이 늘 그렇듯 그 거구를 뻗고 소파에 앉는 거예요. 제가 물었죠. '왜 먹을 걸 갖다 주지 않나요? 식당이 바로 옆이잖아요.' 그는 우리가 음식을 버리기 때문이라고 대답했어요. 그러곤 제게 침을 뱉더군요. 저는 말했어요. '당신 아이들이 먹을 걸 달라고 애원하는데 당신이 줄 수 없다고 생각해봐요. 제가 당신이라면 이렇게 놔두지 않을 거예요.' 그러고는 말했지요. '이리 와 봐요.' 저는 그의 손을 잡고 가서 우리가 먹고 있는 메마르고 딱딱한 빵을 보여주었어요.

그가 울기 시작했어요. 그러고는 케이크와 비스킷을 들고 다시 왔어요. 저는 그 사령관을 울게 만들어서 기분이 좋았어요. 그들은 제게 나쁜 짓을 많이 했지만 제가 상황을 주도할 수 있을 때는 기분이 좋았어요."

나는 그녀의 가족이 쉬림 같은 사람들을 써서 그녀를 구하려 했는지 물었다. "가족들은 제가 어디 있는지 몰랐어요. 한번은 간신히 전화를 구해서 아빠에게 전화를 걸어 쿠르드어로 말했어요. 제가 주소를 알려주려고 할 때 그 남자가 전화를 뺏어갔어요."

2016년 10월 그녀가 아부 하만과 함께 모술에 있는 동안 서구 병력이 ISIS가 점령한 모술을 되찾기 위해 폭격을 시작했다. "무섭긴 했지만 드디어 외부 사람들이 무언가를 한다는 것을 알았지요.

그때 아부 하만의 친구 하우디가 와서 그 집이 위험하다고 언제든 폭격당할 수 있으니 자신과 함께 가야 한다고 했어요. 그는 저를 자기 집으로 데려갔고 그곳에 열흘 동안 있었어요."

"아부 하만 이즈 데드." 그녀가 갑자기 영어로 말하며 요란하게 웃었다.

"그는 폭격으로 죽었어요. 저는 그가 죽어서 행복했어요. 그런데 그가 유서를 써 놨더군요. 저를 6000달러에 팔아서 그 돈을 가족에게 주라고요.

그래서 저는 아부 알리 알라시디Abu Ali al-Rashidi에게 팔렸고 그는 저를 집으로 데리고 갔어요. 저는 니캅을 입고 있어서 어디로 가는지 볼 수 없었어요. 저는 그와 종일 함께 있었어요. 그도 같은 짓을 제게 했고, 이튿날 아침 10시에 자기 친구인 나시완Nashwan의 집에 저를 데리고 갔어요. 전투에 나가는 동안 저를 맡긴다고 했어요.

그 뒤에 나시완이 왔는데 저는 그의 노예는 아니니까 멀찍이 떨어져 앉았어요. 그가 물었어요. '아부 알리가 말 안 했어?'

'무슨 말요?' 제가 물었죠.

'아부 알리가 너를 5000달러에 팔았어.'

이들은 말도 없이 저희를 팔아넘기며 간식처럼 이리저리 건넸어요. 나시완과는 세 달 동안 같이 있었어요. 같은 일이 반복됐죠. 그러다가 그가 폭격으로 죽었지만, 그도 유언을 남겼더군요. 저를 팔아서 그 돈을 자기 가족에게 주라고.

폭격이 더욱 거세졌지만 저는 기분이 좋았어요. 폭격이 도시를 가르는 티크리스강의 동안에서 ISIS를 몰아내기 시작했으니까요. 그런데 폭격으로 다리가 파괴돼서 서쪽에 있던 우리가 고립되고 말았어요."

"두렵지 않았나요?" 내가 물었다.

"아니요. 폭탄은 무섭지 않았어요. 주인이 죽고 또 다른 사람이 와서 저를 데려가는 것만 두려웠어요. 나시완이 죽은 뒤 하마드Hamad에게 팔려갔어요. 그와는 12일을 지냈고 그는 저를 어느 약사에게 팔았어요. 그와는 한 달 동안 있었어요. 그도 똑같은 짓을 했죠.

그러는 내내 폭격이 점점 가까워졌어요. 그는 ISIS 여성과 소녀가 가득한 ISIS 가정으로 저를 데려갔어요. 그들은 ISIS 남자들이 우리 야지디족 여자들에게 했던 것과 똑같은 짓을 이라크군이 자신들에게 할 것이라는 이야기를 듣고 두려워하고 있었어요. 제게 말하더군요. '이라크군이 와서 물으면 우리 모두 ISIS에 잡혀온 야지디족이라고 말해줘요.' 갑자기 모두 야지디족이 되고 싶어 하는 거예요. 한여자는 심지어 잘생긴 오빠가 있으면 자기한테 주라고도 했어요. 그래서 저는 상황이 뒤집히고 있다는 것을 알았어요. 그들은 두려움에떨었고 그건 좋은 일이었어요.

그 무렵 그는 저를 다시 5000달러에 압둘라Abdullah에게 팔았어요. 그의 진짜 이름은 토피크 하탐 알 우사이니Tawfiq Hattam al Hossaini, 탈아파르 출신의 수니파였어요. 그와는 다섯 달을 지냈고 그 역시 같은 짓을 했지요……."

나는 그녀가 그 모든 일을 자세히 기억하는 것에 놀랐다. "제가 할 수 있는 일이라곤 그들의 이름을 다 기억해서 그들이 한 짓이 잊히지 않는 것이었어요. 이제 빠져나왔으니 저는 그 모든 사람의 이름을 넣어서 그 모든 일을 책으로 쓰고 있어요."

나는 그녀가 3년 동안 이 남자들과 지내면서 어떻게 임신을 피할 수 있었는지 궁금해졌다.

"자연적인 방법을 썼다고 할 수 있어요. 무슨 말인지 아신다면요." 그녀가 어깨를 으쓱했다. "게다가 ISIS는 우리가 임신하는 걸 원치 않았어요. 가끔은 피임약이나 이집트약을 여자들에게 주거나 콘

돔을 쓰기도 해요. 저한테는 그러지 않았지만요.

ISIS가 저를 강제로 의사에게 보낸 적이 두 번 있었어요. 저는 무서워서 가고 싶지 않았어요. 저는 몸 안이 온통 다쳐서 많이 아팠어요. 의사가 요로감염과 심한 염증이 있으니 열흘 동안 누구도 저와 섹스를 하게 하지 말라고 말했지만 그래도 그들은…….”

“압둘라도 죽었어요!” 이번에도 그녀는 특유의 공허한 웃음을 지었다. “그가 마지막이었어요. 그가 죽은 뒤 저는 그의 형제자매들과 있었어요. 우리가 있던 구도심이 심하게 폭격을 당해서 그 마지막 여섯 달은 아주 힘들었어요. 집이 두 번 이상 폭격을 맞았고 그의 가족 몇 명은 부상을 입었어요.”

2017년 1월의 어느 날 압둘라의 누이가 나이마에게 전화를 건네며 아버지에게 전화해서 도움을 요청하라고 부탁했다. “그녀는 여기 있는 사람들은 ISIS와 아무 관계가 없다고 말하라고 했어요. 하지만 저는 아버지에게 이렇게 말했어요. ‘아빠, 제가 한 모든 일을 용서하세요. 살아남으면 돌아갈게요.’

“가족과 이야기하기는 여섯 달 만에 처음이었어요. 가족과 헤어져서 붙잡혀 있는 내내 가족과 연락이 닿은 건 네 번밖에 없었어요.

어느 날 아침 우리는 지하 대피소로 갔어요. 폭탄이 계속 떨어졌고 총격과 전투기 소리를 비롯해 온갖 무기 소리가 들렸어요. 노인 세 사람을 포함해서 60명 정도가 있었어요. 노인 한 사람이 말했죠. ‘이라크군이 근처에 있으니 그들에게 갑시다.’ ISIS는 옷을 구하고 떠날 채비를 하면서 그들이 ISIS임을 드러낼 만한 것은 모두 태웠어요. 사진, 신분증, USB 메모리, 모든 걸요. …… 우리는 7월 3일 저녁 7시에 지하 대피소에서 나왔어요. 충격적이었어요. 아무것도 알아볼 수 없었어요. 정상적인 집이 하나도 없었고 모든 게 파괴되었어요. 흙먼지의 산 같았어요.

폭격이 계속되고 있었어요. 우리는 한동안 걷다가 이라크군을 몇 명 봤지만 그 지역은 ISIS로부터 완전히 해방된 곳이 아니어서 그들은 공격하느라 바빴어요.

그 이라크 병사들이 우리에게 길을 알려주려 했어요. 바닥에는 긴 턱수염의 한 ISIS 대원이 얼굴이 먼지와 피로 뒤범벅이 된 채 죽어 있었어요. 저는 그 시체를 건너뛰어야 했죠. 마음속으로 어쩌면 그가 살아서 저를 칼로 벨지 모른다는 생각이 들었어요. 하지만 그렇게 해야 했어요. 기분이 좋았어요. 그러고 나니 힘이 났어요. 그들의 죽은 몸을 보는 게 그들이 우리에게 한 짓과 같다고 느껴졌어요.

무너진 집들을 통과해 거의 9시까지 걸어서 피난민들이 모이는 의료원에 도착했어요. 저는 압둘라의 누이로부터 빠져나왔지만 또 다른 가족과 함께 있었는데 그 가족의 꼬마가 울기 시작했어요. 저는 그들이 ISIS의 가족인지 그냥 모술 사람인지 알지 못했지만 그 아기한테 제가 갖고 있던 물병에서 물을 조금 줬어요.

저는 그들에게 제가 야지디족이라고 말했어요. 그들이 이렇게 말했어요. '이라크군을 만나면 제발 우리가 당신을 돌봐주었고 ISIS와 아무 관계가 없는 사람들이라고 말해주세요.' 저는 그러겠다고 하고는 아기를 돌려주고 달아났어요.

조금 더 가니 이라크 병사 한 사람이 보여서 그에게 작은 소리로 말했죠. '저는 야지디족입니다.' 그가 물었죠. '정말이요?' 제가 그렇다고 했어요. 그는 제 이름을 물었어요. '나이마예요.'

어쩌면 그는 저를 탈출하는 ISIS의 아내로 여길 수도 있었겠죠. 그는 도시를 탈출하는 사람들이 탄 버스에 저를 태웠어요. 버스가 떠나기 전에 한 이라크 병사가 와서 물었어요. '나이마 있습니까?' 그는 제게 가족의 연락처를 물었어요. 제가 아버지의 연락처를 알려주자 그가 전화를 걸어 물었어요. 'ISIS에 붙잡힌 딸이 있습니까?'

아버지가 그렇다고 말하자 그 병사는 '따님이 여기 우리와 함께 안전하게 있습니다'라고 말하고는 전화를 제게 주었어요. 여섯 달 만에 처음으로 아버지의 목소리를 들었어요.

버스에는 앉을 자리가 없었는데 그 이라크 병사가 한 남자에게 '야지디족이요'라고 말하며 제게 자리를 양보하라고 했어요. 그때는 제가 그들보다 더 귀하게 느껴졌어요.

그들은 ISIS의 가족을 수용하는 곳으로 실려 가는 사람들이었어요. 하지만 잠시 뒤에 버스가 멈추더니 저를 이라크군 차량에 태우고 경찰서로 데려갔어요.

그들은 저를 2층으로 데리고 갔어요. 왜냐하면 ISIS의 아내들이 경찰서로 붙들려오고 있었는데 제게 그들을 보여주고 싶지 않았던 거예요. 이라크인들은 그들의 금과 신분증을 빼앗았어요. 여자들의 고함과 비명이 들렸어요. 우리에게 일어난 일이 그들에게 일어나고 있었어요. 우리가 그랬던 것처럼 그들도 다 잃었어요.

근처에 사는 한 여자가 저를 위해 비스킷과 깨끗한 옷을 들고 와서 경찰서 근처에 있는 자신의 집에서 하룻밤을 보내고 좋다고 했어요. 우리가 경찰서를 나서는데 붙잡힌 ISIS 대원 몇이 눈이 가려지고 수갑이 채워진 채 끌려왔어요. 그 모습을 보니 기분이 좋았어요.

이튿날 아침 8시에 그 친절한 여성이 저를 경찰서 2층으로 데려다주며 문 옆에서 기다리라고 했어요. 결국 8시 30분에 문이 열렸는데 아버지가 거기 계신 거예요. 아버지는 저를 끌어안고 울기 시작하셨어요. 저는 너무 행복했지만 울지도 웃지도 않았어요.

경찰은 아버지를 법정으로 데리고 가서 저를 죽이지 않겠다는 문서에 서명을 하게 했어요. 그들은 야지디족 소녀를 가족에게 넘길 때마다 그렇게 서명을 받았는데 우리는 그걸 모르고 있었고 아버지는 몹시 기분이 상하셨어요. '지금 무슨 말을 하는 겁니까?' 아버지

가 물었어요. '얘는 내 딸이고 3년 동안 보지 못했어요.'

마침내 그날 저녁 그들은 우리를 쿠르디스탄과 신자르 경계에 있는 아크라브 검문소로 데려갔어요. 사촌들이 택시와 함께 저희를 기다리고 있었어요. 우리는 새벽 6시에 도착했어요. 2017년 7월 6일 이었죠. 그게 끝입니다."

나이마는 이 모든 이야기를 그 트레일러 안에서 했다. 이야기를 마친 뒤 그녀는 난민촌에 줄줄이 늘어선 흰 텐트들을 지나 냉장고가 있고 퀼트가 쌓여 있는 그녀의 텐트로 나를 안내했다. 나는 그것이 끝이 아님을 알 수 있었다.

"돌아왔을 때 저는 우리가 집이 아닌 이 난민촌으로 올 수밖에 없다는 것과 우리 가족이 더는 온전하지 않다는 것을 알게 됐어요. 마치 초록빛 정원이 있었는데 잠시 비운 사이 갈색으로 말라 죽어버린 것과 같은 일이죠.

저는 이 텐트에서 어머니와 아버지, 할머니, 두 자매, 두 형제와 지내요(언니 셋이 결혼해서 제가 남은 딸 중 큰딸이에요). 아홉 살 반인 여동생 마하를 포함해서 여동생들도 다 납치됐지만 저보다 먼저 라카에서 구출됐어요. 우리 가족은 숙모와 그 자녀를 포함해서 11명의 친척을 구출하기 위해 비용을 지불하느라 빚이 많아요.

하지만 남자 형제 셋과 삼촌이 여전히 실종 상태에요. 아무 소식도 없어요. 어젯밤 꿈에서 그들을 봤는데 무척 나쁜 상황에 있는 것 같았어요. 너무 지쳐 보였어요. 가끔 젊은 남자들이 축구하는 걸 보고 제 남동생이라고 착각할 때도 있어요."

그녀는 전화를 꺼내 남자 형제들과 삼촌의 사진을 보여주었다. 꽃 이미지와 낭만적인 피아노 음악이 배경으로 깔려 있었다. "혹시 그들을 본 사람이 있을까 봐 영상을 만들었어요."

"처음에 이곳에 왔을 때 저는 텐트에만 머물렀어요. 밖에 나가 거나 사람들을 만나고 싶지 않았죠. 삶이 멈춘 것 같았어요. 제게 일 어난 일을 아무에게도 말하고 싶지 않았어요. 밖에 나가면 바로 말 다툼에 휘말렸어요. 사람들이 저한테 '그들이 너한테 무슨 짓을 했 니?'라고 물으면 저는 소리를 질렀어요. '뭐라고요, 그들이 저한테 무슨 짓을 한지 몰라요?'

하지만 저는 삶이 그냥 계속 흘러간다는 걸 깨달았어요. 삶은 전쟁이 끝나길 기다려주지 않아요. 그래서 가족을 위해 제가 달라져 야 한다고 생각했어요. 실종된 형제들은 제 형제들이기 이전에 아버 지의 아들들이잖아요. 누군가 저를 이 자유야지디재단으로 데려왔 고 일자리를 줬어요. 난민촌에서 건강 지식을 가르치는 일인데 도움 이 됐어요."

나는 고향 카네소르의 집에 돌아간 적이 있는지 물었다. 그녀는 잠시 아무 말이 없었다. '신자르로 돌아간다면 마음이 아플 겁니다. 두 번 갔어요. 한번은 신분증을 가져오려고 갔는데 아빠가 저희 집 을 보여주지 않으셨어요. 두 번째는 언니와 함께 갔고 우리 집을 봤 어요. 아주 달라져 있었어요. 안에 있는 모든 것이 부서지고 모든 문 과 창문도 부서져 있었어요."

그녀는 자신의 손을 내려다봤다. "저에게 이런 일을 저지른 그 남자들에게 최악의 일이 일어났으면 좋겠어요. 빠른 죽음이나 인간 적인 죽음을 맞지 않았으면 해요. 천천히, 천천히 죽길 바라요. 사람 들에게 나쁜 짓을 하는 것이 어떤 일인지 깨달을 수 있게요."

난민촌에서 멀지 않은 작은 둔덕에 하얀 원뿔 모양의 야지디 성 소 세 개가 주름치마처럼 서 있었다. 그들이 숭배하는 태양의 광선 이 대지를 비추는 모습이다. 긴 흰색 드레스를 입은 한 무리의 여성 이 그곳에 모여 진짜 태양이 부풀어 오른 빨간색 구체가 되어 울타

칸케 인근의 야지디 성소. ©크리스티나 램

리를 두른 텐트 너머 지평선으로 저무는 모습을 지켜보고 있었다. 가족과 공동체가 여러 난민촌에 흩어져 있기 때문에 몇몇 야지디 지도자들은 고대 메소포타미아까지 거슬러 올라가는 야지디 공동체가 더는 살아남지 못하는 것이 아닐까 걱정한다.

저무는 태양을 지켜보는 여성들은 실종된 자녀들을 위해 기도하고 있었다. 나이마의 가족처럼 칸케 난민촌에서 내가 방문했던 거의 모든 텐트마다 실종된 가족이나 친척이 있었다.

납치된 소녀 7000명 중 3분의 2를 되찾긴 했지만 여전히 야지디족 3154명이 실종 상태이고 그들 중 많은 이가 여자와 소녀다.

2017년 서방 국가들이 ISIS를 모술과 라카에서 몰아내고 승리를 선언했을 때, 이 소녀들을 구하는 일은 전혀 하지 않았다는 것이 드러났다. 미국이 이끄는 연합군은 심지어 3500명 정도의 무리가 라카를 빠져나가도록 허락하기도 했다. 그들 중에는 ISIS 대원들과 아마도 그들의 노예 소녀들도 있었을 것이다. 나중에 나는 철조망과 모래주머니 벽, 검문소에 둘러싸인 바그다드의 연합군 본부에서 부사령관 펠릭스 게드니 영국 소령을 인터뷰하며 그 이유를 물었다. "우리 계획은 그게 아니었습니다. 하지만 전투가 무척 격렬했고 연합국 군대들은 당시 매우 감정적이던 지역 부족장들의 탄원을 무시할 수 없다고 생각했습니다."

양봉가 쉬림은 그와 다른 구조자들이 한 달에 세 명 정도만 구출할 수 있는 상황이라고 말했다. 터키 당국이 협조를 거부하기 때문에 납치된 소녀들과 연락하기가 더 힘들어졌고, 몇몇 소녀는 아이들을 두고 와야 하는 상황이라 돌아오기를 거부하기도 한다. 그의 조카 하나도 그런 상황이었다. 조카는 억류돼 있는 동안 딸을 낳았다. 그는 납치된 소녀들이 ISIS 동조자들과 함께 모술이나 난민촌에 남는 이유는 집으로 돌아오면 아이들을 버려야 할까 봐 두려워하기 때문이라고 생각했다.

야지디는 엄격하게 폐쇄된 종파다. 아마 수 세기 동안 그들을 절멸시키려는 시도가 무척 많았기 때문일 것이다. 야지디 종파의 신자가 되려면 야지디로 태어나야 하고, 결혼도 같은 야지디족과 해야 한다. 여성은 외부인과 연애할 수 없고, 과거에는 비신자와의 성적 접촉은 곧 추방을 뜻했다. 나는 몇 년 전 무슬림 소년과 사랑에 빠진 죄로 돌에 맞아 죽은 야지디족 소녀의 이야기를 많은 야지디족에게 반복해서 들었다.

따라서 야지디의 영적 지도자 바바 셰이크가 ISIS에 납치당했던 소녀들은 죄가 없고 사실 다른 소녀들보다 더 신성하며 공동체로 돌아오는 것을 환영해야 한다고 선언한 것은 주목할 만한 조치였다. 그러나 이 조치에서 그들을 억류했던 ISIS 대원으로부터 태어난 아이들은 언급되지 않았다. 그래서 야지디 가족은 그 아이들을 받아들이지 않는다.

이런 조치는 무척 가혹해 보였기 때문에 나는 바바 셰이크가 살고 있으며, 야지디족이 세례를 받기 위해 찾아간다는 신성한 계곡인 랄리시Lalish에 가보기로 결심했다. 야지디족은 낮에 기도할 때 그 계곡이 있는 방향을 바라보며 기도한다.

춥고 비 오는 날이었다. 셰칸계곡의 초록 언덕들은 안개의 덩굴에 휩싸여 있었다. 내 가이드는 바데르Bader라는 젊은 야지디족이었다. 우리가 탄 택시의 운전석 거울에는 금색 공작천사상 하나와 파란 유리로 만든 악마의 눈 부적 두 개가 매달려 있었다.

마침내 우리는 검문소에 도착했다. 검문소 맞은편에 또 다른 흰색 원뿔형 탑 세 개가 있는 사원으로 이어지는 길이 있었다. 더 이상은 차로 갈 수 없었다. 바데르는 외부의 흙으로 랄리시를 더럽혀서는 안 되니 내게 신발과 양말을 벗으라고 말했다. 춥고 습한 날씨에 맨발로 걸으려니 처음에는 느낌이 이상했지만 돌이 매끄러웠고 발에 닿는 감촉이 이상하게 좋았다.

우리는 덧문을 닫은 가게들이 늘어선 회랑을 지나 계단을 올라 작은 석조 건물로 들어갔다. 보라색 벨벳 드레스를 입고 흰 베일을 두른 몸집이 큰, 나이든 여성이 흙처럼 보이는 것이 담긴 항아리를 지키며 플라스틱 시계 아래 통로에 웅크리고 앉아 있었다.

그녀의 이름은 아스마라Asmara였고 항아리에 담긴 것이 '성스러운 흙'이라고 설명했다. 야지디족은 이 흙을 작은 천에 싸서 주머니나 지갑에 넣고 다니며 행운을 빈다. 그녀는 자신이 피르스pirs, 곧 신성한 가문 출신이기 때문에 그곳을 20년 동안 지켰으며 그곳에서 잠도 잔다고 말했다. "우리 가문 사람들만 이 문을 지킬 수 있지요." 그녀가 자랑스럽게 말했다.

그녀 뒤로 보이는 방에는 황동 울타리에 둘러싸인 천연 샘이 흐르고 있었지만 야지디족이 아닌 나는 안으로 들어갈 수 없었다.

아스마라와 그녀의 신성한 흙. ©크리스티나 램

우리는 키득거리는 웃음소리를 듣고 한 무리의 소녀가 셀카를 찍고 있는 맞은편으로 건너갔다. 소녀들은 마치 분장 놀이 옷장을 턴 것처럼 모두 다채로운 색상의 긴 드레스를 입고 있었다. 그런 뒤 우리는 아치를 통과했다. 나는 문지방을 밟지 말고 위로 건너라는 안내를 받았다. 아치를 통과하니 무화과 한 그루가 있는 마당이 나왔다.

불을 에워싼 한 무리의 남자가 차양 아래 앉아 있었다. 이곳이 바로 바바 셰이크가 신자들과 대화하는 곳이었다. 그들 너머에는 검은 뱀 한 마리가 오른쪽으로 벽을 타고 기어 올라가는 모습이 새겨진 거대한 대리석 정문이 있었다. 야지디 전설에 따르면 노아의 방주에 구멍이 났을 때 이 뱀이 구멍을 틀어막아 배가 침몰하는 것을 막았다고 한다. 그래서 야지디족은 검은 뱀을 신성하게 여기며 절대 죽이지 않는다.

이번에도 문지방을 밟지 않기 위해 주의하면서 정문을 통과해 일곱 개의 기둥이 있는 어둑한 방으로 들어갔다. 기둥은 모두 선명한 색의 비단 매듭으로 장식돼 있었다. 일곱 기둥은 야지디족의 신이 세상을 창조한 뒤 세상을 맡겼다는 일곱 야지디 천사를 나타낸다. 기둥에 묶인 매듭은 행운을 비는 것인 듯했다. 매듭을 하나 풀면 앞서 왔던 순례자의 소망을 풀어 이루어지게 한다. 그런 뒤에 다른 리본을 세 번 매듭지어 묶으면서 또 다른 소망을 빌 수 있다.

신성한 줌줌zum zum 샘으로 이어지는 계단 쪽에서 시원한 산들바람이 불어왔다. 줌줌 샘은 야지디족이 세례를 받는 곳이다. 그들은 이 샘물이 메카의 샘물과 같은 수원에서 온다고 믿는다. 여기에서도 야지디족이 아닌 나는 입장이 허락되지 않았다. 그래서 나는 사원에서 가장 높은 둥근 지붕을 가진 덕에 천장이 아주 높은 본당이 있는 반대 방향으로 향했다. 안에는 초록색 벨벳으로 덮인 석관이 있었다. 야지디 신앙의 창립자 가운데 하나인 셰이카 아디 무사피르Sheikh Adi Musafir가 묻힌 곳이다. 12세기에 세상을 떠난 셰이카 아디는 야지디족의 진정한 통치자인 공작천사 멜렉타우스의 현현으로 여겨졌다.

야지디족은 그가 매해 카르세마 소르Charsema Sor, 곧 붉은 수요일이라 불리는 그들의 새해 첫날에 지상으로 내려온다고 믿는다.

또 다른 계단을 내려가니 랄리시 숲에서 자란 올리브로 만든 올리브유 항아리들이 벽을 따라 쌓여 있었다. 야지디족 몇 사람이 한 사람씩 돌기둥 하나를 등지고 서서 기둥을 향해 어깨너머로 작은 비단 뭉치를 던지고 있었다. 기둥 꼭대기에 비단 뭉치가 떨어지면 소원이 이루어지는 모양이었다.

야지디 신앙을 이해하기는 쉽지 않았다. 만나는 사람마다 그들의 역사에 대해 다른 이야기를 하는 듯했다. 나는 가이드인 바테르에게 계속 질문했지만 거의 도움이 되지 않았다. "다 바보 같은 이야기예요. 지도자들은 다 부패했고 사람들로부터 돈을 뜯어내고 있어요." 그가 말했다.

나는 바바 셰이크가 모든 것을 설명해주기를 바랐지만 슬프게도 차양 아래 그의 자리는 비어 있었다. 그는 아파서 독일에 있다며, 불을 둘러싼 남자들이 젖은 발을 덥히는 내게 말했다.

"억류 상태일 때 태어난 아이들은 죄가 없잖아요. 왜 그들은 공동체에 받아들여지지 않죠?" 내가 무라드 이스마엘Murad Ismael에게 물었다. 시를 사랑하는 엔지니어인 그는 야지디족을 위한 활동 단체인 야즈다Yazda를 창립한 사람이었다.

"그건 너무 지나친 조치입니다." 우리는 에르빌에 있는, 이름과는 전혀 어울리지 않는 클래시호텔에서 커피를 마시기 위해 만났다.

그는 버려진 아이들의 시련에 마음이 너무 아파서 한 명을 입양하려고도 했다. 결혼하지 않은 그가 아이를 입양한다고 해서 가족은 경악했다. 하지만 절차를 밟기 위해 법정에 갔을 때 그는 아이가 고아가 아니라는 사실을 발견했다. 아이의 삼촌이라고 말했던 남자가 아버지였다. 그는 화가 났지만 우리 둘 다 사람들이 얼마나 절박했으면 아이의 더 나은 삶을 위해 아이를 포기하려 했을까 생각했다.

무라드는 2003년 미국의 이라크 침공 뒤 이라크 주둔 미군에서 통역사로 일했기 때문에 미국으로 가는 특별 비자를 얻을 수 있었다. 그가 휴스턴에서 공부하고 있던 2014년 8월부터 신자르에 남은 가족과 친구들로부터 ISIS가 쳐들어왔다는 다급한 연락을 받았다.

그는 절박한 야지디족 아이들의 사진과 산꼭대기에 매장되는 사람들의 영상을 모든 미국 의원과 연락할 수 있는 모든 기자에게 이메일로 보냈다.

그와 미군에서 일했던 야지디족 동료들은 백악관 앞에서 시위를 하기 위해 워싱턴으로 날아갔지만 팔레스타인 사람들에게 자리를 내주어야 했다. 그들은 메릴랜드의 때 묻은 모텔방 하나를 빌려 여섯이 함께 지내며 계속 버텼고, 결국 미국 국무부 국제종교자유사무국State Department Office of International Religious Freedom과 만났다. 그 자리에서 그들은 ISIS에게 살해당한 가족과 산에 숨어 굶주리는 사람들의 이야기를 했다. 키가 거의 2미터에 달하는 전 해군 장교 더그 패짓Doug Padgett은 그 이야기에 눈물을 흘렸다.

이스마엘은 많은 기대를 하지 않았다. "저희는 소수민족 안의 또 다른 소수민족일 뿐이니까요." 그가 어깨를 으쓱했다. 하지만 그와 야지디 친구들에게는 한 가지 이점이 있었다. 그들은 미군과 함께 일한 경험을 통해 미국인들의 사고방식을 잘 알았으므로 3단계 계획을 생각해냈다. 우선, 미국은 산에 식량과 물을 공중 투하한다. 둘째, 신자르에서 조직된 야지디 민병대를 돕는다. 마지막으로, 이라크 정부를 설득해 ISIS에 포로로 납치되었고 점점 그 수가 늘어나는 야지디족의 소재를 추적한다.

지구물리학 석사학위를 가진 이스마엘이 신자르 지역의 지도를 만들었고, 그 위에 밭과 급수탑을 표시하고 ISIS 주둔지는 빨간 팔각형으로, 달아나는 야지디족은 막대 인간으로 표시했다.

오바마 대통령이 신자르 지역의 구호품 공중 투하와 공습을 승인하고 야지디족에게 일어나는 일을 '잠재적인 제노사이드 행위'라고 공개적으로 맹비난했을 때 그들은 무척 기뻤다.

그러나 기쁨은 곧 실망으로 바뀌었다. 미국은 그들이 제시한 나머지 계획을 무시했고, 그들이 갈수록 절박하게 경고하는데도 코초 마을 사람들에 대한 학살을 막는 조치를 아무것도 하지 않았다. 이스마엘은 심지어 백악관 앞에서 분신하겠다는 협박도 했지만 아무 소용이 없었다.

이스마엘과 동료들은 돈이 다 떨어지자 휴스턴으로 돌아가 야즈다를 결성했다. 그는 박애정신에 기대는 것이 소용없는 짓이라고 생각하게 됐다고 말했다.

결국 독일이 1100명의 야지디 여성을 받아들였고 캐나다가 700명 정도, 호주가 300명 정도를 받아들였다. 프랑스의 에마뉘엘 마크롱Emmanuel Macron 대통령은 100가족을 받아들이기로 약속했다. 영국과 미국은 단 한 명의 야지디 여성도 받아들이지 않았는데 그는 이점을 이해하기 힘들어했다.

"모두 납치됐다 돌아온 야디지 생존자에 대해 이야기하고 언론도 많이 보도했지만, 현실에서는 돕지 않았습니다. 한 여성이 결핵에 걸렸는데 우리는 수술에 필요한 700달러도 구하지 못했어요."

신자르는 폐허로 남았고 아무도 그곳을 재건할 생각이 없는 듯했다. "난민촌에 살면 공동체가 파괴되지요." 이스마엘이 말했다. "가장 큰 두려움은 우리가 팔레스타인 사람들처럼 난민촌에 영원히 머물며 삶이 아닌 삶을 살게 되는 것입니다."

그것만이 아니었다. 그는 단 한 명의 가해자도 법정에 세우지 못하고 집단 매장지 중 한 곳도 발굴하지 못하는 상황에 좌절했다. "우리는 여성들로부터 1400개가 넘는 짧은 증언과 300개가 넘는 긴 증언을 기록해두었습니다. 누군가 필요하다면 ISIS 대원의 명단과 데이터베이스도 제공할 수 있습니다."

한편 야지디 소녀들을 노예로 억류했던 ISIS 대원들은 여전히 활개 치고 다닌다고 구조자로 변신한 변호사인 칼릴Khaleel이 말했다. "저는 열다섯 살인 라나Rana라는 소녀를 빼냈어요. 열세 번을 거듭 팔려 다녔다더군요. 그녀가 신분증명 서류를 받으러 모술에 갔는데 자신을 마지막으로 억류했던 남자가 그냥 거리를 걸어가고 있더랍니다. 그녀가 소리를 지르자 남자는 얼굴을 가리고 달아나버렸대요."

그와 아미나는 가해자 몇 명을 직접 추적하려 하고 있었다. 그해 1월에 그들이 구출해낸 여성 중에 부시라Bushra라는 스물한 살 여성이 있었다. 그녀는 여러 차례 팔려 다녔는데 마지막으로 그녀를 억류한 사람은 데이르아주르에 사는 70세 노인이었다.

부시라를 안전하게 구출한 뒤 칼릴은 가짜 페이스북 페이지를 만들어 그 노인과 접촉했고 그녀를 되찾도록 도와주겠다고 제안했다. 부시라의 음성 메시지도 녹음했다. 그가 자신을 데리러 오면 같이 가겠다는 내용이었다.

남자는 미끼를 물었다. 칼릴은 희끗한 수염의 노인이 올리브나무에 몸을 기대고 울며 애원하는 영상을 보여주었다. "제발 돌아와, 네가 보고 싶다!"

"우리는 이렇게 해서 많은 ISIS 관련자를 찾아냈습니다." 그러나 아미나는 그게 무슨 소용이 있는지 의심이 들기 시작했다고 털어놓았다. "저는 그들을 법정에 세우는 일에 낙관적이지 않아요. 우리 정부가 지원하지 않습니다. 이라크 정부는 돕지 않아요. 많은 ISIS 지도자는 돈을 내고 풀려났습니다. 야지디족의 집단 매장지 73곳이 발견되었지만 아무도 그곳들을 조사하거나 보호하지 않습니다."

12
—
정의의 여신은 어디에 있는가?

이라크 니네베

옛날에, 2000년도 더 전에 아슈르바니팔Ashurbanipal이라는 왕이 있었다. 당시 지상에서 가장 강력한 사람이었던 그는 자신을 '세계의 왕'으로 선포하고, 79개의 방이 있었다는 '비할 데 없는 궁전'에 살았다. 기원전 7세기 니네베Nineveh는 지상 최대의 도시였다. 도시를 둘러싼 높은 성벽에는 15개의 정문이 있었고 각 정문 양쪽에는 날개 달린 황소상이 있었다. 성벽 안에는 거대한 석조 부조로 장식된 많은 궁전과 사원, 운하와 수로망으로 물을 대는 정원, 사냥 공원, 3만 개가 넘는 쐐기문자 점토판을 보관한 왕립 도서관이 있었다.

아시리아 제국의 수도였던 니네베는 지상에서 가장 오래되고 가장 위대한 도시 가운데 하나지만 요즘에는 아마 성경 속 묘사로 잘 알려져 있을 것이다. 성경에서 니네베는 신이 죄를 회개하지 않으면 파멸을 맞게 되리라 경고한 방탕과 악의 도가니로 묘사된다.

티그리스강 동편의 모술에서 니네베 표지판을 보면 전율을 느끼지 않을 수 없다. 이라크에는 고대에서 유래한 이름이―바빌론, 에덴의 정원, 우르, 아브라함의 탄생지―잔뜩 있지만 오늘날의 현실에서 보면 실망스러울 때가 많다. 바빌론에는 공중정원의 흔적이 없고 티그리스강과 유프라테스강이 만나는 바스라Basra 외곽의 죽어 있는 작은 나무는 내가 상상한 선악과나무와는 딴판이었다.

니네베에 남아 있는 것이라고는 거대한 요새의 성루처럼 보이는 직사각형의 높은 진흙 둑방과 작은 둔덕, 재건축된 정문 하나밖에 없었다. 정문으로 들어서니 흙으로 지은 보루들이 있는 큰 평원과 몇 개의 부서진 기둥이 있었다. 니네베의 유적은 영국 박물관에 훨씬 더 많이 있다.

이 폐허는 ISIS의 작품이 아니었다. 니네베를 약탈한 것은 도시를 불사르고 제국을 무너뜨린 바빌로니아인과 페르시아인, 메디아인이었다. 2014년 ISIS가 불도저와 다이너마이트를 끌고 도착했을 때는 이미 남아 있는 것이 거의 없었지만 ISIS의 영상은 재건축된 아다드 성문과 요새 성벽의 일부를 파괴하는 모습을 보여준다. 그들은 요나의 매장지로 알려진 네비유누스Nebi Yunus도 폭파했다.

아시리아인도 잔인한 무리였다. 적의 해골로 피라미드를 쌓았으며 포로의 내장을 꺼내고 코와 귀를 자르는 것은 보통이었다. 그들은 이런 잔학성을 글과 예술로 기렸는데, 훗날 ISIS가 자신들이 저지른 잔학 행위를 소셜미디어를 통해 방송한 것과 비슷하다.

20세기 초에 발굴된 몇몇 점토판에 새겨진 법전에는 성관계를 다룬 놀랄 만한 항목도 포함돼 있다. "여성이 싸우다가 남성의 고환 하나를 다치게 한다면 그녀의 손가락 하나를 잘라낼 것이다"라고 새겨져 있었다. 고환 두 쪽을 모두 다치게 한다면 여자의 두 눈을 도려낼 수 있다. 또한 강간은 사형으로 처벌한다는 내용도 있다.

2018년 3월 내가 모술에 가게 된 이유는 파괴된 고대 유적 때문이 아니라 진행 중인 재판을 취재하기 위해서였다. 나는 쿠르드인 통역사 할란Halan과 함께 그의 흰색 도요타 자동차를 타고 갔는데, 그는 자기 차를 모니카 르윈스키라 불렀다. 내가 놀라움을 표현하자 이라크에서는 모든 차 모델에 별명이 있다고 그가 말했다. 왜 하필 르윈스키인가? 그는 설명하지 못했다. 아마 그 스캔들과 같은 해에 나온 모델이라서?

우리의 목적지는 근처의 꾀죄죄한 소읍 텔카이프Tel Kaif인데, 테라코타 벽돌 교회가 우뚝 서 있었다. 최근 재건축된 이 교회는 아시리아가톨릭이 세운 칼데아교회(이라크와 이란, 레바논에서 일반적인 동방가톨릭교회의 일부―옮긴이)로, 이 지역이 세계에서 가장 오래된 기독교 공동체들을 품었던 곳임을 상기시켰다. 2014년 7월 모술의 기독교도들이 이곳으로 도피했다. ISIS는 모술을 점령한 뒤 24시간 안에 이슬람으로 개종하거나 보호세를 내라고 했지만 나중에는 이곳까지 와서 그 교회를 파괴했다.

교회 옆에는 보초병이 지키는 담장 밖에서 사람들이 서성대고 있었다. 안으로 들어서니 관타나모 스타일의 오렌지색 죄수복을 입은 사람들이 벽을 바라보며 복도에 줄지어 있었다. 이 대단치 않은 시설에서 이라크 영토의 3분의 1을 3년 동안 야만적으로 지배한 ISIS 대원들에 대한 재판이 진행되고 있었다.

나는 경찰관이 문을 지키고 서 있는 방으로 안내되었다. 흰 소맷동이 달린 검은 법복을 입은 판사 세 사람이 노란색 문서철이 높이 쌓인 판사석에서 법정을 내려다보며 재판을 주재하고 있었다. 그들 뒤에는 이라크 깃발과 정의의 저울이 찍힌 깃발이 하나씩 있었다. 판사석 아래의 약간 오른쪽에 있는 탁자에는 검사와 속기를 맡은 두 여성이 있었고, 반대편에는 녹색 가두리 장식이 달린 검정 법복을 입은 피고 측 변호사가 있었다. 방청객은 나와 통역사 할란밖에 없었다.

지저분한 죄수복에 머리를 깎은 홀쭉한 죄수가 피고석에 있었다. 이름은 오마르 압둘 콰다르Omar Abdul Qadar. 기자였다.

재판장이 세부 사항을 큰 소리로 읽었다. "당신은 2017년 7월 4일 모술의 누르 동네에서 체포되었고, ISIS에 가입하지는 않았지만 그들을 위한 선전 활동을 하고 있었다고 주장했습니다."

"저는 ISIS에 가입하거나 전투에 참여하지 않았다고 다시 말합니다." 죄수가 말했다. "저는 ISIS가 오기 전에 자후르Zahoor 통신사에서 일했습니다. 모술이 점령된 뒤 그들이 통신사를 차지하고 이름을 바얀Bayan으로 바꿨습니다. 저는 사람들의 이야기를 취재했습니다. 한 달에 12만 5000디나르를 받았습니다. 저는 하청업자인 셈입니다."

"당신은 지금 ISIS가 하청업자와 피고용인들을 거느린 회사와 같다고 말하는 겁니까?" 재판장이 물었다.

"네."

"하지만 당신은 ISIS에게 받은 무기를 소지하고 있었고, 그들을 위한 선전 활동을 했습니다."

"저는 강요당했기 때문에 했습니다." 기자가 주장했다.

재판장은 진술서를 계속 읽었다. "나는 바얀통신사를 위해 취재하고 그들의 채널에 뉴스를 제공했다. 나는 ISIS에게 총을 받았고 거리에 텔레비전 세 대를 설치해 그들의 주장을 방송하도록 도왔으며 CD와 USB를 배포하는 일을 도왔다……."

재판장은 멈추고는 안경 너머로 죄수를 쳐다봤다. "당신은 형제인 바시르Bashir와 함께 사원에 갔습니다. 당신은 바야트bayat[충성서약]를 따라 했습니까?"

"사원에는 금요 예배를 하려고 수천 명이 모여 있었습니다. 모두 바야트를 읽고 있었습니다. 저는 모든 혐의에 결백합니다."

판사는 꿈쩍도 하지 않았다. "오마르, 당신은 2014년 모술에서 ISIS에 가입해 충성서약을 하고 그들의 출판물을 퍼트리고 그들의 주장을 전달하는 일을 도운 혐의가 있습니다."

"사실이 아닙니다." 기자가 다시 말했다.

그러자 검사가 일어나 종이를 보며 읽었다. "그는 최초 자백에서 그의 형제와 함께 모술의 동안에서 ISIS에 가입하고 충성서약을 한 다음 선전 활동을 감독했다고 자백했습니다. 검사로서 저는 그의 최초 자백이 지금 말하는 것보다 더 신뢰성이 있으며 그에게 사형을 선고해야 한다고 생각합니다."

피고 측 변호사가 일어섰다. "그 모든 자백은 고문 아래 이루어졌으므로 재고와 사면을 요청합니다." 그는 그 말만 하고 앉았다.

판사는 판결을 숙고하기 위해 모든 사람을 내보냈다. 기자 오마르는 벽에 기대 손을 비비며 운명을 기다렸다. 몇 분 뒤 문이 열렸고 우리는 모두 다시 불려 들어갔다.

판사가 말했다. "당신은 ISIS에 가입했고 그것은 교수형을 뜻하지만 전투에 참가하지 않았으니 종신형으로 낮췄습니다. 당신의 사건은 이제 바그다드로 위탁될 것입니다. 할 말이 있습니까?"

"저는 경영학 석사학위 소지잡니다." 기자가 말했다. "중산층의 급료를 받을 수 있는데도 12만 5000디나르를 받고 ISIS를 위해 억지로 일해야 했습니다. 제가 그 일을 원해서 했다고 생각하십니까?"

변론치고는 이상했다. "학위는 중요하지 않습니다." 판사가 말했다. "증거와 당신의 자백을 토대로 판결합니다."

"감옥에 갇히면 변호사와 접촉할 수 없을 겁니다." 죄수가 다시 항변했다.

경찰이 수갑을 채우고 그를 데리고 나갔다. 그 모든 일에 30분도 걸리지 않았다. 피고 측 변호인은 내게 자신은 국선변호사이며 증거 자료에는 조금도 접근할 수 없었다고 말했다.

오전 11시 20분, 다음 죄수가 들어왔다. 이번에는 하리스Harith라는 24세의 청년이었다. 그는 2017년 5월 하지알리Haj Ali 수용소에서 체포되었다. ISIS 초소의 경비병으로 일한 죄로 기소되었고, 자신이 2014년 9월 ISIS에 가입해 충성서약을 했으며 총을 받고 초소에서 일했을 뿐 아니라 부적절한 행동을 하는 여성들에 대한 정보를 제공해 그들이 처벌받도록 했다는 진술서에 서명했다.

"사실이 아닙니다." 그가 등 뒤에서 두 손을 비틀며 주장했다. "ISIS를 위해 일하지 않았다고 알라께 맹세합니다."

첫 번째 소송에서와 비슷한 실랑이가 이어졌다. 피고 측 변호인은 이번에도 고문을 통한 자백이었다고 항변했다. 판사는 그 상황을 지켜보며 곧 그를 밖으로 내보냈다.

오전 11시 48분 그가 다시 불려 들어왔다. "우리는 IS에 가입한 죄로 사형을 선고할 수 있지만 당신의 나이를 고려해 15년형으로 낮췄습니다."

"맹세코 저는 결백합니다." 그가 항의했다.

판사는 꿈쩍도 하지 않았다. "우리는 우리가 본 것에 따라 형을 선고할 뿐이오." 그는 어깨를 으쓱했다.

나는 왜 기자가 경비병보다 더 무거운 선고를 받았는지 잘 이해할 수 없었고, 판사의 관대한 판결이 혹시 내가 방청석에 있기 때문인지 궁금했다. 인권단체로부터 들은 바로는 대부분이 사형을 선고받는다고 했기 때문이다.

판사들은 세 시간 동안 세 건을 판결했고 그 모든 일이 조립 라인처럼 느껴졌다. 놀랍지 않았다. 니네베 법정은 일주일에 4일, 오전 10시부터 오후 2시까지만 열린다. 또한 ISIS 포로를 재판하는 단 두 곳의 법정 중 하나였고—다른 하나는 바그다드에 있다—처리해야 할 재판이 수천 건 쌓여 있었다. ISIS 테러 집단의 패배는 전투원뿐 아니라 그들의 가족과 운전사와 요리사 같은 하급 일꾼들의 체포로 이어졌다.

휴먼라이츠워치는 이라크 당국이 2만 명에 달하는 ISIS 가담 혐의자를 구금했으며 그중 1350명을 외국인 여성과 아동으로 추정했다. 터키와 페르시아만 지역, 중앙아시아와 튀니지 출신 외국인이 많지만 자국민을 인수하길 거부한 영국과 프랑스 같은 서방 국가 출신도 있었다.

자말 다우드 신자리Jamal Daoud Sinjari 재판장은 처음에 인터뷰가 허락되지 않는다고 했다. 그러나 두 번째 재판이 끝난 뒤 손짓하며 나를 앞으로 불러내 몇 가지 질문에는 대답해줄 수 있다고 했다.

그는 그날이 사실 한가한 편이라고 설명했다. 하루에 여덟 건의 재판을 하는 날도 있다고 했다. 그때까지 그가 판결을 내린 포로는 480명, 그중 3분의 1에게 사형을 선고했다. 하지만 처리해야 할 포로가 여전히 1000명이 넘고, 그 외에도 처리해야 할 구속 영장이 3만 건이 있었다. 모두 테러리즘 혐의로 재판을 받는데 이라크의 테러대응법에 따라 '테러 행위를 저지르거나 선동하거나 계획하거나 자금을 지원하거나 보조한 사람'은 누구든 사형을 선고할 수 있었다.

테러대응법에 따라 기준치를 너무 낮게 잡다 보니 운전사나 아내들도 쉽게 유죄판결을 받을 수 있었다. 《뉴욕타임스》는 ISIS 대원과 결혼한 여성 14명이 단 두 시간의 재판 끝에 사형을 선고받은 바그다드 법정의 사례를 기사로 다뤘다.*

신자리 재판장은 그의 법정에서 재판한 여성은 단 한 명뿐이었고 교수형을 선고받았다고 말했다. "그녀는 2005년부터 ISIS 활동에 관여했고 모든 남자 형제에게 참가를 부추긴 데다 경찰관의 머리를 직접 총으로 쏘기도 했습니다."

"그랬다고 자백했습니다." 그가 덧붙였다. "많은 사람이 자백을 합니다. 어제는 스무 살 남성이 20명을 죽였다고 자백했습니다. 한 번에 다섯 명씩 뒤에서 총으로 머리를 쏴서 죽였죠."

나는 고문을 통해 자백을 받아냈다는 변호사의 주장에 대해 물어보았다. 많이 보도되는 이야기이기도 했다.

"우리 판사들이 무고한 사람을 기소해서 뭣하겠습니까? 그리고 자백에만 의존하는 게 아니라 ISIS 문서와 증인들이 있습니다."

나는 어떻게 그렇게 빨리 판결을 내릴 수 있는지 물었다. "옳은지 아닌지 증명할 세부사항을 찾습니다. 그리고 그 사람이 진실을 말하고 있는지 아닌지는 경험으로 알 수 있지요."

15년에 걸쳐 10만 명의 이라크인이 살해됐다고 추정되는 유혈 분쟁과 테러를 거친 이곳에서 어쩌면 자비나 정당한 법적 절차가 중요시되지 않는다 해도 그리 놀랄 일이 아닐 것이다. 이라크 총리 하이데르 알아바디Haider al-Abadi가 사법 처리 속도를 더욱 높이겠다고 언급했을 때 폭넓은 대중이 지지했다.

모술에는 여전히 ISIS 대원이 가득하고 미국 침공 이래 이라크에서 160명이 넘는 판사와 조사관이 테러 공격으로 사망했다고 모두가 끊임없이 말하는 점을 감안하면 그의 직업은 위험한 일 같았다. 나는 판사들이 특별한 보호를 받고 있는지 물었다.

★   Margaret Coker and Falih Hassan, 'A 10-Minute Trial, a Death Sentence: Iraqi Justice for ISIS Suspects', *New York Times*, 17 April 2018.

신자리 판사는 천장을 보며 미소를 지었다. "직장에는 경호원이 있지만 집에는 없습니다. 세 명의 경호원이 있지만 제가 사는 쿠르디스탄으로 어떻게 데리고 가겠습니까? 직접 협박을 받은 적은 없지만 다른 판사들이 협박을 받았다는 소식은 들었습니다."

나는 '신자리'라는 그의 이름에 호기심을 느꼈다. 알고 보니 그는 신자르 출신이기는 했지만 야지디족은 아니었다. 나는 그가 재판했던 사람들 중 야지디족을 노예로 억류했던 사람이 있는지 물었다.

"물론입니다. 성노예를 두었던 몇 명과 성노예를 차지하려고 싸웠던 한 명을 재판한 적이 있습니다. 다른 사람들도 지휘관에게는 성노예들이 있었다고 말했습니다."

왜 그 남자들에게 강간 혐의나 납치 혐의를 적용하지 않는가?

그는 깜짝 놀란 표정을 지었다. "길에서 두 사람이 싸우면 문제가 하나지만 테러리스트들이 ISIS에 가입하면 살인도 하고 강간도 하고 참수도 합니다. 그 모든 게 테러 행위로 간주됩니다. 테러 행위에는 사형이 따라오니 강간에 대해서 걱정할 필요가 없습니다."

나는 노예로 팔려 다니며 강간을 당한 여성들에게는 그들이 강간 혐의로 유죄판결을 받는 것이 중요한 문제임을 설명하려 애썼다.

"민간인이 야지디 여성을 강간한다면 그건 강간입니다." 그가 대답했다. "하지만 누군가가 ISIS에 가입해서 야지디 여성을 강간한다면 그건 테러 행위입니다. 그는 사람도 죽이고 이라크군과 전투도 했을 테니까요."

나는 강간을 기소 혐의에 포함하지도 않는다면 강간에 대해서는 아무 대가도 치르지 않는 셈인데, 피해자들은 평생 그 피해를 간직하며 살아야 한다고 다시 설명했다.

그는 서류를 이리저리 뒤적이기 시작했다. "당신네 서양인은 왜 그리 야지디족에 집착하는 겁니까? 야지디족만 당한 게 아닙니다.

모든 이라크인에게 무슨 일이 일어났는지 물어보세요. 사람들이 듣지 못한 훨씬 많은 일이 일어났으니까요. 아랍인과 신자르의 기독교도도 야지디족만큼 피해를 입었습니다. 신자르의 80퍼센트가 파괴됐어요. 제 경우에는 야지디 가족이 저희 집을 차지했습니다!"

인터뷰는 끝났다. 그는 망치를 내리쳤고 또 다른 포로가 들어왔다. 이번에는 나이가 지긋한 남자였는데 지저분한 죄수복과 연보라색 슬리퍼를 신었지만 웬지 모르게 위엄 있어 보였다. 다른 재판과 달리 이번 재판에는 방청객들이 있었다. 방청석은 긴 가운과 빨간색과 흰색 체크무늬 머리 두건을 쓴 남자들로 가득 찼다.

이번 피고인에게는 개인 변호사도 따로 있었다.

노인의 이름은 셰이크 라시드 칸Sheikh Rashid Khan이었고 모왈리 마을의 부족장이었다.

"당신은 2015년 ISIS에 가입했습니다." 판사가 시작했다. "우리에겐 당신이 충성서약을 하고 연설을 하는 영상이 있고 세 쪽짜리 자백서도 있습니다."

부족장은 고개를 저었지만 무어라고 말하는 대신 증인 한 사람이 불려왔다. 머리 두건을 쓴 남자 중 한 사람이 증인석에 서서 서약을 했다. 그의 이야기는 장황했고 혼란스러웠다. 처음에 나는 그가 피고인을 변론하려는 건지, 비난하려는 건지 확실히 알 수 없었다.

"그는 우리 부족 사람입니다. 2015년 여름 ISIS 대원들이 무기를 들고 마을에 들이닥쳐 모두 큰 사원에 와서 기도하고 충성서약을 하라고 했습니다. 사람들이 거부하자 그들은 자신들이 마땅히 받아야 할 만큼 환영받지 못하고 있다고 했습니다. 그들은 이 사람의 손을 움켜쥐었는데 그가 우리 부족장이었기 때문입니다, 그들은 그의 디완diwan[손님 숙소]으로 가서 그 영상을 찍었습니다."

또 다른 증인이 앞으로 나왔다. "ISIS가 처음 들어왔을 때 저는 들에서 양을 치고 있었습니다. 그들은 우리 사원에 깃발을 꽂고 갔어요. 몇몇 마을 사람들이 그 깃발을 이라크 깃발로 바꾸고 ISIS에 반대하는 구호를 써놨지요. 열흘쯤 뒤 제가 이번에도 양을 돌보고 있을 때 ISIS가 돌아와서 몇몇 마을 사람을 구타하고 죽였습니다.

그들은 우리를 모두 사원으로 불러놓고 두 손을 들고 충성서약을 하라고 했습니다. 그리고 부족장에게 악수를 청했습니다. 우리는 ISIS 대원들에게 둘러싸여 있었습니다. 그 상황에서 누군들 무엇을 할 수 있었겠습니까? 그 뒤에 그들은 부족장이 있는 디완으로 갔습니다. 모두 자리에 앉았지요. 그들이 ISIS 깃발을 벽에 걸고 부족장에게 성명서를 주었고 그가 읽는 모습을 비디오로 촬영했습니다."

모두 합해 여섯 명의 증인이 있었고 모두 친척인 듯했으며 모든 진술이 서로 모순됐다. ISIS가 100명 넘는 마을 사람들을 몰아넣고 5일 동안 고문했다고 주장한 사람도 있었다. 하지만 부족장이 ISIS와 아무 관계가 없으며 충성서약을 읽지 않을 도리가 없었다는 데는 모두 동의했다.

마침내 판사가 증언 진술을 멈추게 했다. "당신은 본인의 자유의지로 ISIS에 가입했습니다. 사실입니까?" 그가 물었다.

"아닙니다. 저는 선택의 여지가 없었습니다." 죄수가 말했다.

그 뒤 우리는 모두 내보내졌다. 부족장은 벽을 바라보며 기도를 하고 또 했다. 그의 증인들은 모두 변호사와 의논하고 있었다. 나는 일이 어떻게 될지 확실히 알 수 없었다. 하지만 판사는 먼저 재판했던 피고인들보다 이번 피고인을 분명 눈에 띄게 정중하게 대하긴 했다.

10분 뒤 문이 열렸고 우리는 모두 들어갔다. 판사는 죄수가 무죄라고 판단되며 즉시 석방될 것이라고 선언했다. 부족장은 두 손을 하늘로 들어 올리고 울었다.

판사들은 짐을 싸기 시작했다. 오후 두 시가 거의 다 되었다. 법원 밖으로 나오니 그 부족장이 벌써 깔끔한 옷과 두건으로 갈아입고 나와 지지자들과 함께 있었다. 큼직한 간식 상자가 등장했고 그는 내게도 조금 나누어주었다. 나는 그가 감옥에서 보낸 일곱 달이 어땠는지 물었다. 그들은 우리를 마을로 초대했다. 축하연과 '많은 축포'가 있을 것이라 말했다. 하지만 할란은 초대에 응하는 것이 현명하지 않은 듯하다고 말했다.

대신에 우리는 여전히 시체들을 끌어내고 있는 구도심의 폐허를 지나 모술에서 점심을 먹었다. ISIS를 몰아낸 전투가 끝난 지 아홉 달이 지났지만 7세기부터 사람이 거주했던 이 오래된 도시는 여전히 종말을 방불케 하는 폭격 지대였다. 어디로도 연결되지 않는 계단과 납작 짜부라진 건물들, 뒤집힌 콘크리트블록이 어디에서나 보였고 가끔은 까맣게 탄 시체도 보였다. 냄새가 고약했지만 사람들은 부비트랩이 두려워 시체들을 함부로 옮길 수 없었다. UN은 폭발물 경고 표지판을 세워 두었다. 누군가 알누리Al Nuri 사원의 잔해에 '망할 ISIS'라고 검은색으로 크게 휘갈겨 놓았다. 그곳은 ISIS의 지도자 알바그다디가 검은 옷과 터번을 걸치고 롤렉스시계를 으스대며 그의 칼리프 국가를 선언한 곳이다.

우리는 역시나 폐허가 된 모술대학교 맞은편 카페에서 커피를 마셨다. 모술대학교는 ISIS의 기지였기 때문에 미국이 이끄는 연합군에 폭격을 당했고 ISIS 대원들이 떠나면서 불을 질렀다. 100만 권의 소장도서를 자랑하며 중동 지역에서 가장 우수한 도서관으로 꼽혔던 모술대학교 도서관은 새까맣게 탄 껍데기로 남았다.

카페 주인이 책 모으기 행사가 진행 중이라고 알려주어서 우리는 길을 건너서 가보았다. 가까이 다가가자 놀랍게도 바이올린 연주 소리가 들렸다. 내가 아는 곡—영화 〈라스트 모히칸〉의 주제 음악—이었다.

모하마드 아마드는 삶이 다시 시작되었다고
느끼기를 바라며 폐허 속에서 바이올린을 연주한다. ⓒ크리스티나 램

　폐허의 한복판에서 바이올린을 연주하는 사람은 법학을 공부하는 스물아홉 살의 모함마드 아마드Mohammad Ahmad였다. ISIS의 치하에서는 바이올린 소리를 죽이기 위해 바이올린 줄 받침대를 나무 빨래집게로 집고 에어컨을 튼 채 연주했다고 했다. "그들이 들었다면 저를 죽였을 겁니다."

　한번은 그들이 집을 수색하러 들이닥쳐서 바이올린 두 대를 정원에 숨겼다. "아버지가 그걸 잊고서 정원에 물을 주시는 바람에 하나가 망가졌죠." 그가 웃었다.

　그들은 아무것도 찾아내지 못했지만 어쨌든 그를 체포해 한 달간 가둔 채 구타하며 무릎을 꿇리고는 총으로 쏴 죽인다고 협박했다. "지옥에 사는 것 같았지요. 요즘 저는 폐허가 된 장소들에서 연주

합니다. 사람들이 이 음악을 듣고서, 그들이 그동안 무슨 일을 겪었든, 삶이 다시 시작되었다고 느끼기를 바랍니다."

모술을 떠나기 전에 내가 보고 싶은 것이 있었다. 내가 만났던 야지디 여성들은 갤럭시시네마에 붙잡혀 있었다고 했다.

바이올린을 연주하던 모하마드는 ISIS 점령 전 인기 있던 소풍 장소였던 티그리스강 동안의 알가바트숲 옆에 있을 거라고 말했다. 우리는 모니카 르윈스키를 타고 그곳으로 향했다. 삶이 회복되기 시작하는 것처럼 보였다. 몇몇 가족이 나와서 돌아다녔고, 공기 중에는 물담배의 과일 향이 떠다녔으며, 식당들은 모술의 유명한 붉은 잉어를 굽고 있었다. 나는 맞은 편 구도심에서 썩어가는 시체들을 보고 난 뒤라 잉어를 먹고 싶은 생각이 들지 않았다.

우리는 차를 몰고 강둑을 앞뒤로 오갔지만 아무도 갤럭시시네마가 어디인지 모르는 것 같았다. 사람들은 나이트클럽이었던 유리 섬유로 만든 이상한 해적선을 자꾸 알려줬지만 그곳은 분명 야지디 여성들이 묘사한 장소가 아니었다. 결국 우리는 구글 검색을 했다.

강둑에서 떨어진 곳에 커다란 피라미드형 호텔이 있었다. 한때 카지노가 있던 그곳을 ISIS가 지휘관들을 위한 호텔로 개조해서 샤리아톤Shariaton이라는 익살스러운 별명으로 불렸던 곳이었다. 그 호텔 맞은편에 깨진 돌로 뒤덮인 들판이 있었다. 경비원 한 사람이 그곳이 공습 후 남은 갤럭시시네마라고 확인해주었다. 나는 그 폐허를 이리저리 걸어 다녔다. 그곳에 떨어진 것이 무엇이든 빈틈없이 임무를 수행했다. 바닥 타일 몇 개 말고는 모두 박살 났다. 파편 중에는 파란 페인트가 칠해진 것도 있었다. 여성들이 거기에 있었음을 보여주는 유일한 흔적은 몇몇 작은 천 조각들뿐이었다. 공기는 후텁지근하고 고요했다. ISIS 대원들이 들어와 그들의 스카프를 들어 올려 얼굴을 확인하고 가슴을 만지고 이쪽은 피부색이 너무 검거나 너무 '낡아서' 밀어내고 저쪽은 어리고 예뻐서 선택했다는 그곳에 인간 상품으로 서 있는 것은 어떤 기분이었을까.

칸케 난민촌의 트레일러에서 만난 요가 강사 자이나브의 말이 떠올랐다. "세상은 벌써 다 잊은 것 같아요. 하지만 혹시 듣는다면 그들에게 알려주세요." 그녀도 이곳에 잡혀 있었었다.

이처럼 마음 아픈 이야기를 듣는 동안 한 가지 질문이 계속 마음을 떠나지 않았다. 남자들은 이렇게 여성을 학대하면서 무슨 즐거움을 얻을 수 있을까?

"강간에는 성적인 면이 하나도 없습니다." 노벨상을 수상한 의사 드니 무퀘게Denis Mukwege 박사는 주장했다. 콩고에 있는 그의 병원은 5만 5000명의 강간 피해자를 치료했다. 1975년에 강간에 대한 책을 쓴 수전 브라운밀러 또한 강간이 욕망이나 남성의 성적 충동을 채우는 것과 관계있다는 생각을 일축했고, 오히려 힘의 행사로 보아야 한다고 말했다. "[강간]은 모든 남성이 모든 여성을 공포의 상태에 두기 위해 사용하는 의식적 위협 과정에 다름 아니다"라고 그녀는 썼다.

남성은 어쨌든 본래 여성을 해치기 마련인가? 만약 그렇다면 우리 어머니들은 어떻게 그런 사람을 창조했을까? 그것이 페미니스트 작가 이브 엔슬러Eve Ensler가 《아버지의 사과 편지The Apology》에서 묻고 답하려는 질문이었다. 그녀는 다섯 살 때부터 자신을 학대한 아버지 아서의 목소리로 책을 썼다. "나는 줄곧 뭔가 엄청나게 못된 짓을 저지른 사람은 바로 너라고 느끼게끔 만들었단다." 그녀는 아버지가 이렇게 말하는 것을 상상했다.

물론 전시 성폭력 가해자와 평상시에 성폭력을 저지르는 사람 사이에는 차이가 있다. 이 분야를 광범위하게 연구한 오슬로의 평화연구소Peace Research Institute 소속 심리학자 잉에르 셸스베크Inger Skjelsbæk는 이렇게 지적한다. "전쟁이라는 배경에서는 사람들의 평화로운 공존을 이끄는 규범과 가치로부터의 극단적 단절이—전쟁에서는 살인이 허용되는 특정 상황들이 있다는 사실로 잘 드러나는—일어난다."

"그러나" 그녀는 이렇게 덧붙인다. "전쟁에서의 살인과 성폭력은 분명히 구분된다. 살인은 특정 상황에서는 정당화될 수 있지만 성폭력은 그럴 수 없다. 그럼에도 전시 성폭력이 허용 가능한 행위처럼 여겨질 가능성이 있는데, 그것은 전시라는 상황이 평범하지 않은 데다 성폭력을 저질러도 군 지도부로부터 아무런 대응이나 처벌, 비난을 받지 않기 때문이다."

역사학자 앤터니 비버는 베를린에서 소비에트군이 저지른 엄청난 규모의 강간을 폭로하면서 사회와 규율의 제약이 풀리는 전쟁이라는 상황에서 너무나 쉽게 등장하는 어두운 구석이 남성의 섹슈얼리티에 있는 게 아닌지 의문을 품게 됐다. 모든 남자는 전쟁이라는 혼란스러운 상황에서 고삐가 풀릴 수 있는 잠재적 강간범인가? 그는 내 질문에 깊은 생각에 잠겨 대답했다. "무기를 들고 있고, 처벌이나 보복을 두려워할 필요가 없는 상황이라면 남자들은 어느 정도까지 똑같은 짓을 저지를까요? 우리는 알지 못합니다."

그는 강간이 전적으로 폭력과 권력의 문제라는 페미니즘의 주장은 강간이라는 범죄를 피해자의 입장에서만 보기 때문에 결함이 있다고 주장했다. "그런 주장은 남성의 본능과 동기를 폭넓고 엄밀하게 들여다보지 못합니다. 적에 대한 보복, 적에게 굴욕감을 주려는 욕망, 상관으로부터 받은 자신의 굴욕을 씻어내려는 욕구, 그리고 물론 총을 들고 있고 피해자를 마음대로 고를 수 있는 상황을 이용하려는 단순한 성적 기회주의도 있겠지요."

사실 많은 사람이 전시 강간을 불가피한 것으로 여긴다. 그냥 기회를 틈탄 편의주의에서 나왔든, 적에게 굴욕감을 주려는 결심에서 나왔든, 승리의 도취에서 비롯됐든. 어쨌든 전쟁은 자신을 증명해 보이고 남성성을 과시하고픈 젊은 남성들의 높은 테스토스테론이 모이는 곳이다. 병영은 여성 혐오적 언어와 여성에 대한 비속어, 《플레이보이》 핀업걸 화보로 오랫동안 악명 높은 곳이었다.

하지만 그렇다면 제2차 세계대전 동안 다양한 군대 사이에서 성폭력의 정도가 어떻게 그렇게 다를 수 있었을까? 비버에 따르면 영국군은 "훨씬 적게, 최소로 강간했다." 그는 흔히 언급되는 것처럼 '차에 탄 브롬화물bromide in the tea(영국군이 병사들의 성욕을 억제하기 위해 브롬화물을 차에 탔다는 소문을 일컫는다—옮긴이)'보다는 아마 부분적으로는 군대 문화 때문일 것이라고 본다.

그는 또한 전시 매춘이라는 회색지대가 있다는 것도 지적했다. 굶주림과 절박함 때문에 매춘으로 내몰리는 여성들이 있다는 말이다. 당시 미군 병사들은 '빳빳한 바지를 입은 러시아인'이라 불렸다. 그들은 통화로써 가치가 높은 담배를 아주 많이 갖고 있어 섹스를 위해 강간을 할 필요가 없었기 때문이다.

그리고 전시 강간이 모든 전쟁에서 일어나는 것은 아니다. 예를 들어 이스라엘과 팔레스타인의 분쟁에서는 성폭력 보고가 거의 없다. 예일대학교 정치학 교수 엘리자베스 진 우드Elisabeth Jean Wood는 강간이 전쟁에서 불가피한 것이 아니라고 믿는다. 그녀는 2000년부터 2009년 사이에 아프리카 20개 나라에서 일어난 내전을 연구했고, 177개의 무력 행위자 중 59퍼센트는 강간이나 다른 성폭력에 연루되지 않았음을 발견했다.[*]

그렇다면 어떤 무장 집단은 대규모 전시 강간을 저지르는 반면 다른 집단은 왜 그러지 않는가. 하버드대학교 공공정책학 교수 다라 케이 코언Dara Kay Cohen은 강간이 흔했던 시에라리온내전에 대한 사례 연구를 진행했고 '전투원 사회화combatant socialization'라는 이론을 제시했다.**

집단 강간이 평시보다 전시에 훨씬 흔한 점을 지적하면서 그녀는 무장 집단들이 전시 강간을 사회화의 도구로 사용한다고 주장했다.

"납치나 강제징병 같은 강제적 수단으로 신병을 보충한 무장 집단은 이방인들의 집합으로부터 단결된 전투 세력을 창조해야 한다.…… 강간, 특히 집단 강간은 강제로 징병된 대원들이 처음 경험하는 공포스럽고 아무도 믿을 수 없는 환경에서 충성심과 존경으로 결속될 수 있게 한다."

짐작건대 다른 요소들도 영향을 미칠 것이다. 이를테면 남자들이 얼마나 오래 집을 떠나 전투를 하는지, 그들의 나라에서 여성에 대한 태도가 어떤지도 영향을 미칠 수 있다. 전시 강간 문제가 무척 심한 지역 중 많은 곳이 가정폭력이 흔하거나 부부 강간이 범죄로 여겨지지 않는 곳들이다. 의회와 다른 고위직에 여자들이 거의 없는 나라들인 경우도 많다. 어쩌면 이건 닭이 먼저인지, 달걀이 먼저인지를 따지는 문제일지도 모르겠다.

이 책에서 살펴본 몇몇 분쟁에서는 전투원에게 강간을 부추기거나 심지어 지시한 사례도 있지만 많은 경우 가해자에게는 분명 선택권이 있었다. 잉에르 셸스베크가 질문한 것처럼 "이를테면 팔이나

★   E. J. Wood, 'Armed Groups and Sexual Violence: When Is Wartime Rape Rare?', *Politics & Society* 37, 2009.

★★ Dara Kay Cohen, 'Explaining Rape during Civil War', *American Political Science Review*, Harvard University, August 2013.

다리를 절단하는 행위와 달리 강간을 저지르는 사람이 보내는 메시지는 무엇인가?"

흥미롭게도 미투 운동이 가해자에 초점을 맞추는 반면 전시 강간은 피해자들에게 초점이 맞춰지는 경향이 있다. 그러나 피해자에게 귀 기울이는 것만으로는 성폭력을 끝장내는 데 거의 도움이 되지 않았다. 그러므로 가해자를 이해하는 것이 유용할지 모른다.

이브 엔슬러는 나와 만났을 때 이렇게 말했다. "저는 오랫동안 성폭력을 연구했어요. 그런데 남자들은 다 어디 있는 거지, 하는 생각이 들었어요. 이건 우리 문제가 아닙니다. 여성이 여성을 강간하는 게 아니잖아요. 이건 남성들의 문제입니다."

셸스베크는 1990년대 성폭력 연구를 시작했을 때 보스니아전쟁에서 강간으로 유죄판결을 받은 사람들에게 연락하며 1년을 보냈다고 말했다. 그녀가 연락한 20명 중 단 두 사람에게서만 응답이 왔다. "한 사람은 자기 변호사를 통해 연락했는데 돈을 많이 준다면 만날 수도 있다고 했어요. 나머지 한 사람은 강간에 대한 이야기만 꺼내지 않는다면 독일의 감옥으로 면회를 와도 좋다고 했고요."

결국 그녀는 양형 판단 자료로 관심을 돌리고 가해자와 변호사들의 이야기들을 살펴봤다. "저는 그들이 강간을 전쟁에서 으레 일어나는 정상적인 일로 해석했다는 것을 발견하고는 놀랐습니다. 몇몇 가해자는 마치 강간이 기사도적인 행동인 양 이야기하기도 했습니다. 그 여성들을 죽이지 않았다는 거죠. 이 가해자들의 머릿속에서 섹스는 폭력적이지 않은 것으로 인식되고 있었어요."

전시 강간을 전쟁에서의 연애 같은 것처럼 진술한 가해자들도 있었다. 한 소송에서는 소녀들이 실제로 가해자들을 사랑했는지에 대한 긴 논의가 있었다. 한 소녀가 엽서에 그린 하트 모양 때문이었다.

그 질문에 답할 길은 가해자들과 직접 이야기하는 방법밖에 없어 보였다. 그래서 몇 달 뒤 나는 에르빌로 돌아갔다. 모술이 함락된 뒤 많은 ISIS 대원이 구금된 곳이었는데 쿠르드 정보기관이 내게 출입 허가를 내주었다.

크리스마스 전 비가 내리는 침울한 월요일에 나는 호텔을 나와 놀랍도록 많은 크리스마스트리와 공기주입식 산타 인형들을 지나쳤다. 내가 머무는 호텔은 칼데아교회의 본부가 자리한 성요셉성당 주변의 기독교 구역에 있었다.

ISIS의 맹습을 피해 모술과 니네베를 빠져나온 사람 중 많은 수가 이곳으로 왔고, 더 많은 사람이 이라크를 떠났다. 사담 후세인 치하에서 120만 명이었던 이라크의 기독교 공동체는 30만 명으로 줄었다고 추정된다.

우리는 '60미터 도로'를 걸어(쿠르드인들은 도시 순환도로의 이름을 짓는 데 시적인 감각이 없었다. '30미터 도로'도 있었고 '40미터 도로'와 '90미터 도로', '120미터 도로'도 있었다) 마침내 기다란 크림색 담장과 검문소에 도착했다. 검문소에는 페시메르가(쿠르드 민병대)가 배치돼 있었다. 담배 공장이던 경내에는 쿠르드 정보기관 아사이시 Asayish가 운영하는 감옥이 있었다. ISIS 대원으로 기소된 1502명의 남자가 칼리프 국가의 붕괴 뒤 이곳으로 잡혀 왔다. 대부분 이라크인이었다.

이들 가운데 277명은 니네베의 법정으로, 576명은 바그다드 법정으로 이송되었고 649명이 남아 있었다.

카키색 스웨터와 바지를 입은 장군은 내게 이름을 알려주지 않은 채 길고 반짝이는 마호가니 탁자와 높은 등받이 검정 가죽 의자, 물병과 손소독제가 있는 회의실로 나를 안내했다. 벽에는 크림색 새틴 벽지가 발려 있었고 큰 평면 텔레비전뿐 아니라 코카콜라가 가득한 유리문 냉장고도 있었다. 창백한 얼굴에 숱 많은 검은 머리의 남자가 합류했다. 묘한 표정을 짓는 남자로 흰 셔츠에 빨간 넥타이를 맸고 위에는 긴 검정색 레인코트를 걸치고 있었다. 그는 대위라고만 소개되었는데 아마 정보 장교인 듯했다.

"부드럽게 시작하세요. 그럼 그들이 말을 할지도 모릅니다." 장군이 내게 조언했다. 내가 30년 동안 이 일을 했다고 알려줄 만한 상황은 아닌 듯했다.

안으로 들어온 첫 번째 죄수는 창백한 안색에 회색 스웨터와 갈색 항공재킷을 입고 있었는데 귓불이 두드러졌고 손에는 굳은살이 박여 있었다. 나와 통역사 앞에 앉은 그는 도마뱀처럼 재빨리 눈을 이리저리 굴렸다. 이름은 살라하딘Salahaddin이라고 말했다. 서른일곱 살이었고 ISIS를 지지한 지역으로 유명한 쉬르카트Shirkat 출신이었다. 그곳에서 가족의 농장에서 일하며 토마토와 목화, 수박을 키웠다.

그는 밋밋한 어조로 유아기에 사담에 의해 가족과 함께 감옥에 갇혔던 일부터 시작해서 자신의 비참한 삶을 묘사했다. 그가 여섯 살이던 1988년 사담의 바트당 정권이 수많은 쿠르드족 마을을 파괴하고 전투 연령대의 남자들을 학살한 안팔Anfal 작전 시기에 아버지와 다섯 삼촌은 교수형을 당했다.

2003년 미국이 이끄는 침공으로 사담 정권이 무너졌을 때 "저는 그가 사라져서 너무 행복했습니다"라고 살라하딘은 말했다. 이후 그는 그들이 겪은 고통에 대한 보상으로 국가로부터 연금을 받았다. "그때는 삶이 괜찮았습니다. 친구들과 사이가 좋았고 티크리트와 바그다드, 키르쿠크로 소풍도 다녔지요."

그러나 1년도 지나지 않아 새로운 시아파 정부가 오랫동안 이라크를 통치했던 수니파를 억압하기 시작하면서 그의 형이 무척 종교적으로 되었다. "형 친구 중에 늘 종교에 대해 이야기하는 사람이 있었는데 형은 그 친구에게 세뇌됐어요. 형은 AQI[이라크 알카에다al Qaeda in Iraq]에 가입했고 지휘관이 되었습니다."

나중에 AQI의 지도자 아부 무사브 알자르카위Abu Musab al-Zarqawi가 2006년 미국의 공습으로 죽은 뒤 조직이 지하에 숨었다가 ISIS로 재등장할 때 그의 형은 아부 아나스Abu Anas로 알려진 지휘관이 되었다.

"저는 ISIS가 마음에 들지 않았습니다. 저는 심지어 기도도 하지 않는 사람이었지만 형이 무서워서 말을 할 수 없었습니다. 뭐라고 말하면 무척 화를 내니까요."

대위가 살짝 미소를 지었다.

그의 다른 형도 ISIS에 가입했다. "그 형은 돈 때문이었죠."

그러다가 2016년 10월 15일 아침 7시쯤 그가 뜰에서 아침을 먹고 있는데 하늘이 우르릉거리기 시작했다. 엄청난 굉음이 들렸고 연기가 곳곳에서 솟아올랐다. 공습이 바로 옆에 있던 그의 집을 명중했다. 그는 무슨 일이 일어났는지 보려고 달려갔다. "집이 완전히 무너졌어요. 이웃들 모두 생존자들을 꺼내려고 왔습니다."

그는 잔해들을 헤집고 다녔지만 어머니와 아내, 네 살짜리 아들은 모두 죽어 있었다. 형의 네 아이도 마찬가지였다. 유일한 생존자는 딸과 형수, 형의 딸뿐이었다. "저는 너무 화가 나서 그 뒤 ISIS에 가담했습니다. 서모술로 가서 충성서약을 했고 살람 병원에서 경비병으로 일했습니다."

전성기의 ISIS는 3만 4000제곱킬로미터의 지역과 1000만 명의 사람들을 지배하며 기름과 유물 밀수뿐 아니라 세금을 걷어 돈을 벌었다. 살라하딘은 AK47 소총을 받고 활동을 시작했다. "한 달에 20만 디나르를 받았습니다."

이 지점에서 나는 야지디 여성들에 대해 물었다. 그의 눈동자가 조금 더 흔들렸다. "그들은 ISIS의 거물급들과 함께 있었습니다. 저처럼 평범한 대원과는 아닙니다. 형에게도 한 명이 있었지만 저는 아니었습니다.

야지디 여자를 구하기가 쉽지 않았습니다. 그들은 늘 우는 데다 돈을 내야 하니까요. 1만 달러나 2만 달러에 팔지요. 형은 4000달러에 한 명을 샀습니다. 소유권증도 갖고 있었어요. 이름이 수자네Suzanne인데 열서너 살쯤이었어요. 예쁘고 무척 어렸어요. 수자네에게 여동생이 둘 있어서 제가 사려고 했는데 돈이 모자랐습니다."

"야지디 여성을 가지는 것이 권장됐습니까?" 내가 물었다.

"예. 사바야[노예]를 갖는 것이 샤리아의 일부라고 들었습니다. 나파르Nafar라는 사내가 있었는데 그의 집에서 사바야를 팔았습니다. 저도 그 집에 가끔 머물렀는데 네댓 명의 여자가 있었어요. 저는 그들과 자지는 않았습니다. 저는 그들을 인간처럼 대접했어요."

그는 그 일에 대해 상당히 많이 알고 있는 듯했다.

"2017년 4월 형이 죽자 저는 형수와 그 야지디 여자를 돌봐야 했습니다. 그들은 구도심에 제 딸과 함께 있었지요. 저는 수자네를 조카처럼 돌봤습니다. 그 야지디 여자를 갖는 것은 잘못된 일이니까요." 살라하딘은 마지막까지 모술에 있었다. 그가 배치된 병원이 마지막 저항 거점 중 하나였기 때문이다. "알살람 병원은 큰 작전이었습니다. 처음에 우리는 이라크군을 몰아냈지만 그 뒤 공습이 시작되는 바람에 의사들 집에서 빠져나오지 못하고 포위됐습니다. 형수가 전화해서 이라크군이 수자네를 데려갔다고 말했어요."

모술전투는 스탈린그라드전투보다 더 길게, 아홉 달 동안 지속됐다. 미국과 영국을 비롯한 연합국 전투기들의 격렬한 공습이 이어졌고 좁은 길에서 시가전이 벌어졌다. 2017년 7월 초 마침내 구도심이 함락되었다. 칼리프 국가 붕괴의 시작이었다.

"저는 탈출했고 [티그리스] 강을 건너 서쪽에서 동쪽으로 달아났습니다. 아내와 딸과 함께 에르빌에 가려 했지만 2017년 8월 1일에 체포됐습니다. 저는 쿠르드 민병대에 붙들려 하룻밤을 보냈고 그 뒤 이곳으로 와서 법정에 갈 날을 기다리고 있습니다."

나는 혼란스러웠다. 그는 아내가 공습으로 죽었다고 말하지 않았던가.

"2016년에 또 다른 아내를 얻었습니다. 그녀는 서모술에 제 형수와 그 야지디 여자와 함께 있었습니다."

그것 말고도 모순되는 부분이 많았다. 서방 국가의 여기자가 무슬림 남자로부터 여자를 강간한 이야기를 뽑아내기는 쉽지 않을 듯했다. 특히 재판을 기다리는 ISIS 대원이라면 더욱 그럴 것이다.

나는 그가 ISIS에 대해 어떻게 생각하는지 물었다. "ISIS는 나쁜 짓을 하고 있었습니다. 아무 이유 없이 사람들에게 총을 쐈습니다. 그리고 여성들이 머리를 완전히 가리지 않거나 장갑을 끼지 않았다고 처벌했지요."

그것에 대해 그는 어떻게 생각했을까?

"그건 좋은 일입니다. 우리는 무슬림이니까요."

그러면 머리를 가리지 않고 혼자 돌아다니는 나 같은 여자들은 어떻게 생각하는가?

"조금 역겹지요." 그가 말했다. "ISIS는 나쁜 일도 했지만 좋은 일도 했습니다. 그중 하나는 여성들을 돌본 것입니다. 그들이 통제했기 때문에 사람들이 아무거나 훔치지 않았습니다.

ISIS가 마지막에 패배한 것은 모든 지휘관이 야지디 여성을 차지하고 앉아 싸울 의욕을 잃었기 때문입니다. 처음에는 야지디 여자와 하룻밤을 보내고 4일은 아내와 보냈지만 마지막에는 야지디 여자와 5일 내내 있곤 했지요."

"당신은 야지디 여성을 갖지 않았던 것이 확실합니까?" 내가 다시 물었다.

그는 나를 똑바로 바라보지 못했다. 그의 눈동자가 좌우로 흔들렸다. "저는 야지디 여자를 갖지 않았다고 알라신께 맹세합니다. 야지디족은 우리와 같은 사람입니다. 제가 수자네의 여동생들을 사려고 했던 것은 그들이 너무 어렸기 때문입니다."

당신 딸이 그렇게 사고 팔린다면 기분이 어떻겠습니까.

"제 딸이 야지디 여자들처럼 취급받길 원치 않습니다. 그런데 그 사람들이 공작을 숭배하는 걸 아십니까?" 그가 덧붙였다. "제가 수자네에게 그녀의 종교에 대해 물었습니다. 제가 말했지요. '나는 네가 공작을 믿는 걸 안다.' 그리고 그녀의 종교가 나은지 이슬람이 나은지 물었더니 이슬람이 낫다고 했어요."

나는 감옥의 환경이 어떤지 물었지만 장군이 말을 막았다. "그 질문은 하지 마세요."

최근 휴먼라이츠워치가 작성한 에르빌 소년 구금소에 대한 보고서에는 쿠르드 정보기관이 전기충격과 플라스틱 파이프와 전선을 이용해 구타하며 자백을 받아내는 상황이 묘사돼 있었다. 소년들에게 그런 일을 한다면 성인 남자들에게는 어떤 일을 하고 있을까? 휴먼라이츠워치는 성인 감옥에는 접근이 허락되지 않았다고 내게 말했다.

다음 들어온 수감자는 더 젊고 겁에 질려 보였다. 그는 TEA라는 글자가 찍힌 지퍼 달린 트레이닝복 상의를 입고 있었다. 이름은 압둘 라흐만Abdul Rahman이었고 스물네 살이었으며 모술 출신이었다. 그는 2014년 ISIS가 처음 모술에 들어왔을 때 대원이 되었다고 했다. "돈 때문에 가입했습니다." 그가 어깨를 움츠리며 말했다. "한 달에 12만 디나르를 줬어요. 저는 결혼을 했고 모술 남쪽으로 40킬로미터 떨어진 마을 쇼라에서 수박을 키우고 있었습니다. 발전기에 들어가는 경유가 너무 비싸서 사는 게 힘들었습니다."

첫 번째 수감자처럼 그도 경비병이었다고 말했다. 정보 대위의 얼굴에 다시 미소가 퍼졌다. 나는 니네베 법정의 판사가 ISIS 대원 모두 운전사나 경비병이었다고 둘러댄다고 했던 것이 기억났다.

그는 무시라크Mushraq라는 소읍에서 일했다. 그곳에는 ISIS가 주둔지로 접수한 기상관측소가 있었다. "저는 전투원이 아니라 한 주에 3일 일하는 경비병이었습니다. 충성서약도 하지 않았고 그들처럼 턱수염이 충분히 길지 않다고 사람을 패거나 하지 않았습니다.

저는 담배를 피우는데, 어느 날 그들에게 붙들려가서 맞았습니다. 하지만 제 사촌이 경비병 지휘관이어서 제 보증인이 되어주었습니다. 그러다가 공습이 있었는데 제가 겁이 나서 자리를 이탈했어요. ISIS가 저를 붙잡아서 머리를 밀어버렸죠. 그 뒤 달아났습니다."

나는 야지디 여성들에 대해 물었다.

제 사촌 하나가 에미르emir, 곧 ISIS의 지휘관이었고 제 형도 카이야라Qayyarah에서 ISIS에 있었습니다. 사촌에게 야지디 소녀가 있었어요. 모술에서 2000달러에 샀지요. 그는 한 달은 그녀와 지내고 한 달은 집에서 지내다가 나중에 그녀를 팔았습니다.

제 형도 메데아Medea라는 여자를 샀어요. 아주 어렸어요. 아홉 살, 열 살쯤 됐는데 우리와 함께 살았어요. 하지만 저희 부모님이 그걸 싫어하셔서 형을 내쫓았어요. 아버지는 어린 여자애들을 여기 데려오지 마라, 그건 좋지 않다고 형에게 말씀하셨죠.

형은 그 애와 잠을 자지는 않았어요. 너무 어려서요. 하지만 그 애는 형의 아이들과 놀아주곤 했죠. 형은 그 애를 돌봐주려고 샀습니다.

그 일 전체가 무슨 장사 같았어요. 그들은 소녀 30명을 카이야라에 데려왔어요. 그들은 잘 울었어요. 너무 어렸으니까요."

나는 그들이 강간에 대해 어떻게 생각하는지를 묻기로 마음먹었다. 그는 어깨를 으쓱했다. "ISIS는 소녀들을 개종시키기 위해 데려온 거고, 그들을 데리고 있는 것이 우리의 의무라고 선전했지만 저는 잘 모르겠더라고요." 그가 말했다.

그는 어떻게 해서 수용소에 들어오게 됐는가? "ISIS로부터 달아난 뒤에 일자리를 찾으려고 이라크 북부의 심말Shimal로 갔어요. 키르쿠크Kirkuk과 에르빌 사이에 있는 곳입니다. 그런데 10월에 어느 검문소에서 시스템에 있는 제 이름을 찾아내 저를 체포해 이곳으로 데려왔습니다. 저는 전투는 조금도 하지 않았다고 그들에게 말했어요. 그냥 경비병이었다고요. 제가 어떻게 될지는 모르겠습니다. 저를 바그다드로 보내지 않았으면 좋겠습니다."

장군은 흡족하게 고개를 끄덕이며 말했다. "그들은 모두 이곳에 있고 싶어 합니다. 사람들을 마구 처형하는 이라크 쪽에 비하면 여기는 5성급 호텔이죠."

쿠르디스탄 지역에는 사형 제도가 없었다.

세 번째 수감자는 두 다리를 잃었기 때문에 목발에 의지해 들어왔다. 그는 검은색 폴로셔츠와 갈색 바지를 입었고 다른 수감자들과 달랐다. 나를 똑바로 쳐다봤으며 끔찍한 부상을 입었음에도 얼굴이 환하고 밝았다. 이름은 이사 하심 살레Issa Hasim Saleh였고 스물두 살이나 스물세 살쯤 됐고 모술 출신이었다.

"저희는 모술의 서안, 구도심 근처에 살았습니다. 아버지는 시장에서 쌀과 말린 음식을 파셨습니다. ISIS가 오기 전에 저는 학생이었습니다. 낮에는 목수 일도 하고 발전기 수리도 했고, 밤에는 전문대학을 다녔습니다. 전문대학을 졸업한 뒤에 종합대학까지 가서 엔지니어 같은 좋은 일자리를 얻으려고 노력하고 있었습니다.

ISIS가 처음 왔을 때 저뿐 아니라 모두 ISIS에 가입했습니다. 사람들은 시아파 정부가 우리를 취급하는 태도에 너무 질려 있어서 다들 박수를 쳤지요. 그전에는 상황이 너무 나빴습니다. 납치와 살인이 일어나고 있었어요. 이라크군이 들이닥쳐 문을 두드리며 돈을 요구할 때 바로 내놓지 않으면 그냥 쏘아 죽이거나 감옥에 넣어버렸어요. 도로를 통해 다른 동네에 가려면 이라크군이나 경찰이 협박하면서 돈을 요구했지요. 우리는 너무 화가 났고 우리를 스스로 지켜야했습니다. 제가 열여섯 살이나 열일곱 살이었을 때 한번은 모르는 사람과 다투고 있었어요. 알고 보니 그 사람은 이라크군 중위였더군요. 그들이 저를 붙잡아가서 아무 이유 없이 두들겨 팼습니다. 저만이 아니에요. 저희 같은 사람이 수천은 됩니다."

나는 사담 정권 때와 비교하면 어떻게 다른지 물었다. "사담 때는 어땠는지 기억나지 않습니다. 그가 없어졌을 때 저는 일곱 살이었으니까요. 하지만 그는 우리 수니파를 잘 대우했다고 들었습니다. 그는 강력했고 시아파를 통제했으니까요. 나쁜 짓을 하는 사람이 있으면 그냥 교수형을 시켰지요.

ISIS가 처음 모술에 왔을 때는 수가 그리 많지 않았습니다. 아마 200명쯤. 하지만 다들 넌더리가 난 상태라 ISIS에 가입했어요. 수천 명으로 불어났고 이라크군은 달아났죠. 저희 가족은 좋아하지 않았습니다. 가족은 무슨 일이 일어날 것 같다고 걱정했어요. 하지만 저는 너무 화가 난 상태라서 IS에 가입했습니다.

2014년 7월에 사원으로 가서 충성서약을 했습니다. 그 뒤 응급병원에서 경비병으로 일했습니다. 한 달에 20만 디나르를 받았어요. ISIS가 모든 것을 통제했지요. 하지만 그러다가 월급이 10만 디나르로 깎였습니다. 그들에게 돈이 없었거든요.

ISIS는 사람들을 많이 도왔습니다. 우리가 다른 동네에 갈 수 있게 길을 텄고 다리에 등도 달고 여러 가지를 개선했어요. 그들이 잘못한 것은 여성들을 잘 대우하지 않은 것과 그들에게 히잡을 입게 한 것밖에 없습니다. ISIS가 종교를 많이 강요하지 않고 사람들을 짜증 나게 하지만 않았으면 아마 그곳에서 영원했을 겁니다."

나는 야지디 여성들에 대해 물었다.

"저는 야지디 소녀들을 전화로만 봤습니다. 병원에서 일하는 친구들이 사진을 보여주곤 했습니다. 제 친구는 사바야를 갖고 있었는데 6000달러에 팔려고 했어요. 아마 열여덟, 열아홉 살쯤 됐을 겁니다. 야지디 여자를 사서 노예처럼 부릴 수 있다는 이야기를 들었습니다. 제 친구가 '너도 하나 사지 그래?' 하고 물어봤지만 저는 그렇게 배우며 자라지 않았어요. 저희 가족은 이웃을 돌봐야 한다고 제게 가르쳤습니다. 그런 일은 저한테 맞지 않았어요. 저는 그런 일이 마음에 들지 않았습니다. 우리는 아랍인이고 여자를 그냥 사고팔 수는 없잖아요. 저는 그 소녀들에게 가족에게 돌아가라고 말했지만 '아니요. 여기 있고 싶어요'라고 말하던 걸요."

어떤 소녀가요? 내가 물었다. 그는 방금 그들을 전화로만 봤다고 말했다. "제가 만난 소녀들요." 그가 어깨를 으쓱하며 대답했다.

"그리고 저는 ISIS가 들어오고 나서 세 달 뒤에 결혼했고 세 살짜리 딸이 있습니다."

아내와 딸은 어디에 있습니까? 내가 물었다.

그는 갑자기 눈물을 보였다. "난민촌에 있습니다. 알라신이여, 감사합니다."

당신의 다리는 어떻게 된 건가요?

"저는 구급차에 있었습니다. 모술에 공습이 있었어요. 무너진 건물 더미에서 부상자들을 구하러 가고 있었는데 큰 소리가 들렸어요. 또 다른 공습이 있었던 거죠. 병원에서 정신을 차려 보니 두 다리가 날아가 있었습니다. 하나는 무릎 위에서, 다른 하나는 무릎 아래에서요.

보름 뒤에 어머니, 아버지, 아내, 딸과 함께 차를 타고 시리아와 터키로 달아나려고 했는데 미군에게 붙잡혔습니다. 2016년 11월 19일이었지요. 그들은 아버지와 운전사, 저를 이곳으로 데리고 왔습니다. 아버지는 아직도 여기에 계십니다. ISIS에 가담하지 않으셨는데도 말입니다."

다른 수감자들처럼 그들도 재판을 기다리고 있었다.

"ISIS에 가입한 것이 후회됩니다." 그가 덧붙였다.

ISIS 대원들을 직접 만났지만 이 모든 공동체가 서로 협력하는 일이 얼마나 복잡한지, 그리고 야지디족을 위해 정의를 실현하는 일이 얼마나 요원한지를 깨달은 것 말고는 특별히 도움이 되지 않았다.

나중에 나는 난민촌의 여성들을 돕기 위해 자유야지디재단을 세운 미국의 젊은 법학대학원생 파리 이브라힘에게 내가 본 것에 대해 이야기했다.

"문제는 이라크에서는 모든 가해자가 포괄적인 테러리즘 혐의로 기소된다는 겁니다." 그녀가 말했다. "그렇게 기소장을 쓰는 것이 쉽다는 건 알지만 야지디 여성으로서는 받아들일 수 없습니다. 여성들은 자신들이 겪은 범죄에 대한 처벌을 바라지만 아직 이루어지지 않고 있어요. 안타까운 일이지요. 우리는 가해자들이 전시 강간으로 기소되는 것을 보고 싶습니다."

이라크만의 문제가 아니라고 그녀는 덧붙였다. "야지디 소녀들은 많은 외국인 전투원에게도 강간당했습니다. 저는 프랑스와 독일, 스페인, 영국의 당국자와도 이야기했어요. 모두 이렇게 말합니다. '이 사람은 시리아까지 갔다 왔으니 테러 행위로 기소될 수 있어요.' 우리는 야지디 여성을 강간한 사람이 강간죄로 유죄를 선고받고 투옥되길 바라지만 그들은 그걸 이해하지 못합니다. 우리는 이런 일을 저지르면 빠져나갈 수 없다는 걸 세상에 보여줘야 합니다."

그녀의 목소리에서 절망이 느껴졌다. "영국은 전시 강간을 끝내는 일의 최전선에 있는데도 이걸 요구하지 못하나요?" 그녀가 물었다. "우리는 기소가 아니라 회담만 계속 하는 것 같아요. 말하고, 말하고, 또 말만 하지 행동이 없어요."

야지디족이 그들의 여성과 아이를 구하는 일에 직접 나선 것처럼 그녀는 사법 정의를 위한 투쟁에도 직접 나서야 한다고 믿었다. 그녀를 비롯한 몇몇 사람은 강간 가해자를 찾아내 기소할 수 있기를 바라며 사진 데이터베이스를 구축하기 시작했다. 그들은 아말 클루니Amal Clooney 변호사 및 한 독일 검사와 함께 작업하고 있다. 피해 여성들이 두려워하기 때문에 이 모든 일은 조용히 진행되고 있다.

"한두 해 사이에 정의가 이루어지지 않으리라는 것을 압니다." 그녀는 어깨를 으쓱하며 말했다. "아주 기나긴 길이 될 테지요. 예전에 야지디족 여성 몇 사람과 함께 뉴욕에 가서 첫 유죄판결을 이끌어낸 르완다 여성들을 만났어요. 그들은 서로를 끌어안고 눈물을 흘렸어요. 야지디 여성들은 언젠가는 정의가 이루어진다는 것을 보며 위안을 받았지요."

나는 그 르완다 여성들은 야지디 여성을 만나 정반대의 감정을 느꼈다는 것을 말하지 못했다. 그들은 야지디 여성들을 보면서 그들의 그 모든 용기와 노력에도 강간이 여전히 계속된다는 사실에 무척 낙담했다고 내게 말했다.

13
—
닥터 미러클과 '기쁨의 도시'

콩고민주공화국 부카부

"내가 마주친 전투는 악랄하고 잔인했으며 대개 악한 자들이 승리했다." 저명한 종군 사진기자 돈 매컬린Don McCullin이 1964년 CIA의 지원으로 독립운동 지도자 파트리스 루뭄바Patrice Lumumba가 살해된 뒤 혼란에 빠져 있던 콩고를 묘사하며 쓴 글이다. 강렬한 흑백사진의 이미지에서 젊은 병사들이 그들보다 훨씬 어린 투사들을 처형하기 위해 머리에 총을 겨누고 있었다.

런던의 테이트브리튼갤러리에 전시된 이 사진들을 나는 콩고로 출발하기 직전인 2019년에 보았다. 콩고민주공화국은 그 사진 속 상황으로부터 그다지 나아지지 않은 듯했다.

'세계의 강간 수도'는 2010년 분쟁하 성폭력에 대한 UN 사무총장 특별대표실이 콩고를 표현한 말이었다. 이해할 수 없는 수치였다. 하루에 1000명의 여성이 강간당하고 콩고 동부 여성 세 명 중 한 명 이상이 강간당했으며, 한 시간에 70명이……. 어쩌면 나는 그곳에 가는 일을 미루고 있었는지 모른다.

비자를 받는 데 여러 달이 걸렸다. 마침내 여권에 비자가 찍혔다. 선명한 색상에 은빛 돋을새김이 장식된 비자는 느낌이 좋지 않았다. 내 경험상 비자가 근사한 나라일수록 더 엉망이었다.

콩고행 비행기를 예약한 지 몇 시간 만에 메일함이 여행사에서 보낸 메시지로 가득 차기 시작했다. 홍역뿐 아니라 원숭이두창, 치군구니야 같은 유행병과 내가 들어본 적도 없는 질병들에 대해 알리는 메시지였다. 그리고 물론, 세계를 뒤흔들었던 에볼라도 있었다. 내가 연락한 구호기관들은 내 목적지인 콩고 동부에 여전히 폭력 사태가 일어나고 있음을 경고했다. 지금까지 600만 명의 사람들이 고향을 등지도록 만든 폭력이었다. 아프리카에서 가장 많은 숫자였다.

질서정연한 르완다에서 국경을 건너 어수선한 고마Goma로 들어선 것도 콩고의 인상에 한몫했다. 길은 부서졌고 혼잡했다. 소년들은 추쿠두chukudu라 불리는, 손수 만든 나무 자전거 겸 스쿠터로 무거운 짐을 운반하고 있었다. 신발을 한 짝씩만 진열해 놓은 남자가 있었다. 한 켤레씩 내놓으면 사람들이 훔쳐가서 그런다고 설명했다. 햇볕 아래 고리에 걸린 고기들에서 시큼한 냄새가 났다. 도시의 많은 부분은 녹아내린 사탕 같은 반짝이는 검은 물질로 얇게 덮여 있었다. 2003년 화산이 폭발할 때 도시의 3분의 1을 뒤덮은 용암이었다. 심지어 멀리서 매혹적으로 반짝이는 키부호수조차 메탄과 용해된 이산화탄소로 가득한 '폭발하는 호수'이기 때문에 분출할 수 있었다. 그러나 고마에서 연락선 키부퀸Kivu Queen을 타고 키부호수를 건널 때의 풍경은 숨 막히게 아름다웠다. 선실 안에는 중국어 자막이 깔린 비디오가 프랑스어로 시끄럽게 재생되고 있었지만 바깥의 작은 갑판에 나가면 푸른 거울 같은 호수와 완만하게 경사진 초록 언덕, 그 위를 가끔 선회하는 검은 황조롱이가 보였다.

해가 수평선으로 저물며 호수에 빛의 긴 직사각형을 드리우는 동안 하늘은 광분한 화가가 붓질을 해대듯 복숭앗빛으로 물들었다가 짙은 오렌지색이 되었다가 불타는 듯한 빨간색으로 달라졌다. 그물로 정어리를 잡는 소박한 나무 낚싯배들의 실루엣이 보였다. 길고 섬세한 뱃머리가 갈매기 날개처럼 구부러져 있었고 남자들의 노랫소리가 산들바람에 실려 왔다.

나는 닥터 미러클Dr Miracle이라 불리는 남자를 만나기 위해 호수 남서쪽 기슭의 부카부Bukavu로 가는 중이었다. 그는 이 세상에서 강간 피해자를 가장 많이 치료해온 사람이었다.

판지병원Panzi Hospital으로 가는 길은 사람과 염소, 자동차, 껌과 휴대전화 사용 시간을 파는 젊은이, 머리에 과일 더미를 이고 위태롭게 걷는 여인, 심지어 기도 모임을 하는 사람들로 빼곡했다. 지난 20년간 콩고 동부에서 전쟁이 이어지면서 수많은 사람이 시골을 탈출해 도시로 모였다.

밖에서 보면 병원은 조금도 특별하지 않았다. 입구로 들어서니 잔디 마당이 있는 네모난 빨간 벽돌 건물 두 채가 있었다. 통로에는 다채로운 색상의 무늬가 찍힌 옷을 입은 여성이 가득했다. 의사의 진료실이나 검사실로 통하는 여러 문 가운데 하나로 들어갈 차례를 기다리는 중이었다.

그 바로 뒤편의 작은 정문으로 들어서면 2층짜리 크림색 건물로 가는 길이 나온다. 그곳이 여성병원이다. 안으로 들어서면 현관 양쪽으로 여성과 소녀의 침상이 줄줄이 놓인 큰 병실들이 있었다.

모두 골반장기탈출증이나 분만으로 인한 다른 손상, 심한 성폭력으로 인한 생식기 손상과 누관—방광이나 직장까지 이르는 괄약근에 생긴 구멍 때문에 소변이나 대변 또는 둘 다 새는 증상—에 시달리는 피해자였다.

지난 20년 동안 판지병원은 5만 5000명이 넘는 강간 피해자를 치료했다.

매일 다섯 명에서 일곱 명 정도의 강간 피해자가 병원을 찾아온다. 여성 병원의 패트릭 쿠부야Patrick Kubuya 원장은 현재 성폭력 피해를 입은 환자 250명을 돌보고 있는데 가끔은 300명에 이를 때도 있다고 내게 말했다. 지난해에는 3093명의 여성들을 치료했으며 그 가운데 절반이 강간 피해자였다.

건물 뒤에는 지붕이 덮인 큰 테라스가 있었다. 테이블에는 여성이 가득했는데 그들 가운데 많은 이가 손으로 머리를 감싼 채 땅을 내려다보고 있었다. 어디선가 통곡이 들려왔다.

몇 달 전 병원 창립자 데니스 무퀘게 박사의 노벨상 수상을 축하하는 큼직한 플래카드가 벽에 거꾸로 기대어져 있었다.

나는 유럽에서 무퀘게 박사를 두 번 만난 적이 있다. 제네바에서 만났을 때는 에티오피아 커리를 같이 먹었다. 제네바에서 그는 다양한 분쟁지역의 생존자를 모아 국제 사회의 행동을 끌어내려고 애쓰는 중이었다. 타원형의 친절한 얼굴에 겸손한 태도를 지닌 이 덩치 큰 남자는 내가 만난 가장 놀라운 사람 중 하나였다.

그가 프랑스어 억양이 가미된 영어로 내게 말하길 1999년 판지병원을 창립했을 때 목표는 콩고의 끔찍한 산모 사망률 문제를 해결하는 것이었다고 했다. 당시 콩고는 세계에서 가장 높은 산모 사망률을 기록하는 나라였고, 오늘날에도 100명 당 일곱 명이 사망한다.

"제 계획은 모성 사망률과 싸우는 것이었습니다. 제가 의학 공부를 마치고 부인과 전문의로 수련을 받은 프랑스에서는 분만 중 사망하는 여성을 한번도 본 적이 없습니다. 하지만 콩고에서는 워낙

무퀘게 박사는 강간 피해자를 세상에서 가장 많이 치료한 사람이다. ⓒ파울라 브론슈타인

흔한 일이어서 분만실에 들어가는 여성들이 마지막 인사를 남기고 갈 정도죠. 살아남는다는 보장이 없으니까요.

이 모든 기술과 진보를 이룬 세상에서 '나는 임신했으니 어쩌면 이걸로 내 삶이 끝날지도 몰라'라고 생각하는 여성들이 있다니 너무 끔찍했습니다. 임산부 사망을 막는 것은 어렵지 않습니다. 정치적 의지의 문제죠. 돈을 어디에 쓸길 바라느냐의 문제입니다."

1983년 그는 프랑스의 앙제대학교를 졸업하고 아버지가 오순 절교회 목사로 있는 부카부로 돌아온 뒤 남부의 외진 지역인 레메라 Lemera로 가서 산부인과 의사로 일했다. 그곳에서 그는 산모들을 위한 작은 진료소들과 산파를 교육하는 학교들을 지었다. 이런 시설들 덕택에 몇 년 사이에 모성 사망률이 급격히 떨어졌다.

"저는 그 결과에 무척 행복했습니다. 하지만 1994년부터 군인 들이 보이기 시작하더니 1996년에 전쟁이 시작됐지요."

르완다 제노사이드 이후 수많은 후투족이 서쪽 국경을 넘어 그 당시에 자이르라는 국명으로 불리던 콩고의 숲으로 도주했다. 그중 많은 이가 르완다에서 대량 학살을 저지른 인테라함웨 민병대였고,

고마와 부카부 여기저기에 속속 세워지고 있던 방대한 난민촌을 장악한 것도 그들이었다. 르완다의 제노사이드를 끝내고 권력을 잡은 폴 카가메 장군이 이끄는 투치족 주도의 르완다군이 곧 그들을 쫓아왔다. 르완다의 후투족과 투치족 사이의 싸움이 콩고로 번지면서 1996~1997년의 제1차 콩고전쟁이 불붙었다. 카가메의 잘 훈련된 르완다군이 로랑 데지레 카빌라Laurent-Désiré Kabila가 이끄는 반군을 지원해 콩고의 오랜 독재자이자 표범 가죽 모자를 쓴 부패의 상징 모부투 세세 세코Mobutu Sese Seko 정부를 전복시켰다.

반군 지도자 카빌라에게 이는 그가 '추수의 시간'이라 부른 기회였다. 그는 1960년대부터 콩고 동부에서 마르크스주의 혁명을 이끌며 이미 모부투와 싸우고 있었다. 혁명의 출발을 돕기 위해 체 게바라Che Guevara까지 100명의 쿠바인과 함께 도착했다. 그러나 말라리아와 이질에 시달리느라 결국 두 손을 들고 말았다. 체 게바라는 일기에 카빌라에 대해 '애초부터 전선에는 발을 들이지 않고' '최고급 호텔에서 성명을 발표하고 아름다운 여성들과 함께 스카치위스키를 마시며' 시간 보내기를 좋아한다고 조롱했다.

혁명이 무너진 뒤 카빌라는 금과 밀수에 손을 댔고 탄자니아에 매음굴과 술집을 운영했다. 르완다의 카가메 대통령과 우간다의 요웨리 무세베니Yoweri Museweni 대통령이 그를 콩고 반란의 간판으로 선택하지 않았다면 그는 아마 역사의 각주쯤으로 남았을 것이다.

모부투의 군대는 빠른 속도로 무너졌고 반군이 동부부터 시작해 콩고의 방대한 지역을 휩쓸었다. 1996년 10월 6일 밤 그들은 레메라병원을 공격했다. 무퀘게 박사는 용케 몇몇 환자들을 데리고 대피했지만 병사들이 길을 차단하는 바람에 나머지 환자들을 대피시키기 위해 돌아갈 수 없었다. 33명의 환자가 침상에서 학살당했고 병원 직원도 많이 살해당했다.

"그 일로 오랫동안 괴로웠습니다. 결국 정신을 차리고 부카부로 돌아왔죠. 그리고 이곳에서도 여성들이 아이를 낳다가 이유 없이 죽어가고 있는 문제를 보았습니다.

저는 여성들을 돕는 데 사실 큰 시설이 필요하지 않다고 생각했습니다. 장비 몇 상자와 작은 방 두세 개, 필요하다면 제가 제왕절개 수술을 할 수 있고 엄마들이 분만 뒤에 잠시 머물 수 있는 분만실 정도만 있으면 된다고 생각했지요. 제가 가진 지식으로 작은 일을 통해 생명을 구할 수 있었습니다."

그러다가 1998년에 제2차 콩고전쟁이 터졌다. 카빌라를 지원했던 르완다와 우간다의 정치인들은 갈수록 세력을 키우며 독재적으로 되어가는 카빌라 대통령에 진절머리를 냈다. 이번 전쟁은 더욱 피비린내 났다. 카빌라가 다른 국가의 지도자들에게 뇌물을 주며 파병을 요청했기 때문에 아홉 나라가 전쟁에 말려들었다. 그중에는 짐바브웨(파병의 대가로 무가베 정권의 버팀목이 될 다이아몬드 광산을 받기로 했다)와 앙골라(해저 석유를 대가로 약속받았다)도 있었다. 제2차 세계대전 이래 세계에서 가장 파괴적이었던 이 전쟁은 '아프리카의 세계대전'이라 불리게 됐고 결국 르완다와 우간다, 부룬디가 콩고민주공화국과 짐바브웨, 앙골라, 나미비아, 차드, 수단과 대적했다. 대략 500만 명이 목숨을 잃었고 수백만 명이 고향에서 내몰렸다. 그런데도 내가 기억하기론 서구에서 이 전쟁은 거의 언급되지 않았다.

무퀘게 박사에게 이 전쟁은 재앙이었다. 병실은 무차별 파괴되었고 장비는 약탈당했다. 그래서 1999년 6월 그는 임산부들을 천막에서 치료하기 시작했다. "판지병원은 그렇게 출발했습니다."

그러나 첫 번째 환자는 분만을 위해 온 것이 아니었다. "저희 천막에서 500미터쯤 떨어진 곳에서 남자 몇 명에게 강간당한 여성이었어요. 그들은 강간한 뒤에 그녀의 질에 총을 쐈어요." 그가 회상했다. "저는 너무 충격을 받았죠. 약에 취해 제정신이 아닌 사람들이 저지른 개별적인 사건일 거라고 생각했어요."

이어지는 세 달 동안 45명의 여성이 모두 같은 사연으로 도착했다. 다들 가족과 함께 집에 있었는데 총을 든 남자들이 몰려와 남편을 쏴 죽이고 여자들을 강간했다고 말했다. "그들은 여성들의 생식기에 기름을 적셔 불을 붙인 막대나 총검을 밀어 넣었습니다. 다섯 명 이상에게 의식을 잃을 때까지 강간당한 여성들도 있었습니다. 모두 아이들 앞에서요. 그때 비로소 저는 민병대들이 강간을 전쟁 무기로 사용하고 있음을 깨달았습니다."

강간은 서로 다른 종족과 서로 다른 편에 속한 민병대에 의해 자행되었다. 그들은 금과 콜탄, 코발트 같은 희귀한 자원을 차지하기 위해서도 싸웠다. 무퀘게는 이런 자원이 나라를 부유하게 만들기보다 콩고 여성들에게 '저주'가 됐다고 믿는다.

민병대 집단마다 특유의 고문 방식이 있는 듯했고 강간이 워낙 폭력적으로 자행되므로 피해자의 방광이나 직장이 찢어져 누공이나 구멍이 생길 때가 많았다.

"그건 성적인 것이 아니라 다른 사람을 무너뜨리는 수법입니다. 피해자의 내면에서 사람이라는 느낌을 빼앗는 것이지요. '너는 존재하지 않아, 너는 아무것도 아니야'라는 걸 보여주는 방식입니다. 의도적인 전략이지요. 남편 앞에서 아내를 강간해서 남편은 굴욕감으로 떠날 수밖에 없도록, 피해자는 수치심을 느낄 수밖에 없도록 합니다. 피해자는 그 현실을 감당하며 살 수 없으니 지역을 떠날 테고, 공동체가 완전히 파괴되지요. 마을 전체가 버려진 곳들도 있습니다.

사람들이 무력감을 느끼도록 만들고 사회조직을 파괴하려는 의도이지요. 목사의 아내가 모든 신도 앞에서 강간당한 경우도 있었습니다. 그래서 모두 달아났지요. 하느님이 목사의 아내조차 지켜주지 않는다면 어떻게 자기들을 지켜주겠냐고 생각하지 않겠어요?

　전쟁 무기로서 강간은 주민 전체를 몰아내고 훨씬 적은 비용으로 기존의 무기와 똑같은 효과를 낼 수 있지요."

　2001년 무쾌게 박사는 자신이 목격한 상황을 무척 우려하며 휴먼라이츠워치와 접촉했다. 그들은 판지병원에 조사팀을 보냈고 이듬해 콩고 동부에서 민병대와 군대가 저지르는 만연한 성폭력을 자세히 알리는 충격적인 보고서를 발표했다.★

　"저는 그 보고서가 전환점이 되어 국제 사회가 더는 그냥 둘 수 없다고 나설 줄 알았습니다. 하지만 지금까지도 저는 계속 기다리고 있습니다. 20년이 지났지만 여전히 성폭력 피해자를 치료하고 있지요."

　2001년 1월 카빌라 대통령이 대리석으로 지은 킨샤사의 대통령궁에 앉아 있을 때 십대 경호원 하나가 걸어 들어와 권총을 뽑고 그를 쏘아 죽였다. 카빌라의 스물아홉 살 아들이자 콩고군 사령관인 조지프가 그의 자리를 대신했고, 2003년 전쟁은 공식적으로 끝이 났다. 그러나 폭력과 강간은 여전히 계속되고 있다.

　"멈추지 않습니다." 무쾌게 박사가 말했다. "벌써 5만 5000명의 여성을 치료했지만 그것도 빙산의 일각일 뿐입니다. 많은 여성이 병원에 오지 않고 마을에서 죽어갑니다. 모욕당하고 낙인찍히는 데다 사람들이 알면 마을에서 쫓겨날까 봐 두려워하기 때문입니다. 사실, 저는 우리가 퇴보하고 있다는 인상을 받습니다."

　판지병원 문 뒤에서 나는 그의 말이 무슨 뜻인지 곧 이해했다. 문을 열어준 사람은 무쾌게 박사의 외과팀에 속한 데지레 알루메티

★　Human Rights Watch, *The War Within the War*, 2002.

Desiré Alumetti 박사였다. '나의 영웅 무퀘게 박사'라고 흰 글씨로 새겨진 빨간 야구모자를 쓴 알루메티 박사는 미소가 환한 사람이었다.

건물 내부에는 미키마우스와 핑크팬더, 플루토가 큼직한 만화풍 그림으로 쾌활하게 장식된 어린이 방이 있었다.

진찰대에는 짧은 머리를 가지런히 땋고 눈이 접시처럼 둥근 작은 소녀가 오렌지색과 노란색이 들어간 찢어진 드레스를 입은 채 앉아 있었다. 소녀의 이름은 바이올렛Violette, 네 살이었고 강간을 당했다.

소녀의 옆에는 근심이 가득한 엄마 아토샤Atosha가 있었다. 두 사람은 서쪽으로 560킬로미터 떨어진 마니에마 지방의 킨두Kindu에서 먼 길을 왔다.

아토샤는 낮은 목소리로 무슨 일이 일어났는지 이야기했다.

"바이올렛은 집에서 놀고 있었고 저는 볍씨를 뿌리려 숲에 있는 밭으로 갔어요. 집에 와보니 아이가 없었어요. 그러다가 아이가 자기 옷을 손에 쥔 채 피를 흘리며 울고 있는 걸 봤어요. 겁이 나서 무슨 일인지 물었죠. '넘어졌니?'

아이가 '아니, 어떤 남자가 나를 학교 뒤 변소로 데리고 가서 손으로 입을 막고 내게 못된 짓을 했어'라고 말했어요.

아무도 보이지 않았지만 그 변소에 갔더니 피가 있었어요. 아이를 씻기고 병원에 데리고 갔지요. 의사가 약을 주었지만 돈이 없어서 그냥 아이를 집으로 데리고 왔어요. 그런데 그때 고약한 냄새가 나는 거예요. 그때야 똥이 샌다는 걸 알았어요.

어떡해야 할지 몰랐어요. 그런데 우리 마을에 카핑가Kapinga라는 나이 든 엄마가 있어요. 병원에서 일하는데 무슨 일이 일어났는지 듣고는 제게 바이올렛을 데리고 와보라고 했어요. 바이올렛을 보더니 판지병원으로 당장 데리고 가라고 해서 집에 들러 옷 갈아입을 시간도 없이 왔어요. 고마까지 비행기를 타고 왔죠. 비행기를 처음 탔어요. 그다음에는 배를 탔고요.

지난주에 여기 온 이후부터 의사들이 아이의 아랫부분을 소금 물에 넣어 상처를 치료하고 있어요. 심리상담사도 만나고 있고요."

아토샤 자신도 분명 충격에 빠진 듯했다. "마음이 찢어져요. 너무 속상해요. 네 살밖에 안 됐는데 애는 벌써 처녀가 아니에요. 아이를 놓고 나간 일에 죄책감을 느껴요. 하지만 먹고살 돈을 벌려면 숲에 가는 수밖에 없었어요."

나는 고개를 끄덕였다. 콩고 동부에 며칠밖에 있지 않았지만 나는 밭에 가거나 허리가 휘도록 거대한 숯 자루들을 옮기면서 일을 하는 사람이 모두 여자들인 것 같다고 생각했다.

왜 그런 짓을 했을까요? 내가 물었다.

"모르겠어요. 어쩌면 주술적인 건지도 몰라요. 사람들은 아기를 강간하면 특별한 힘을 얻는다고 믿거든요."

가해자가 어떤 벌을 받아야 한다고 생각하는지 물었다.

"저희는 아무것도 할 수 없어요. 누가 했는지 모르니까요." 그녀가 어깨를 으쓱했다. "바이올렛은 그냥 늙은 남자였다고만 말해요. 누군지 알면 마을 사람들이 그 사람을 죽일 텐데. 어떻게 네 살짜리 여자애한테 이런 짓을 할 수 있을까요?"

어린 바이올렛은 세상을 차단하려는 듯 머리와 팔을 엄마의 무릎에 묻었다.

알루메티 박사는 이 네 살짜리 소녀가 조그만 항문으로 너무나 거칠게 강간당했고, 남자의 성기가 아이의 직장에 구멍을 냈기 때문에 배설물이 샌다고 설명했다. 그는 이튿날 바이올렛을 수술할 계획이었다.

내가 이 일을 이해하려 여전히 애쓰고 있을 때 그가 또 다른 환자를 데리고 들어왔다. 젊은 엄마인 아나조Anazo는 일곱 달밖에 되지 않은 아기 찬탈Chantal에게 수유하고 있었다.

처음에 나는 엄마가 피해자일 거라고 짐작했지만 아나조가 풍성한 곱슬머리의 아기를 품에서 조심스럽게 떼어내 진찰대에 눕히자 어리둥절했다.

"내려놓을 때마다 아기가 울어요." 아나조가 말했다.

그녀는 찬탈을 무릎에 올리고 아기의 옷을 들어 올렸다. 나는 아기의 항문 주위에 생긴 선명한 붉은 색 상처에 숨이 턱 막힐 정도로 놀라지 않을 도리가 없었다.

아나조 모녀도 먼 길을 왔다. 샤분다Shabunda의 칼롤리Kaloli 마을에서부터 260킬로미터를 왔다. 칼롤리는 금이 발견되는 바람에 민병대 세력이 밀려들어 사람들에게 풍요보다는 불행을 가져온 남키부의 외진 동네였다.

"여동생에게 아기를 맡기고 밭에 일하러 갔는데 반군들이 마을에 온 거예요." 그녀가 설명했다. "그들이 총을 쏘며 물건들을 훔치고 다니자 여동생은 아기를 남겨두고 빠져나와서 밭에 있는 제게 알리러 왔어요."

그 남자들은 라이아무톰보키Raia Mutomboki 소속이었다. 그 지역의 많은 마이마이mai-mai(민병대) 중에서 가장 무서운 집단이었다. 최근 UN 보고서에 따르면 이들은 수백 명의 민간인 사망과 집단 강간에 책임이 있었다.★ 이들은 여성과 소녀를 납치해 성노예로 동굴에 가둬 두고는 '차이! 차이!Tchai! Tchai!'(티 타임!)라고 외치며 강간을 시작했다. 지도자인 마수디 코코디코코Masudi Kokodikoko가 마음에 드는, 대개는 어린 여자를 최대 아홉 명까지 골라 강간한 다음 넘겨줄 때

★ UN 안전보장이사회 전문가집단보고서, 2018년 12월(최종 보고서 발표 2019년 7월).

까지 그의 전사들이 춤을 추며 주위를 돌았다.

"모두 그들을 무서워하죠." 아나조가 말했다. "저는 집으로 달려 갔지만 이미 공격당한 뒤였어요. 그들은 쌀이 든 자루와 제 옷과 아 기 옷을 전부 가져갔어요. 아기가 침대에서 울고 있었어요. 저는 얼 른 아기를 데리고 도망갔지요.

그런데 아기가 울음을 멈추지 않는 거예요. 젖을 먹여보려 했지 만 먹지 않으려 했어요. 왜 그러는지 몰랐어요. 그러다가 아기 옷을 벗겨봤더니 항문 주위에 상처가 나고 온통 빨간 거예요. 그래서 병 원에 데려갔죠. 의사는 아기가 강간당한 걸 단박에 알아봤어요. 항 문 조직이 완전히 벌어졌다면서요.

그 말을 듣는데 온몸이 덜덜 떨렸어요. 주체를 못 하겠더라고 요. 제가 어디에 있는지도 잊을 지경이었죠. 저희 지역에는 반군들 이 자주 와서 사람들을 잡아가고 집을 부수고 물건을 훔쳐가지만 이 런 일은 들어보지 못했거든요.

의사가 어떻게 된 건지 들여다보다가 항문 부위와 질이 서로 닿 아 있는 걸 알아냈어요. 음경이 구멍을 뚫은 거죠. 그는 이렇게 아기 를 놔둘 수 없다면서 그가 할 수 있는 처치를 한 다음 이곳으로 저를 보냈어요. 제게는 세 살짜리 딸도 있는데 남편에게 맡기고 왔어요. 먼 길을 왔죠. 여기까지 오는 데 200달러가 들어서 돈을 빌려야 했어요.

여기 왔을 때 입을 옷이 하나도 없었어요. 민병대가 다 훔쳐갔 으니까요. 그래서 의사 사모님이 몇 벌을 주셨어요."

진찰이 끝나자 그녀는 찬탈을 다시 가슴에 안았다. "보세요. 아 기가 한쪽으로밖에 못 앉아요. 누가 이 짓을 했든 감옥에 몇 년 있어 야 해요."

나는 알루메티 박사에게 성인 남자가 조그만 아기에서 어떻게 성기를 밀어넣었는지 상상할 수 없다고 말했다.

"동네 사람들을 밖으로 내몰려고 그런 짓을 합니다. 그래야 광물을 착취할 수 있으니까요. 가끔은 그렇게 하면 무적의 힘을 얻는다고 생각하기도 하고요."

나는 그에게 아기를 어떻게 치료할 것인지 물었다. "우선 B형 간염을 막는 주사를 놨습니다. 감염을 막기 위해 살균제로 씻고 그 다음에 수술을 할 겁니다."

그는 내 공책에 그림을 그리며 항문 괄약근이 어떻게 파열됐는지 설명했다. 무퀘게 박사는 손상을 다섯 등급으로 나눴다. 가장 심한 5등급은 생식관과 요로, 소화관을 모두 치료해야 하고 복강을 세척하기 위해 복강경 수술이 필요한 손상이다.

찬탈은 알루메티 박사의 수술 환자 중 가장 어린 아기가 될 터였다. 그가 치료했던 가장 어린 환자는 17개월 아기였지만 4개월밖에 안 된 아기도 이 병원에서 치료받은 적이 있다.

"이런 이야기를 듣고 이런 환자를 치료하는 것이 쉽지는 않습니다." 그가 말했다. "하지만 무퀘게 박사와 일하는 것은 큰 기쁨입니다. 저는 그런 분을 처음 만났습니다. 매일 이렇게 말하지요. '내가 이분처럼 할 수 있다면 가족과 공동체, 이 나라가 얼마나 나를 존경할까.'"

여성들로 가득한 안뜰을 다시 통과하자 한 남자가 빗장이 걸린 출입문을 열고 복도를 지나쳐 선반에 문서철이 빽빽이 꽂힌 사무실로 나를 안내했다. 벽에는 화이트보드가 있었고, 초록색 펜으로 '한 주를 위한 생각'이 쓰여 있었다.

오늘날 우리는 기술과 통신 덕택에 나는 몰랐노라고 아무도 말할 수 없게 됐다. 이 드라마에 눈을 감는다면 공모자가 되는 것이다.

이런 범죄의 책임은 가해자뿐 아니라 못 본 척하는 사람들에게도 있다.

그 너머에는 닥터 미러클이라 불리는 그 남자가 그를 둘러싼 긴 테이블에 앉은 젊은 의사들에게 강의를 하는 널찍한 사무실이 있었다. 이 시설은 그가 콩고민주공화국뿐 아니라 기니와 부르키나파소, 중앙아프리카공화국처럼 강간 문제가 심각한 다른 아프리카 나라들에도 만들려고 구상하는 판지네트워크Panzi network의 일부였다.

그의 눈에는 핏발이 서 있었다. 시간은 오후 2시였고 그날만 이미 네 차례의 수술을 했다. 그중 둘은 강간 피해자 수술이었다. 언제나처럼 그는 아침 7시에 하루를 시작해 직원들의 기도회를 이끌었고(그의 아버지처럼 그도 오순절교회 목사였다) 아마 밤 11시까지 일을 할 터였다. 다음 주에는 유럽과 미국으로 가서 그의 나라에서 벌어지는 끔찍한 일에 대한 각성을 다시 한번 촉구할 예정이다.

그는 내 옆 소파에 주저앉으며 힘이 빠진다고 했다. "월요일에 그 아기를 진찰하고 나서 어떻게 아기를 치료할지 생각하고 있었어요. 항문 파열은 질 파열보다 더 복잡하니까요. 그러다가 이런 생각이 들었어요. 이제 정말 지친다. 이대로 계속할 수는 없다. 이미 이곳에서 치료받은 뒤 다시 강간당한 여성을 치료한 경우도 있고, 같은 가족에서 여러 세대의 여성이 강간당해서 치료하는 경우도 있습니다. 그런데 지난 5년 동안 아기들이 점점 늘어나고 있어요. 어떻게 이런 일들이 일어나는데 우리는 행동을 하지 않을 수 있을까요? 저는 몇 년 동안 이런 짓을 멈추라고 부르짖고 있지만 사람들은 이런 일이 일어난다는 걸 부인하고만 있습니다."

그가 강간당한 아기를 처음 만난 것은 2014년이었다. "18개월밖에 되지 않은 아기였어요. 이해할 수 없는 일이었죠. 아기의 장이

질 밖으로 나와 있었고 피를 엄청나게 흘려서 죽어가고 있었어요. 간신히 아기를 구했지만 너무 충격적이었습니다. 간호사들도 다 울었죠. 그들이 환자를 치료하면서 우는 모습은 처음 봤어요.

우리는 말 없이 기도했습니다. 하느님, 우리가 보고 있는 것이 사실이 아니라고, 그냥 나쁜 꿈일 뿐이라고 말씀해주세요. 하지만 꿈이 아니었어요. 새로운 현실이었죠.

요즘 병원에 오는 환자의 수는 일정하지만 큰 문제는 어린이들이 늘어나고 있다는 겁니다. 10년 전에는 열 살 미만의 환자가 3퍼센트였어요. 작년에는 6퍼센트였습니다. 점점 올라가고 있지요.

일곱 달이나 네 살짜리 아이들에게 이런 짓을 한다니, 인간이 아닙니다. 그들을 처벌하지 않는다면 짐승도 못할 짓을 허락하는 것과 다름없어요.

저는 매일 수술하고 치료할 수 있습니다. 하지만 그것은 해결책이 아닙니다. 파괴되는 이 모든 어린이와 아기를 생각해보세요. 이 아이들의 미래가 완전히 파괴됩니다……"

무퀘게 박사는 수술대에서 문제를 해결할 수 없다는 신념을 토대로 판지 모델이라 널리 알려진 종합적 접근법을 개척했다.

강간 72시간 안에 도착한 피해자에게는 임신과 HIV, 성 매개 감염병을 막을 키트를 제공한다. 72시간 후에 도착했다면 감염 치료를 하고 AIDS 검사 결과 양성이 나온다면 약을 제공한다. 아주 심한 경우만 병원으로 데려온다. 수술이 필요할 수 있기 때문이다.

이후 며칠 동안 그가 병원 곳곳을 돌아다니는 모습을 보니 판지병원은 의학적 치료만이 아니라 훨씬 많은 것을 제공하고 있었다. 무퀘게 박사는 이렇게 설명했다. "저희는 피해자들을 의료적으로 치료하는 것만으로는 충분치 않다는 사실을 발견했습니다. 트라우마 때문이지요. 그래서 피해자들을 돕기 위해 심리상담사 팀을 구성하고 미술 치료와 음악 치료를 시작했습니다. 하지만 심리적으로 회복되어도 고향으로 돌려보내는 것은 해결책이 아니었습니다. 대부분 차별당하거나 가족과 공동체에서 거부당하거든요. 그들을 돌려보내는 것은 길거리로 내쫓는 것과 같습니다.

그러므로 세 번째 기둥은 사회경제적 지원입니다. 피해자들이 어리면 학교에 다니도록 교육비를 지원합니다. 임신한 피해자들은 메종도르카스Maison Dorcas라는 보호소에서 보살핍니다.

성인 여성에게는 문해 교육을 제공하고 공예와 재봉, 농업 같은 다양한 기술을 가르칩니다. 독립할 수 있도록 돕는 거죠. 상호부금을 만드는 법을 가르치고 작은 사업을 시작할 수 있도록 종자와 소액대출을 제공합니다. 그렇게 하면 소득이 생길 뿐 아니라 힘을 얻고 자기 권리를 위해 싸울 수 있지요."

또한 강간으로 태어난 아기들이 대체로 가족에게 거부당하곤 하기 때문에 아기들을 위한 보육원이 있었다.

네 번째이자 마지막 기둥은 법률 상담이었다. "일단 여성들이 자립하고 나면 다시 돌아와 이렇게 말합니다. '저는 정의를 원합니다.' 그래서 이 여성들이 소송을 제기할 수 있도록 도울 변호사들이 있지요."

그는 이런 과정이 치료인 동시에 상황을 바꿀 열쇠라고 말했다.

"하루아침에 되는 일이 아닙니다. 한 여성이 이제 목소리를 낼 준비가 됐다고 말할 때까지 여섯 달이 걸릴 수도 있고 5년이 걸릴 수도 있습니다. 시간이 걸리지만 사회를 변화시킬 유일한 길은 불처벌 관행을 끝내는 것입니다. 왜냐하면 가해자를 보호하는 것은 침묵이니까요. 그건 유럽에서도 마찬가지입니다.

우리는 여성들이 겪은 일이 정상이 아니며 그들이 목소리를 낸다면 그들 자신뿐 아니라 공동체에도 도움이 된다는 것을 이해하도록 도와야 합니다. 그 남자들에게도 가족이 있습니다. 그들이 저지른 짓을 피해자들이 공개할 때 많은 남자는 사회와 가족에서 지위를 잃게 될 것을 두려워합니다.

가해자가 아니라 피해자를 금기시하는 한 아무것도 달라지지 않습니다. 그러나 가해자가 '아내와 이웃, 상관이 어떤 반응을 보일까? 지역사회에서 내 지위에 영향이 미칠 거야. 일자리를 잃고 재판을 받아야 할지도 몰라'라고 말하기 시작할 때 그는 다시 한번 생각하게 됩니다."

그는 이 모든 시스템을 세우는 일이 쉽지 않다고 말했다. "많은 병원 직원은 이 일이 의료의 일부라고 생각하지 않기 때문에 하지 않으려 합니다."

또한 위험한 일이기도 했다. 특히 무퀘게 박사는 많은 강간이 콩고군에 의해 자행되므로 콩고 정부가 이 일에 공모하고 있다고 소리 높이곤 하기 때문이다. "저는 협박을 많이 받습니다." 그가 어깨를 으쓱하며 말했다.

2011년 그는 분쟁하 성폭력에 대한 UN 사무총장 특별대표 마르고트 발스트룀Margot Wallström으로부터 뉴욕의 UN 총회에서 연설해달라는 초대를 받았다. 발스트룀은 콩고민주공화국을 '세계의 강간 수도'라 표현한 사람이었다. 그러나 그가 도착했을 때 콩고 보건부 장관이 그를 자신이 묵는 호텔로 호출했다. "그는 제게 선택하라고 했습니다. 집으로 돌아가든가, 남아서 연설을 하든가. 남아서 연설할 경우 저와 제 가족에게 일어나는 일은 전적으로 제 책임이라고 말하더군요. 제 가족은 콩고에 있었고 저는 뉴욕에 있었으니 그건 분명 협박이었지요. 저는 연설을 취소하기로 결정했습니다."

이듬해인 2012년 9월 그는 이번에는 당시 영국 외무부 장관이던 윌리엄 헤이그William Hague로부터 UN 총회에서 연설해달라는 초대를 다시 받았다. 그는 주요 국가의 외무부 장관 중 최초로 성폭력 문제를 꺼낸 사람이었다. 무퀘게 박사는 동의했다. 그는 카빌라 정부를 거리낌 없이 비판했다.

10월에 그가 집에 왔을 때 권총과 AK47 소총을 든 남자 다섯이 그를 기다리고 있었다. "그들은 제 딸들을 인질로 잡고 총을 쏘기 시작했습니다. 저는 죽는 줄 알았지요. 25년 넘게 제 경호원으로 일했던 제프는 제 딸들 앞에서 살해되었어요. 제가 어떻게 살아남았는지 모르겠습니다.

그들은 딸들에게는 아무 짓도 하지 않았습니다. 강간이든 뭐든요. 하지만 딸들은 무슨 일이 일어날지 모른다고 생각하며 겁에 질려 있었죠."

간신히 상황을 모면한 그와 가족은 콩고를 떠나 벨기에로 갔다. 그러나 두 달도 지나지 않아 콩고의 여성들이 그에게 돌아와 달라고 편지를 보내기 시작했다. "어느 날 그들이 바나나와 토마토를 팔며 제 비행기 삯을 모으고 있다는 이야기를 들었습니다."

어떤 면에서 병원은 이제 그의 감옥이 되었다. 그 공격 이후로 그는 UN 평화유지군 소속 병사들의 보호를 받으며 병원 부지에 살고 있다. "저희는 항상 위험 속에 있습니다. 경호원 없이는 움직일 수 없습니다." 그래도 총격이 자주 일어난다고 그는 말했다. "병원이나 저희 집을 지나가며 총을 쏘지요."

그의 동료 길다Gilda 박사는 2015년 카셍가병원에서 일하던 중 총에 맞아 죽었다. "저는 그때 너무 힘들었습니다."

그의 다섯 아이는 이제 다 자랐다. 그는 자녀들이 보고 싶긴 하지만 그들이 콩고 밖에 있어서 다행이라고 생각한다. 그는 콩고가 1990년대 후반의 끔찍한 상황으로 돌아가고 있다고 우려한다. "우리는 지금 전쟁도 없지만 평화도 없는 상황에 있습니다.”

그의 아들은 부인과 전문의가 되려고 교육을 받고 있다. 그는 아들이 판지에서 자신의 일을 잇기를 바라다가도, 그러지 않기를 바라기도 한다. “아들에게는 어린 자식들이 있고 저는 감옥에 사는 것이나 다름없는데 어떻게 여기로 돌아오라고 말할 수 있겠어요?”

2018년 10월 5일 금요일, 무퀘게 박사는 평소처럼 오전 7시 30분에 수술을 시작했다. 그가 두 번째 수술을 시작했을 때 환자와 동료들의 울음소리가 들렸다.

처음에 그는 뭔가 끔찍한 일이 벌어졌다고 생각했다. 그러나 수술복을 입은 채 나갔더니 모두 그를 끌어안았다. 그가 젊은 야지디족 활동가 나디아 무라드와 함께 전쟁 무기로서의 성폭력 사용에 대한 경각심을 높인 공로로 노벨평화상을 받은 것이다.

그렇다면 분명 국제 사회가 이 문제를 심각하게 받아들이고 있다는 뜻이 아닌가?

그는 어깨를 으쓱했다. “노벨상을 받은 것은 영예로운 일이긴 하지만 우리는 영예를 위해 싸우는 것이 아닙니다. 콩고의 여성과 아기들에게 일어나는 일들을 막기 위한 것이지요.”

나는 콩고가 왜 그렇게 여성들을 홀대하는지 물었다. “좋은 질문이군요.” 그가 대답했다. 고마에서 나는 납치와 강간 위험이 그렇게 큰데도 매일 밭에 나가 일하거나 장작을 모으고 물을 길어오는 사람이 왜 여성들인지 도저히 이해할 수 없었다. 고마에서 만난 한 벨기에 남자는 그곳에 20년 넘게 살았는데 만연한 가정폭력을 언급하며 진짜 문제는 가부장적 문화라고 말했다.

무퀘게 박사는 그렇게 설명하기에는 지금 벌어지고 있는 폭력이 너무 극단적이고 조직적이라고 생각했다. “대체로 저희가 진료하는 여성들은 한 사람이 아니라 서너 사람에게, 대체로 남편과 아이들 앞에서 강간당했고 나무 조각을 생식기 안에 밀어 넣는 방식의 고문을 당해 생식기관이 완전히 파괴됐습니다. 이런 고문은 체계적으로 이루어지고 있고 섹스와는 아무 관계가 없습니다."

그는 이런 폭력이 르완다 학살 가담자들의 콩고 유입과 그 후 이어진 전쟁들로부터 시작됐지만 무엇보다 자원 통제권에 관한 문제라고 믿었다.

2018년 12월 오슬로에서 그는 노벨상 수락 연설을 이렇게 시작했다. "제 이름은 무퀘게입니다. 저는 지구에서 가장 풍요로운 나라 중 하나에 삽니다. 그러나 우리 나라 국민들은 세상에서 가장 가난한 사람들에 속합니다.

우리 나라는 체계적으로 약탈당하고 있고, 지도자라는 사람들은 그 일에 공모하고 있습니다. 콩고 사람들은 국제 사회가 버젓이 보는 앞에서 20년 넘게 모욕과 학대, 학살을 당하고 있습니다."

1825년 벨기에의 왕 레오폴드 2세가 자신의 개인 영지로 건국한 콩고는 금과 다이아몬드, 구리, 주석 때문에 지도자들에게 끊임없이 약탈당했고 다국적 채굴 기업의 방조 아래 약탈이 이루어질 때가 많았다. 그러나 최근에는 기술 혁명의 열쇠가 되는 다른 자원들이 중요해졌다. 콩고민주공화국은 전기차와 휴대전화, 노트북컴퓨터의 배터리 생산에 필요한 코발트의 3분의 2뿐 아니라 콜탄─배터리 축전기에 필요한 탄탈륨이 나오는 컬럼바이트 탄탈석─도 공급한다. 마이크로소프트와 애플, IBM처럼 누구나 아는 회사들이 콩고에서 나오는 광물에 의존한다. 아마 서구의 모든 가정에는 이들 제품이 적어도 하나는 있을 것이다.

이 점이 무퀘게 박사를 분노케 했다. "저는 콩고가 인류 사회의 일부이며 콩고의 아기들도 사람이라고 생각합니다. 그러므로 모두가 콩고의 자원을 이용하면서도 콩고의 여성과 아이들을 그렇게 취급하는 것을 인류의 오점이라고 생각하는 사람이 거의 없다는 것이 놀라울 뿐입니다.

서구 사람들에게는 휴대전화와 노트북컴퓨터와 전기차를 위해 이 광물들이 필요합니다. 저도 휴대전화를 갖고 있습니다. 그러나 분쟁 광물을 사는 것은 받아들일 수 없습니다. 다른 깨끗한 방식으로 이루어져야 합니다. 이런 일을 지난 20년간 지속되게 놔두면서 …… 세상은 이 일을 멈출 수 없었다고 말할 수 없습니다."

문제는 바로 가장 끝까지 올라간다고 그는 말했다. "제가 아는 게 있다면 책임자 없이 강간이 그냥 전쟁 무기로 이용될 수는 없다는 겁니다. 가해자들만 비난할 게 아니라 누가 강간하라고 했는지 물어야 합니다. 이 지역에서는 20년 동안 사람들이 죽임을 당하고 강간당하고 파괴당했습니다. 이런 짓을 저지른 사람들은 여전히 국가와 군대와 경찰과 정보기관을 이끌고 있습니다. 이걸 용납한다면 완전 정신 나간 사람들을 용납하는 겁니다. 저는 그들 대부분이 제정신이 아니라고 생각합니다."

노벨상 연설에서 그는 '뉴욕의 한 사무실 책상 서랍에서 곰팡이가 슬고 있는' 보고서를 언급했다. '매핑 보고서'라 불리는 것으로, UN이 콩고의 전쟁범죄를 조사한 보고서였다. 그에 따르면 이 보고서는 자그마치 617건의 전쟁범죄를 피해자의 이름과 발생 날짜, 장소와 함께 서술하지만 가해자의 이름은 밝히지 않았다.

"매핑 보고서는 UN 보고서입니다. 그런데 왜 공개하지 않을까요?" 그가 내게 물었다. "우리는 이 범죄를 저지른 사람들이 여전히 콩고를 이끌고 있다는 것을 알고 있습니다."

나는 그의 노벨상 연설이 내가 들은 연설 중 가장 인상적인 연설이었다고 말했다.

"모두 박수갈채를 보냈지만 아무 일도 일어나지 않았습니다."
그가 슬프게 말했다. "UN 안전보장이사회가 안 된다고 말해야 합니
다. 콩고에서 일어나는 전쟁은 용인할 수 없다고 해야 합니다. 행동
이 필요합니다.

이 모든 가해자를 법정에 세워 조사를 시작할 국제적인 장치가
필요합니다. 이 나라를 이끄는 자들이 그 범죄를 자행하는 자들임을
알기 때문에 우리는 그들에게 조사를 맡길 수 없습니다."

2018년 12월 30일 노벨상 연설 몇 주 뒤, 그리고 내가 도착하기
몇 달 전에 마침내 2년의 연기 끝에 콩고 대통령 선거가 실시되었다.
전에 만났을 때 무퀘게 박사는 콩고에서 대통령 선거가 실시될 것
같지 않다고 걱정했다. 그는 조지프 카빌라가 권력을 포기할 마음이
없다고 믿었다.

내가 선거에 대해 묻자 그는 쓴웃음을 지었다. "저는 동네 학교
의 투표소에 갔습니다. 오전 7시에 여는데 장비가 오후 5시까지 도
착하지 않았어요. 3만 명이 넘는 사람들이 투표를 해야 하는데 말입
니다. 대부분은 투표할 기회를 놓쳤지요."

처음에 야당 후보 펠릭스 치세케디Félix Tshisekedi가 승자로 선포
됐을 때 사람들은 놀라워했다. 나중에 알고 보니 그와 카빌라가 선
거 전에 거래를 했다는 사실이 드러났다. 가톨릭교회의 선거 감시
원들에 따르면 진짜 승리자는 또 다른 야당 지도자 마르탱 파율루
Martin Fayulu였다.[★]

서방 국가들로부터는 거의 반응이 없었다. 변화가 아예 없는 것

★ Tom Wilson, David Blood, David Pilling, 'Congo Voting Data Reveal Huge Fraud
in Poll to Replace Kabila', *Financial Times*, 15 January 2019.

보다 약간이라도 있는 것이 낫다고 믿는 듯했다. 그러나 카빌라는 대통령궁에 계속 남아 있고 그가 이끄는 콩고공동전선Common Front for Congo이 압도적 승리로 의회를 장악하고 있다.

"카빌라는 전보다 훨씬 강해졌습니다." 무퀘게 박사가 고개를 저으며 말했다. "그는 이제 군대와 정보기관, 경찰만이 아니라 상원과 하원, 지방 정부와 지방 장관까지 장악했습니다. 모든 권력을 쥐고 있는 셈이죠."

2010년 콩고민주공화국에 세계의 강간 수도라는 딱지가 붙은 이후 카빌라 대통령은 잔 마분다Jeanne Mabunda를 성폭력 특별고문으로 임명했고 무관용 원칙을 약속했다. 그 후로 줄곧 그는 콩고가 성폭력과의 전쟁에서 '모범으로 꼽힌다'고 주장했다. 2016년 부카부를 방문한 마분다는 자신이 임명된 뒤 2년 동안 강간이 50퍼센트 감소했다고 주장했다.

"그냥 홍보일 뿐입니다." 무퀘게가 말했다. "현실에서는 아무것도 달라지지 않았어요. 저희 병원에는 여전히 강간당한 아기들이 옵니다. 변화가 있다고 어떻게 말할 수 있겠습니까?"

카빌라 정부와 무퀘게는 서로를 지독히 싫어한다. 콩고민주공화국에서 병원들은 면세 혜택을 받는데도 2015년 카빌라 정부는 별안간 판지병원에 60만 달러의 체납 세금 청구서를 내밀었다. 결국 항의 끝에 청구서는 철회되었다.

내가 처음에 판지병원의 초청장으로 비자를 신청했을 때 비자 승인을 받고 싶으면 다른 초청장을 들고 오라는 소리를 들었다.

카빌라 정부는 심지어 무퀘게 박사가 아이들에게 빨간 머큐리크롬 연고를 발라 상처를 입은 것처럼 기자들을 속였다고 비난하기도 했다.

몇몇 사령관이 법정에 서긴 했지만 내가 나중에 이야기를 나눈

이탈리아의 법률 전문가 다니엘레 페리시Daniele Perissi도 무퀘게 박사처럼 비관적이었다. 그는 부카부에서 4년간 트라이얼인터내셔널 TRIAL international 콩고 지부를 이끌었다. 트라이얼인터내셔널은 제네바에 본부를 둔 비정부기구로 변호사와 피해자들이 모여 세계 곳곳의 불처벌과 싸우기 위해 창립한 단체다.

"지나치게 비관적으로 말하고 싶지는 않습니다만 콩고 정부는 어린이 병사를 무장 대원으로 모집하는 일을 금지하는 등 몇 가지 일을 하기는 했지만 안타깝게도 강간에 대해서는 이야기가 다릅니다. 강간은 계속 자행되고 있습니다."

그는 함께 일하는 재판관과 치안 판사들까지 강간에 연루돼 있다고 내게 말했다. "교사와 변호사, 판사 들이 이런 범죄를 저지르고 있어요. 불처벌 문화가 사회에 아주 깊숙이 박혀 있어서 이런 범죄를 사소하게 여길 뿐 아니라 권력을 갖고 있으면 그런 짓을 저지르는 게 당연하다고 여긴다는 거지요.

낮에는 성폭력을 심의하는 이동 재판소를 주관하고 밤에는 하숙집의 열여섯 살 딸을 학대한 판사의 사건도 있었습니다."

일보전진 이보후퇴를 반복하는 듯한 느낌은 국제형사재판소의 장피에르 벰바Jean-Pierre Bemba 소송으로 더욱 커졌다. 그는 콩고의 군벌로, 카빌라 정권에서 부통령을 역임했으며 2006년 선거에서는 카빌라에게 도전한 자였다.

2008년 벰바는 국제형사재판소의 체포 영장 아래 브뤼셀에서 체포되었고 2002~2003년 중앙아프리카공화국 분쟁에서 그의 휘하 전투원들이 저지른 여덟 개 항목의 전쟁범죄와 인도주의에 반하는 범죄로 기소되었다. 당시 그는 중앙아프리카공화국 대통령을 지원하기 위해 1000명의 군대를 파병했었다.

2016년 3월 국제형사재판소는 그의 부하들이 저지른 살인과 강간, 민간인 약탈에 대해 유죄판결을 내렸다. 역사적 결정이었다. 국제형사재판소가 성폭력에 대해 내린 최초의 유죄판결인 동시에 군대가 저지른 범죄에 대해 사령관이 최초로 유죄판결을 받은 사례이기도 했다.

그러나 2년 뒤 2018년 6월 국제형사재판소는 판결을 뒤집어 벰바를 무죄 방면했으며 그는 콩고민주공화국으로 돌아가 선거에 참가했다.

"저희가 전달해야 할 메시지와 정반대되는 판결입니다." 페리시가 말했다. "콩고민주공화국 사람들은 국제형사재판소마저 무죄 판결을 내리니 무슨 희망이 있겠냐고 생각하지 않겠습니까?"

무퀘게는 경악했다. "누군가 이 일을 저질렀습니다. 중앙아프리카공화국 여성들은 이걸 위해 10년을 싸웠습니다. 그런데 그를 무죄 방면한다면 이 일에 책임이 있는 다른 사람을 기소해야죠. 그러지 않으면 피해자들에게는 결코 정의나 배상이 실현되지 않는다는 뜻입니다. 공동체가 자신의 고통을 묵인한다고 느낀다면 피해자가 어떻게 삶을 다시 이어갈 수 있겠습니까?

여성은 강간당했다는 이유로 지역사회로부터 비난받을 뿐 아니라 국제 사회로부터는 거짓말쟁이라는 비난을 받는다고 느끼겠지요. 그러니까 두 번 비판받는 셈입니다."

나는 ISIS 재판을 방청한 경험과 야지디족 여성들이 자신들에게 일어난 일이 ISIS 대원들의 기소 혐의에 포함되지 않는 것에 좌절감을 토로한다는 이야기를 했다.

그는 고개를 끄덕였다. "저는 한국과 콜롬비아, 보스니아, 이라크의 여성들과도 이야기를 나눴습니다. …… 그들 모두 이렇게 말하더군요. '그들이 저를 강간할 때 저를 죽인 겁니다. 사람들은 살인한 사람에게 유죄판결을 내리지만 우리에게 일어난 일은 살인보다 더 나쁩니다. 그건 살려는 두지만 전혀 살아 있지 않은 듯한 느낌으로 살아가게 하는 거예요. 이미 안으로 죽은 사람인 거죠'라고요.

그래서 저는 강간에 대해 다른 단어가 필요하다는 생각을 합니다. 왜냐하면 남자들은 강간이 피해자의 동의를 얻지 않은 성관계일 뿐이라고 생각합니다. 마치 그것이 거의 정상인 것처럼 여기지요."

나는 그에게 해가 바뀌어도 변함없이 매일매일 인간이 저지르는 최악의 악행을 맞닥뜨려야 하는 일을 어떻게 감당하는지 물었다.

"제게는 이 여성들이 치유자입니다." 그가 대답했다. 그는 이렇게 설명했다. "처음에는 열 사람의 환자를 보고 있었는데요. 그다음에는 40명이 되더니, 그다음에는 100명, 그리고는 1000명, 1만 명의 여성이 찾아왔습니다. …… 그게 쉬웠겠습니까? 저는 이건 불가능하다고 혼잣말을 했습니다. 잠을 이룰 수 없었어요. 악몽을 꾸기 시작했고요. 우리 딸들이 어디 있냐고 묻곤 했지요. 아이들에게 무슨 일이 일어나지 않을까 몸을 떨곤 했습니다. 해외로 이주할까 하는 생각까지 했습니다.

하지만 살아오는 내내 제가 길을 잃은 느낌이 들 때마다 하느님이 제게 좁은 문을 하나 열어주셨습니다."

이 경우에 좁은 문이란 1996년 브로드웨이에서 개막한 이래 전 세계에서 계속 상연되고 있는, 획기적인 연극 〈버자이너 모놀로그 The Vagina Monologue〉로 잘 알려진 미국의 작가이자 배우이며 활동가인 이브 엔슬러의 방문이었다. 엔슬러는 자신의 명성과 공연 수익으로 여성과 소녀들에 대한 폭력을 없애기 위한 기금을 모으는 V-데이 V-Day 운동을 창립했다.

두 사람은 뉴욕에서 열린 UN 행사에서 만났고 그는 콩고의 판지병원으로 그녀를 초대했다. "저는 그날을 잘 기억합니다. 2007년의 어느 토요일이지요. 이브가 병원에 도착해서 여성들에게 그들의 삶에 대해 묻자 그들은 춤을 추기 시작했어요. 여성 한 사람 한 사람이 자기 마을에서 추던 대로 춤을 추었죠. 놀라운 광경이었습니다. 저는 그때 우리가 모두 잃은 것은 아니라는 사실을 깨달았습니다. 그리고 이 여성들이 그 모든 일을 겪고도 그들 내면의 힘을 표현할수 있다면 저도 그들과 함께 싸워야 하고 이 일을 포기해서는 안 된다는 걸 알게 됐지요. 그날 춤을 춘 뒤 집에 돌아가서 저는 처음으로 어린아이처럼 깊은 잠에 빠졌습니다.

그래서 아, 이제 더는 못하겠어, 하는 생각이 들 때마다 그날 여성들의 춤을 떠올립니다. 저도 힘들지만 그들은 저보다 더 고통스러운데도 여전히 사랑하고, 여전히 증오를 사랑으로 변화시키고 있으니까요. 그런 생각을 하면 큰 도움이 되지요."

그런 일이 바로 그 주에도 있었다고 그가 말했다. "제가 이 아기들을 생각하며 절망하고 있는데, 오래전에 저희가 치료하고 도와줬던 여인이 찾아왔습니다. 얼마 전 학교를 졸업한 딸을 데리고 왔더라고요. '제게 온갖 끔찍한 일이 일어났지만 제 딸은 이제 학교를 졸업했어요'라고 말하더군요. 그녀는 무척 행복해하고 자랑스러워했고 자긍심이 넘쳤어요. 그 감정이 제게 전염됐습니다. 저는 모든 걸 잃은 것은 아니다, 우리에겐 여전히 희망이 있고 우리는 이 사악한 일들을 이겨낼 것이라고 생각했어요."

엔슬러도 마찬가지로 감동을 받았다. "저는 무퀘게 박사에게 정말 감동을 받았어요." 그녀가 내게 말했다. "이 세상에 성폭력을 끝내는 일에 헌신하는 남자나 장소가 있다는 것이 놀라웠어요."

나는 그 아이들이 계속 생각났다. 이튿날 아침 나는 병원에 들렀다. 네 살 소녀인 바이올렛이 그 어느 때보다 눈을 동그랗게 뜨고 앉아서 수술을 기다리고 있었다.

판지병원에서 조금 더 들어가니, 몇몇 남자가 축구공을 차고 있는 먼지 날리는 들판이 나왔다. 그곳을 지나 흙길로 들어섰다. 길가에서는 여자들이 자루에 든 숯을 팔고 있었고 눈이 붉게 충혈된 소년들이 지내는 임시 수용소가 하나 있었다. 알고 보니 예전에 소년병이었던 소년들이었다. 길 끝에 다다르니 '기쁨의도시City of Joy'라는 예상치 못한 글귀가 칠해진 큼직한 검정 대문 두 개가 나왔다.

여성 경비원 두 명이 내 가방을 압수하고 나를 들여보냈다. 휴대전화와 공책만 들고 갈 수 있었다.

담장 안에는 꽃과 나무, 노래하는 새로 가득한 싱싱한 초록 정원이 있었다. 연초록색 옷을 입은 발랄하고 통통한 젊은 여성이 미소를 지으며 나를 사무실로 안내했다. 문이 열리자 색과 꽃, 무지개, 사진, 하트, 간식 그릇, 영감을 주는 경구들로 화려하게 폭발하는 듯한 사무실이 등장했다. "콩고가 여자에게 최악의 장소라면 '기쁨의도시'는 최고의 장소다"라는 문구가 눈에 띄었다.

마치 천국의 멋진 새처럼 이 모든 것을 관장하는 사람은 키가 크고 근사한 여성이었다. 검은 바지 위에 파랑과 빨강, 금색으로 다채로운 색상의 비쏘니식 긴 가디건을 걸치고 있었고 굽이 높은 검정 끈 샌들을 신고, 금색 원반에 빨간 구슬들이 매달린 귀고리에 반짝이는 눈동자, 숱이 많은 구릿빛 고수머리를 하고 있었다.

이 여성이 크리스틴 슐러 데쉬리버Christine Schuler Deschryver였다. 그녀는 엄마이자 할머니이며 '기쁨의도시'의 창립자이자 소장, 판지재단의 부의장, 무퀘게의 절친한 친구였다. 그녀는 눈이 휘둥그레진 나를 보고 웃었다. "저는 색을 좋아해요. 삶은 흑백이 아니잖아요. 무퀘게 박사는 제 사무실이 저와 똑같다더군요!"

그녀의 책상 옆 팻말에는 이런 선언이 있었다. 'V는 승리Victory, 질Vagina, 밸런타인데이Valentine's Day.'

"여기 '기쁨의도시'에서 우리는 종일 질에 대해 이야기합니다." 그녀가 설명했다. "제가 사무실에 도착하면 여자들이 물어요. '크리스틴, 오늘 너의 질이 어때?' 제가 말하죠. '세상에, 기분이 별로야!'"

이는 또한 이브 엔슬러의 조직 V-데이를 위한 표어이기도 했다. '기쁨의도시'는 무퀘게 박사가 내게 말했던 엔슬러의 2007년 판지병원 방문에 탄생을—그리고 연간 운영비 60만 달러도—빚지고 있다. "클린턴 부부처럼 유명인들이 오면 많은 것을 약속하지만 대개 아무 일도 일어나지 않아요." 크리스틴이 말했다. "제가 앤젤리나 졸리에게 '당신 같은 유명인들은 이곳에 다녀간 다음 다들 아무것도 하지 않아요'라고 말한 적도 있어요. 하지만 이브는 달랐어요. 그녀가 이곳에 왔을 때는 암에 걸려서 뼈만 앙상했어요. 몸무게가 아마 30킬로그램쯤 될 것 같았어요. 이브는 콩고 여성들에게 무엇을 원하는지 물었어요. 그들은 힘을 원한다고, 지도자가 되고 싶다고 말했지요. 우리가 이 센터를 짓고 있었는데 생존자들이 찾아와서 춤을 추고 또 추었어요. 병원에서 온 여성들이 많아서 그렇게 춤을 추고 나니 바닥에 피가 묻어 있었어요. 내가 이브에게 보여주자 그녀가 말했어요. '좋은 생각이 났어요. 이 여성들은 아픈데도 여전히 춤을 추잖아요. 10억 명의 여성이 함께 춤을 추면 어떨까?'

여성들이 독립적으로 살 수 있는 집이 있었으면 좋겠다고 해서 우리가 이 센터를 지었고 이름은 그들이 선택했어요."

나는 그녀에게 '기쁨의도시'에 대해 이야기해달라고 요청했다. 그녀는 다시 웃었다. "어떻게 설명해야 할까요. 이곳은 그냥 장소 이상의 의미를 지녀요. 가서 보시죠."

우리는 정원을 걸어 평화로운 주위 환경과는 어울리지 않게 중무장한 검은 옷의 경비병과 오렌지 과수원을 지났다. 그녀와 무퀘게 박사가 6년 전에 심은 오렌지나무들이었다. 그 너머에는 망고와 아보카도나무와 허브 정원이 있었다. 바깥의 혼돈을 벗어난 놀라운 안식처였다. 심지어 명상 오두막도 있었다. 토끼 우리와 닭장도 지나쳤다. 한 소녀가 신선한 달걀이 담긴 바구니를 들고 있었다.

한 줄로 늘어선 태양 전지판들이 전기를 공급했다. "우리는 정부로부터 아무것도 받지 않아요." 크리스틴이 어깨를 으쓱하며 말했다. "전력도 물도요. 그래서 이 전지판들과 발전기를 쓰지요."

"그곳을 짓는 일은 완전 악몽 같았어요." 엔슬러가 전에 내게 말했었다.

"길도, 전기도, 수도도 없었고, 저는 3~4기 암 환자여서 거의 죽어가고 있었지요. 저는 콩고 여성들 덕에 살았어요. 그 센터를 열기로 약속했으니 죽을 수 없었거든요."

테라스에 도착하니 한 무리의 소녀가 뜨개질과 바느질을 하고 있었다. 그들은 크리스틴을 보자마자 팔짝 뛰어 일어나 춤을 추며 노래했다. "어머니가 오셨다. 춤을 추며 환영하자"라고 노래하며 손에 든 자수품을 흔들며 웃었다. 그들의 동작이 무척 전염성 있어서 나도 계단을 뛰어 올라가 합류했다.

이곳이 왜 '기쁨의도시'라 불리는지 이해할 수 있었다. 그러나 이 모든 여성은 열세 살에서 열여덟 살에 이르는 강간 생존자들이었다. 이들이 이곳에서 지낸 지는 두 달이 넘지 않았다. 크리스틴은 6개월 집중 프로그램을 각자의 필요에 맞춰 조정하지만 대체로 프로그램의 반 정도는 미술과 음악, 명상, 요가를 활용한 치유에 배당된다고 말했다. 호신술과 신체 단련 수업도 있고 머리 손질과 메이크업을 비롯해 스스로를 돌보는 방법도 배운다.

위생도 중요했다. 잠긴 문 뒤로 숙소가 보였다. 아홉 개의 집 각각에 방 셋과 모기장이 달린 침대 열 개, 욕실이 하나씩 있었다. 집마다 대표를 선택하고 집을 깨끗하고 깔끔하게 관리해야 한다. "이 소

'기쁨의도시' 여성들은 자기 삶의 주인이 되기 위해 춤을 춘다. ⓒ파울라 브론슈타인

녀들은 샤워나 전기를 써본 적이 없거나 칫솔로 이를 닦거나 매트리스 위에서 자본 적이 없어요." 크리스틴이 말했다. "한 소녀는 샤워 때문에 이곳에 살지 않겠다고 했어요. 강이 아니라 지붕에서 물이 나오니까 그게 혼령들이라고 생각한 거예요."

'기쁨의도시'에서 보내는 시간의 핵심은 그들이 자신들의 이야기를 하는 법을 배우는 것이다. 나는 거기에 흥미를 느꼈다. 나는 그토록 끔찍한 사건들을 자세히 얘기하도록 부탁할 때마다 생존자들에게 트라우마를 다시 경험하게 하는 것이 아닌지 늘 걱정스럽기 때문이다.

"중요한 것은 그들을 존중하고 그들이 자기 이야기의 주인이 되도록 하는 것이죠." 크리스틴이 설명했다. "한 달쯤 지나 이들이 자기 이야기를 시작할 때는 놀라워요. …… 그리고 여섯 달 이후의 변화는 대단하지요. 우리는 고통을 힘으로 변화시키고 피해자들에게 공동체의 지도자가 될 힘을 주고 있어요."

부유한 백인 벨기에 남자와 가난한 흑인 콩고 여자의 딸로 태어난 크리스틴은 편견에 대해 잘 알고 있었다. "저희 부모님은 서로 완전히 다른 세상에서 온 분들이지요. 아버지는 부유한 가족 출신이었고, 어머니는 아버지의 부모님 농장에서 찻잎을 따던 글도 모르는 일꾼이었어요. 그러니 금지된 사랑이었지요. 아버지의 가족은 저희 부모님과 연을 끊었고 저는 어머니가 힘들어하는 걸 보고 자랐어요.

저는 활동가가 되려고 태어난 것 같아요. 평생 다른 사람을 도왔어요. 저는 벨기에 학교에 다녔는데 흑인 학생이 몇 없었죠. 저는 그 아이들을 보호하기 위해 사내아이처럼 싸웠어요."

그녀의 아버지 아드리앙은 자연보호주의자다. 그는 부카부에서 멀지 않은 키부호수 서쪽 기슭 근처에 희귀한 롤런드고릴라들의 마지막 서식지 가운데 하나인 카후지비에가Kahuzi Biega 국립공원을 창설했다. 나는 두 사람의 관계가 소원하다는 인상을 받았다. "물론 고릴라가 사람보다 중요하니까요." 그녀가 어깨를 으쓱했다.

그녀가 처음 성폭력 피해자들을 만난 것은 독일의 개발기관 GTZ에서 콩고 동부 지역 책임자로 일하던 때였다. "저희가 지원하던 단체 중에 UN 인구기금UN Population Fund이 있었는데 저희의 지원금으로 질 손상 환자의 수를 파악하고 있었어요."

그녀는 무퀘게 박사가 판지병원을 시작하기 전인 1994년부터 그를 만나 돕기 시작했다. "도움이 절실한 곳인데 아무도 관심이 없었어요. 저는 살 썩는 냄새와 유령처럼 걸어 다니던 여자들을 결코 잊지 못할 겁니다. ……그 아기들을 묻고, 그 이야기에 귀를 기울인 사람이 저예요. 그러니 온갖 끔찍한 일들을 제 안에 흡수한 거죠."

무퀘게는 '기쁨의도시'를 자주 찾는다. 이곳에서 그는 소녀들에게 몇몇 예상치 못했던 주제들을 가르친다고 크리스틴이 말했다. "제가 소녀들과 이야기를 해보니 대부분 오르가슴을 느껴본 경험이 없어요. 그게 뭔지 몰라요. 그들에게 섹스는 그냥 남자들을 만족시키는 게 전부예요. 그런데 콩고 소녀들은 저 같은 혼혈인을 처음 만나다 보니 저를 백인으로 여겨요. 그래서 문화적으로 깊숙한 이야기는 할 수 없답니다. 제가 무퀘게 박사에게 그 얘기를 해서 그가 이곳에서 수업을 하게 됐죠. 저희는 25년간 친한 친구였지만 제가 그 친구를 잘 모르고 있었더라고요. 그가 수업하면서 우리 남자들도 밤에 이부자리를 적실 때가 있다고 말하더군요. …… 자위에 대해 이야기하는 거였어요! 그는 소녀들에게 밤에 어떤 기분이냐고 물으니 소녀 한 명이 똥 싼 닭 같은 느낌이 드는데 무얼 해야 할지 모르겠다고 하더군요. 혼령에 사로잡힌 것 같다고요. 그는 아니라고, 그게 정상이라고 말했어요. 그건 오르가슴 같은 거라고. 저는 믿을 수가 없었어요. 그는 목사이고 보수적인 남자인데 그곳에서 자위와 오르가슴에 대해 이야기하고 있으니까요."

2011년 '기쁨의도시'가 문을 연 뒤 8년 동안 1294명의 여성이 이 프로그램을 마쳤다. 프로그램을 마친 여성들은 연락을 주고받을 연락처가 입력된 전화를 하나씩 받는다. 그렇게 졸업한 여성 가운데 13명이 세상을 떠났고 12명과는 연락이 끊겼다. 그들이 알고 있는 한 다시 강간을 당한 여성은 딱 한 사람이다.

"교육 프로그램을 졸업하면 무척 자랑스러워합니다." 크리스틴이 말했다. "공동체로 돌아가서 배운 것을 다른 사람들에게 가르치거나 지역의 비정부기구와 일하거나 그들 스스로 단체를 만들기도 하지요. 한 사람은 학교 교장이 됐어요. 이블린Evelyn이라는 여성은 마을 추장이 됐고요. 북키부에 있는 한 사람은 퇴비를 만들고 환경을 보호하는 법을 가르치고 있지요. 어머니 자연을 보호하지 않는다면 여성 보호도 있을 수 없잖아요."

그녀는 최근에 1.2제곱킬로미터 면적의 농장을 샀다. 그곳에서 여성들이 돼지와 양, 토끼를 키우고 물고기를 양식하고 콩과 쌀, 채소를 키운다.

"우리는 기계가 없습니다. 벌써 3년째 200명이 일하며 70톤이 넘는 쌀을 생산하고 있어요. 저희는 고통을 힘으로 바꾼다는 이야기를 하곤 했는데 이제는 고통을 식물 가꾸기로, 자연의 치유 과정으로 바꾸게 됐어요. 제가 농장에 가서 꿀벌이 중요하다고 말하면 소녀들은 제가 미친 줄 알아요. 제가 그 이유를 설명하면 '어머나, 자연의 마법이야!' 같은 반응을 보이죠."

농장은 또한 센터에 식량을 공급하는 데도 도움이 된다. 크리스틴의 목표는 궁극적으로 자급자족하는 센터를 만드는 것이다. 그녀는 여성들이 얌과 콩 바구니를 끼고 앉아 수다를 떨고 있는 긴 탁자가 있는 공간으로 나를 데려갔다. 그들을 보고 있으면 그들이 겪은 일을 상상하기가 힘들었다.

한쪽 끝에 있는 나무 칸막이 뒤에 방이 하나 있었고 두 어린 소녀가 잠들어 있는 여자 아기를 지켜보고 있었다. 엄마 나오미Naomi는 열네 살밖에 되지 않았다. "열한 살 때 강간으로 첫 아이를 낳았지만 가족이 아기를 죽였어요." 크리스틴이 설명했다. "결국 메종도르카스 쉼터로 보내졌지만 그곳에서 베개를 아기처럼 꼭 끌어안고 있었어요. 학교에 보냈더니 다른 아이들이 '텅 비었다'는 뜻의 말로 욕하면서 모욕했어요. 그래서 그녀는 한 소년에게 같이 자달라고 부탁해서 다시 임신했어요. 메종도르카스는 그녀를 내보내고 싶어 해서 제가 받아들였어요. 이제 곧 학교로 돌아갈 거예요."

나오미는 아기 이름을 크리스틴Christine이라 지었다. "저는 아이들을 사랑해요!" 크리스틴이 말했다. 쉰다섯 살의 그녀는 두 아이의 할머니이지만 손주와 자녀들은 벨기에에 살고 있다. 남편 카를로스

슐러Carlos Schuler는 게스트하우스와 여행사를 운영하는데 그들의 소득 대부분은 강간으로 태어난 아이들을 돕는 데 들어간다.

방에 있던 또 다른 어린 소녀는 아홉 살이었다. "강간으로 태어난 아이인데 어머니가 아이를 원치 않았어요. 사랑이 필요한 아이예요. 여기 있는 이들 모두가 그렇죠. 저는 오직 사랑으로만 세상을 바꿀 수 있다고 믿어요.

주방에서 일하는 여성 중에도 아주 여러 차례 강간을 당한 여성이 있어요. 강간을 당하고 임신했는데 자기 아기를 거부하고 죽이려 했어요. 심리 치료를 위해 판지병원으로 돌려보냈죠. 그녀는 길가에서 벌거벗은 채 돌을 던지고 있었어요. 그러더니 어느 날 이곳에 와서 마마 크리스틴Mama Christine을 만나고 싶다고 말했어요. 직원들은 제게 위험한 여자니 만나지 말라고 했지만 저는 그녀를 받아들였어요. 여섯 달 교육 프로그램을 받던 중에 다섯 달째가 되자 다시 난동을 부렸어요. 이곳을 떠나고 싶지 않다는 거예요. 그래서 제가 일자리를 주라고 했지요. 이제 여기에서 4년째 일하고 있어요. 집도 샀고 아이도 돌보면서 아주 잘 지내요.

여성들에게 가치를 주는 것이 중요해요. 제가 안으면 그들은 치유돼요. 사람들은 제 손이 마법의 손이라고 하지만 그건 그냥 사랑일 뿐이에요. 엄마가 안아준 걸 기억하는 사람이 있는지 물었더니 여기 있는 여성 중 아무도 기억하지 못했어요." 이 모든 사랑이 서서히 크리스틴을 무겁게 내리눌렀다. "10년이 지나니 너무 감당하기 힘들었어요. 저는 죄책감을 심하게 느꼈어요. 온갖 끔찍한 일이 벌어지는 와중에 저는 이 아름다운 집에 사니까요. 음식도 더 이상 못 먹겠더라고요. 그냥 비타민과 커피만 먹는 거식증 환자가 됐지요. 눈 밑에 다크서클을 드리운 좀비 같았어요. 너무 약해져서 서 있기도 힘들었죠. 제 몸이 제 몸이 아닌 것 같더라고요. 불안과 공황 발작을 일으켰어요. 숨이 멎을 것 같고 눈앞에 군인들이 보였다가 아이들이 보였다가 그랬어요.

저 자신에게 말했어요. '크리스틴, 그만해. 이제 지쳤어.' 2015년 가을에 직원들에게 연수를 간다고 말하고 벨기에에 가서 두 달 동안 있었어요. 하지만 사흘이 지나니 환영이 떠오르기 시작했어요. 눈을 감을 때마다 어린 크리스틴이 거리에서 벌거벗은 채 도와달라고 외치는데 아무도 오지 않는 모습이 보였어요. 결국 누군가 브뤼셀의 어느 노교수에게 도움을 받아보라고 저를 보냈어요. 그때 저를 도왔던 방법들을 이제 여기에서 사용하고 있답니다."

그녀는 친구인 무퀘게 박사를 걱정했다. "그는 어디에서든 일할 수 있는 사람이지만 조국을 사랑하니까 생명의 위험을 감수하면서 병원에서 죄수처럼 지내요. 하지만 그도 이제 예순네 살이에요. 자신을 돌볼 때가 됐다고 생각해요."

그녀도 많은 위협을 받아왔고 그래서 센터 주위에 경호원을 둔다. 특히 그녀가 2010년 덴마크 감독 프랑크 포울센Frank Poulsen과 함께 다큐멘터리 〈피의 휴대전화Blood in the Mobile〉를 제작한 후에는 위협이 더욱 심해졌다. "우리는 광물이 어떻게 약탈되는지 확인하고 이것이 많은 나라가 연루된 국제적 문제라는 걸 보여주고 싶었어요. 모든 강간을 지도에 표시하면 대체로 광산 주변에서 일어난다는 걸 알 수 있습니다. 주민들을 불안에 떨게 하는 경제 전쟁이지요.

제 남동생들이 항공기 조종사여서 휴대전화에 쓰이는 콜탄이 채굴되는 장소들이 있는 곳으로, 그 숲속으로 저를 데려다 달라고 했죠. 저는 제게 이렇게 묻던 여든여섯 살 할머니를 결코 잊지 못할 거예요. '그 사람들이 나를 강간하면서 뭘 찾는 거요? 이 축 늘어진 가슴과 말라붙은 몸에서 말이오?'

이게 성적인 거라고 말할 수 있습니까? 성적 욕구의 문제라면 그냥 성인을 강간하지 않겠어요? 왜 여든여섯 살 할머니나 조그만 아기들을 강간합니까? 그리고 왜 그걸 공개적으로 하겠어요? 왜 온 마을 사람들 앞에서 질에 석유를 붓고 불을 질러 사람들이 마을을 버리고 떠나게 할까요? 제가 만난 한 소녀는 자기가 낳은 아이를 먹으라고 강요받았답니다. 그녀는 아무 데도 갈 곳이 없었어요. 이건 대량살상무기입니다.

국제 사회가 약간의 의지만 있다면 이 전쟁을 끝낼 수 있어요. 하지만 아무 의지가 없지요. 다들 콩고민주공화국에 이해관계가 걸려 있고 이곳이 엉망이어야 콜탄이며 금 등등을 계속 약탈할 수 있을 테니까요. 불행하게도 우리는 전기차 배터리에 필요한 코발트도 많이 갖고 있답니다. 그 말을 들었을 때 저는 '오, 하느님, 안돼!'라고 외쳤죠.★

결국 콩고 사람들에게는 아무 득이 없습니다. 이 나라는 결코 콩고 사람들의 것이었던 적이 없죠. 우리는 그냥 이용당하기만 했어요. 우리의 많은 금은 우간다가 팔아먹었어요. 키부 북부에서 나오는 커피까지 르완다산으로 예쁘게 포장돼서 팔린답니다.

콩고 여성들의 고통은 너무 심합니다. 그들은 이렇게 말해요. 괜찮아요. 강간당하면 강에 가서 씻으면 돼요. 그걸로 끝입니다. 더 얘기하지 않아요. 하지만 그자들이 속에다 불을 지르고 생식기를 파괴한다면 …… 그리고 이제 그들은 그냥 강간하는 게 아니라 질을 베어냅니다."

크리스틴은 자신의 조수를 가리키며 말했다. "제인을 보세요. 무가베 박사가 열두 번 수술했는데 아직도 고치지 못했어요. 통증이

★ 2018년 미국 지질조사국에 따르면 세계 코발트의 60퍼센트 이상이 콩고민주공화국에서 채굴된다.

아주 심해요. 겉으로 보면 아름답지만 안은 완전히 부서진 집이나 다름없어요. 저는 힘들다는 생각이 들 때마다 제인을 생각하며 결코 불평하지 않아요."

제인 무쿠니즈와Jane Mukunizwa는 자수가 놓인 소맷동과 어깨 줄이 달린 네온라임색 드레스에 빨간색과 노란색 구슬이 달린 귀고리를 하고 있었다. 크리스틴만큼 아름다웠지만 크리스틴이 키가 큰 반면 제인은 키가 작았고 몸을 조심스럽게 가누면서 천천히 걸었다.

"인테라함웨에게 강간을 당했을 때 저는 열네 살이었어요." 제인이 이야기를 시작했다. "2004년이었죠. 저는 가족과 함께 샤분다의 삼촌 집에 있었는데 한밤중에 누군가 문을 두드렸어요. 평범하게 두드리는 소리가 아니었어요. 폭도들이 문을 밀치고 들어와 우리 손을 노끈으로 다 묶었어요. 그들은 우리 가족 모두를 숲으로 끌고 갔고 집에 있는 모든 걸 약탈해서 우리 머리에 이고 가게 했어요. 잠시 뒤에 할머니는 풀어졌지만 삼촌과 저희 십대들은 풀어주지 않았어요. 그들은 우리를 종일 걷게 했어요. 힘들다고 하면 우리를 죽였을 거예요."

그녀가 목소리를 낮추고 더 천천히 말하기 시작했다. "어느 날 그들은 제 앞에서 삼촌을 죽였어요. 삼촌의 목과 성기를 자르고 몸은 놔뒀어요.

우리는 십자가형을 당하는 것처럼 나무에 팔이 묶여 있었어요. 우리는 이미 죽은 사람이 된 것 같았고 고통스러웠어요. 그들은 먹을 걸 하나도 주지 않았어요. 가끔 음식을 요리했지만 조금도 주지 않았어요. 바나나를 먹으면서 우리에게 껍질만 주곤 했어요.

누군가 강간하고 싶다면 그냥 와서 원하는 대로 아무나 데려갈 수 있었어요. 저는 몇 번이나 강간당했는지 모르겠어요. 그 사람들이 오고 또 오고, 하루에 세 번 넘게, 한 사람만이 아니라 가끔은 이 사람, 그다음은 저 사람."

그녀는 잠시 눈을 감았다가 말을 이었다. "그곳에 2주 정도 있었는데 결국 군대가 와서 총격전을 벌이며 저희를 구했어요. 그들이 저희를 판지병원으로 데려갔지요. 저는 안 좋은 상태여서 제가 어디에 있는지도 몰랐어요. 제 내장 기관이 전부 손상됐어요. 첫 번째 수술 뒤에 마을로 돌아갔지만 다시 강간당했어요. 그래서 무퀘게 박사가 저를 돌려보낼 수 없다고 결정했어요. 박사님이 옳았어요. 숲에 뱀이 있는 것을 알면 다시 발을 들이지 않는 법이잖아요."

바깥의 정원에는 열대성 폭우가 쏟아지기 시작했고 새들은 기필코 자신들의 소리를 들려주려는 듯 야단법석을 떨었다.

"저는 지금까지 수술을 열두 번 했어요. 작년에 마지막 수술을 했고요. 계속 통증이 있지만 적응하면서 살아가려 하고 있어요. 무퀘게 박사는 할 수 있는 모든 일을 하셨어요. 제가 지금 여기에서 당신에게 이야기할 수 있는 건 박사님이 최선을 다했기 때문입니다.

박사님은 제가 얼마나 힘든지 아시고는 저를 크리스틴에게 소개했고 크리스틴이 저를 '기쁨의도시'로 데려왔어요. 이곳에 와서 제 삶이 달라졌어요. 저는 독립적인 느낌을 받게 됐어요. 학교에 한 번도 가본 적이 없었는데 이곳에서 읽고 쓰는 법을 배우고 기술도 익혔으니 생계를 이어갈 수 있어요. 하지만 무엇보다 '기쁨의도시'는 제게 사랑받는 법과 사랑하는 법을 가르쳐주었어요. 크리스틴은 너무나 사랑스러운 어머니예요. 그녀의 용기 그리고 모두가 공감 받는다고 느끼게 하려고 애쓰는 모습은 제게 큰 격려가 됩니다. 제 평생 이곳에서처럼 사랑을 느껴본 적이 없어요.

저는 이곳에 7년째 있고, 교사가 되어서 제 이야기를 다른 사람들과 공유하고 그들도 자신의 이야기를 할 수 있도록 돕고 있어요.

제 월급으로 센터 뒤에 집을 하나 샀고 강간으로 태어난 아이 네 명도 입양했지요."

"이렇게 끔찍한 일을 겪은 여성들이 언젠가는 회복할 수 있다고 생각하시나요?" 내가 물었다.

"저는 회복할 수 있지만 '폴레폴레pole pole'하게만 가능하다고 생각해요." 그녀가 스와힐리어로 '서서히'를 뜻하는 '폴레폴레'를 써서 대답했다. 서로 포옹하고 나서 그녀가 말했다. "부탁드리고 싶은 게 있어요."

그녀가 내 눈을 가만히 들여다보며 말했다. "돌아가시면 여기에서 보신 것을 사람들에게 말해주세요. 저희 정치인 중에는 우리 나라에 성폭력이 없다고 말하는 사람도 있지만 사실이 아니에요. 여전히 매일 소녀들이 강간당하고 있어요. 다양한 지역의 소녀들이요. 모두 같은 이야기를 하고 있어요. 제발 저희의 목소리가 되어주세요. 저희의 목소리는 당신의 나라까지 닿지 않으니까요.

우리 정부가 콩고에는 성폭력이 없다고 말하는 것을 들을 때마다 상처를 발로 짓밟히는 것 같아요. 단지 강간만이 아니에요. 강간이 남기는 것들이 있어요. 감염, 장기 손상, 트라우마……. 저를 보세요. 저는 아기를 낳지 못하고 결혼하고 싶다고 해도 저를 아내로 받아줄 남자가 없어요. 워낙 심하게 망가졌으니까요.

저는 제가 겪은 일로 많은 것을 배웠고 지금은 프랑스어를 배우고 있어요. 언젠가는 온 세상에 이 일에 대해 말하고 싶어요.

이 나라에서 여성들은 살해당하고 짐승처럼 취급받아요. 저희가 부끄러워하지 않고 걸어 다닐 수 있다면 그건 무퀘게 박사와 크리스틴 덕택입니다. 그전에는 모두 망가진 여자들이라고 손가락질을 했죠. 이제 저는 어디든 갈 수 있어요. 사람들이 망가진 여자라고 말해도 신경 쓰지 않아요. 제 잘못이 아니라는 걸 알고 있으니까요."

14

—

생후 18개월의 생존자

콩고민주공화국 카부무

카부무Kavumu 사람들은 화가 나 있었다. 우리가 부카부에서 부서진 도로로 32킬로미터(중국이 건설한 고속도로의 한 구간을 빼고)를 가는 것이 얼마나 오래 걸리는 일인지 모르고 뜨거운 태양 아래 닭들이 깍깍대는 닭장 옆 작은 마당에서 그들을 마냥 기다리게 했기 때문에 화가 났다. 그들은 흙바닥에 양철지붕과 이런저런 나뭇조각들을 못질해 만든 판잣집에 수도나 전기도 없이 살고, 간혹 운이 좋은 날에나 1달러나 2달러쯤을 버는데 그들의 지도자들은 호화롭게 살기 때문에 화가 났다(카빌라 대통령의 영지가 바로 근처에 있었다). 무엇보다 그들은 딸들에게 일어난 일들 때문에 화가 나 있었다.

수십 명의 부모가 벤치를 빽빽이 채우고 앉은 마당으로 내가 들어가자 모두 한꺼번에 말을 하기 시작했다. 두 명의 여성은 아기에게 젖을 물리고 있었고 세 명의 남자는 파란 우산 하나 아래 비좁게 모여 있었다. 햇빛은 눈을 멀게 할 정도로 눈부셨다. 마침내 부스럭 거리는 바나나 같은 노란색 옷을 입은 여성 하나가 사람들을 밀고 앞으로 나오며 자신을 마을 대표인 응시미리 카추라Nsimiri Kachura라고 소개한 뒤 모두에게 조용히 하고 말을 하고 싶은 사람은 손을 들라고 소리쳤다.

처음 이야기를 한 사람은 아마니 치네게레미그Amani Tchinegeremig 였다. 그는 농사를 지어 근근이 살아가는 홀아비로 아홉 살짜리 딸이 있었다. "우리에겐 그럴듯한 집이 없습니다. 우리는 이렇게 부모 방과 아이들 방으로 나뉜 간단한 판잣집에서 삽니다. 그런데 잠을 깨보면 딸 중 하나가 없을 때가 있어요. 저한테 그 일이 맨 처음 일어났습니다.

저는 아이를 찾아 온 데를 다 뒤졌어요. 이웃집 문을 두드리는데 숲에 사람 몸이 보이는 겁니다. 피투성이가 되어 누워 있었어요. 공격자들은 아이가 소리를 지르지 못하게 옷을 말아 입에 쑤셔 넣었더라고요. 아이는 완전히 망가졌지요. 겨우 세 살입니다.

병원으로 데려갔더니 그쪽에서 판지병원으로 이송해서 수술을 받았어요. 몸은 지금 괜찮아졌어요. 배에 통증이 있는 것만 빼면요. 하지만 늘 불안해해요. 사람들을 무서워하고 사람들 많은 곳에 있는 걸 싫어합니다. 혼자서는 아예 밖에 나가지 못해요. 어두워진 뒤에는 더 심하죠.

우리는 이게 그냥 한번 있고 마는 일이라고 생각했는데 그 뒤로 다른 아이들이 사라지기 시작했어요. 곧 이런 사건들이 열 번, 20번 일어났습니다.

밤에 남자들이 집에 들어와서 아이들을 채가는 겁니다. 처음에는 강간이라고 생각하지 않았어요. 대개 아기들이거나 막 걸음마를 뗀 아이들이라 말을 못 하니까요. 그런데 우리는 아기들이 강간당해서 생식기가 망가졌다는 걸 알게 됐습니다."

사람들이 웅성거리며 동의했다. 흰 닭 한 마리가 돌아다니며 내 발 근처를 쪼아댔다. 얼굴에는 땀이 흘러내렸다. 나는 어머니들의 이야기를 듣고 싶었지만 파란 우산 아래 있던 분홍 셔츠를 입은 남자 하나가 끼어들었다. 그의 이름은 에릭 사파리 자무 헤리Eric Safari Zamu Heri였다. 그는 내게 이 일의 배후에 누가 있는지 알려주고 싶어 했다.

"예시야예수Jeshi ya Yesu[예수의 군대]라는 무리예요. 무기를 든 종교 집단 같은 건데, 이 지역 정치인인 프레데릭 바투미케Frederic Batumike가 부리는 사람들입니다. 그들은 하고 싶은 건 뭐든 하고 다녀요. 2012년에는 우리 마을 추장을 암살했어요."

나중에 내가 알게 된 바에 따르면 바투미케는 지역의 국회의원이자 아홉 명의 자녀를 둔 아버지로, 작은 키 때문에 텐리터Ten Litres―물을 받을 때 쓰는 플라스틱 물통―라 불리는 사람이었다. 그는 목사이기도 해서 그의 집과 그가 세운 교회 네트워크에서 예배를 주관했다. 그런데 그는 주술사를 불러서 그의 민병대에게 그들이 아기와 어린아이들을 강간하면 초자연적인 힘의 보호를 받아 총알을 맞아도 끄떡없고, 처녀의 피를 약초와 섞으면 투명 인간 같은 존재가 될 것이라 말하도록 했다.

"그 사람이 부하들을 이 집 저 집 보내 어린 딸들을 골라 강간하게 했습니다." 에릭이 말했다.

그렇게 어린 딸이 강간당한 집 중 콘솔라타 시트왕굴리Consolata Shitwanguli의 집이 있었다. 노란 티셔츠에 오렌지색 스카프를 두른 중년 여성인 그녀를 보았을 때 나는 눈부신 햇살을 떠올렸지만 정작 그녀의 두 눈은 슬픔에 젖어 있었다. 그녀의 딸 니마Neema는 여섯 살밖에 되지 않았을 때 납치당했다.

"일요일 밤이었어요. 니마는 저녁 9시에 언니 오빠들과 자러 갔지요. 그런데 사람들이 지나가는 소리가 들리더니 아이 울음소리가 들리는 거예요. 그때 보니 앞문이 열려 있었어요. 저는 겁이 덜컥 나서 다른 아이들에게 동생을 찾아보라고 했죠. 이웃집들에도 가보고 밭에도 가봤어요. 그러다가 아이가 머리에 온통 흙을 묻힌 채 몸을 벌벌 떨며 서 있는 게 보이는 거예요. 무슨 일이냐고 물었죠. 아이가, 여기 아래가 아파, 이러더군요. 그들이 아이의 음부를 다치게 했다는 걸 알겠더라고요. 저는 동네 사람들을 깨웠고 사람들이 아이를 병원으로 데려갔어요. 의사는 자기가 치료할 수 없다며 판지병원으로 아이를 보냈고 그곳에서 무퀘게 박사가 수술했어요. 아이는 그곳에서 세 달을 보냈어요. 저는 가슴이 찢어지지만 아무것도 할 수 없었어요."

그 일이 있은 뒤 카부무의 여성들은 잠을 자지 않고 문을 지켜보며 밤을 새웠다. 그들은 너무 가난해서 자물쇠를 살 형편이 되지 않았다. 몇몇은 나무로 꺾쇠를 만들어 밤에 빗장을 걸어놨지만 아침에 일어나면 바닥에 떨어져 있곤 했다.

나는 남편들은 어디에 있냐고 그들에게 물었다. 금을 찾아 샤분다Shabunda에 간 사람들이 더러 있다고 마을 회장인 노란 옷의 응시미리가 말했다. "하지만 잘 들어보시면 이들이 그 남자들이 주술을 써서 들어왔다고 말하는 걸 알게 될 겁니다."

가장 어린 피해자는 등에 신생아를 아기 지게처럼 묶고 있는 젊은 여인 푸라타 루겡에Furata Rugenge의 어린 딸이었다.

"남편은 집에 없고 제가 있을 때 비가 내리기 시작했어요. 한 남자가 들어와 재워달라고 하더군요. 쌀 1킬로그램이 든 검은 자루를 내밀며 제게 사라고 했지만 저는 돈이 없다고 말했죠. 제게는 아이가 넷 있었는데 그가 물었어요. '이 아이들이 다 당신 아이요?' 그러더니 잠들어 있는 아기인 알리앙스Alliance를 들어 올리고는 '예쁘네' 라더군요.

저는 그에게 '벌써 밤인데 당신 집으로 돌아가지 그래요?'라고 말했죠. 하지만 그 사람이 저한테 그 쌀을 주면서 요리해달라고 했어요. 저희는 먹을 게 없던 터라 저는 불을 피우고 요리를 시작했는데 그 남자가 떠났더라고요. 한밤중에 아기에게 젖을 먹이고 바닥에 내려놨더니 아기가 울기 시작했어요. 저는 뭔가 나쁜 일이 일어났다는 걸 깨달았죠. 아기를 안아 올려 살펴봤더니 온통 피와 흙먼지투성이였어요. 제가 울면서 소리를 지르자 이웃들이 왔어요. 이웃들이 그 남자 집에 갔더니 그가 온통 흙이 묻은 상태로 문을 열었어요. 이웃들이 그의 옷을 벗기고 보니 이 사람 성기가 피로 덮여 있는 거예요. 사람들이 물었죠. '어째서 피가 묻은 거요?' 그 남자는 '아내가 생리 중이요'라고 대답했지만 그 아내는 아니라고 대답했어요."

알리앙스가 바로 무퀘게 박사가 처음 치료했던 아기라고 내게 말한 그 아기였다. 그는 이렇게 말했다. "자주 있는 일이지만 구급차를 빨리 보내달라는 전화를 받았지요. 두 시간 뒤에 구급차가 피를 엄청나게 흘리고 있는 18개월 된 여자 아기를 태우고 돌아왔어요. 수술실에 들어갔더니 간호사들이 모두 울고 있었어요. 아기의 방광과 생식기, 직장이 모두 어른의 성기 삽입으로 심각한 부상을 입은 상태였습니다.

그러고는 또 다른 아기가 오고, 그러다가 더 많이 왔죠. 강간당한 아이들이 말 그대로 수십 명입니다."

그들 중에는 일곱 살짜리 우신디Ushindi도 있었다. 흰색과 파란색이 들어간 옷에 오렌지색 머릿수건을 두른 우신디의 어머니 니아타 음와카부하Nyata Mwakavuha가 상황을 설명했다. "한밤중이었어요. 우리는 잠들어 있었죠. 우신디는 언니, 오빠들과 잠자리에 들었어요. 이상한 사람들이 문을 열고 들어와 아이를 데리고 나가 강간하고는 거실에 데려다놓고 간 거예요. 그들이 사라지고 나니 아이가 화장실에 간다고 울부짖은 거죠. 제가 가봤더니 아이가 몸을 떨고 있는데 온통 피투성이인 거예요. 그걸 보고 저도 울부짖었고 이웃들이 소리를 듣고 왔어요. 아이를 병원으로 데리고 갔더니 판지로 가야 한다고 했어요. 그 사람들이 집에 뭔가 사악한 것을 붓고 갔는지 입에서 그 맛을 느낄 수 있었어요."

프랑스 조사관 조르주 쿠즈마Georges Kuzma가 판지병원에 온 이 아이들을 조사했다. 테러리즘 조사에 20년 경력을 지닌 그는 인권을 위한의사회Physicians for Human Right에 고용돼 판지병원에서 일하며 의사들에게 법의학 증거 수집법을 교육하고 있었다.

"범죄 지도를 만들어봤더니 카부무에서 사건이 많이 발생하고 있었어요. 그래서 알루메티 박사와 함께 가서 무슨 일이 일어나고 있는지 알아보고 자료를 수집했지요. 하지만 콩고 정부는 아무것도 하지 않았습니다."

결국 무퀘게 박사가 카부무 마을에 가보기로 했다. "저는 마을 남성들에게 묻고 싶었습니다. '왜 아기와 딸, 아내들을 보호하지 않습니까?'라고요. 놀랍게도 마을 사람들은 누가 용의자인지 알고 있었습니다. 모두 그를 두려워하고 있었어요. 그가 지방의회의 의원이니까요. 그의 민병대가 마을을 위협하고 있었습니다."

결국 2013년 6월부터 2016년까지 48명의 아이들이 강간당했다. 가장 어린 아이는 18개월 아기였고, 가장 나이가 많은 아이는 열한 살이었다. 아이들을 강간한 뒤 남자들은 찢어진 처녀막에서 피를 받곤 했다. 그들은 그 피가 전투에서 그들을 보호한다고 믿었다. 두 아이는 너무 심하게 다쳐서 판지에 도착하기 전에 숨을 거뒀다.

지방 검사는 진지한 조사를 시작하길 거부했다. 그는 100달러씨Monsieur Cent Dollars라 불렸는데, 누구든 고소장을 제출하려는 사람에게 100달러를 요구하기 때문이었다. 부모가 경찰에 신고하러 갔다가 체포되어 풀려나려면 100달러를 내야 한다는 말을 들은 경우도 있었다.

카부무는 어떻게 카빌라 대통령이 전임 대통령들과 마찬가지로 나라를 황폐화시키며 자기 배만 채우는지를 보여주는 생생한 사례다. 주민들을 보호하기는커녕 정부가 하는 일이라고는 기생충처럼 사람들을 먹잇감으로 삼는 것밖에 없었다. 그날 아침 카부무에 가는 길에도 오렌지색 재킷을 입은 경찰이 아무 이유 없이 우리 차를 세우고는 존재하지도 않는 서류를 택시 운전사에게 요구하며 그게 없으면 '벌금'을 내야 한다고 했다. 운전사는 이런 일에 익숙했다. "저 사람들은 매일 할당량이 있어요." 그가 말했다.

쿠즈마와 판지병원은 그동안 모은 사건 기록을 모두 정리해 UN 평화유지군과 정부에 제출했다. "돌아온 건 침묵뿐이었습니다." 무퀘게 박사가 말했다.

"저는 카빌라가 성폭력특별고문으로 임명한 카분다Kabunda 여사와 접촉해보려 했지만 허사였습니다." 역시 세 딸을 둔 쿠즈마가 말했다. "3년 동안 저희는 거의 혼자였습니다. 저는 여러 차례 UN에 지원을 요청했지만 그들은 인도주의에 반하는 범죄가 일어나고 있지 않다고 답했습니다. 국제형사재판소는 저희를 비웃었어요. 정말 힘 빠지는 일이었습니다.

제가 아프리카에서 일했던 중 가장 힘든 사건입니다. 40명이 넘는 어린 소녀들이 강간을 당했지만 정부로부터 아무 응답이 없습니다. 그리고 공포와 주술이 있지요. 〈마법사의 제자The Sorcerer's Apprentice〉가 떠오른다니까요.

우리는 그들이 어떻게 집으로 들어와 아기들을 납치해가는지 모릅니다. 엄마들에게 약을 먹인다는 말도 있지만 생물학적 증거가 없어요. 부모가 돈을 받고 아이들을 제공했다고 말하는 사람들도 있어요."

부모들은 절망적으로 가난하고, 변호사를 쓸 형편이 되지 않았다. 판지재단은 그들을 도우며 인권을위한의사회와 트라이얼인터내셔널 같은 국제단체와 함께 소송을 제기하도록 격려한다.

"제가 콩고민주공화국에서 4년 동안 다룬 30~40건 되는 집단범죄 가운데 가장 충격적이고 상징적인 사건입니다." 이탈리아의 젊은 법률 전문가 다니엘레 페리시가 말했다. 그는 판지병원에 처음 환자들이 밀려 들어오던 2014년 트라이얼인터내셔널 지부를 이끌기 위해 부카부에 왔다.

"콩고민주공화국이 직면한 문제들뿐 아니라 인간적인 관점에서도 아주 많은 문제를 담고 있습니다. 피해자들이 너무 어리고 그 결과를 평생 안고 가야 하니까요. 몇몇은 출산을 할 수 없게 됩니다. 여성이 출산을 위해서 존재하는 것처럼 여겨지는 문화에서 그건 배척당한다는 뜻이지요."

그가 처음 한 일은 서로 다른 피해자를 변호하는 변호사 여덟 명이 정보를 공유할 수 있도록 집단을 구성한 일이었다.

마을에서는 강간 피해를 입은 가족과 나머지 가족 사이에 분열이 생겼다. 나머지 가족은 이 일에 관여하길 원치 않았고 보복을 두려워했다. 피해를 입은 가족 안에서도 의견이 갈렸다.

페리시는 놀라지 않았다. "콩고에서는 대체로 성폭력 피해자 가족이 재판에 나서는 일이 어렵습니다. 문화적·사회적 낙인 때문이기도 하고요 사법제도가 제대로 작동하지 않는다는 생각이 널리 퍼져 있거든요. 그것은 대체로 사실이기도 합니다. 하지만 이 지역은 특히 힘들었어요. 너무 많은 이유가 있었습니다. 문화적 낙인 때문만이 아니라 피해자들이 위험에 노출된다고 느끼기 때문이기도 했어요. 바투미케는 의회의 의원이지만 더 정확히 말하면 지역의 군벌이라 할 수 있습니다. 그러니 지역 경찰들도 다 그의 손아귀에 있지요. 그는 마음 내키는 대로 무슨 일이든 하고 있었어요."

이런 두려움은 카부무의 인권 운동가 에바리스테 카살리Evariste Kasali가 집에서 총격으로 숨지는 사건 이후 더욱 커졌다. 그는 '평화를 위한 사람들의 모임'이라는 NGO 단체에서 일하며 강간 사건들에 대한 조사를 벌이고 있었다.

그러나 최대의 장애물은 검사였다. "그 사람은 이 문제를 해결하거나 소송을 제기하는 일에 전혀 관심이 없었습니다. 만연한 부패 때문이기도 하고, 한편으로는 그도 바투미케를 두려워하기 때문이기도 했지요. 어쨌든 아무것도 하지 않으려 했어요."

변호사들은 소송을 군 검사에게 가져가는 것이 최선의 방법이라고 결정했다. 그쪽이 대체로 덜 부패했다고 여겨지는 데다 부카부에 자리하고 있어서 바투미케의 영향력 밖에 있었기 때문이다.

"바투미케를 우회하는 유일한 방법은 그가 저지른 일이 인도주의에 반하는 범죄일 수 있음을 보여주는 일련의 증거가 있다고 말하는 것이었지요. 인도주의에 반하는 범죄는 군사 재판만 다룰 수 있으니까요."

그래서 2016년 초 군 검사가 사건을 맡았고 그때부터 경찰은 바투미케가 이끄는 교회들을 방문하고 조사할 자원을 더 많이 얻을 수 있었다.

그동안 몇몇 절박한 부모들은 어렵게 돈을 모으고 빌려서 고마의 어느 주술사에게 사람을 보냈다. 그들은 강간당한 아이들 옆에서 발견된 주사기와 손수건 같은 버려진 물품들을 들려 보냈다. 마을 사람들은 그것이 이 사건의 전환점이 됐다고 믿는다. "그 주술사가 그자들의 주술을 무효화시켜서 한 명이 배신하게끔 만들었죠. 그래서 그들을 체포할 수 있었어요."마을 사람 하나가 말했다.

주술 때문이든 경찰 조사 때문이든, 2016년 6월 바투미케는 70명의 민병대와 함께 체포되었다. 그러나 여전히 아무 일도 일어나지 않았다. 기다리다 지친 마을 사람들은 지역의 경찰 초소에 불을 질렀다.

한 가지 어려움은 증거를 수집하는 일이었다. 부모들은 상황을 잘 알지 못했고 피해자는 너무 어리거나 트라우마가 너무 커서 좋은 정보를 제공하지 못했다. 또한 증거 수집 과정이 피해자에게 다시 트라우마를 줄까 봐 조심스럽기도 했다.

2016년 11월 쿠즈마는 프랑스의 임상의사 뮤리엘 볼펠리에 Muriel Volpellier와 함께 피해 아동들의 영상 인터뷰를 준비했다. 볼펠리에는 런던 세인트메리병원의 헤이븐성폭력의뢰센터 Haven sexual assault referral centre의 수석 의사였다. 그녀는 다양한 분쟁지역에서 법의학 증거 수집에 대해 조언한 경험이 있었고, 2014년에는 판지병원에서 6개월간 보낸 적이 있었다.

법의학 수집 능력 개선이 큰 문제였다고 그녀는 말했다. "제가 일하는 헤이븐센터에서는 하루에 한두 명 정도 피해자가 찾아옵니다. 피해자 한 사람당 법의학적 조사는 4~5시간 정도가 걸립니다. 하지만 판지에서는 하루에 30~40명의 피해자가 찾아오고 의사는 단 두 명밖에 없으니 상황이 아주 달랐어요.

전기가 나가서 검사 면봉을 냉동 상태로 보관하기 힘들 때가 많았어요. 조명도 켜지지 않아서 의사들이 헤드랜턴을 쓰고 검진하기도 하지요. 가끔은 물도 안 나오고요. DNA는 교차 오염 가능성이 크기 때문에 모든 것을 무척 청결하게 유지해야 하잖아요."

경찰을 부르면 기름이 없어 출동할 수 없다고 말할 때도 많았다.

그들은 인터뷰를 위해 파리에서 일하는 세네갈 출신 아동심리학자 자클랭 폴Jacqueline Fall도 불러왔다. 인터뷰는 녹화되었고, 경찰들은 옆방에서 모습을 드러내지 않고 지켜보면서 설명이 더 필요한 부분은 인터뷰를 방해하지 않고 피해자의 트라우마를 최소화할 수 있도록 이어폰을 통해 질문했다.

어린이와 부모들은 소형버스로 이동했고, 간식과 꽃으로 쾌활한 분위기를 낸 집에 머물도록 했다. 우선 볼펠리에 박사가 이 어린 피해자 중 많은 환자를 수술했던 알루메티 박사와 함께 건강검진을 했다. 42명의 어린이 가운데 36명을 만났고, 그 가운데 두 명을 제외한 모든 아이가 검진에 동의했다.

"많은 아이는 그들이 자기 자궁을 훔쳐갔다고 말했어요. 우리는 검진을 통해 아이들을 안심시킬 수 있었지요." 볼펠리에가 말했다. "아이들이 무척 과묵해서 말을 많이 하지 않았어요. 하지만 이따금 아이들이 먼 곳을 멍하니 바라보곤 했죠. 아이들은 더는 어른들에게 자신들을 보호할 능력이 있다고 믿지 않았어요. 다섯 살 때 강간당한 한 피해자는 계속 이렇게 말했어요. '엄마가 문을 제대로 잠그지 않았어요. 그래서 제가 끌려갔어요.'"

어떻게 그 작은 집들에 남자들이 들어가서 아이들을 데려갔는지는 여전히 풀리지 않는 수수께끼다. 볼펠리에는 천사의나팔이라 불리는 지역의 꽃으로 만든 가루가 사람들을 '좀비'로 만들 수 있다는 이야기를 들었다고 했다. 그녀는 이 가루에 대한 이야기를 전에도 들은 적이 있었다. "중세 시대 프랑스에서는 길 가는 행인에게 이 가루를 던져서 정신을 잃었을 때 물건을 훔치기도 했대요." 그녀는 생물학적으로 검사할 방법을 찾기 위해 동료들에게 연락했지만 방법을 찾지 못했다.

한 가지 문제는 피해자들이 나이가 어리고, 범죄가 잔혹한 데다 어두운 곳에서 벌어졌기 때문에 아이들 가운데 오직 한 명만 자신의 가해자를 알아볼 수 있었다는 것이다. 게다가 사건 당시에 수집된 증거가 없었고 이미 3년이 지난 사건들도 있었다.

그러나 작은 세부 정보들—이를테면 가해자의 몸집과 언어, 옷—을 통해 몇몇 중요한 연결고리를 찾을 수 있었다. 몇몇 아이는 강간범이 빨간 티셔츠를 입었다고 말했다. 바투미케의 민병대는 자칭 붉은군대였다.

2017년 9월 마침내 군 검사는 부분적으로는 영상 인터뷰를 토대로 18명의 피고인을 '인도주의에 반하는 범죄를 구성하는 강간 행위'로 기소했다.

영상은 나중에 피해자들이 다시 증언할 필요가 없도록 법정의 비공개 청문회에서 이용되었다.

트라이얼인터내셔널의 페리시는 부모들이 증언해야 하리라고는 생각조차 못했다. 처음 증인석으로 불려 나온 어머니 가운데 한 사람이 쓰러져서 병원으로 이송되는 바람에 판사들은 이 사건이 부모들에게도 무척 충격적이었다는 사실을 깨달았다.

결국 16명의 부모와 예닐곱 명의 증인이 부카부에서 증언했다. 얼굴을 가리고 음성변조를 사용해 신분이 공개되지 않도록 보호했다. 마을 추장은 예외였다. "저는 우리가 부끄러워하는 것처럼 보일 듯해서 신분을 숨기기를 거부한다고 말했어요." 그녀가 말했다.

니아타는 법정에서 증언한 사람 중 하나였다. "저는 그들이 더는 아이들을 해치지 못하도록 감옥에 보내기 위해서 말하기로 결심했어요."

2017년 12월 13일 드디어 판결이 나왔다. 바투미케와 그의 민병대 열 명이 인도주의에 반하는 범죄로 살인과 강간 혐의에 대해 유죄판결을 받았고 종신형을 선고받았다. 마을 사람들은 노래하고 춤을 췄다. 소송에 반대했던 사람들까지 함께했다.

그 판결은 마을 사람들뿐 아니라 성폭력에 맞서 싸우는 콩고민주공화국의 모든 이들이 거둔 역사적 승리인 듯했다. "콩고민주공화국에서 권력을 가진 사람이라 해도 법의 심판을 받을 수 있다는 메시지를 보여주었습니다." 페리시가 말했다.

바투미케 측은 2018년 7월 26일 항소했지만 유죄판결은 뒤집히지 않았다. 무퀘게 박사는 안도했다. 같은 해 6월 국제형사재판소가 장피에르 벰바를 무죄 사면했을 때 그는 그것이 신호탄이 되어 콩고 법원이 카부무 판결을 뒤집지 않을까 걱정했다.

그러나 소송은 절차상의 문제를 이유로 다시 법정으로, 이번에는 킨샤사의 대법원으로 돌아갔다.

게다가 정부가 3년 동안 아이들을 보호하지 못했다는 변호사들의 주장에도 법정은 정부의 책임을 묻지 않았다. 국가 배상은 없었다.

마을 사람들은 이해할 수 없었다. "마을 사람들은 정부의 재판에 협조하기로 했지만 우리가 지목한 범죄자들이 유죄판결을 받아도 아직까지 우리는 그들이 어떻게 됐는지 모릅니다." 처음 나서서 이야기를 시작했던 아마니가 말했다. "그들은 감옥에 있습니까? 우리는 모릅니다. 우리는 콩고 정부가 무슨 생각을 하는지조차 모릅니다. 아무 말도 안 하니까요. 이렇게 조그만 아이들이 강간당했는데, 이게 괜찮다는 겁니까?"

"우리는 여전히 불안합니다." 마을 대표인 응시미리가 불평했다. "2016년 예수의 군대가 체포된 뒤 강간은 멈췄지만 우리 마을 부모들은 그들의 적이 됐어요. 그들의 표적이 된 셈이죠. 저희는 위협을 받고 있어요. 아마 그들의 아들들인 것 같아요. 저희는 콩고 정부가 모든 가족을 보호해주길 바랍니다. 또한 배상도 원합니다."

유죄판결을 받은 남자들은 가족 당 5000달러의 배상금—그리고 딸이 죽은 가족에게는 1만 5000달러의 배상금—을 내라고 명령 받았지만 소송이 여전히 재심리 중이기 때문에 배상금 지급은 보류되었다.

재심리가 끝난 뒤에도 "여전히 힘든 싸움이 될 겁니다"라고 페리시가 경고했다. "피해자들이 바투미케의 재산을 확인한 다음 법정에 압류를 요청해야 돈을 받을 수 있으니 정말 힘들 거예요."

'기쁨의도시'의 크리스틴은 이 소송에 대해 이야기하며 배상이 핵심이라고 말했다. "배상이 없다면 평화를 얻을 수 없습니다. 반드시 돈일 필요는 없습니다. 마을에 학교나 병원이나 여성들이 공부할 장소를 지어주는 것일 수도 있지요."

그러나 한 NGO 단체가 마을에 집을 짓도록 제공한 돈이 사라져버린 일도 있었다.

피해 가족 중 다섯 가족은 이미 마을을 떠났다. 보복에 대한 두려움 때문만이 아니다. 내가 이야기를 나누었던 부모들 모두 딸이 망가졌다고 생각했다. 무퀘게 박사는 강간이 소녀들의 성과 생식력에 미칠 장기적 영향은 사춘기 전에는 알 수 없다고 말했지만 마을 사람들은 이 소녀들을 '우리의 망가진 딸들'이라고 부른다.

'기쁨의도시'에서 크리스틴이 내게 섬뜩한 이야기 하나를 들려주었다.

어느 날 무퀘게 박사가 카부무의 어린이 열 명을 그녀의 사무실로 데리고 왔다. 내가 방문했을 때처럼 나비들과 알록달록한 작은 장식품이 많은 그 사무실을 무퀘게 박사는 알리바바라 불렀다. "아이 하나가 선반에서 플라스틱 인형을 꺼내더니 가져도 되겠냐고 묻더군요. 제가 그 인형은 미국의 한 아이가 나를 보호해줄 거라며 선물한 것이라고 말하며 다른 인형을 아이에게 주고 그 인형은 되돌려놓았죠. 그때 그 아이가 인형에게 이렇게 말하는 거예요. '너, 그렇게 앉지 마. 그렇게 앉으면 강간당할 거야.' 아이는 네 살이었어요. 무퀘게와 저는 아무 말도 못하고 서로를 쳐다봤죠."

햇빛처럼 환한 마을 여인 콘솔라타Consolata가 내게 말했다. "저는 그 사람들이 유죄판결을 받았을 때 무척 기뻤어요. 그들이 영원히 감옥에 갇혔으면 좋겠어요. 하지만 제 딸은 그날 이후로 늘 아파요. 자궁 있는 데가 아프대요. 아이의 미래가 힘들 것 같아요. 다들 무슨 일이 일어났는지 아니까요."

니아타도 동의했다. "제 딸은 늘 머리와 허리가 아프다고 해요. 하루는 반 친구가 '너는 강간당했잖아'라며 놀리는 바람에 아이가 기절하기도 했어요. 아이가 앞으로 고생할 일이 걱정이에요. 아이가 잘살 수 있도록 아무도 모르는 곳으로 이사 가고 싶지만 저는 그저 가난한 엄마일 뿐이에요."

마을 사람들이 아기들이 당한 폭력에 대해 설명하고, 정부가 아무런 조치나 배상을 하지 않는 것에 대한 실망을 표현하는 동안 그들의 분노가 다시 커졌다. 닭들은 점점 더 큰 소리로 깍깍거렸고 그찌는 듯 뜨거운 뜰에서 폭풍이 몰려오듯 분노가 내 주위로 밀려오는 듯한 느낌이 들었다.

나를 데려온 지역 활동가 펠릭스Felix가 떠나는 게 좋겠다고 말했다. "이 사람들은 사법제도를 신뢰하지 않아요." 그가 다급하게 속삭였다. "지난주에는 산 사람에게 불을 붙였어요. 도둑이었는데 마을 사람들이 그를 두들겨 팼어요. 그를 병원으로 이송했는데 마을 사람들이 치료받게 놔둘 수 없다며 길거리로 끌어내서 불을 붙였죠."

떠나야 할 시간이었다. 나는 뜰 출입구를 향해 조금씩 이동하며 마을 사람들에게 고맙다고 인사를 했고 졸졸 흐르는 오수를 피해 흙길을 잰걸음으로 걸어 도로로 나와 차에 올랐다.

우리는 다음 마을인 카타나Katana로 향했다. '기쁨의도시'에서 일하는 동네 여성에게 들은 바에 따르면 그곳에서는 더 많은 아이들이 밤에 납치되어 강간당하고 있다고 했다. 그 여성의 말에 따르면 이번에는 가해자들이 아이들의 성기를 칼로 쨌다고 했다.

바로 그전 주에 18개월 된 여자 아기와 네 살짜리 아이가 밤에 납치당했다. 판지병원은 그 마을에서 학대당한 네 명의 소녀를 치료했다. 소녀 한 명은 살해당했다.

"태어나서 그렇게 끔찍한 일은 처음 봤어요." 펠릭스가 말했다. "극도로 위중한 상태의 아이들이 한 마을에 몰려 있었어요. 수많은 민간인처럼 우리는 우리 땅에서 버림받았어요. 이유 없이 우리를 죽이고 학대하고 약탈하는 민병대의 수중에 있지만 정부는 신경도 쓰지 않죠."

다니엘레 페리시에 따르면 이런 일이 처음은 아니었다. 그는 UN 파견단과 지방 정부에 지역 순찰을 내내 청원해왔다. "정부가 카부무에서와 같은 실수를 저지르지 않게 막고 싶습니다."

이번에는 마을 사람들이 문제를 직접 해결하기로 결심했다. 펠릭스는 휴대전화에 저장된 일련의 사진을 보여주었다. 분노한 사람들의 무리가 무언가를 매단 막대 두 개를 들고 있는 사진이 있었다. 그가 사진을 클로즈업했다. 막대에 매달린 것은 머리들, 젊은 남자의 머리들이었다.

"이 강간 사건들에 책임이 있다고 여겨지는 형제입니다. 마을 사람들이 그들을 참수했어요."

통역사인 실비안은 긴장한 듯했다. 인터뷰를 돕고 있는 심리학자인 로드하도 마찬가지였다. 부서진 도로가 우리 앞쪽에서 완전히 주저앉은 게 보였다. "운전사 말이 더 이상 가면 돌아오지 못할 수 있대요." 실비안이 말했다.

우리는 차를 돌렸다. 돌아오는 길에 용감하게 증언했던 카부무의 어머니 니아타의 말이 머릿속에 계속 떠올랐다. "저는 이런 어린이 강간이 여전히 계속된다는 사실에 충격을 받았어요. 저는 우리가 세상을 변화시켰다고 생각했거든요."

15
—
마지막 숨이 다할 때까지

필리핀 마닐라

마닐라 북부 교외 지역의 검은색 철문을 열고 작은 집에 들어설 무렵 무거운 먹구름이 머리 위에서 우르릉거렸다. 안에 들어서니 길 잃은 고양이 한 마리가 꼬리를 물음표처럼 만 채 어슬렁거리고 있었다. 작은 체구의 나이 든 두 여인은 서로를 반기며 끌어안았다.

그들은 건강과 손주, 증손주에 대해, 마닐라의 악명 높은 교통을 뚫고 케존시티Quezon City까지 가는 길에 대해 이야기를 나누었다. 그냥 평범한 이야기들이었다.

그러나 그들이 그곳에 함께 있는 이유는 무척 끔찍한 기억을 공유하기 때문이었다. 그들은 아직 첫 생리도 시작하지 않은 아주 어린 나이에 그들의 나라를 점령한 일본군에게 거듭, 거듭, 반복해서 강간당했다.

그들 뒤의 벽에는 나이 든 여성의 얼굴이 줄줄이 걸린 사진 액

롤라 나르시사와 롤라 에스텔리타는 80대 후반의 나이에도
여전히 정의를 위해 싸우고 있다. ⓒ크리스티나 램

자가 있었다. 몇몇은 엄숙하게 몇몇은 다정하게 몇몇은 정면을 응시
했고 몇몇은 무언가에 사로잡힌 눈으로 다른 곳을 응시했다.

그들은 모두 '위안부'였다. 제2차 세계대전 시기 일본제국군이
저지른 역사상 가장 큰 규모의 공인된 성폭력과 인신매매 시스템에
따라 성노예로 감금했던 여성들이었다.

그들은 위안부라는 용어를 좋아하지 않았다. 타갈로그어로 '할
머니'를 다정하게 부르는 말인 '롤라Lola'를 선호했다.

벽에 있는 사진 속 여성들은 '떠난 이들'이다. 그들은 정의를 보
지 못한 채, 사과를 받지 못한 채, 배상을 받지 못한 채, 심지어 그들
에게 가해진 끔찍한 불의에 대한 인정도 받지 못한 채 죽었다. 그들
나라의 역사책은 그들을 언급하지 않는다.

그렇게 떠난 이들 중에 롤라 프레실라Prescilla가 있다. 그렇게 감
금된 이후로 결코 다시 깊은 잠을 자지 못한 프레실라는 아이들이
잠든 사이에 꽃과 집을 수놓은 벽걸이를 만들었다. 그리고 안토니타
Antonita가 있다. 그녀는 오래된 성곽 도시의 무너져가는 스페인 요새

생존 위안부 174명이 증언했지만 그 뒤 많은 이가 세상을 떠났다. ⓒ크리스티나 램

유적지를 어슬렁거리곤 했다. 여행객들에게 자신이 성노예로 잡혀가기 전 일본군들이 그녀의 남편을 처형한 지하 감옥을 보여주기 위해서였다.

그렇게 증언한 할머니 가운데 아홉 사람만 남았다. 대부분 병상에 누워 있고 잘 듣지 못하거나 치매를 앓고 있다. 롤라 나르시사Narcisa와 롤라 에스텔리타Estelita는 아직 일어설 수 있는 마지막 생존자에 속한다. 그리고 두 사람 모두 그들이 정의를 보지 못하고 죽게 될 게 거의 확실하다는 것을 알고 있다.

모든 사람이 롤라 이상Isang이라 부르는 나르시사 클라베리아Narcisa Claveria는 1942년 일본군에게 붙잡혀 갔을 때 고작 열두 살이었다.

그녀는 모든 면에서 단정한 사람이었다. 작은 흰색 이파리 무늬가 찍힌 검정 드레스와 잘 어울리는 검은색과 흰색이 들어간 샌들부터 귀 뒤로 넘긴 짧은 백발과 귀에 달린 작은 금귀고리와 약지에 낀 얇은 금반지에 이르기까지.

눈물마저 단정하고 조용하게 흘렸고, 꽃 자수가 놓인 가방에서 새하얀 플란넬 손수건을 꺼내 눈가를 톡톡 두드렸다.

그녀가 묘사하는 시련은 75년도 더 전에 일어난 일이었다. 그러나 오늘날까지도 그녀는 고함을 들으면 일본 군인들이 오는 줄 알고 몸이 얼어붙는다.

"영원한 악몽이에요." 그녀가 말했다.

그녀의 악몽을 일으킨 일련의 사건은 1941년 12월 7일 태평양 반대편에서 일어난 일본의 진주만 공격으로 시작되었다. 역사상 가장 충격적인 정보 실패 중 하나였다. 하루 뒤 일본은 필리핀제도 습격을 감행했다. 7000개의 섬으로 이루어진 필리핀제도는 미국의 첫 식민지였다. 미국은 1898년 스페인으로부터 필리핀을 빼앗았고, 2000달러의 배상금에 괌, 푸에르토리코와 더불어 미국의 영토로 편입했다. 마닐라는 야구에 열광하는 작은 아메리카가 되었다.

마닐라만을 내려다보는 마닐라호텔의 펜트하우스에 살고 있던 미군 사령관 더글러스 맥아더Douglas MacArthur는 한심할 정도로 준비돼 있지 않았다. 일본군 폭격기가 기습했을 때 그의 휘하에 있던 많지 않은 군용기는 땅에 나란히 줄지어 서 있는 상태에서 폭파되었다. 맥아더는 군대와 함께 바탄반도와 코레히드르라는 작은 섬으로 도주할 수밖에 없었고, 미국 역사상 가장 처참한 패배 이후 1942년 3월 수뢰정을 타고 가족과 함께 호주로 탈출했다. 그러나 미국 국방부는 이를 영웅적인 탈출로 묘사하곤 했다.

일본 군인들은 이듬해에 나르시사의 고향인 마닐라 북부 발린토그Balintog에 도착했다. 사람들이 쌀과 옥수수, 채소를 키우고 강에서 물고기를 잡는 평화로운 농촌 마을이었다고 그녀는 말했다. 그녀의 아버지는 테니엔테 델 바리오 teniente del barrio (마을 촌장)였다.

"일본군이 마을을 통과하다가 한 집이 비어 있는 것을 보고 게 릴라들이 쓰는 집이라고 의심한 거예요. 거기 사는 사람들이 어디 있느냐고 물었어요. 이웃 사람들에게 물으니 그들은 모른다면서 우리 아버지한테 가보라고 했죠.

그렇게 해서 군인들이 우리 집에 왔어요. 그들은 위장 군복을 입고 목 뒤에 천을 이은 군모를 쓰고 있었어요. 총검 달린 총과 밧줄을 들고 필리핀 짐꾼들을 데리고 왔는데 화가 나 있었어요. 그들이 아버지에게 말했어요. '당신이 촌장이니 이 사람들이 어디에 있는지 분명히 알 텐데.'

아버지는 아마 강에 물고기를 잡으러 갔거나 밭에 갔을 거라고 말했어요. 일본군들은 아버지에게 한 시간 안에 찾아오라고 했어요.

한 시간 뒤에 군인들이 다시 왔어요. 아버지는 못 찾았다고 말했죠.

그들은 아버지에게 자식이 몇이냐고 물었죠. 아버지가 여덟이라고, 딸 다섯에 아들 셋이라고 말했어요. 그들은 우리를 모두 한 줄로 세웠어요. 하지만 수를 세니까 일곱인 거예요. 언니 한 명이 마닐라에서 일하며 고모 댁에서 지내고 있었거든요."

나르시사는 반지를 돌리고 또 돌리며 말을 했다.

"일본군들이 점점 더 화를 냈어요. '너는 거짓말을 하고 있어. 일곱밖에 없잖아! 너희 자식 하나와 저쪽 집 주인이 게릴라라서 여기 없는 거 같은데.'"

그녀는 흰 플란넬 손수건을 꺼내 눈가를 닦기 시작했다.

"그들은 그렇게 계속 우겼고 아버지는 계속 아무것도 모른다고 했어요. 그러자 그들이 아버지 손을 뒤로 꺾어 묶고 아래층으로 끌고 갔어요(우리는 2층에 있었죠). 그들은 아버지를 기둥에 묶고는 마치 카라바오(물소)의 가죽을 벗기듯 총검으로 아버지 살을 벗기면서 고문하기 시작했어요. 아버지는 자비를 호소했어요. 그만하라고 빌었죠.

갑자기 그들이 저를 들더니 세게 던졌어요. 어찌나 세게 던졌는지 팔이 부러져서 아무 느낌이 없을 정도였죠. 그때 위층에서 엄마가 애원하는 소리가 들려서 달려갔더니 병사 하나가 엄마를 강간하고 있었어요.

엄마는 아름다웠어요. 기모노와 긴 치마를 입고 있었는데 그는 엄마의 치마를 올리고 자신을 밀어 넣고 있었어요. 저는 아무것도 할 수 없었어요. 제 형제와 자매가 그를 떼어내려고 했지만 병사들이 그들을 부엌으로 밀어 넣고 총검으로 찔렀어요.

아버지가 여전히 일본군들에게 그만하라고 사정하고 있어서 두 언니와 함께 아래층으로 달려갔더니 군인들이 저희에게 시청에 있는 그들의 병영까지 걸어가라고 명령했어요. 1킬로미터 떨어진 곳이었죠. 제가 마지막으로 들은 것은 아버지의 비명이었어요. 언덕을 걸어 올라가 돌아보니 우리 집이 이미 불타고 있었죠."

그녀는 고개를 저었고 더 많은 눈물이 뺨을 타고 천천히 흘러내렸다.

"병영에 도착했을 때 그들은 에메테리아Emeteria 언니와 오스메나Osmena 언니를 곧장 안으로 데리고 들어갔지만 저는 다른 집으로 데리고 갔어요. 저는 팔이 부어서 통증이 심한 데다 열이 나서 몸을 떨고 있었지요. 거기에는 필리핀 부역자가 있었어요. 그가 약초와 잎을 모아서 습포를 만들어 제 팔에 얹었어요.

저는 거기에 2주 동안 있었어요. 나중에 병영으로 끌려갔을 때 다라사키Tarasaki라는 일본군이 제게 목욕을 하라고 했어요. 저는 갈아입을 깨끗한 옷이 없다고 말했지만 그는 화를 내며 소리쳤어요.

'냄새 나!' 그는 제게 끈을 졸라 묶는 바지와 군복을 줬어요. 제가 씻고 나오니 그는 저를 방으로 끌고 가서 강간했어요.

그러고는 언니들을 데려갔던 그 병영으로 저를 데려갔어요. 에메테리아 언니는 그냥 멍하니 쳐다보기만 했어요. 뭔가 잘못됐다는 것을 알 수 있었지만 우리는 이야기를 나누는 게 허락되지 않았어요. 다른 여자가 달아났기 때문에, 우리가 이야기를 하면 그들이 말채찍으로 우리를 때렸어요. 오스메나 언니는 사라졌는데 저희는 언니를 다시 보지 못했어요.

우리는 시멘트 바닥에 담요를 덮고 잤어요. 거의 매일 밤 강간당했어요. 가끔은 두세 명한테, 사람들이 보는 앞에서 강간당하기도 했어요.

그 사이사이에 그들은 우리에게 요리와 빨래를 시키고 물을 떠오게 했어요. 하지만 식량이 부족해서 일본군들은 부역자들에게 식량을 댈 수 있는 장소를 물색하게 했고 우리는 이동해야 했어요. 맨발로 걸어야 했는데 땅이 너무 뜨겁고 딱딱해서 발에 물집이 잡혀 고통스러웠어요. 그래서 결국 무릎으로 기었어요.

그렇게 이동하던 중에 에메테리아 언니와 용케 이야기를 할 수 있게 됐어요. 무슨 일이 있었는지 물었죠. 언니가 말했어요. '네가 그날 바로 끌려오지 않은 게 정말 다행이야. 저들이 나를 강간하고 또 하고, 담뱃불과 빨갛게 구운 고구마 껍질로 우리를 지졌어.' 아직도 다른 한 언니는 어떻게 되었는지 아무도 몰라요."

비가 지붕을 두드리기 시작하자 그녀의 목소리를 듣기 힘들어졌다. 올 때만큼이나 빨리 떠나는 열대성 폭우였다.

"아무리 작은 기회라도 도망칠 틈이 있었다면 도망쳤을 거예요. 너무 힘들었으니까요. 매일 저는 밤이 오지 않기를, 해가 지지 않기를 기도했어요. 해가 지면 일본군들이 와서 저희를 강간하니까요.

그러던 어느 날 미군이 병영을 폭격하기 시작했어요. 저는 언니와 함께 달아났죠. 죽기 살기로 뛰었어요. 4~5킬로미터 정도 벗어난 뒤에야 멈췄지요. 거의 걸을 수도 없을 지경이라 털썩 주저앉았어요.

어느 아저씨와 아이가 물소 수레를 끌고 지나가다가 저희를 태워줬어요. 마을에 도착해보니 집들이 다 불타버렸고 저희 부모님과 형제자매가 불에 타 죽었다는 사실을 알았어요."

나중에 두 자매는 남자 형제 두 사람이 전쟁에서 살아남았다는 사실을 알게 됐다. 그러나 그것으로 그들의 시련은 끝나지 않았다.

"전쟁 뒤에 언니와 저는 트라우마를 겪었어요. 거의 제정신이 아니었죠. 우리는 남자들이 무서웠어요. 일본 병사처럼 보였으니까요. 언니가 더 심했죠. 그리고 누가 수백 명의 일본군에게 강간당했던 여자와 결혼을 하겠냐는 생각이 들었어요. 우리더러 티라 응 하포네스tira ng hapones(일본의 넝마)라 욕하는 사람들도 있었어요.

저는 오빠를 통해 남편 아나지토Anazito를 만났어요. 남편도 일본군들에게 끌려가 돌아오지 못한 여자 형제들이 있어서 사정을 잘 알고 잘 이해해줬어요. 이렇게 말했죠. '당신을 비난하지 않아. 어떤 일이 일어난 건지 아니까.' 저는 친밀한 관계를 갖는 게 힘들었어요. 남편은 제게 강요하지 않았어요."

결국 그녀는 여섯 자녀를 두었지만 마음의 평화는 얻지 못했다. "이걸 계속 숨기고 지내면 제 가슴에 늘 응어리가 맺혀 있을 거라고 생각했어요."

제2차 세계대전 동안 아시아에서 20만 명 정도의 여성과 소녀가 일본군에 의해 강제로 성노예가 되었다. 대다수는 한국 여성이지만 중국과 말레이반도, 버마, 지금의 인도네시아, 필리핀을 비롯해 일본에 점령된 국가의 여성뿐 아니라 소수의 유럽 여성도 있었다.

아이러니하게도 위안부는 1937년 제2차 청일전쟁 시기에 일본

제국군이 난징 공격 때 저지른 중국 여성과 소녀의 대량 강간에 대한 국제적 분노를 달래기 위해 만들어진 공식적인 제도였다.

히로히토와 일본 전쟁성은 병사들의 섹스를 규제하기 위해 '위안소'라는 것을 설치하는 방법으로 대응했다. 간호사나 세탁부, 급식원으로 모집된 줄 알았던 젊은 여성들이 점령지의 군대 사창가에 성노예로 붙들린 처지에 놓였다. 나르시사처럼 그냥 납치당해 끌려온 여성들도 있었다.

그러나 전쟁이 끝난 뒤 일본은 침묵했다. 관료들은 위안소가 결코 존재한 적이 없거나 그 여성들이 돈을 받고 온 매춘부였다고 주장했다.

그러나 영원히 숨길 수는 없었다. 용감한 생존자들이 차츰 앞으로 나서서 증언했다. 그러나 한국에서의 일은 잘 알려진 반면 거의 모든 주요 도시와 병영마다 '위안소'가 있던 필리핀에서는 이 사실이 여전히 감춰져 있었다. 수십 년간 아무도 말하지 않았다.

그러던 1992년의 어느 날 나르시사가 음식을 만들며 라디오를 듣고 있는데 로사 헨슨Rosa Henson이라는 여성이 방송에 나왔다. 그녀는 열다섯 살 때 일본 병사들에게 납치당해 아홉 달 동안 감금되어 강간당했으며, 가끔은 하룻밤에 13명이나 되는 남자들에게 강간당했다는 이야기를 했다. "저는 아기를 낳는 것처럼 무릎을 세우고 발을 매트 위에 올리고 누워 있었어요. 돼지가 된 것 같았죠. 이제 저는 그들이 수치를 느끼도록 제 이야기를 하는 겁니다."

로사는 대중 앞에 최초로 나선 생존자였고 나르시사는 자신의 귀를 의심했다. "저는 줄곧 기도하고 생각했죠. 어떻게 내 이야기를 할 수 있을까? 그래서 로사가 피해 여성들에게 앞으로 나서서 증언하자고 요청했을 때 시간이 좀 필요하긴 했지만 그래도 결국 그게 제가 가야 할 길이라는 걸 알았어요."

그러나 큰 문제가 하나 있었다. 나르시사는 자녀들에게 과거를 이야기한 적이 없었다.

"남편과 저는 아이들이 학교에 다니는 동안에는 말하지 않기로 했어요. 그래서 전쟁 때 그냥 감옥에 갇혔다고만 말했죠. '우리가 너희들 마음에 들지 않아도 부모님이 있다는 것에 감사해라. 우리 부모님은 다 돌아가셨다'라고 말했죠.

아이들은 제가 텔레비전에 나와 인터뷰하는 걸 보고서야 알았어요. 집에 오니 딸 아이 하나가 이러더군요. '난 엄마가 한 말이 창피해. 엄마는 강간당했다고 우리한테 말하지 않았잖아. 엄마가 그렇게 말하면 어떻게 내가 친구들을 봐? 엄마는 우리를 망신시켰어.' 아이들은 오랫동안 저와 말을 하지 않았어요. 저는 아이들이 그럴 거라 생각하지 못했죠. 그러니 저는 두 번 피해자가 된 셈이에요. 일본군한테, 그리고 가족한테.

결국 남편이 아이들에게 무슨 일이 일어났는지를 설명해주며 '너희 엄마를 탓하지 마라. 엄마에겐 선택의 여지가 없었다'라고 말했죠. 그리고 너희들이 너무 어려서 미리 말을 못했다고 했어요.

아이들이 이해하고 받아들이기까지 시간이 좀 걸렸어요. 이제는 정의를 요구하는 저를 도울 뿐 아니라 매우 적극적으로 나서요. 자식들이 제게 약속했어요. '엄마가 살아계실 때 정의를 얻지 못하면 우리가 계속 싸울 거야.'

저는 지금도 할 수 있을 때마다 항의하러 가요. 저는 그 일본인들이 저와 제 가족에 저지른 일에 무척 화가 나요. 지금이라도 그들을 보면 죽여버릴 거예요. 그때는 아무것도 할 수 없었어요. 어쩔 도리가 없었어요."

시간이 흐르면서 200명 정도의 여성이 증언했다. 여성들을 돕기 위해 1994년 '릴라필리피나Lila Pilipina'라는 조직이 창설되었고 롤라들이 만날 수 있는 쉼터를 열었다. 지금은 세상을 떠났지만 롤라 몇 사람이 그곳에 살기도 했다.

우리가 만난 곳이 바로 그 쉼터였다. 뒤쪽 벽에 붙은 포스터에 일본과 필리핀 정부 각각에 바라는 요구 사항 다섯 가지가 적혀 있었다. 나는 나르시사와 함께 그 목록을 읽었다. 일본 정부에게 바라는 것은 일본의 전쟁 기록물에서 위안소와 관련된 정보들을 공개하는 것과 그들에게 일어난 일을 인정하고 역사 교과서에 싣는 것, 배상, 여성들에 대한 공식적 사과다. 필리핀 정부에게 바라는 것은 그들에게 일어난 일을 전쟁범죄로 공식 선언하는 것과 공식 조사, 역사 교과서 기재, 필리핀 곳곳에 역사 알림판을 세워 이 여성들이 겪은 고통을 새로운 세대에 알리는 것, 물질적 지원이었다. 요구 사항이 하나도 충족되지 않았다고 그녀는 말했다.

"일본의 침묵보다 훨씬 더 고통스러운 것은 우리 대통령 가운데 한 사람도, 정부 사람 어느 누구도 우리에게 귀를 기울이지 않는다는 것이에요. 라모스 대통령[여성들이 처음 증언하기 시작한 1992~1998년에 재임했던]부터 지금까지 한 사람도, 우리가 그렇게 빌고 또 비는데도요.

새 대통령이 선출될 때마다 우리 롤라들이 처음으로 하는 일은 말라카냥 대통령궁에 가서 이 일을 중요하게 여겨달라는 탄원서를 제출하는 겁니다. 딱 한 사람의 대통령이라도 우리 이야기를 귀담아듣고 일본 정부에 우리에 대한 책임이 있다, 저지른 일을 인정해야 한다고 말해주면 그래도 정의가 어느 정도 실현된 것 같은 느낌이 들 겁니다. 하지만 그들은 우리를 무시했어요. 가엾게 여기지도 않았어요."

그녀는 정부가 여성들을 지원하고 사과와 배상을 받도록 돕고 있는 한국과 상황을 비교했다.

한국에서도 1993년 일본의 호소카와 모리히로 총리가 일어났던 일을 공식적으로 인정하며 사과하기까지 거의 50년이 걸렸다. 그러나 그의 후계자 중 하나인 아베 신조는 그를 비난했으며, 2015년이 되어서야 한국 정부와 합의에 도달해 그때쯤에는 50명도 남아 있지 않은 생존 여성들에게 10억 엔을 지불하겠다고 했다.

한국에서도 여성들이 침묵을 깨기까지 오랜 시간이 걸렸다. 나는 마닐라를 방문하기 전에 한국정신대문제대책협의회(정의기억연대)에서 보내온 마지막 남은 위안부 여성들의 증언 영상을 보았다. 그중 하나는 김복동의 증언이었다. 김복동은 당시 아흔두 살로 암을 앓고 있었다. 백발이 성성한 머리를 단정하게 쪽진 조그만 체구의 그녀는 자신이 가난한 집안에 태어났으며, 학교에 다녀야 할 열네 살때 일본 병사 두 명이 집으로 찾아와 일본에 가서 군복 만드는 공장에서 일해야 한다고 명령했다고 이야기했다. "우리 어머니는 내가 아직 너무 어리다고 했어요. 하지만 그들은 안 가면 반역자로 취급한다고 그랬어요. 그래서 갔지요. 그런데 그곳은 공장이 아니었어요."

배에서 내렸을 때 김복동은 자신이 중국의 광둥이라는 지역에 도착했다는 사실을 알게 됐다. 그곳에서 그녀는 30명 정도의 소녀와 함께 건물에 갇혀 성노에 생활을 강요받았다. 처음은 시트가 피로 젖을 만큼 폭력적이었다. "어린 소녀가 성인 남자와 싸울 수가 없었죠." 그녀가 말했다. 그녀를 비롯한 위안부 여성들은 매일 몇 시간씩 거듭 강간당했다. 너무 많아서 셀 수도 없을 정도였다. 일요일은 최악이었다. 오전 9시부터 오후 5시까지 강간이 계속됐다. 병사들이 줄을 서서 차례로 들어왔고 한 사람이 너무 오래 지체하면 줄 서 있던 병사들이 문을 쿵쿵 두드려댔다. 오후 5시쯤 소녀들이 더는 버틸 수 없을 정도가 되면 의사들이 와서 계속할 수 있도록 주사를 놓았다.

김복동과 다른 두 소녀는 결국 '차라리 죽는 게 낫겠다'고 결심하고 어머니가 음식을 사먹으라고 주신 돈으로 도수가 강한 알코올을 구해 자살하려고 했다. 그러나 그들은 병원에서 깨어났고 위세척을 당한 뒤 다시 '위안 가옥'으로 실려 갔다.

그녀는 광둥에서 홍콩으로, 싱가포르로 이동했다. 일본 군인들은 자신들이 벌이는 짓을 숨기기 위해 그녀와 다른 소녀들을 간호병으로 위장했다. 마침내 전쟁이 끝나고 한국이 독립한 지 1년 뒤, 스물한 살이 된 그녀는 배를 타고 가족에게 돌아왔다. 가족은 그녀가 그 8년 동안 어떤 고통을 겪었는지 알지 못했고 그녀도 말하지 않았다. 결국 그녀가 왜 결혼을 하지 않으려는지 캐묻는 어머니에게 상황을 설명해야 했다. "저는 죄 없는 한 남자의 인생을 망치고 싶지 않았어요." 상심한 어머니는 심장병으로 세상을 떠났다.

김복동은 나중에 식당을 성공적으로 운영했고 결국 결혼도 했다. 그러나 남편에게 자신이 겪은 일에 대해 한 번도 말하지 않았고, 부부는 아이가 없었다. 그녀는 그때 겪은 일로 몸이 상해서 그렇다고 생각했다. 남편이 세상을 떠난 뒤 1992년, 60대의 김복동은 목소리를 내기 시작했다.

외로웠던 그녀는 '나눔의 집'이라 불리는 숙소에 들어가 위안부였던 다른 여성들과 지내며 그림을 그리는 일로 위안을 삼았다. 김복동이 그린 첫 작품의 제목은 〈14세 소녀시 끌려가는 날〉이었다. 그녀는 매주 서울의 일본 대사관 앞에서 열리는 수요 집회에 참석하기 시작했고, 그들에게 자주 쏟아지는 모욕적인 반응에 꿋꿋이 맞섰다. 그리고 그녀의 그림에서 나온 수익금으로 전 세계의 피해자를 돕기 위한 나비 기금을 만들었고 언젠가 받게 될 배상금도 기부하겠다고 선언했다.

그러나 김복동은 여전히 일본의 공식 사과를 기다리고 있다. 그녀는 가끔 증언한 것을 후회하기도 했다. "아무도 몰랐다면 조용히 살 수 있었을 텐데. 하지만 일본이 과거를 뉘우치고 우리의 존엄을 회복하는 날까지 죽지 않을 거예요."

필리핀에서는 사과가 아예 없었다. 일본과 필리핀은 가까운 동맹이고 필리핀에게 일본은 최대 투자국이자 원조국이다. 남중국해로 팽창하려는 중국에 대항하려면 일본의 군사적 지원도 중요하다. 남중국해는 매해 수조 달러의 교역이 오가는 전략 항로이자 풍요로운 어장이며, 특히 중국과 영유권 분쟁이 있는 스프래틀리군도에는 석유와 천연가스가 방대하게 매장돼 있다고 여겨진다.

내가 마닐라에 머무는 동안 몇 차례 시위가 일어났다. 필리핀 국가안보 보좌관이 113척의 중국 어선이 스프래틀리군도에서 두 번째로 큰 섬인 팍아사섬에 '떼 지어' 몰려 있는 것이 적발됐다고 발표한 이후였다. 그는 중국이 군함과 해양탐사선을 그 지역에 거듭 보내면서 위협하고 있다고 비난했다.

"일본 정부가 우리 정부의 주머니에 돈을 찔러준다는 걸 알아요. 하지만 우리에게는 자비를 보일 수 없는 걸까요?" 나르시사가 물었다.

그들은 2016년 취임한 이래 '여성 혐오의 수장'으로 널리 알려진 로드리고 두테르테Rodrigo Duterte 대통령을 보며 더욱 희망을 잃었다. 두테르테는 전국으로 방송되는 기자회견에서 여성 기자를 향해 불손하게 휘파람을 불었고, 뛰어난 여성 경찰과 장교들의 공로를 치하하는 행사에서 여성들을 '푸타puta(암캐)'라고 불렀으며, 자신이 학생 시절 가정부를 성폭행한 것을 떠벌리며 강간에 대한 농담을 던지는 사람이었다.

그게 전부가 아니었다. 2017년 12월 마닐라 록사스해변대로Roxas Boulevard에 위안부를 기리는 동상이 세워졌다. 두 눈이 가려지고 치마 가득 꽃이 수 놓인 소녀의 모습을 표현한 2미터 높이의 청동상이었다. 그러나 고작 넉 달 뒤 일본의 노다 세이코 내무부 장관이 두테르테에게 "이런 종류의 동상이 갑자기 등장하다니 유감입니다"라고 말하고 나서 어느 금요일 밤에 사라졌다.★

2018년 4월 29일 필리핀 공공사업도로부는 '록사스해변 산책로 개선 공사를 위해' 동상을 철거했으며 이 지역에 관을 설치하고 '측면 배수로'를 건설하는 중이라고 발표했다.

동상 철거에 대해 묻는 기자에게 두테르테 대통령은 자신이 그 일에 관여하지 않았다고 대답했다. "누가 주도했나요?" 그는 물었다. "저는 정말 모릅니다. 저는 그 동상이 있다는 것도 몰랐습니다. 하지만 알다시피 그 동상은 어쨌든 나쁜 것을 만들었습니다. …… 다른 나라들을 적대시하는 것은 정부 정책이 될 수 없습니다."★★

조각가는 겁에 질려서 숨었다.

"그 동상을 철거한 사람을 보면 내가 한 대 칠 거요." 나르시사 할머니가 말했다. "우리에게 일어난 일을 다른 사람들이 알게 되길 원치 않겠죠. 그 사실을 숨기고 싶은 거예요."

그것이 전부가 아니었다. 그해 초에 또 다른 동상이 사라졌다. 이번에는 사유지에 세워진 동상이었다. 라구나Laguna 산페드로San Pedro의 성모마리아성당이 운영하는 노인과 노숙자를 위한 쉼터에서 주먹을 무릎 위에 올리고 있는 젊은 여성의 동상이 철거된 것이다.

롤라들에게 일어난 일을 인정하는 표지로 내 눈에 띈 것은 성곽도시에서 차이나타운으로 가는 다리 옆 공원 덤불에 설치된 작은 명판뿐이었다. 명판에는 이렇게 새겨져 있었다. '제2차 세계대전 군 성노예 피해자들을 기리며'

★ ABS-CBN News, 10 January 2018.
★★ *The Inquirer*, 29 April 2018.

나르시사 할머니는 포기하지 않을 것이라 했다. "마지막 숨이 다할 때까지 나는 그들이 우리에게 한 짓을 온 세상에 외칠 겁니다. 저는 여전히 그 고통을 느낍니다. 일본 정부가 그들이 우리에게 어떤 짓을 했는지 깨닫고 인정할 수 있길 바랍니다. 그런다고 이 고통이 사라지지는 않겠지만 덜해지기는 하겠죠. 저는 매일 기도합니다. 제가 죽기 전에 정의가 실현되는 것을 볼 수 있기를, 그것이 제 유일한 기도입니다."

그녀는 고개를 저었다. 그녀는 그 동상들에 대한 일본의 반응을 보면서 일본의 태도가 더욱 강경해지고 있음을 알았다. 일본의 강간법은 여전히 검사들이 폭력이나 위협이 있었음을 증명해야 할 정도로 낡았다. 피해자가 '저항'했다는 것을 증명하지 못하면 유죄판결을 끌어내기 어렵다.

2017년 일본은 또한 자신들이 유네스코에 최대의 분담금을 내고 있다는 사실을 강조함으로써 위안부 기록물과 문화 유적을 유네스코 '세계기록유산'에 등재하려는 국제적 청원을 막았다.

워낙 오래전에 일어난 일이니 나는 여든일곱 살의 나르시사가 학교와 집회에 나가 그녀의 고통을 이야기하는 대신 그냥 내려놓고 여생을 평화롭게 살고 싶다고 느끼는 적이 없는지 물었다.

"가끔 저도 그런 생각이 들어요. 왜 했던 이야기를 하고 또 해야 할까 생각하죠. 말할 때마다 그 고통이, 부모님과 형제에게 일어난 일이 떠오르거든요. 그리고 여성들이 강간당했다는 소식을 들을 때마다 무척 화가 나요. 왜 이런 일들이 야지디족과 다른 여성들에게 여전히 일어나는 걸까요?

정의를 실현하기 전까지 이런 일이 계속 일어날 거예요. 이런 일을 저지른 사람들은 감옥에 넣을 게 아니라 죽여야 해요. 가해자뿐만 아니라 모른 척하는 정부도 책임을 져야 합니다.

우리가 겪은 일들은 잊을 수가 없어요. 어떻게 잊겠습니까? 그래서 저는 그만두지 못합니다. 가진 게 목소리밖에 없으니 죽을 때까지 이 목소리를 낼 겁니다."

롤라 에스텔리타 다이Estelita Dy는 감정을 훨씬 더 억제했지만 나르시사 할머니 못지않게 강렬했다. 그녀는 잘 듣지 못했는데 나이가 들어서만이 아니라 일본군에 잡혀 있는 동안 그들이 그녀의 머리를 탁자에 세계 내리쳤기 때문이었다.

목까지 단추를 채운 셔츠에, 몸에 꼭 받는 바지를 입고 금속테 안경을 쓴 그녀는 보라색 바지를 입고 초록 물결무늬의 세퀸 장식이 달린 셔츠를 입긴 했지만 소년 같은 느낌이 있었다. 그녀는 옛날에는 사내아이 같은 말괄량이였다고 말했다.

놀랍게도 그녀는 내게 영어로 인사를 했다. 뉴욕의 UN 본부에 발언하기 위해 갔을 때 영어를 조금 배웠다고 했다. 그녀가 꿈도 꿔보지 못한 일이었다.

나르시사처럼 그녀도 시골에서 자랐다. 네그로스섬의 탈리사이Talisay라는 마을에서 부모와 두 자매, 두 형제와 함께 살았다. "불편 없이 살았어요. 아버지와 오빠들은 동네 설탕 농장에서 일했어요. 집에는 소 한 마리와 물소 한 마리가 있었죠. 엄마는 작은 식료품 가게를 했고 저는 학교를 다녔어요."

1942년 일본인들이 들어오자 상황이 갑자기 달라졌다. 일본군은 설탕 공장을 차지해 병영으로 썼다. 지역민은 모두 일자리를 잃었고 학교는 문을 닫았다. 당시 그녀는 열두 살이었다.

"사람들은 일본군이 무서워서 도망갔어요. 저는 암탉 열일곱 마리를 키웠는데 닭들이 매일 달걀을 많이, 아마 일곱에서 열 개쯤 낳았어요. 저는 그 달걀을 일본인들에게 팔았죠."

이후 2년 동안 그녀는 근처 일본군 공군기지의 채석장에서 일했다.

"제 일은 마른 강바닥에서 돌들을 모아 쌓아놓는 거였어요. 그들이 길을 포장할 때 쓸 수 있도록요. 하루에 여덟 시간씩 일하고 쌀두 컵을 받았어요.

매일 트럭에 실려서 일터에 갔다가 돌아왔어요. 총으로 위협받으며 일한 건 아니지만 살려면 별수 없었어요.

1944년 어느 날 비행기 소리가 들렸는데 그냥 연기만 보이더라고요. 둘째 날에야 비행기가 보였죠. 날개에 별이 있는 걸 보고 미군이라는 걸 알았어요. 그들은 폭격이 시작될 테니 일을 멈추라고 전단지를 뿌렸어요. 아빠가 일을 그만두라고 해서 저는 다시 닭과 채소를 키우고 떡을 만들어 시장에 팔았어요.

시장은 성당 옆 광장에 있었는데 어느 날 일본군이 사람을 가득실은 트럭과 함께 와서 게릴라와 간첩으로 의심되는 사람들을 체포하고 있다고 말하더군요. 저는 달아나서 숨으려고 했지만 넘어지는 바람에 그들 눈에 띄고 말았어요. 한 일본 병사가 제 머리채를 잡고 팔을 비틀고는 저를 트럭으로 끌고 갔어요. 트럭에는 다른 여자들도 있었지만 총검 달린 소총을 든 병사가 지키고 있어서 서로 말도 못했어요.

트럭 위에서 보니 일본군이 붙잡은 남자들을 광장의 샘 옆에 줄세운 다음 대검으로 한 사람씩 머리를 베서 샘에 시체를 던져 넣고있었어요. 달아나려는 사람은 모두 총에 맞았어요.

그들을 다 죽인 다음 지켜보던 사람들을 집으로 돌려보냈지만우리 여자들은 1킬로미터쯤 떨어진 설탕 공장의 병영으로 데려갔어요. 그곳에 도착하니 우리에게 누우라고 했어요. 저는 방이 줄줄이있는 건물로 끌려갔는데 한 일본인 병사가 들어와 제게 키스하기 시작하더니 저를 강간했어요. 처음에는 너무 무서워 꼼짝도 못했지만 두 번째 병사가 들어오자 저항해야겠다고 생각했죠. 그래서 저항했는데 그 병사가 화를 내며 제 머리를 탁자에 내리쳤어요. 저는 의식을 잃었죠.

그날 밤 일본군과 일하는 필리핀 여자 한 사람이 제게 오더니 살고 싶으면 그들이 하고 싶은 대로 하게 놔둬야 한다고 했어요. 그녀는 일본군 부역자였지만 제게 잘해줬어요.

농장이 매우 컸고 여자들을 가둬두는 집이 여러 채 있었지만 다른 여자들은 보지 못했어요.

매일 두세 명의 병사가 와서 저를 강간했어요. 저는 눈을 감고 얼른 끝나기를 기도했어요. 얼마나 오래 있었는지 기억이 안 나요. 세 달쯤.

결국 일본군은 동요하기 시작했고 대부분은 산으로 퇴각했어요. 어느 날 아침 요란한 소리에 일어났더니 사람들이 미군이 왔다고 소리를 지르고 있었어요. 저는 그곳을 빠져나가자마자 부모님 집으로 갔어요.

엄마한테는 제가 겪은 일을 말했지만 아빠와 이웃들은 몰랐어요. 1년 동안 학교도 다시 다녔어요. 하지만 사람들 눈을 보면 그들이 나를 어떻게 생각하는지 알 수 있었어요. 제가 일본군한테 강간당했다고 늘 수군거렸죠. 그래서 1945년에 아는 사람이 하나도 없는 마닐라로 가기로 결심했어요.

새롭게 출발하는 것이 힘들었지만 팜올리브 비누 회사의 관리인으로 일하는 여자의 세 아이를 돌보는 일을 얻었어요. 나중에는 신발 가게 점원으로 일했고요. 그곳에서 일하다가 남편을 만났고 다섯 아이를 두었지만 성관계가 힘들었어요. 결국 헤어졌지요. 남편에게는 제가 겪은 일을 말하지 않았어요. 그는 죽을 때까지 몰랐어요."

1992년 그녀는 라디오를 틀어 놓고 빨래를 하다가 로사 헨슨이 자신의 이야기를 하며 다른 여성들에게도 기록보관소로 와서 신고를 하라고 호소하는 방송을 들었다.

"저는 그녀를 텔레비전에서도 봤습니다. 처음에는 그렇게 밝히는 것이 부끄러운 일이라고, 그녀가 조용히 있는 게 나았을 거라고 생각했어요. 하지만 자꾸 생각하다 보니 결국 로사 말이 옳다는 생각이 들어서 필리핀위안부대책사무소Taskforce on Filipino Comfort Women에 갔어요. 여성 단체들이 정의를 찾기 위해 만든 곳인데 나중에는 릴라필리피나라 불리게 됐죠.

저는 혼자 그곳에 갔어요. 제 이야기를 하고 다른 롤라들도 만났지만 대중 앞에는 서지는 않기로 했어요. 그들은 제게 상담을 제공했는데 그게 도움이 됐어요. 하지만 뭔가를 바쁘게 하지 않으면 늘 그때 일이 기억나요. 그래서 지쳐 잠들 때까지 뭔가를 계속 해야 하는 강박이 있어요. 강간 장면이 나오는 영화는 못 보겠더라고요.

아이들에게 말할 엄두가 나지 않았어요. 수치스러웠죠. 저보다 먼저 증언한 다른 여성들은 자식들에게 거부당했어요. 저는 그런 일은 견딜 수 없었어요. 결국 많은 사람이 모이니 괜찮겠다는 생각이 들어서 매주 롤라가 많이 모이는 일본 대사관 앞 집회에 참석하기 시작했어요. 그런데 어느 날 제 딸이 신문에 실린 사진에서 제 얼굴을 알아본 거예요.

저는 일본이 지배하던 때라 어쩔 도리가 없었다고 말했어요. 아이들은 충격을 받았지만 받아들였어요. 이제는 함께 싸우고 있지요. 제가 떠나고 나서도 아이들이, 나중에는 손주들이 계속 싸울 거라고 믿어요.

일본이 그 일을 저질렀다는 사실을 확실히 해두려면 사과를 받는 것이 중요해요. 왜 그들은 계속 부정하는 걸까요? 일본이 그것은 범죄였다고 공개적으로 인정하고, 자신들이 저지른 짓을 전쟁범죄로 규정하지 않는 한 저희에게는 문제가 해결된 게 아니에요. 그 범죄는 역사적으로 인식돼야 해요.

더 이상 전쟁이 일어나지 말아야 합니다. 제게 일어난 일이 제 딸과 손녀딸들에게도 일어날까 봐 두려워요.

저는 아무리 작은 정의라도 이룰 수 있다는 희망을 여전히 갖고 있어요. 하지만 두테르테 때문에 기운이 빠집니다. 그는 아베 신조의 꼭두각시예요. 저는 아베한테 분노합니다. 그 사람은 밤에 물건을 털어가는 도둑이에요."

그녀는 동상 철거에 대해 말하고 있었다. "저는 그 동상을 만드는 위원회에 참가했어요. 소녀의 치마에 화환을 수놓은 게 제 생각이었어요. 우리가 카데나데아모르cadena de amor(사랑의 사슬)라 부르는 분홍색 꽃이에요. 한국에 갔더니 수요일마다 집회를 할 때 일본 대사관 밖 소녀상에 사람들이 꽃을 갖다 놓더라고요.

우리는 힘없는 사람들입니다. 국가 기관이 나서지 않고 정부가 아무것도 하지 않으면 정의를 이루기가 무척 힘들어요."

그래도 그녀에게 찾아와 일본 정부를 대신해 사과하려는 일본인들이 있다고 말했다. 2019년 7월 말 우리가 만나기 며칠 전 마닐라에서 회의가 열렸다. "일본 시민들도 몇 명 참석했는데 계속 나를 찾아와서 속죄한다며 절을 하겠다고 했어요. 하지만 저는 그게 의미가 없다고, 그걸 해야 하는 사람은 당신네 총리라고 말했죠."

강간 수용소에서 소녀들은 매일 아침 천황이 있는 쪽을 향해 절을 해야 했다.

그녀가 2000년 아시아여성기금Asian Women's Fund에서 제공하는 돈을 받지 않은 것도 같은 이유에서였다. "그건 일본 정부가 아니라 민간 재단이에요. 그러니 법적 배상이 아닌 거잖아요. 그래서 받고 싫지 않았어요." 그녀가 덧붙였다. "많지도 않았어요. 2만 엔[115파운드]이었죠."

내가 떠나기 전에 그녀는 하고 싶은 말이 한 가지 더 있었다. "사람들이 나를 위안부라고 부르는 게 슬퍼요. 내 이름으로 알려지고 싶어요. 위안부에는 우리가 나쁜 여자들이라는 의미가 붙잖아요. 그래서 우리는 우리를 롤라라고 불러요."

우리는 밥과 통생선이 차려진 점심을 같이 먹었다. 식사 준비를 돕기 위해 집에 와 있던 60대로 보이는 더 젊은 여성도 함께했다. 그녀의 이름은 네니타Nenita였고, 니츠Nitz라 불렸다. 그녀는 어린 시절에 엄마인 크리산토 에스탈로니오Crisanto Estalonio를 보면서 어딘가 좀 이상하다고 생각했던 경험을 이야기했다.

"엄마는 무척 다정하다가도 갑자기 엄하게 굴면서 우리가 다른 여자애들과 나가 놀지 못하게 했어요. 비행기를 보거나 발소리나 웅성거리는 소리가 들리면 탁자나 침대 밑에 숨곤 했지요. 가끔 기절도 하셔서 우리는 엄마가 왜 그럴까 생각했어요."

가족은 엄마가 릴라필리피나에 가입한 뒤에야 그 이유를 알게 됐다. "일본군들이 왔을 때 엄마는 열아홉 살이었고 이미 결혼도 한 상태였어요. 하지만 일본군들이 남편의 목을 베고 그 피를 마셨대요. 어머니는 기절했는데 깨어 보니 일본군 병영이었어요. 그곳에 세 달간 갇힌 채 너무나 많은 남자에게 강간당하셨어요."

니츠의 엄마는 2000년에 세상을 떠났다. 다른 롤라들과 함께한 덕택에 엄마의 수치심을 덜 수 있었다고 니츠는 말했다. 하지만 엄마는 결코 마음의 평안을 얻지는 못했다. "저는 엄마를 위해 정의를 원합니다. 가족인 저희 또한 피해자이니, 엄마의 싸움은 저희의 싸움이기도 해요."

"롤라들의 외침은 세대를 이어 전달됩니다." 필리핀 여성 단체 연합인 가브리엘라Gabriela를 운영하는 호안 메이 살바도르Joan May Salvador가 말했다. 그녀는 나를 위해 통역을 해주고 있었다. "롤라들은 강간이 여성들을 굴복시키고 남성들의 힘을 보여주는 체계적인 방식으로 이용되고 있다고 처음 말한 사람들입니다.

이런 일이 일어난 장소가 대부분 파괴되었고 기념관도 없으니 우리에게는 롤라들밖에 없어요. 우리는 더 많은 롤라를 찾으려 애쓰고 있습니다. 그들이 아직 살아계실 때 저희가 더 많이 배울 수 있도록 말입니다."

이들의 투쟁은 그 어느 때보다 중요해졌다. 두테르테 정권에서 성폭력이 뚜렷하게 증가해 여성이 한 시간에 한 명꼴로 강간당하고 있다. "최고 권력자가 여성에 대한 폭력을 소재로 농담을 한다면 사람들이 그런 폭력은 별일 아니라고 생각하겠지요." 호안이 말했다.

그녀가 내게 들려준 바에 따르면 그전 해에 두테르테는 시골 지역에서 오랫동안 반정부 활동을 벌여온 신인민군 출신의 군인에게 연설을 하면서 여성 반군을 보면 성기를 쏘라고 말했다. "성기가 없으면 그 여자들은 쓸모가 없을 거야"라고 말했다고.

이런 분위기에서 여성들이 정의를 얻으려고 애써봐야 소용없다고 느끼는 것도 놀랍지 않다. "저희는 성폭력 피해자를 위한 전화 서비스를 운영하고 있는데 매일 아홉 명에서 12명 사이의 여성이 전화를 합니다." 호안이 말했다. "하지만 우리가 소송을 제기하길 원하는지 물으면 그냥 넘어가는 게 낫겠다고 말합니다.

경찰에 신고하는 것조차 쉽지 않습니다. 무시당할 테고, 피해자를 비난할 거라는 걸 알고 있으니까요. 경찰이 처음 묻는 것은 그 시간에 밖에서 대체 뭘 하고 있었느냐, 무슨 옷을 입고 있었느냐 하는 것들이지요.

그리고 만약 군인이나 경찰에게 강간당했다면 신고할 생각도 하지 말아야죠. 가브리엘라에는 군인에게 강간당한 여성, 주로 미성년자의 사례가 있지만 소송을 제기하면 몇 년 동안 재판이 열리지도 않아요. 군 지도자들은 책임자를 해임하겠다고 말하지만 나중에 보면 그냥 다른 곳으로 전출만 시켰을 뿐이에요. 누군가 일어서서 이건 옳지 않다고 말해야 해요. 안 그러면 계속 반복될 겁니다."

롤라 나르시사와 에스텔리타가 고개를 끄덕였다.

나중에 이 위엄 있는 할머니 두 분은 팔짱을 끼고 서서 내게 작별 인사를 했다. 그 모습을 보며 나는 이처럼 무거운 짐을 평생 안고 사는 것이 어떤 일일지 생각했다. 내 여정의 종착역인 이곳이 바로 정의를 위한 싸움의 첫 출발지였다.

마지막 생존자들인 이 롤라들이 정의를 보지 못하고 세상을 떠나게 될 가능성이 높다는 것이 무척 슬프지만 그들의 힘과 결단은 우리 모두에게 영감을 준다.

다시 쓰는 여성의 역사를 위해

하늘이 푸르고 화창한 7월 오후 스트랫퍼드어폰에이번Stratford-upon-Avon에서 백조들이 강 위를 우아하게 미끄러지는 동안 나는 로열셰익스피어극단Royal Shakespeare Company의 어둑한 극장에 앉아 셰익스피어 연극 중에서 가장 잔혹한 〈타이터스 앤드러니커스Titus Andronicus〉를 보았다. 여성 감독 블란치 매킨타이어Blanche McIntyre가 연출한 이번 공연은 관객을 조금도 봐주지 않았다. 살인, 참수, 식인이 선명한 유혈 폭력으로 관객에게 달려들었다. 1막에서 로마 장군 타이터스 앤드러니커스는 자기 아들을 살해한다. 그러나 관객을 단연코 불편하게 하는 장면은 앤드러니커스의 사랑하는 외동딸 라비니아가 카이론과 디미트리어스에게 강간당하는 장면이다. 그들은 로마가 막 패배시킨 고트족의 여왕 타모라의 아들인데, 로마에 '전리품'으로 붙잡힌 어머니에 대한 복수로 라비니아를 강간했을 뿐 아니라 그녀의 혀와 두 손을 잘라 피 흘리는 불구의 몸으로 버려두었다.

예전이었다면 나는 배우들의 연기와 감각적인 무대, 시적인 대화에 감탄하는 한편 폭력이 너무 지나치다고만 생각했을 것이다. 그러나 이제 내 머릿속에는 내가 만난 그 모든 학대당한 여성들의 얼굴이 가득했다. 그들의 혀는 잘리지 않았을지라도 그들 역시 목소리를 내지 못할 때가 너무나 많았다. 그들의 말은 아무도 없는 숲속의 나뭇잎처럼 주목받지 못한 채 떨어졌다.

라비니아의 삼촌인 마커스는 탁자 위에 소금을 뿌리는 방법을 떠올렸다. 라비니아는 이 사이에 막대를 물고 소금 위에 라틴어로 강간을 뜻하는 '스투프룸Stuprum'과 가해자들의 이름을 썼다.

셰익스피어는 로마 시인 오비디우스의 필로멜라 이야기에서 영감을 얻었다고 여겨진다. 필로멜라는 아테네의 공주였는데 그녀의 형부이자 트라키아의 왕인 테레우스에게 강간당했다. 테레우스는 필로멜라를 강간한 뒤 그녀가 세상에 알리지 못하도록 혀를 잘라버렸다. 필로멜라는 자신의 이야기를 태피스트리로 짜서 언니 프로크네에게 보냈고 프로크네는 테레우스와 사이에서 태어난 아들을 죽여 그에게 식사로 먹였다. 달아나는 자매를 신들이 새로 변신시켰다. 프로크네는 제비로, 필로멜라는 나이팅게일로. 나이팅게일은 암컷이 노래하지 않는 새다.

"이런 슬픔은 인내를 넘어서는군요." 마커스가 형 타이터스 앤드러니커스를 향해 한탄한다.

이 책은 인류 최악의 악행들을 통과하는 여정이었고 나와 함께 이 여정을 참고 걸어준 당신에게 고마움을 전한다. 이 책을 읽기가 쉽지 않았으리라는 걸 잘 알기 때문이다. 하지만 나는 또한 이 여정을 통해 당신이 뜻밖의 영웅들을 만났기를, 또한 인류의 이 악행을 끝내기 위해 해야 할 일이 왜 이렇게나 많은지도 절절히 느낄 수 있었기를 바란다.

이 책은 전시 강간을 포괄적으로 다룬 것과는 거리가 멀다. 슬프게도 전시 강간은 너무 많은 나라에서 일어난다. 중앙아프리카공화국부터 콜롬비아까지, 그리고 과테말라부터 남수단까지. 그 모두를 다루었다면 내가 짜는 태피스트리는 결코 끝나지 않았을 것이다.

분쟁하 성폭력에 대한 UN 사무총장 특별대표실은 2018년 보고서에서 전시 강간이 일어나고 있는 19개 나라와 전시 강간을 자행하는 12개 나라의 군대와 경찰, 39개 비국가 행위자의 목록을 공개했다. 보고서도 인정했듯 결코 포괄적이 아니라 '믿을 만한 정보를 구할 수 있는 곳'들을 대상으로 작성된 목록일 뿐이다.

나는 내가 기자로서 보도한 지역들을 주로 다루었고, 특히 성폭력이 전쟁 무기로, 상부의 지시에 따라 특정 공동체를 표적으로 사용된 경우들에 집중했다. 물론 불처벌이 대세인 지역에서는 전시 강간을 퍼트리기 위한 공식 전략이 필요하지 않다. 이 책은 군대와 민병대들이 강간 외에도 성노예제와 강제 결혼, 강제 임신뿐 아니라 아기 유괴, 종교나 종족, 정치적 이유로 말살하려는 공동체의 강제 불임을 어떻게 사용하는지도 살펴봤다. 강간의 결과로 태어난 아이들은 자신이 태어나기도 전에 일어난 일 때문에 공동체로부터 배척당하는 상황에 놓이게 될 때가 많다.

지난 몇 년 사이에는 가장 취약한 상황에 놓인 사람들을 보호해야 할 임무를 지닌 평화유지군과 국제 구호원이 저지른 충격적인 성적 학대가 폭로되기도 했다.

강간은 여성이나 소녀에게만 자행되지 않는다. 남성 강간은 훨씬 더 어두운 비밀에 속하기 때문에 거의 이야기되지 않는 편이다. 특히 중동과 아프리카 지역에서는 동성 강간 생존자는 동성애자가 틀림없거나, 그 이후에 동성애자가 된다는 통념이 널리 퍼져 있어서 이야기하기가 더욱 힘들다.

그러나 2010년 콩고 동부에서 이루어진 한 연구에 따르면 분쟁 지역에서 남성의 거의 4분의 1(23.6퍼센트)이 성폭력을 경험했다. 약 76만 명으로 추정된다.★ 나는 콩고뿐 아니라 보스니아와 아프가니스탄, 차드, 리비아의 이주민 수용소에서 남성 성폭력 사례를 마주쳤고, 시리아와 이라크의 감옥에서 벌어지는 끔찍한 폭력을 난민촌에서 전해 들었다.

일찍이 언급된 남성 성폭력 사례는 T. E. 로런스가 제1차 세계대전 시기 오스만제국에 대항한 아랍반란에서 자신의 역할을 허세 넘치게 그린《지혜의 일곱 기둥Seven Pillars of Wisdom》에 등장하는데, 책이 출간된 이래 이런저런 논란이 있었다. 로런스는 1917년 12월 시리아의 도시 다라Dar'aa의 투르크 통치자에게 잡혀 병사들에게 구타당하고 집단 강간당한 경험을 생생하게 묘사했다. 그는 스물여덟에 '내 고결함의 요새'를 잃었다고 표현했다.

그로부터 거의 한 세기가 지난 2016년 11월 나는 시리아로, 도시들이 무너진 전장으로 변한 곳으로, 극도의 잔혹성으로 알려진 전쟁터로 갔다. 거의 1년 동안 아사드 대통령의 정부군에 포위되었던 이스트알레포에서 나는 한때 전설적이었던 구도시의 거리들을 배회했다. 로런스(와 애거사 크리스티)가 머물렀지만 이제는 버려진 바론호텔을 지나 폭격으로 텅 빈 유령 도시를 마주했다. 회색 잿더미 사이를 고양이들이 어슬렁거리고 있었다. 상상으로 그렸던 세상의 종말을 보고 느끼는 듯했다. 도로마다 비틀린 금속과 골함석판, 콘크리트슬래브, 가구들이 저격수들의 총격을 막는 임시 보호벽으로

★　Kirsten Johnson et al., 'Association of Sexual Violence and Human Rights Violations with Physical and Mental Health in Territories of the Eastern Democratic Republic of the Congo', *Journal of the American Medical Association*, vol. 304, no. 5(2010), pp. 553–62

쌓여 있었다. 무너진 돌 더미 사이에 유령처럼 서 있는 벌거벗은 마네킹 네 개에 가슴이 철렁했다. 근처에는 한때 아마 고운 새들이 지저귀었을 줄세공 새장이 하나 있었다. 이제 들리는 소리라고는 아브라함이 소젖을 짰다는 언덕의 성채 너머 거리들로 이따금 쿵하고 떨어지는 포 소리밖에 없었다. 500만 명이 넘는 시리아인이 나라를 떠나야 했고 50만 명이 넘는 시리아인이 목숨을 잃었다.

부랑자 같은 아이 셋이 물을 찾아 양동이를 들고 불쑥 나타났다가 두려움에 금세 사라져버렸다. 그 무렵 남아 있는 사람들은 아주 절박한 상태여서 밀가루를 튀긴 팬케이크와 되는 대로 긁어모은 푸른 이파리들로 연명하고 있었다. 아사드 정권은 마지막 공격을 개시할 참이었고 남은 민간인을 떠나도록 설득하며 며칠 뒤 버스를 제공할 예정이었다. 많은 사람은 감금될 위험을 무릅쓰기보다 포화 속에 남아 있을 것이다.

인권 단체는 시리아에 억류된 남성 수감자의 최대 90퍼센트가 성적 학대를 당한다고 본다. 2015년 UN 난민기구가 펴낸 보고서 〈우리 가슴에 새기다We Keep it in Our Hearts〉는 아사드 정권의 감옥에서 벌어지는 끔찍한 일, 특히 성인 남성과 소년들에게 자행되는 성적 학대를 난민 인터뷰를 토대로 자세히 서술했다. 열 살쯤 되는 어린 소년들까지 성폭행을 당했다. 가족 구성원과 섹스를 강요받고 성기에 전기충격을 당하며 막대와 콜라병, 호스 같은 물건으로 항문 강간을 당하는 고문을 받았다.

"시리아에 사는 저희 삼촌이 체포됐죠." 요르단에 있는 난민촌의 청년 아메드Ahmed는 말했다. "몇 달 뒤 풀려났는데 삼촌이 감정을 주체하지 못하고 저희 앞에서 울면서 말씀하셨어요. 몸 어느 한구석도 전기드릴로 학대당하지 않은 곳이 없다고요. 강간도 당했는데 항문에 그 드릴을 집어넣었대요. 얇은 나일론으로 성기를 단단히 묶어서, 그렇게 사흘 동안 거의 터질 지경이 될 때까지 두었다더군요. 풀려난 뒤에 삼촌은 아무것도 안 먹고 알코올 중독자가 됐어요. 신부전증으로 돌아가셨어요."

나는 생존자들을 만날 때면 그들을 돕는 데 무엇이 효과가 있고 없는지 이해하려고 애썼다. 그들이 내게 들려준 이야기로 보면 누구도 그런 시련을 진짜 극복하지는 못하는 것이 분명했다. 젊은 여성이었던 시절에 보스니아 전쟁을 피해 영국으로 온 뒤 해외정책고문관과 상원의원이 된 아르민카 헬리치Arminka Helic 남작 부인은 분쟁지역의 성폭력 문제를 '즉각적 피해와 장기적 피해를 입히는 화학무기'에 비유하며 이렇게 말한다. "그들은 회복하지 못합니다. 그들의 남편들은 잊지 못하고 아이들은 괴롭힘을 당하지요. 그들은 같은 장소에서 살며 자신을 강간한 사람들을 카페에서 마주칩니다."

문제는 생존자들이 다시 삶을 헤쳐갈 길을 찾는 것이다. 이제 나는 장미를 보면 스레브레니차의 강간당한 여성들에 대해 생각한다. 그들은 장미 향기를 맡으면 행복했던 시절이 떠오르므로 자신들이 키운 장미를 자르길 원치 않았다. 전쟁범죄자들을 추적하는 바키라는 텃밭에서 위안을 찾았다. 정원 가꾸기 말고도 안전한 공간에 모여 미술과 음악 같은 창조적 활동을 함께하는 것도 도움이 되고 요가도 그러한 듯하다.

분명 피해자들을 위한 지원이 훨씬 더 많이 필요하다. 그들에게 일어난 일은 남은 평생 그들을 떠나지 않기 때문이다. 의료와 심리 지원 말고도 생계를 유지하고 자존감을 회복하기 위한 경제적 지원도 필요하다. 특히 생존자들이 남편과 가족으로부터 버림받고, 보코하람에게 납치된 나이지리아 소녀들처럼 공동체로부터도 외면받는 곳에서는 더욱 필요하다. 콩고민주공화국의 혼란 속에서도 판지병원과 '기쁨의도시'는 여성들의 치유를 돕고, 상담과 기술 훈련, 법률 조언, 안전한 쉼터를 제공하면서 우리에게 모델을 제시한다.

무엇보다 찾아갔던 교전 지역마다 나는 정의를 호소하는 한결같은 외침을 들었다. 심판이 있어야 하며 불처벌을 끝내야 한다는 외침이었다.

젊은 야지디 여성 나디아 무라드를 대변했던 인권변호사 아말 클루니는 UN 안전보장이사회에서 나디아가 12명의 남성에게 당한 그 모든 고통과 여전히 받고 있는 그 모든 협박에도, 그녀가 말하는 두려움은 단 하나밖에 없다고 말했다. "바로 이 모든 일이 끝났을 때 ISIS 남자들이 수염을 밀고 일상으로 다시 돌아가는 것, 정의가 이루어지지 않는 것입니다."★

르완다의 낙후한 마을 타바의 용감한 여성들은 교육을 거의 받지 못했고 전기도 수도도 없는 흙집에 살지 몰라도 자신들의 목소리를 냄으로써 아카예수 시장을 처벌할 길을 열었다.

아카예수 판결은 엄청난 변화 같았다. 그러나 그 판결이 내려진 지 20년도 더 지났지만 그 이후 처벌이 제대로 내려진 사례는 실망스러울 만큼 드물었다. 그 뒤를 이은 르완다와 보스니아의 다른 재판들은 증거 불충분이나 증인 진술의 비일관성으로 인한 신뢰성 부족을 근거로 자주 무죄 방면으로 끝났다. 아카예수만 제노사이드성 강간으로 유죄를 선고받았고 몇 안 되는 소수만 인도주의에 반하는 범죄로서의 강간으로 유죄판결을 받았다. 전시 강간을 직접 저지른 혐의보다는 강간을 저지른 다른 사람들을 감독한 혐의였다.

야지디 소녀들의 납치에 대해서는 기소가 한 건도 이루어지지 않았고 학살당한 야지디족의 집단 매장지를 발굴하지도 않았다. 변

★ 여성과 평화, 안보에 관한 UN 안전보장이사회 토의 연설, 2019년 4월 23일.

호사 아말 클루니는 79개 나라가 ISIS와 싸우기 위해 국제 공조를 통해 함께 뭉칠 수 있는데 왜 이들을 법정에 세우지 못하는지 묻는다.

나이지리아 소녀들을 납치했던 보코하람 대원들에 대해서도 기소가 이루어지지 않았다. 로힝야족을 학살한 버마군을 법정에 세우려는 시도는 UN 안전보장이사회에서 중국이 반대했다.

2000년에는 국제형사재판소가 대단한 환호와 희망 속에 세워졌지만 성폭력으로 유죄판결을 받은 사람은 단 한 사람이었고, 그 판결마저 결국 뒤집혔다. 2016년 3월 콩고민주공화국의 전 부통령이자 군사 지도자인 장피에르 벰바는 그의 지휘 아래 '강간과 고문, 살인, 약탈'을 허락한 죄로 유죄판결을 받았다. 지휘 책임으로 유죄판결을 받은 최초의 사례였다. 그러나 그 유명한 판결 이후 2년이 지난 2018년 6월 판결은 뒤집혔고 벰바는 석방되어 고국으로 돌아가 선거에 참여했다.

"불처벌이 여전히 규칙이고 책임은 보기 드문 예외입니다." 고국 모리셔스에서 기업 고문변호사로 대단한 성공을 누리다가 이제 여성들을 위해 싸우고 있는 분쟁하 성폭력에 대한 UN 사무총장 특별대표 프라밀라 패튼의 말이다.

국제형사재판소의 특별고문관 퍼트리샤 셀러스는 아카예수 판결을 미국의 브라운 대 교육위원회 재판에 비유하면서 이 판결이 하나의 출발점이라고 주장한다. 미국 남부의 여러 주에서 흑인 어린이들이 백인과 같은 학교에 다니게 된 것도 브라운 대 교육위원회 판결이 있고 나서 오랜 시간이 흐른 뒤였다.

"브라운 판결은 1954년에 나왔지만 그 이듬해, 심지어 10년 뒤에도 미국 학교의 인종 분리는 중단되지 않았습니다." 셀러스는 말했다. "그 일이 실현되기 위해서는 1964년 민권법과 1968년 공정주택법이 여전히 필요했어요. 사실 소송은 아직도 이어지고 있습니다.

이 법들이 위대한 기둥이자 디딤대인 것은 맞지만 어처구니없는 차별 범죄를 저지르는 사람들의 태도를 바꾸지는 못했습니다."

그녀는 아카예수 판결이 법의 중요한 기둥으로 여겨지며 대학에서 널리 연구되고 라틴아메리카와 아프리카의 여러 소송에서 이용되었다는 점을 지적했다.

한 가지 문제는 국제형사재판소는 회원국의 소송만 재판할 수 있는데 나이지리아와 이라크, 버마는 회원국이 아니라는 점이다.

그러나 몇몇 변호사가 혁신적인 대안을 찾아내고 있다. 이를테면 보편적 관할권을 이용하는 방법이 있다. 보편적 관할권이란 국제범죄에는 국경이 없으며 국가들은 범죄 발생 장소에 관계없이 자국 영토에서 가해자를 재판할 책임이 있다는 개념이다.

아말 클루니는 현재 한 ISIS 대원과 ISIS의 도덕경찰에 가담했던 그의 독일인 아내를 뮌헨의 법정에 세우고 있다. 부부는 아이의 어머니와 함께 노예로 억류하던 다섯 살 야지디 소녀를 살해한 혐의로 기소되었다. 소녀는 여러 차례 구타당한 뒤 뜨거운 야외에 사슬로 묶여 있다가 죽었다. 이 재판은 야지디족에 대한 전쟁범죄로 ISIS를 기소한 최초의 국제적 재판이다.

2019년 12월 나는 한 편의 흥미로운 법정 대결을 보기 위해 국제사법재판소International Court of Justice(ICJ)가 자리한 헤이그의 평화궁으로 갔다.

서아프리카의 아주 작은 나라 감비아가 로힝야족 제노사이드의 책임을 물어 버마를 제소했고, 아웅 산 수 치가 한때 자신을 15년간 연금했던 바로 그 장군들을 직접 변호하기로 결정함으로써 많은 이들이 놀랐다.

한 국가가 직접적인 피해 당사국이 아닌 다른 국가에 의해 제소된 것은 처음이었다. "감비아가 하면 왜 안 됩니까?" 감비아의 법무부 장관 아부바카르 탐바두Abubacarr Tambadou가 내 질문에 답했다. "그 사건은 세계의 양심에 찍힌 얼룩입니다. 인권을 옹호하기 위해 반드시 군사 강국이어야 할 필요는 없습니다."

그는 방글라데시의 로힝야 난민촌을 방문했을 때 충격을 받았다고 말했다. 또한 감비아 역시 22년에 걸친 잔인한 독재에서 막 벗어났으며, 그 경험을 통해 "다른 사람들에 대한 억압이 일어날 때마다 우리가 겪은 고통과 운명을 그들도 겪지 않도록 우리의 도덕적 목소리로 그 억압을 비난해야 한다는 것을 배웠습니다"라고 덧붙였다.

감비아는 UN의 최고 법정인 국제사법재판소에 제노사이드협약 이행의 보증인이 될 것을 요청했다. 제노사이드협약은 1948년 12월 홀로코스트를 '다시 반복되지 않게Never Again' 해야 한다는 외침에 따라 UN이 채택한 협약이다.

3일에 걸친 공판이 대법정에서 열렸다. 네 개의 거대한 스테인드글라스 유리창과 위풍당당한 나무판으로 만든 벽에 둘러싸인 법정에는 검은 법복을 걸친 판사 17명이 앉은 긴 판사석, 정장을 입은 외교관들로 구성된 방청석이 있었다. 70만 명이 넘는 로힝야족이 진흙 언덕에 플라스틱과 대나무로 대충 지은 간이 숙소에서 여전히 지내고 있는 방글라데시의 질척한 난민촌과는 너무도 멀게 느껴지는 장소였다.

모든 관심은 좌측 피고석에 검정 재킷과 무늬가 들어간 긴 치마를 입고 있는 가냘픈 형상에 쏠렸다. 분홍색과 노란색 꽃으로 머리를 뒤로 모아 묶은, 언제나처럼 우아한 아웅 산 수 치가 굳은 자세로 앉아 있는 동안 영국 왕실 변호사 필립 샌즈Philippe Sands가 이끄는 감비아 측 변호인단이 갈수록 잔혹해지는 이야기들을 하나씩 열거했다. 임신 8개월의 여성이 버마 군인들의 군화에 차이고 바나나무에 손목이 묶여 매달린 채 아홉 번 강간당해서 결국은 아기를 유산

한 이야기. 아기가 맞아 죽는 모습을 어머니에게 지켜보도록 강요했다는 이야기.

뒤에서 지켜보는 내 눈에 들어오는 것은 꽃밖에 없었다. 2012년 BBC 라디오 4의 〈디저트 아일랜드 디스크스Desert Island Discs〉 프로그램의 인터뷰에서 아웅 산 수 치는 매일 다른 색의 꽃이 피는 장미를 자신이 누리는 사치로 골랐다.

한때 세계적 인권의 상징으로 여겨졌던 여성인 수 치는 국내 정치와 다가오는 선거를 위해 자신의 국제적 명성을 팽개치면서 무슨 생각을 하고 있을까? 재판 과정 내내 그녀는 감정을 조금도 드러내지 않았다.

재판의 많은 부분은 잔인한 성폭력에 초점이 맞춰졌고 변호사들은 아카예수 판결을 인용했다. 1998년 아카예수 재판에서 판사들은 성폭력은 '영혼과 의지, 삶 자체를 파괴'하므로 인간에게 해를 입히는 '최악의 방법 중 하나'라 묘사했었다.

원고 측과 피고 측은 각각 임시재판관ad hoc judge을 선택했고 감비아 측이 르완다 국제형사재판에서 통찰력 있는 심문으로 아카예수의 유죄판결과 국제법상 최초의 강간 정의를 이끌어낸 남아메리카공화국 판사 나비 필레이를 선택한 것은 우연이 아니었다.

"이 재판은 단지 로힝야족을 위해서, 그들의 고난에 세상의 관심을 모으기 위해서 중요할 뿐 아니라 미래에 이 재판이 어떻게 이용될 수 있는가를 위해서도 중요합니다." 필립 샌즈는 말했다.

국제사법재판소 외에 법적 보상을 위한 또 다른 선택지는 각국의 법정밖에 없다. 그러나 기반구조가 아예 없고 훈련된 판사와 검사가 부족하며 경찰의 수사 여력이 거의 없고, 특히 재판 대상이 정부군일 때에는 정치적 의지도 부족한 경우가 많다. 또한 피해자들에게 법정은 무서운 곳이고 보호받지 못하는 곳일 때가 많다. 사실, 피해자들은 판사들도 사회의 많은 사람과 같은 편견으로 자신들을 본다는 것을 깨닫게 될 수 있다.

2001년 르완다 국제형사재판소의 한 재판에서는 TA라 불린 증인이 16차례 강간당한 상황을 증언하자 피고 측 변호인단이 "그녀가 목욕도 하지 않고 냄새가 났을 텐데" 어떻게 강간을 당할 수 있었는지 물었다.★ 이 질문에 판사들은 "웃음을 터트렸다"고 한다. 그녀는 같은 질문을 반복해서 받았고 결국 14일째 되는 날 증인석에서 이렇게 불만을 토로했다. "이곳에서 그 질문을 100번도 넘게 받았습니다."

제노사이드로 이미 가족을 잃은 그녀가 고향으로 돌아갔을 때 모든 사람이 그녀의 증언에 대해 알았으며 그녀의 집은 습격당했고 약혼자는 그녀를 떠났다. 그녀는 나중에 이렇게 말했다. "지금이었다면 그렇게 재차 상처받으면서까지 증언하지 않았을 겁니다."★★

힘들게 재판에 출석한 여성들은 다시 트라우마를 경험하면서도 자신들의 이야기를 하고, 또 해야 했다. 헬리치는 난민촌에 갔을 때 로힝야 여성들로부터 자신들이 겪은 고통을 20번이나 이야기해야 했다는 말을 들었다고 내게 전했다.

그러나 많은 피해자와 검사, 판사의 놀라운 용기 덕택에 지난 몇 년간 어느 정도 진전을 이룬 국가들도 있었다. 2016년 과테말라에서는 '세푸르자르코Sepur Zarco의 할머니들'로 불리는 11명의 용감한 마야 여성들이 증언에 나서서 36년간의 과테말라내전에서 그들

★   ICTR 재판 기록, 검사 대 폴린 니라무쇼의 심문 내용, 2001년 11월 6일.
★★ Binaifer Nowrojee, *Your Justice Is Too Slow': Will the ICTR Fail Rwanda's Rape Victims?* United Nations Research Institute for Social Development, Occasional Paper 10, November 2005.

(그리고 이후 세상을 떠난 네 명의 다른 여성)을 성노예로 삼았던 퇴역 장교 한 사람과 전 자경단 지도자 한 사람에게 유죄판결을 내리는 최초의 법적 쾌거를 이루었다.

과테말라내전 동안 20만 명이 넘는 사람이 살해됐으며 마을 수백 곳이 지도에서 사라졌고 10만 명이 넘는 여성, 특히 마야 여성들이 강간당했다. 마야족을 절멸시키려는 의도적인 폭력이었다. 그러나 1996년 전쟁이 끝난 뒤 정부와 게릴라 사이의 평화협상 의제에 성폭력은 포함되지 않았었다. 협상가들은 성폭력을 인정하려 들지 않았고, 전쟁 피해자 보상을 위한 '국가배상계획'의 대표단 한 사람은 성폭력은 일어나지 않았다고 믿는다고 말했다.

침묵을 깬 사람들은 과테말라 동북부 골짜기의 작은 시골 마을 여성들이었다. 그들의 이야기에 따르면 과테말라 정부군은 마을 근처에 주둔지를 세우고 처음에는 남자를 잡으러 왔다. 해마다 열리는 산타로사데리마Santa Rosa de Lima 축제 기간에 들이닥쳐 감히 토지 소유권을 주장한 죄로 마야족 남자를 끌고 갔다. 그리고 다시 여자를 잡으러 왔다.

1982년부터 1988년까지 6년간 이 여성들은 군인들에게 노예 같은 상태로 붙들려 하인처럼 일하고 조직적으로 강간당했다. 한 번에 여섯 남자에게 당할 때도 있었다. 한 여성은 '거의 죽을 때까지' 강간당했다고 묘사했다. 네 살짜리 아들 앞에서 강간당한 여성도 있었다.

이후 여러 해 동안 이 여성들은 냉대받았고 '군인의 여자들'이라 불렸다. 잡혀간 남편들은 돌아오지 않았고 그들은 여전히 남편의 유골을 찾고 있다.

결국 이 여성들은 그들이 안전한 장소에 함께 모여 예술을 창작하도록 한 여성 단체의 도움으로 자신들의 이야기를 시작했다.

그들에게 용기를 준 사람은 '응징의 검사' 클라우디아 파스 이 파스Claudia Paz y Paz였다. 그녀는 자그마한 체구에 상냥해 보였지만 2010년 과테말라 최초의 여성검찰 총장이 되었을 때 불처벌 관행과 용감한 싸움을 벌였다. 사무실에 있는 바비 케네디Bobby Kennedy의 사진을 보며 힘을 얻는다는 그녀는 범죄조직 두목부터 과테말라의 독재자 에프라인 리오스 몬트Efraín Ríos Montt에 이르기까지 모두와 격돌했다. 클라우디아는 2012년에 리오스 몬트를 제노사이드 혐의로 기소했고 이듬해 그는 유죄판결을 받았다. 그러나 파스 이 파스가 자리에서 쫓겨난 뒤 판결이 뒤집혔다.

세푸르의 할머니들은 그들을 거짓말쟁이이자 창녀라고 매도하는 친군부 단체들의 모욕에도 꿋꿋이 재판정에 출석해 22차례의 공판에서 용감하게 증언했다.

2016년 2월 30년간의 수치 끝에 그들은 드디어 정의를 얻었다. "우리는 여러분을 믿습니다. …… 그건 여러분의 잘못이 아니었습니다"라고 법정은 선언했다. "군대가 여러분의 공동체를 파괴하기 위해 여러분을 공포로 몰아넣었습니다."

레예스 히론Reyes Giron 중령에게는 120년, 에리베르토 발데스 아시Heriberto Valdez Asij에게는 240년의 징역형이 내려지자 여성들은 재판 내내 두르고 있던 다채로운 색상으로 수놓인 숄을 벗고 미소를 지었다.

과테말라내전에서 일어난 성폭력에 대해 최초로 법적 처벌이 내려진 재판이었다. 그리고 무력분쟁 시기에 강요된 성노예화가 범죄 발생국에서 처벌받은 사례로도 처음이었다.

이 재판을 주관한 이리스 야스민 바리오스 아길라르Iris Yassmin Barrios Aguilar는 '고위험 법정'이라는 단체의 회장으로서 단체의 이름에 걸맞게 여러 차례의 협박과 암살 시도에도 살아남았다. 그녀의 집에 수류탄이 던져졌을 뿐 아니라 그녀의 평판을 떨어뜨리려는 여러 시도로 결국 1년간 정직을 당하기도 했다.

"강간은 전쟁의 도구이거나 무기입니다." 아길라르는 이렇게 선언했다. "피해자를 죽이거나 강간함으로써 나라를 공격하는 방법이며, 여성들은 군사 목표로 여겨집니다."

아길라르는 가해자들을 수감시켰을 뿐 아니라 정부의 배상도 명령했다. 세푸르자르코Sepur Zarco에 무료 진료소와 중등학교를 짓고 초등학교를 개선하며 여성과 소녀, 공동체 전체를 위해 장학금을 지급하도록 했다.

라틴아메리카 곳곳에서 여성 생존자들이 목소리를 찾고 있다. 알베르토 후지모리Alberto Fujimori 대통령 시절에 30만 명의 여성이 강제 불임수술을 당했고, 1984~1995년에 정부군과 '빛나는 길' 반군 사이에 벌어진 내전 당시 양편 모두 강간을 저질렀던 페루에서는 '키푸Quipu'라는 혁신적인 구술사 플랫폼이 만들어졌다. 잉카족이 복잡한 메시지를 전달하기 위해 사용한 매듭에서 이름을 따온 프로젝트다. 여성들이 무료 메시지 서비스를 활용해 자신의 이야기를 녹음하면 키푸 사이트에 색색의 매듭으로 업로드된다. 가상공간의 태피스트리가 창조되는 셈이다.

콜롬비아에서는 정부군과 좌익 게릴라 집단인 콜롬비아무장혁명군(FARC) 사이의 내전을 끝내는 평화협상의 일환으로 세워진 특별 법정에 수천 건의 소송이 제기되었다. 52년에 걸친 내전 기간에 26만 명이 살해당했다. 또한 분쟁 조직 모두 광범위한 성폭력을 자행했다. 정부군과 손잡았던 연합자위대(AUC) 같은 준군사조직은 강간을 전쟁 무기이자 영토와 지역사회를 지배하는 도구로 사용했다. 콜롬비아무장혁명군도 마찬가지였다. 그들은 전투에 차질을 빚지 않도록 임신한 대원들에게 낙태를 강요했다. 콜롬비아 국립역사기억센터National Center for Historical Memory에 따르면 1985년부터 2016년 사이에만 1만 5000명이 넘는 사람들이 분쟁 중 성폭력 피해를 입었다. 생존자들의 호소를 듣기 위해 세워진 평화법정Peace Tribunal은 성폭력 문제를 다루기로 결정했고 2018년 8월 2000건의 사건 기록이 법정에 제출됐다.

아르헨티나에서는 이른바 '더러운 전쟁' 시기에 벌어진 고문과 살인을 조사하는 법정들이 최근 들어 1974~1983년 군부 통치기에 일어난 성폭력을 다루기 시작했다.

아프리카에는 더 많은 역사가 만들어지고 있다. 2016년 5월 과테말라 할머니들이 역사적인 판결을 끌어낸 뒤 그리 오래지 않아 중앙아프리카의 작은 나라 차드에서는 가난한 어느 문맹 여성의 놀라운 용기로 최초로 국가원수에게 강간죄 유죄판결이 내려졌다.

1980년대 차드를 통치했던 이센 아브레Hissène Habré는 아프리카의 피노체트라 불릴 만큼 비열한 사람이었다. 그의 무시무시한 비밀경찰인 기록안보부는 그가 집권한 8년간 4만 명을 살해했으며, 더 많은 사람을 강간하고 고문했다. 고문은 수영장을 개조한 악명 높은 지하감옥 라피신La Piscine에서 주로 이루어졌다. 그들이 사용한 고문 중에는 '바게트 만들기'라는 끔찍한 방법도 있었다. 막대 두 개를 밧줄로 연결해 피해자의 머리에 두른 다음 밧줄을 천천히 조이면서 뇌가 터질 것 같은 고통을 주는 방법이다. 아브레가 직접 고문을 자행한 경우도 있었다.

결국 1990년 쫓겨난 아브레는 재무부 국고의 총액 1억 5000만 달러를 자기 앞으로 수표로 발행한 뒤 이웃한 세네갈로 달아나서 호화롭게 살았다.

그는 2000년에 체포되었고 그의 피해자와 용감한 변호사 자클랭 무데이나Jacqueline Moudeina의 오랜 캠페인 끝에 2013년 마침내 세네갈에서 재판에 회부됐다. 자클랭 무데이나는 그를 처음 고소한 직후 수류탄 공격을 당했고 가까스로 살아남았다.

아브레 재판을 위해 특별히 구성된 아프리카특별재판소 Extraordinary African Chambers(1982년~1990년까지 차드에서 자행된 국제 범죄를 재판하기 위해 2018년 세네갈 다카르에 세워진 법정—옮긴이)는 다른 나라 소재의 법정에서 한 국가의 수장을 재판한 첫 사례였다.

처음에는 살해와 고문 혐의 가운데 강간 혐의는 포함되지 않았다. 그러나 카디자 지단Khadidja Zidane의 극적인 증언 이후 상황이 달라졌다. 그녀는 아브레가 그녀에게 대통령궁으로 오라고 명령했고, 그곳에서 자신을 네 번 강간했다고 고발했다.

카디자는 1980년대 대통령궁에 있던 아브레의 집무실로 매일 끌려가곤 했다. 그는 책상에 앉아 담배를 피우며 그의 직원들이 호스를 그녀의 목구멍에 밀어넣거나 전기충격으로 고문하는 것을 지켜봤다. 가끔은 자신이 직접 고문하고 강간도 했다.★

카디자가 빠져나올 방법은 전혀 없었다. 카디자의 어머니와 남자 형제는 그의 공포 정치 기간에 살해됐다.

그녀는 생명의 위협을 무릅쓰고 증언했으며, 차드에 방송된 그 재판에서 아브레는 그녀를 '색정광 창녀'라고 비난했다.

법정은 그녀의 증언을 들은 뒤 아카예수의 선례를 들어 강간을 혐의에 포함시켰다. 2016년 5월 아브레는 인도주의에 반하는 범죄와 고문, 강간으로 유죄판결을 받았고 종신형을 선고받았다. 보기

★ Ruth Maclean, 'I Told My Story Face to Face with Habré', *Guardian*, 18 September 2016.

드문 순간이었다. 그는 선글라스와 흰색 두건으로 얼굴을 가렸고, '프랑사프리크Francafrique(프랑스가 옛 아프리카 식민지에 미치는 영향력을 일컫는 말―옮긴이)를 타도하라'고 투덜거렸다.

이 판결은 대단히 획기적인 발전이었지만 여기에서도 카디자에게는 큰 희생이 따랐다. 그 일로 남편이 그녀를 떠났기 때문에 카디자는 혼자가 되었고, 그녀를 욕하고 창녀라 부르는 낯선 이들에게 계속 공격을 당했다.

그러던 1년 뒤 2017년 4월 항소재판은 아브레의 유죄판결을 모두 유지했지만 하나를 제외했다. 그의 보안대가 저지른 대량 성폭력에 대한 책임은 그대로 두었지만 그가 카디자를 강간한 혐의에 대해서는 무죄를 선고했다. 항소법원은 무죄 판결이 절차상의 문제일 뿐이지 카디자가 한 증언의 신뢰성을 반영하는 것은 아니라고 강조했다. 그녀가 법정 증언에서 제시한 새로운 사실들이 너무 늦게 포함되었기 때문에 유죄판결의 근거가 될 수 없다고 설명했다.

카디자는 그래도 자신이 증언한 사실에 만족한다고 말했다. "그 사람이 제게 한 짓을 온 세상에 알릴 기회가 되었으니까요."

그녀를 대변한 휴먼라이츠워치의 리드 브로디Reed Brody에 따르면 "그녀는 증언을 했다는 사실에 무척 기뻐합니다. 매우 의미 있는 일이었지요. 그녀에게 중요한 건 사람들이 그 이야기를 들었다는 것이니까요."

아브레 재판의 판사뿐 아니라 아카예수 재판과 과테말라, 보스니아 최초의 강간 유죄판결이 내려진 재판의 판사들이 여성들이었으며 장피에르 벰바가 유죄판결을 받을 때도 판사석에 세 명의 여성 판사가 있었다는 것은 분명 우연이라 할 수 없다.

"누가 법을 해석하는지는 누가 법을 만드는지 못지않게 중요합

니다." 아카예수 재판에서 핵심적인 질문을 던졌던 나비 필레이는
말한다. "강간이나 성폭력에 유죄판결이 내려질 때는 언제나 판사석
에 여성이 있을 때입니다."

그녀는 타바 여성들의 증언이 자신에게도 영향을 미쳤다고 말
했다. "JJ의 증언을 들으며 저는 법이 분쟁지역 여성들이 겪는 성폭
력을 어떻게 인식하는지 다시 살펴보게 됐습니다. 그동안 법의 관행
이 여성들의 침묵에 충분히 관심을 기울이지 못했던 것 같아요."

유럽에서도 오랫동안 숨겨졌던 일들이 또 다른 여성 판사의 노
력으로 세상에 드러났다. 프랑코 치하의 스페인에서 강간과 강제 낙
태, 아기 납치를 당한 여성들은 자신들의 이야기를 할 기회가 없었
다. 1977년 스페인에서 통과된 사면법이 사면을 인정했기 때문이다.
그러나 2000년부터 피해자의 가족이 집단 매장지를 발굴하며 직접
행동에 나서기 시작했다. 그리고 2019년 10월 마침내 마드리드 외
곽에 자리한 전몰자의 계곡의 웅장한 묘에 안장된 프랑코의 유골을
파내라는 대법원의 판결이 나왔다. 프랑코 정권의 학살 집행자이자
세비야 집단강간을 옹호했던 케이포 데 야노Queipo de Llano 장군의 유
골도 세비야대성당의 영예로운 안장지로부터 파내야 한다는 운동
이 진행 중이다. 한편 살아남은 고문 피해자들은 함께 모여 정의를
요구하며 스페인 곳곳의 공회당에서 서명을 받았다. 아르헨티나의
뛰어난 판사인 마리아 세르비니 데 쿠브리아Maria Servini de Cubria가 인
권 학대에 대한 보편 관할권 원칙을 적용해 조사를 시작한 이후 마
침내 그들은 재판을 열 수 있게 됐다.

판사석에 여성이 있을 때 강간 가해자의 유죄판결이 더 많이 내
려지는 것처럼 군대에 더 많은 여성이 있을 때 강간이 줄어든다는
연구 결과도 있다. 이스라엘-팔레스타인 분쟁은 군대의 규율이 잘
잡힌 곳에서는 성폭력이 불가피한 현상이 아님을 보여주는 사례로

자주 언급된다. 이스라엘 남자와 여자는 모두 18세에 병역의 의무를 져야 하며, 여성은 이스라엘 군대의 약 3분의 1을 차지한다.

프라밀라 패튼의 분쟁하 성폭력에 대한 UN 사무총장 특별대표실은 UN 평화유지군(현재 여성 비율이 2퍼센트에 불과하다)과 중재단(19퍼센트다)에 더 많은 여성을 채용하자고 청원하고 있다. 그래야 전쟁에서 여성에게 일어나는 일들이 더 이상 부차적 문제로 취급받지 않을 수 있다.

조지타운대학교의 여성·평화·안보연구소Institute for Women, Peace and Security의 상임이사 멜란 버비어Melanne Verveer에 따르면 "공식적인 평화 협상에서 여성은 굉장히 과소 대표되고 있다. 중재단의 2퍼센트, 증인과 서명자의 5퍼센트, 협상자의 8퍼센트만 차지할 뿐이다. 달리 말해 교전 당사자들이 전쟁을 끝내기 위해 협상을 할 때 여성들은 여전히 극도로 배제된다는 말이다."★

쉽지 않은 일이다. 헬리치는 2014년 외무부 장관 윌리엄 헤이그와 함께 시리아전쟁 종식을 위한 국제회의에 간 적이 있었다. 헤이그 장관은 회의에 여성들이 참석해야 한다고 주장해둔 터였다. 헬리치는 당시 경험을 이렇게 회상한다. "우리가 회의실에 들어섰을 때 그곳에는 50명의 남자와 제가 있었어요. 헤이그 장관이 말했죠. '여성 협상가들이 필요하다고 말했잖소.' 그러자 그들이 저희를 그곳에서 차로 20분 거리에 있는 훨씬 덜 근사한 호텔로 데려가더라고요. 그곳의 어두운 지하실에 한 무리의 여성이 모여 있었어요. 정말이에요. 농담이 아닙니다."

헬리치의 활동과 한 할리우드 스타의 뜻밖의 협조에 힘입어 영

★   Melanne Verveer, Anjali Dayal, 'Women are the Key to Peace', *Foreign Policy*, 8 November 2018.

국은 이 문제를 국제적 의제에 올리는 일의 최전선에 서게 됐다.

"모두 영화 덕택이었어요." 헬리치가 웃으며 말했다. "보스니아 신문에 앤젤리나 졸리가 그곳에서 강간에 대한 영화를 만든다는 기사가 실렸어요. 저는 생각했죠. 대체 이 할리우드 여자가 내 나라에 대해 뭘 안다는 거지? 몇 달간 그녀를 미워했지요! 하지만 결국 그녀의 영화인 〈피와 꿀의 땅에서In the Land of Blood and Honey〉를 봤을 때 저는 믿을 수가 없었어요. 그 누구도 전쟁의 고통과 삶을 그렇게 묘사한 적이 없었어요."

대단히 설득력 있는 여성인 헬리치는 상관인 윌리엄 헤이그뿐 아니라 데이비드 캐머런 총리도 그 영화를 보게 설득했다.

헤이그는 2006년 예비 내각의 외무부 장관이던 시절에 수단 서부의 다르푸르에 갔을 때 전쟁 난민촌에서 만난 여성들의 이야기에 경악했다. "제가 분쟁지역 성폭력에 대해 처음 알게 된 것은 땔감을 구하러 나갔다가 강간당한 여성들을 만났을 때였습니다. 그들은 정부군의 지원을 받는 민병대에 강간당했는데 그 여성들이 고향으로 돌아가지 못하게 하려는 의도였죠. 그다음은 헬리치와 함께 보스니아에 갔을 때였어요. 그곳에서는 자신들의 가해자가 그냥 길을 걸어 다닌다고, 분쟁은 해결됐지만 정의가 이루어지지 않았다고 말하는 사람들을 만났습니다."

헤이그는 1807년 영국의 노예제 철폐를 이끈 보수당 의원 윌리엄 윌버포스William Wilberforce의 전기를 쓴 작가로, 일반 대중이 어떤 문제를 지지할 때 정치인이 무엇을 해낼 수 있는지 잘 알았다. "한 가지 교훈은 이것입니다. 사슬의 끝에 있는 사람들의 행동을 변화시킬 때만 목표를 이룰 수 있습니다. 그 행동을 용납하기 어려운 것으로 만들 때까지 사람들은 늘 불법적인 일을 할 방법을 찾아내기 마련이니까요."

문제는 어떻게 사람들이 그 문제에 대해 생각하게 만드느냐는 것이었다. 헬리치는 졸리를 외무부로 초청해 그 영화를 상영하고 강연하자고 제안했다. 관료들은 그 일이 가능하리라는 생각을 비웃었지만 그녀는 어렵사리 졸리의 연락처를 알아내 연락했다. 졸리는 답신을 보내 그들이 전시 강간을 멈추기 위해 실제로 무엇을 할 것인지 물었다.

"좋은 지적이었어요." 헬리치가 말했다. "그래서 우리는 전시 성폭력 신고가 들어올 때마다 증거를 수집하기 위해 파견될 '전문가 팀'이라는 신속대응팀[의사와 변호사, 경찰, 법의학 전문가를 포함하는]을 구성하는 방법을 제안했지요. 그런 기관이 없었으니까요."

졸리는 와서 강연하기로 동의했고 2012년 영국 외무부에 분쟁지역 성폭력 예방을 위한 특별팀이 구성되었다. 2014년 6월 머리가 벗겨지는 무뚝뚝한 요크셔 남자와 매혹적인 할리우드 스타로 구성된 어울리지 않는 한 쌍이 런던에서 4일간 열리는 국제회의를 공동 주최했다. 분쟁지역 성폭력 종식을 요구하는 이 회의에는 100개 나라에서 1700명의 대표자와 생존자, 유명인사, 의원이 모였고 광범위한 언론의 조명을 받았다.

"외무부 장관과 할리우드 여배우라니, 흔치 않은 조합이지만 세상의 관심을 끌기 위해 뭔가 특별한 일이 필요했습니다." 헤이그가 말했다. "안젤리나는 자신의 세계적인 유명세로, 저는 외무부 장관으로서 할 일을 했죠. 부족한 부분은 그동안 주요국 중 어느 국가도 이 운동을 옹호하고 나선 적이 없다는 것이었습니다.

알고 보니 할 수 있는 일이 많았습니다. 예를 들어 영국은 15개월마다 UN 안전보장이사회의 의장국을 맡습니다. 그래서 저는 그 기회를 활용해 의제를 정했습니다. 그 뒤 UN 총회에 분쟁지역 성폭력을 막자는 선언을 제출했고 155개 나라의 서명을 받았습니다."

그는 또한 이 문제를 모든 양자회담에서도 거론했다. "다른 나라의 외무부 장관들은 영국 외무부 장관이 회담에서 틀림없이 성폭력 문제를 거론할 거라는 말을 듣고는 깜짝 놀라서 분주하게 브리핑을 받아야 했죠.

많은 사람의 마음속에 성폭력 문제는 여성들의 문제로 분류돼 있습니다. 그리고 남자들은 여자들의 문제는 여자들이 알아서 해결할 거라고 생각해버리지요. 그래서 제게 묻곤 합니다. '왜 남자인 당신이 끼어듭니까?'

제 대답은 이렇습니다. 그 범죄는 거의 남자들만 저지르는데 남자들이 나서지 않으면 어떻게 여자들이 이 문제를 풀겠습니까? 문제의 99퍼센트를 일으키는 당사자가 적어도 해결의 50퍼센트는 참여해야죠.

또 이렇게 말하는 사람들도 있습니다. 아주 가치 있는 일이긴 하지만 인류 역사만큼 오래됐고 모든 전쟁에서 계속된다고요. 그 말인즉슨, 왜 신경을 쓰냐는 겁니다. 저는 그들에게 슬프게도 성폭력이 20세기와 21세기의 거대한 대규모 범죄 중 하나라고 말하지요. 무엇보다 갈수록 심해지고 있어요. 분쟁지역 강간은 민간인들을 상대로 한 전쟁 무기로 체계적·의도적으로 사용되고 있으니까요.

저는 모든 국가의 외무부에 분쟁지역 성폭력 예방팀을 두어야 한다고 생각합니다. 평화와 안보에서 중요한 부분이니까요. 하지만 여전히 영국 외무부에만 전담팀이 있습니다. 그런 팀이 없다면 아무도 책임지지 않는 문제가 될 테고 사람들은 가망이 없다고 생각할 겁니다."

2014년 그가 물러난 뒤 후임 외무부 장관들은 그만큼 열성적이지 않았다. 분쟁지역 성폭력 예방팀은 34명에서 세 명으로 축소되었고 2014년 1500만 파운드였던 예산은 2019년 200만 파운드로 삭감

되었다. "우리가 키운 열성과 중요도만큼 이 일이 영국 외교의 일상적 활동이 되지 못해서 실망스럽습니다"라고 헤이그는 말했다.

2020년 영국의 원조영향평가위원회Independent Commission for Aid Impact가 발표한 보고서는 이 프로젝트가 기대를 충족하지 못했고 '생존자들을 실망시킬 위기'에 있다고 평가했다. 보고서가 지적한 바에 따르면 헤이그가 주최한 국제회의에 들어간 비용이 분쟁지역 강간 해결을 위한 영국 예산의 다섯 배에 이르렀다.

헤이그는 힐러리 클린턴이 2016년에 미국 최초의 여성 대통령으로 선출되길 바랐다. 클린턴도 그처럼 분쟁지역 성폭력 예방에 열성적이었기 때문이다. 대신 미국은 20대 여성들에게 성폭행과 성희롱으로 고소당했던 도널드 트럼프를 대통령으로 뽑았다.

"최근 들어 우리는 거꾸로 가는 것 같습니다." 헤이그가 말했다. "최근의 모든 분쟁에서도 여전히 성폭력이 대규모로 일어나고 있어요. 그러니 우리는 그 문제를 전혀 해결하지 못했죠."

헬리치와 또 다른 동료 클로이 달튼Chloe Dalton은 외무부를 떠나 졸리와 함께 비영리 단체를 설립했다. 그들은 집권 정치인들이 이 문제에 흥미를 잃었다는 것에 개의치 않고 장군들에게 관심을 돌렸고 뜻밖에도 열성적인 호응을 얻었다.

영국의 참모총장 닉 카터Nick Carter 장군의 식당 벽에는 〈군복 입은 소년The Boy in Green〉이라는 작지만 눈을 사로잡는 그림이 걸려 있다. 자수가 놓인 기도 모자와 품이 큰 위장복 상의를 입은 아프가니스탄 소년의 그림이다. 그는 이 소년의 눈빛을 '1000야드의 응시1000 yard stare'(전투와 같은 극한 상황에서 느끼는 압박과 충격으로 주변 상황에 무감각해진 사람의 초점 없는 멍한 시선―옮긴이)라 묘사하며 "저 소년은 분명 평생 학대를 받으며 살았을 겁니다"라고 말했다.

아프가니스탄에서 복무하는 영국 병사들이 특히 곤혹스러웠던 점은 몇몇 아프간 병사, 특히 경찰이 '차 소년들tea boys(유소년들에 대한 성 착취 관행을 일컫는 바차바지Bacha Bazi의 또 다른 표현―옮긴이)'이라는 완곡한 표현으로 불리는 것에 탐닉하는 성향이었다.

카터는 그 상황에 대해 이렇게 말했다. "단기 전술 목표와 장기 목표 사이에 긴장이 있죠. 단기 목표는 주민들의 안전을 지키는 것이고 그 일은 분명 우리가 지원하고 아프간 병사들이 해야 하는 일입니다. 그런데 장기적으로 보면 그들의 행동 중 많은 부분이 불처벌 문화의 문제에 기여한다는 것이었습니다."

그는 성폭력―남성과 여성 모두에 대한―을 다루는 것이 군사 활동의 중요한 부분이며, 그러려면 '근본적인 문화의 전환'이 필요하다고 믿는다.

"우리의 적들은 여성 학대를 남자, 그리고 여자에 대한 무기로 씁니다. 그게 효과적인 이유는 사람에게 정복의 느낌을 주고 사람을 짐승처럼 만들기 때문입니다. 그리고 보스니아에서처럼 진짜 계산적으로 쓰이면 장기적인 인종청소와 민족 정체성 약화를 일으키는 방법이기도 합니다. 대단히 혐오스럽고 소름 끼칠 정도로 체계적이지요."

카터는 1990년대 보스니아와 코소보에 복무했지만 행동할 필요를 확신하게 된 것은 더 최근의 분쟁들에서였다.

"지난 15년에서 20년, 특히 이라크와 아프가니스탄 작전에서 우리 모두가 배운 큰 교훈 하나는 이 나라들을 안정시키려면 적보다는 일반 주민들을 상대하는 것이 훨씬 더 중요하다는 겁니다.

주민들을 상대하려면 당연히 남성과 여성의 측면 모두를 다루는 것이 필수적입니다. 그 말은 곧 여성을 보호하는 것이 대단히 중요하다는 말이지요. 여성은 남성보다 취약할 때가 많으니까요. 그래서 전장이 여성에게 어떤 영향을 미치는지 생각하다 보면 바로 전시 성폭력 문제에 부딪히게 됩니다. 왜냐하면 전시 성폭력은 무기 시스템이고, 이 문제의 국가들에서 우리의 목표인 안정과 안보를 실현하려면 사람들이 어떤 무기도 사용할 수 없게 만들어야 합니다. 특히 그런 종류의 무기라면 더욱 사용할 수 없게 해야죠.

성폭력 문제를 해결하는 일은 어렵습니다. 군대는 전체적으로 남자들의 인력으로 구성되고 남성 문화를 갖고 있는데, 그런 것들은 빨리 변화하지는 않습니다."

이런 이유 때문에 그는 참모총장직에 있던 2014년부터 2018년까지 군대에서 여성 채용 비율을 증가하는 것을 우선순위 중 하나로 삼았다. 그는 군대의 여성 비율이 10~25퍼센트까지 높아지는 날이 오기를 바랐다.

"그래서 저는 군의 모든 역할을 여성에게 개방하는 걸 받아들였습니다. 그래야 제가 다른 사람들을 똑바로 보면서 영국군은 모든 일에서 여성을 배제하지 않는다고 말할 수 있지 않겠습니까?"

2018년 8월 영국군은 슈라이버넘의 국방아카데미에서 2주 교육 프로그램을 시작하여 특히 그들이 교육하는 국가에 배치된 군대들 중에서 분쟁지역 성폭력 문제를 다룰 200명의 특별 고문관을 훈련했다. 또한 배치 전 훈련과 연간 군사시험에 분쟁지역 성폭력 파악과 대응 방법을 포함시켰으며 여성 관련 업무를 다루는 팀을 점점 더 많이 배치하기 시작했다.

2019년 1월 나는 세계에서 가장 최근에 생긴 국가인 남수단에서 이런 정책의 효과를 목격했다. 남수단은 2011년 수단으로부터 독립했지만 석유를 둘러싼 경쟁과 종족 갈등으로 불붙은 잔인한 내전에 빠지고 말았다. 약 40만 명이 목숨을 잃었고 수백만 명이 고향을 등져야 했으며 다양한 평화협정은 실패를 거듭했다.

나는 남수단 북부의 벤티우Bentiu라는 마을을 방문했다. 몇 주

전 구호물품 배급소까지 30킬로미터를 걸어가던 여성 123명이 열흘에 걸쳐 무장 민병대에게 납치당한 곳이었다. 여자들은 숲으로 끌려가 강간을, 때로는 여러 번 반복해서 당했다.

근처 난민촌에는 벤티우 공병단으로 알려진 영국 병사들이 여성 지휘관 알란다 스콧Alanda Scott 소령과 함께 주둔하고 있었다. "피해자들은 여덟 살부터 여든 살까지의 여성들이었어요. 손녀뻘부터 할머니뻘까지, 심지어 임신한 여성까지 있었어요." 그녀가 말했다. "정말 끔찍해요. 누구도 그런 일을 당해서는 안 되는 겁니다."

그러나 그녀는 해결책을 찾았다. 이 여성들이 식량 배급을 받기 위해 그렇게 멀리 걸어가야 했던 이유는 트럭이 다닐 수 없는 길 때문이었다. 그래서 여성들이 그렇게 쉬운 먹잇감이 됐던 것인데 그건 그녀가 해결할 수 있는 문제였다.

그녀는 기술자 30명을 보내 근위보병과 몽골 평화유지군의 보호 속에 도로를 정비하도록 했다. 그들은 찌는 듯 더운 날씨에도 쉬지 않고 일하며 닷새 만에 초목을 제거하고 길을 넓히고 붉은 흙길을 평평하게 다졌다.

간단한 일이지만—땅을 파다가 살인 벌집을 뜯어내는 바람에 병사 한 사람이 150번 쏘인 사고 말고는—지역 여성의 삶을 효과적으로 변화시켰다.

강간범 불처벌 관행을 끝내려면 침묵을 끝내야 한다. 셰익스피어는 라비니아가 '사슴이 몸을 숨기듯 자신을 숨기려고 애썼다'고 묘사한다. 성폭력은 가장 은밀한 형태의 폭력이고 말하기가 쉽지 않다. 강간은 신고가 가장 적은 범죄다. 분쟁지역 강간은 신고가 훨씬 더 적다.

보복에 대한 두려움 때문일 때도 있지만 대체로 낙인 때문이기도 하다. 낙인은 실제 사건만큼이나 큰 트라우마가 될 수 있고, 피해자를 자살로 내몰기도 한다. 프라밀라 패튼이 말한 것처럼 "강간은 사회가 가해자를 처벌하기보다 피해자를 낙인찍을 가능성이 더 많은 유일한 범죄다."

2016년 6월 19일 나는 무퀘게 박사가 세계 성폭력 추방의 날을 기념하며 조직한 회의에 갔다.

세 대륙에서 온 여성 여덟 명이 UN 본부 지하 강당 무대에 긴장한 모습으로 앉아 있었다. 무퀘게 박사가 창립했고 지금까지 14개 나라의 생존자들이 참여한 국제생존자네트워크Global Survivor Network를 통해 모인 여성들이었다.

회의는 한국정신대문제대책협의회(정의기억연대) 윤미향의 발표로 시작되었다. 그녀는 마지막 살아남은 위안부 몇 사람의 증언 영상을 보여주었다. 내가 전에 보았던 김복동의 증언도 있었다. 그 무렵에는 아흔두 살이었고 암을 앓고 있어 몸이 쇠약해진 탓에 그곳에 올 수 없었다.

"이분들의 끈기와 용기 덕택에 오늘 우리가 이곳에 있습니다." 콩고의 기요메트 총고Guillaumette Tsongo가 말했다. "그분들은 생존자들의 수치를 깨고 나와 정의를 얻을 수 있도록 길을 닦았습니다."

그날 모인 생존자 중에는 코소보 출신의 바스피예 크라스니치구드만Vasfije Krasniqi-Goodman이라는 진지한 젊은 여성도 있었다. 1999년 4월 열여섯 살밖에 안 된 그녀는 고향 마을에서 한 세르비아 경찰에게 납치되었다. 그는 그녀를 칼로 위협하며 강간한 다음 동료에게 넘겼다. "저는 그에게 제발 죽여달라고 했지만 그는 '아니, 이렇게 해야 네가 더 괴로울거야'라고 말했어요."

그녀는 나중에 강간범들에게 보내는 가슴 아픈 편지를 유튜브에 공개했다. "당신들은 내게 상처를 입혔습니다. 저는 열여섯 살이었습니다. 아직 어렸고 제 앞에 아직 시작하지 않은 삶이 고스란히 놓여 있었습니다. 당신들은 제 젊음을 순식간에 훔쳐갔습니다."

코소보 전쟁 동안 약 2만 명의 여성이 강간당했다고 여겨지지만 캐나다로 이주한 바스피예가 최초로 강간을 증언했다. 그녀는 자신이 목소리를 낼 수 있던 것은 더는 코소보에 있지 않았기 때문이었다고 말했다.

생존자 중 누구도 그들이 잔학 행위에 책임이 있다고 여기는 세르비아 정부로부터 사과나 인정을 받지 못했다. 코소보 의회에서 전상자 연금 대상에 성폭력 피해자도 포함시켜야 할지에 대한 논쟁이 벌어졌을 때 정치인들은 피해자들이 우선 부인과 검사를 받아야 한다고 말했다.

바스피예를 강간한 자들은 2012년 프리슈티나 기본 검찰에 기소되었고, 이듬해 그녀는 법정에서 증언했다. 두 남자는 2014년 4월 처음에는 '절차상 문제'를 이유로 무죄 선고를 받았지만 한 달 뒤 항소 재판에서 유죄가 선고됐다. "제 딸이 태어난 날 빼고 제 인생에서 가장 행복했던 날이었죠." 바스피예는 말했다. "제가 옳다는 걸 보여줬으니까요. 그로 인해 제 고통이 사라졌죠."

그러나 나중에 대법원은 판결을 무효화했다. 바스피예는 영상에서 이렇게 말했다. "저는 외국의 법정에서 8시간 동안 증언했지만 성공하지 못했습니다. 그래도 멈추지 않을 겁니다. 저는 그런 일이 제 딸에게든, 다른 누구의 딸에게든 일어나지 않길 바랍니다.

제가 더 괴로워할 거라는 그 남자 말이 맞습니다. 제 마음은 매일 그날의 일로 되돌아갑니다. 엄마는 저한테 일어난 그 일 때문에 상심해서 돌아가셨습니다."

그녀는 이렇게 호소하며 이야기를 끝냈다. "우리 2만 명은 단결하고 목소리를 내고 우리의 이야기를 해야 합니다. 그 범죄자들을 찾아내야 합니다. 우리의 국가는 그들을 처벌해야 합니다."

아직 단 한 건의 유죄판결도 내려지지 않았지만 그녀의 노력으로 문제에 대한 인식이 커졌다. 2015년 6월 프리슈티나에는 코소보 전쟁에서 여성의 희생을 기리는 첫 기념비가 세워졌다. 피해자 한 사람 한 사람을 나타내는 핀 2만 개로 여성의 얼굴을 표현한 놀라운 조형물 헤로이나트Heroinat(알바니아어로 영웅의 여성 복수형)였다.

몇 주 뒤 근처 축구 경기장에는 그 못지않게 놀라운 설치작품이 공개되었다. 생존자를 비롯한 다른 사람들이 기증한 옷 5000벌이 모두 산뜻하게 세탁되어 운동장에 설치된 빨랫줄들에 걸렸다. 제목은 〈당신을 생각하며Thinking of You〉, 작가는 알케타 자파 므리파Alketa Xhafa Mripa였다. 그녀는 전쟁이 일어나기 직전인 1997년 코소보를 떠나 런던의 센트럴세인트마틴스에서 예술을 공부했다. "저는 아무도 말하고 싶어 하지 않는, 이 감춰진 문제를 공적 공간으로, 남자들의 세상으로 갖고 와서 아무런 수치도 낙인도 없다는 것을 보여주고 싶었습니다." 그녀가 내게 말했다.

결국 2018년 2월 획기적인 승리가 일어났다. 코소보 정부가 지난 15년간 전쟁에 참전한 남성 퇴역 군인에게 해온 대로 한 달에 230유로의 연금을 여성들에게도 지불하기로 한 것이다. 그러나 첫해에 승인을 받은 여성은 190명뿐이었다. 승인 절차는 길었고 앞에 나서는 여성은 소수였다. 여성들은 자신들에게 일어난 일이 알려지는 걸 원치 않았다. 많은 피해자는 아주 가까운 가족에게조차 말하지 않았다.

2019년 10월에는 두 번째 생존자 샤이레테 타히리 슐레마니 Shyhrete Tahiri-Sylejmani가 코소보 전쟁범죄 특별검찰에 고소장을 제출했다.

제네바에서 열린 회의에서 바스피예를 비롯한 생존자들은 다른 생존자를 만나고 함께하는 것이 얼마나 힘이 되는지 이야기했다. 무퀘게 박사는 노벨평화상 상금의 일부로 생존자들을 위한 세계 기금을 만들었다. "콜롬비아에 있든 중앙아프리카공화국이나 콩고민주공화국이나 이라크에 있든, 여성들의 고통은 같습니다." 그는 말했다. 그는 또한 세계 곳곳에 여성 교육 센터를 설립해 사람들이 훈련받고, 고통을 겪은 여성들이 그 고통을 힘으로 바꾸도록 도울 수 있기를 바란다.

언젠가 여성들이 회복할 수 있을까요? 내가 그에게 물었다.

"저는 아주 많은 여성과 이야기를 나눴습니다만 그 대답은 그럴 수 없다는 겁니다. 한 여성이 자기 이야기를 하겠다고 결정할 때 그건 자신이 회복됐다고 말하는 것이 아니라 변화의 주체가 되겠다고 말하는 겁니다. 내게 그런 일이 일어났지만 내 아이들이나 다른 사람들에게 일어나게 놔둘 수는 없다고 말하는 것이죠."

한 걸음 앞으로 갈 때마다 다시 한 걸음 뒤로 가곤 한다. 제네바에서 그렇게 고무적인 모임이 열린 지 몇 달 뒤 일본에서 가장 긴 역사를 가진 영자 신문《재팬 타임스The Japan Times》는 일본의 전시 역사를 수정하려는 이들에게 굴복한 듯했다. 미쓰비시에 열 명의 전시 강제징용 노동자 대한 배상을 명령하여 일본 정부를 격분케 한 한국의 대법원 결정에 자극을 받은 게 분명한 듯 2018년 11월《재팬 타임스》는 자신들이 예전에 '잠재적으로 오해의 소지가 있는' 용어를 사용했으며, 이후부터 위안부를 서술하는 방식을 바꾸겠다고 발표했다. 편집장의 말에 따르면《재팬 타임스》는 예전에는 위안부를 "제2차 세계대전 시기와 그 이전에 일본 군대에 섹스를 제공하도록 강요받은 여성들women who were forced to provide sex for Japanese troops before and during the Second World War"이라고 표현했다. 그러나 "전쟁이 진행되는 시기 동안 지역마다 위안부 여성들의 경험이 광범위하게 다양하므로 오늘부터 우리는 '위안부'를 '전시 유곽에서, 자신의 의지에 반하여 일했던 여성을 포함하여, 일본 병사들에게 섹스를 제공하기 위해 일했던 여성들women who worked in wartime brothels, including those who did so against their will, to provide sex to Japanese soldiers'로 설명하겠다"라고 덧붙였다.

그게 전부가 아니다. 2018년 6월에는 벰바 판결이 절차상의 문제를 이유로 뒤집히면서 앞으로의 판결에 걱정스러운 위험 신호를 보냈다.

런던정경대 법학 교수이자 최근 창립되어 앤젤리나 졸리가 객원 교수로 있는 여성·평화·안보센터의 창립 이사인 크리스틴 친킨 Christine Chinkin 교수는 과테말라를 비롯한 여러 곳에서 이제까지 이룬 성취는 인상적이지만 "그건 몇 안 되는 경우들입니다. 분쟁지역에 성폭력이 얼마나 만연한지 고려했을 때 그런 성공 사례는 극히 드뭅니다. 대다수는 처벌받지 않지요"라고 지적했다.

어쩌면 놀랄 일이 아닐지 모른다고 그녀는 덧붙였다. "영국의 강간 유죄판결 비율이 충격적으로 낮다는 것을 생각해보세요. 법정으로 가는 강간 사건의 9~10퍼센트만 유죄판결을 받잖아요."

사실 2018년에는 어느 때보다 더 많은 여성이 용기를 내어 경찰에 강간을 신고했지만 유죄판결의 수는 기록적으로 낮았다. 5만 7882건이 신고되었는데 3.3퍼센트인 1925건에만 유죄판결이 내려졌다.★ 영국법률협회의 조사에 따르면 2016~2018년 동안 강간 담당 검사들에게 유죄판결 비율을 60퍼센트로 올리라는 목표치가 주어졌기 때문에 그들이 보기에 유죄판결이 나올 가능성이 비교적 약

★　Crown Prosecution Service, *Violence Against Women*, 2018–19.

한 사건들은 아예 기소조차 하지 않았다.★

서구 국가들은 여전히 갈 길이 멀다. 놀랍게도 남자들은 '그녀가 자초했어'라고 생각하는 경향이 너무나도 많다.

2017년 9월 포르투갈에서는 여성들의 격렬한 항의 시위가 벌어졌다. 나이트클럽 바텐더와 경비원인 두 남자가 술을 마시고 정신을 잃은 스물여섯 살의 여성을 클럽 화장실에서 강간하고도 풀려난 것이다. 두 남자는 유죄판결을 받고 4년 형을 선고받았지만 항소에서 '쌍방 유혹'과 '알코올 남용'의 '정상참작'을 근거로 형 집행이 유예되었다. 판결을 내린 판사 중에는 판사협회 회장도 있었다.

스페인의 여성들은 2018년 이른바 '늑대 무리Wolf Pack' 사건 이후 거리로 쏟아져 나왔다. 해마다 열리는 팜플로나 소몰이 축제에서 열여덟 살 소녀를 집단 강간한 다섯 명의 남자가 강간 혐의를 벗었기 때문이다. 이 남자들은 성적 무용담을 떠벌리는 라마나다La manada(늑대 무리)라는 왓츠앱 그룹에 속해 있었다. 이들이 주고받은 대화에는 "거기에 가면 눈에 띄는 대로 강간하고 싶을 테니" 밧줄과 데이트 강간 약물이 필요하다는 내용도 있었다. 이들은 피해자를 아홉 차례—구강과 항문, 성기를—강간하며 영상으로 촬영한 다음 피해자의 휴대전화를 빼앗고 그곳에 쓰러진 상태로 내버려두었다. 어찌 된 일인지 판사들은 이들이 저지른 것이 강간이 아니라 훨씬 가벼운 성범죄라고 판결했다.

2018년 11월 아일랜드에서도 비슷한 사례가 있었다. 코크의 골목길에서 열일곱 살 피해자를 강간한 남자의 변호인이 배심원들에게 "그녀가 어떤 옷을 입고 있었는지 보셔야 합니다. 앞에 레이스가

★   Melanie Newman, '"Perverse Incentive" Contributed to Slump in Rape Charges', *Law Society Gazette*, 13 November 2019.

달린 끈 팬티를 입고 있었습니다"라고 말한 뒤 무죄 판결을 받았다.

2017년 가을 세계를 강타한 미투 운동은 물론 옳은 방향으로 나아가는 큰 한 걸음이었다. 그러나 이브 엔슬러가 지적했듯이 "여성들이 목소리를 찾은 것처럼 보이는 바로 그때 많은 여성 혐오적 지도자들이 집권했다." 2018년 브라질 대통령으로 선출된 자이르 보우소나루도 그중 하나다. 그는 몇 년 전 의회에서 한 여성 정치인에게 "너무 못생겨서 강간할 수 없을 정도"라고 발언했다.

트럼프는 '여자들의 음부를 움켜쥐어라Grab 'em by the pussy'라는 비디오 영상에서 여자들을 성폭행한 일에 대해 떠벌린 것이 폭로되었는데도 대통령으로 선출되었다. 심지어 백인 여성 유권자 53퍼센트의 표를 얻었다.

UN을 좋아하지 않은 트럼프 행정부는 국제형사재판소에 대한 모든 지원을 철회했다. 2018년 말 당시 미국 국가안보 보좌관이던 존 볼턴John Bolton은 "사실상 국제형사재판소는 우리에게 이미 죽은 존재다"라고 선언했다.

2019년 봄에는 지난 수십 년 동안 전례를 찾을 수 없을 정도로 엄격하게 낙태를 제한하려는 캠페인의 물결이 관 주도로 일어났다. 앨라배마는 미국 역사상 가장 극단적인 임신중지법을 통과시켜 강간이나 근친상간의 경우도 예외 없이 임신의 모든 단계에서 낙태를 금지했다. 연방법원이 법의 시행을 일시적으로나마 막기는 했지만 11월에는 오하이오가 '낙태 살인'이라는 새로운 범죄를 창조한 새로운 법을 도입해서 낙태 시술을 받거나 실시하는 사람들을 징역형에 처할 수 있게 했다.

이런 움직임은 미국의 여성에게만 영향을 미치지 않는다. 트럼프 행정부의 낙태 반대는 분쟁지역 성폭력을 비판하는 2019년 UN 결의안의 언어들마저 희석시켰다. 미국 정부는 결의안에 피해자를 위한 재생산건강 관리에 관한 어떤 언급도 포함시키기를 격렬히 반대했다. "UN은 성폭력 생존자들에게 적시에 도움을 제공하는 일의 중요성을 인식하며 UN 기관과 기부국들에 성과 재생산 건강 분야, 심리적·법적 지원과 생계 지원을 포함하여 차별 없고 포괄적인 의료 서비스를 제공할 것을 촉구한다"는 문구를 삭제할 것을 고집했다.★

프랑스와 영국, 벨기에는 모두 유감을 표명했다. UN 프랑스 대사 프랑수아 델라트르François Delattre는 이를 두고 "무력 분쟁지역에서의 여성의 권리를 위한 25년간의 노력의 결과를 거스르는 일"로 묘사했다.

2018년 말 분쟁지역 성폭력과 싸워온 나디아 무라드와 무퀘게 박사가 노벨평화상을 수상함으로써 여성의 몸이 더 이상 전장으로 여겨져서는 안 된다는 강력한 메시지를 세상에 보냈다.

미투 운동으로 세상 곳곳의 여성들이 성희롱에 대해 발언할 용기를 얻은 것처럼 전시 강간에 대한 인식도 훨씬 높아졌다. 물론 두 가지는 서로 연결돼 있다. 오랫동안 전시 강간에 대한 불처벌 관행이 지속된 과테말라 같은 나라에서 1년에 700건의 여성 살해가 일어날 정도로 여성 폭력 발생률이 높은 것은 우연이 아닐 것이다.

마찬가지로 10년간의 내전을 거치며 강간이 걷잡을 수 없이 퍼진 시에라리온에서도 성폭력 발생률이 아주 높고, 더군다나 미성년자를 대상으로 한 성폭력이 많이 일어난다. 2019년 2월 시에라리온 정부가 국가 비상사태를 선언했을 정도다. 그곳에서 전해에 신고된 8505건 중 26건만 처벌받았다. 여섯 살 소녀를 강간한 56세 남자가

★ Liz Ford, 'UN Waters Down Rape Resolution to Appease US Hardline Abortion Stance', *Guardian*, 23 April 2019.

수도 프리타운의 법정에서 고작 1년형을 선고받은 경우도 있었다.

콩고민주공화국에서 '기쁨의도시'를 운영하는 크리스틴 슐러는 너무 많은 어린이가 강간을 목격했기 때문에 강간을 평범한 일로 생각하게 될까 걱정했다.

그러나 우리가 살펴본 것처럼 전시 강간이 생존자의 삶에 지속적인 피해를 남기는데도 전시 성폭력을 살인보다 부차적인 문제로 여기는 경향이 여전하다. "사람들은 전쟁이 살인을 승인했으므로 여성을 강간하는 것은 아무것도 아니라고 생각합니다." 필레이 판사는 말한다.

"아카예수 판결 이후로 아무런 발전이 없었습니다. 그 판결은 법의 역사를 썼지만 분쟁 상황의 여성들을 많이 돕지는 못했어요."

남아프리카공화국 출신인 필레이 박사는 좌절감을 느끼는 상황임을 인정하면서도 어깨를 으쓱하며 이렇게 덧붙였다. "잘 아시겠지만 저희는 아파르트헤이트 체제에서 많은 인내심을 배웠습니다. 한 걸음 한 걸음이 중요합니다."

"물론, 실망스럽지요." 퍼트리샤 셀러스도 동의했다. "전쟁이 금지되지도 않았고 불처벌의 문제도 여전히 남아 있습니다. 하지만 상황이 달라지긴 했어요. 한 가지 달라진 점은 이제 야지디족에 대해 이야기할 때 누구도 감히 성폭력 문제를 언급하지 않을 수 없다는 겁니다."

여성들이 목소리를 낼 수 있도록 사회적 낙인을 극복하는 것도 쉽지 않은 일이지만 또 다른 어려움은 증거를 수집하는 것이다. 분쟁지역 성폭력의 상황에서는 쉽지 않은 일이다.

"좋은 증거가 없으면 소송을 할 수 없습니다." 다나에 반 데어 스트래튼 폰토즈Danaé van der Straten Ponthoz는 말한다. 국제변호사인 그녀는 분쟁지역 성폭력의 기록과 조사 활동을 위한 국제적 강령의 초안 작성을 도왔다. 2014년 영국 외무부가 내보낸 이 강령은 이후 많은 언어로 옮겨졌다.

공식적인 국제기관이 없다 보니 생존자가 너무 많은 사람에게 진술해야 할 때도 있고, 그럴 때마다 이야기가 조금씩 달라져 결국 피고 측 변호인단이 법정에서 이의를 제기할 구실을 주기도 한다. 아이러니하게도 나디아 무라드의 소송도 그런 경우였다.

유럽의 한 수도의 이름 없는 어느 사무실에 가면 자물쇠로 잠긴 금고가 있다. 보안 카메라들로 감시되는 이 금고의 선반들에는 숫자가 적힌 갈색 종이 상자 265개가 있다. 상자 속 내용물은 으스스하다. 시리아와 이라크에서 종종 대단한 위험을 무릅쓰고 수집된 100만 개가 넘는 문서들이다. 시리아의 아사드 대통령의 서명이 적힌 문서도 있다.

이 서류들은 전쟁범죄 조사관들이 아사드에 대한 증거를 모으기 위해 시작한 비밀 프로젝트에 따라 수집되었다. 그들은 국제법정의 너무 느린 대응에 좌절감을 느끼며 나중을 위해 전쟁범죄 기소 준비를 하고 있었다.

2018년 이 단체는 ISIS와 그들의 야지디족 성노예 납치에 대한 증거도 모으기 시작했다. 아사드 정권처럼 테러 집단인 ISIS 또한 많은 활동을 문서로 기록했고, 문서로 남은 일련의 증거들을 보면 노예 거래가 상부로부터 지시된 체계였음을 분명히 알 수 있다. ISIS 대원들에 대한 기록에는 각자가 얼마나 많은 사바야(노예)를 소유했는지가 기록돼 있고 법정 기록에는 그들 사이의 노예 거래 상황이 적혀 있다. 조사관들은 노예를 소유했던 수백 명의 신원을 확인했고, 노예 거래 시스템을 조직하고 시장을 운영했던 약 50명의 노예 상인뿐 아니라 노예 판매를 주관한 샤리아 법정 판사들의 신원까지 파악했다.

노예 소유는 최상부에서 시작되었다. ISIS 지도자 아부 바크르 알 바그다디는 노예들을 소유하고 반복적으로 강간했는데, 그중에는 스물여섯 살의 미국인 국제 구호원 카일라 뮬러Kayla Mueller도 있었다. 그녀는 알레포에서 붙잡혀 ISIS 전투원인 아부 사이아프Abu Sayyaf와 그의 아내 움 사이아프Umm Sayyaf에 의해 다른 두 야지디 여성과 함께 감금되었다. 슬프게도 뮬러는 그녀를 구조하려는 미국 특수부대의 습격 때 목숨을 잃었다.

이 섬뜩한 기록 중에는 ISIS의 화려한 월간지《다비크Dabiq》에 실린 기사들도 있다. 2014년 10월호에는 〈심판의 날에 앞선 노예제의 부활〉이라는 기사가 있다. 이 기사는 성노예제를 "확고하게 정립된 샤리아법의 일부"로 묘사하며 야지디는 무쉬리킨mushrikin(악마 숭배자)으로 취급받아야 한다고 분명히 밝힌다.

이 문서들은 모두 디지털화되었다. 조사관 중 한 사람이 내게 보여주기 위해 그녀의 스크린에 있는 '성폭력 방'에서 문서 하나를 불러냈다. 노예 소유권 증서였다. 판매자와 구매자의 지장 두 개가 찍혀 있었고 거래가 이루어진 날짜와 장소(모술), 가격(현금 1500달러)이 표시돼 있었다. 문서에는 판사이자 증인의 서명도 있었다.

차를 파는 것과 똑같았다. 상품 설명만 다를 뿐이다. '나이 20세, 녹갈색 눈, 마르고 키가 작음, 키 1.3미터.'

"끔찍해요. 가축 거래 같죠." 조사관이 말했다. "저희는 전범 조사관들이라 충격적인 일들에 익숙한데도 이 문서들은 정말 소름 끼쳐요. 이건 사람에 대한 소유권을 다루고 있잖아요."

나는 이 여정을 끝낼 수 있을 것 같지 않다. 전시 강간은 어쩌면 완전히 사라지지 않을지도 모른다. 그러나 우리는 전시 강간을 주변적 문제로 여기기를 멈추고, 태곳적부터 지속된 전쟁의 전리품으로 생각하길 멈춰야 한다. 앤젤리나 졸리가 말한 것처럼, "막을 수 있는 전쟁범죄이며 집속탄cluster bomb(한 폭탄 속에 작은 폭탄들이 들어 있어 폭탄이 터지면 안에 있던 작은 폭탄들이 날아가 터지면서 무차별 대량살상이 가능한 무기—옮긴이)과 화학무기 사용에서와 같은 결단으로 대응해야 한다." 그리고 가해자들이 별일 없었다는 듯 빠져나가지 않도록 더 애써야 한다. 정치적 의지와 대중의 압력이 필요한 일이다.

우선 여성의 목소리를 듣는 것부터 출발할 수 있다. 우리가 몰랐다고 말할 수 없도록 이 여성들은 그들의 이야기를 들려주었다. 나는 독일에서 만난 열여섯 살 야지디 소녀 로지안을 결코 잊지 못할 것이다. 휴대전화에 반짝이는 글씨로 '희망'을 새긴 그녀는 그녀를 억류한 살찐 ISIS 대원이 옆방에서 엄마를 부르짖으며 찾는 열 살 소녀를 강간하는 소리를 들었던 일을 말하며 힘들어했다. "말하기도 힘든 일이지만 사람들이 모르고 있기도 더 힘든 일이에요." 그녀가 말했다.

어쩌면 안전한 집에서 이 책을 읽는 독자에게는 이 모든 일이 먼 나라에서 일어나는 문제처럼 보일지 모른다. 그러나 이 여성들도 이런 일이 자신에게 결코 일어날 리 없다고 생각했다. 분쟁지역 성폭력은 지역적 문제가 아니라 세계적 문제다. 콩고의 한 여성이 말한 것처럼 숲에서 시작돼 계속 타오르는 불과 같다. 침묵을 지키는 한 우리는 이런 일들이 일어나도 괜찮다고 말하는 일에 공모하는 것이다.

나는 이 여성들을 만나면서 끊임없이 겸손해졌고, 무덤 속에 있는 이들이 운이 좋았다는 그들의 느낌을 잊을 수 없었다. 내게 그들은 투사만큼이나 용감한 영웅이다. 그들은 그렇게 인정받아야 한다.

변화는 일어나고 있다. 앤터니 비버는 이렇게 말했다. "군의 역사는 과거에 남자들이 남자들을 위해 쓴 것이었지만 이제 우리는 전쟁의 역사를 제대로 쓰기 시작했습니다. 그 역사는 물론 여성과 어린이들의 경험까지 포함합니다. 저는 언제나 전시에 쓰인 최고의 일기는 여성들이 쓴 일기라는 인상을 받습니다."

한편 나는 전쟁기념비를 지나갈 때마다 왜 여성의 이름은 없는지 생각한다.

헤이그, 2019년 12월

감사의 글

이 책을 쓰게 된 이유는 분쟁지역의 여성에 가해지는 잔학 행위를 점점 더 많이 마주치는 상황에 화가 났고, 왜 이런 일들이 일어나는지, 왜 아무도 무슨 일이라도 하지 않는지 알고 싶었기 때문이다.

나는《선데이 타임스 매거진》에 기사를 쓰기 시작하면서부터 야지디족과 보코하람에 납치된 소녀들에 대해 보도했다. 명석한 편집장 엘리너 밀스Eleanor Mills와 부편집장 크리시 뮤리슨Krissi Murison의 도움에, 어려운 주제를 다루길 두려워하지 않는 그들의 용기에, 가끔 가벼운 점심으로 나를 응원해준 호의에 대단히 감사한다.

개인적으로 집착했던 주제가 책의 형태를 갖추기 시작한 데는 친구 베터니 휴즈Bettany Hughes와 아미나타 포르나Aminatta Forna의 격려가 도움이 되었다. 비욘드보더스페스티벌 때 스코틀랜드의 가장 오래된 저택 트라퀘어에서 저녁을 들며 나를 격려해준 그들에게 고마움을 전한다.

이 책의 가치를 믿고 넓은 세상으로 인도해준 출판 대리인 데이비드 고드윈David Godwin에게 언제나 감사하다. 그의 동료 리젯 베르하겐Lisette Verhagen과 하퍼콜린스출판사의 뛰어난 편집자 아라벨라 파이크Arabella Pike와 그녀의 환상적인 팀에게도 고마움을 전한다. 특히 눈길을 끄는 표지를 디자인해준 줄리언 험프리스Julian Humphries와 책을 홍보해준 캐서린 패트릭Katherine Patrick에게 감사한다.

자신들의 이야기를 기꺼이 공유해준 많은 여성이 없었다면 이 책은 만들어지지 않았을 것이다. 무척 고통스럽고 민감한 경험을 이야기해준 그들에게 헤아릴 수 없는 고마움을 전한다.

나는 침묵을 깨는 것이 변화를 위한 첫걸음이 될 수 있다는 믿음을 무한히 신봉하는 사람이다. 그러나 이 책에 담긴 이야기들은 무척 꺼내기 힘든 이야기들이다. 우리는 충분한 시간 동안 여성들이 원하는 방식으로, 가능한 한 안전한 곳에서 정신과 전문의가 동석한 자리에서 이야기를 나누었다. 모든 대화는 녹음되었고, 그들의 언어로 이야기되었다. 이름을 바꾼 이야기도 있고 여성들이 이름을 밝히길 원한 이야기도 있다.

이 책에 실린 몇몇 여성은 세상을 바꿀 수 있다는 희망으로 용감하게 자신들의 이야기를 여러 차례 꺼낸 운동가이기도 하다. 그래도 자신의 인생에서 가장 힘들었던 경험으로 세상에 알려지는 것은 결코 쉬운 일이 아니다.

이 책은 무척 어두운 책일지 모르지만 나처럼 당신도 우리에게 영감을 주는 이 여성들의 힘과 용기를 발견하게 되길 바란다.

이 책에서 사용한 용어에 대해 말하자면, 대체로 나는 더 무력한 의미를 지니며 몇몇 사람에게 금기어로 여겨지기도 하는 '피해자victim'보다는 이 여성들의 회복력을 강조하는 '생존자survivors'라는 표현을 사용하려 했다. 사실 그들은 살아남은 사람들이기 때문이다. 이 모든 여성을 만나면서 나는 결코 그들에게 '수동적'이라는 표현을 쓸 수 없었다. '피해자'를 그들의 정체성으로 만들고 싶지는 않았지만, 그들은 또한 충격적인 잔혹성과 부당함의 피해자들이기도 하다. 그래서 나는 피해자라는 용어도 어느 정도 타당하다고 생각한다. 스페인어 같은 몇몇 언어에서 '생존자'는 자연재해의 생존자를 뜻한다. 내가 만난 콜롬비아와 아르헨티나의 여성들은 자신들을 생존자라 부르는 것은 말이 되지 않는다고 했다. 그래서 나는 맥락에 따라 적절하게 '피해자'와 '생존자'를 사용했다. 마찬가지로 야지디 여성들은 성노예라는 표현이 그들의 정체성으로 여겨지지 않는 한 성노예로 묘사되는 것에 반대하지 않는다고 말했다.

이 여정에 많은, 정말 많은 사람들이 도움을 주었다. 우선 야지디족에게 감사를 전한다. 독일에 있는 야지디 여성과의 만남을 주선해준 카밧 케디르Khabat Kedir 박사, 내 방문을 허락해준 미카엘 블룸 박사, 통역을 해준 셰이커 제프리에게 감사한다. 펜잰스에서 NHS 간호사로 일하며 야지디족을 도울 기금을 마련하기 위해 부업으로 보톡스 주사를 놓는 한 여성은 독일과 이라크 두 곳 모두에서 나의 좋은 길벗이 되어주었다. 칸케 난민촌에서의 여정을 도운 자유야지디재단의 파리 이브라힘과 실라브 이브라힘Silab Ibrahim, 트라우마 심리학자인 지니 돕슨과 예심 아리쿠트트리스, 그리고 통역을 맡아준 사랑스러운 카이리에게 고마움을 전한다. 쿠르디스탄에서 소중한 도움을 준 쉴런 도스키Shilan Dosky에게도 감사하다.

나이지리아의 BBOG(우리 소녀들을 데려오라) 운동과 변호사 무스타파, 국내 난민(IDP) 캠프에서 일하는 이름을 밝히지 않은 지역 NGO 단체에 감사를 전한다.

로힝야 난민촌에서 도움을 준 세이브더칠드런과 통역사 레자와 소날리도 고맙다. 아짐 이브라힘 박사는 런던에서 훌륭한 자문역이 되어주었다.

방글라데시에서는 '비랑고나'들과 만날 수 있게 주선해주고 통역을 맡아준 아지즈 자이드와 사피나 로하니, 모피둘 호크에게 감사를 전한다.

내 보스니아 방문을 주선해준 제임스 힐과 '리멤버링스레브레니차Remembering Srebrenica' 단체에 고마움을 전한다. 그리고 훌륭한 가이드 레자드 트르보냐와 아이다, 메디카제니트Medica Zenit의 직원들도 고맙다.

르완다에서 도움을 준 서바이버스펀드Survivors Fund(Surf)의 새뮤얼 문데레레Samuel Mundere와 내 친구 미셸 미첼Michele Mitchell에게 감사한다. 정의를 위한 투쟁을 그린 미첼의 영화 〈언컨뎀드The Uncondemned〉는 꼭 봐야 할 영화다. 그녀의 캘리포니아산 와인과 사랑스러운 형제 매트는 어두운 순간들에 필요했던 위안이 되었다.

아르헨티나에서는 로레나 발라르디니Lorena Balardini와 미리엄 레윈Miriam Lewin, 그리고 ESMA의 직원들에게 감사하다.

콩고민주공화국과 판지병원, '기쁨의도시' 방문은 엘리자베스 블래크니Elizabeth Blackney, 에스더 딘지먼스Esther Dingemans, 아폴린 피어슨Apolline Pierson, 크리스핀 카샬Crispin Kashale이 없었다면 이루어지지 않았을 것이다. 또한 정신과 의사이자 통역을 맡아준 로드하와 대니얼 페리시와 트라이얼인터내셔널의 직원, 자선군단Mercy Corps의 집행이사 사이먼 오코넬Simon O'Connell,과 그의 보좌관 에이미 페어번Amy Fairbairn, 그리고 콩고 동부의 민병대들에 대한 지식의 보고였던 고마의 장필립 마르쿠Jean-Philippe Marcoux에게 고마움을 전한다.

필리핀에서는 내 모임을 주선해준 릴라필리피나의 샤론 카부사오실바Sharon Cabusao-Silva에게 감사한다. 또한 통역을 해준 가브리엘라의 호안 살바도르와 오스카 아타데로Oscar Atadero에게도 고마움을 전한다.

이 분야의 많은 전문가가 이 책에 큰 도움을 주었고 시간을 너그럽게 내주었다. 앤터니 비버와 이브 엔슬러, 아르민카 헬리치, 윌리엄 헤이그, 피터 프랭코판, 레슬리 토머스에게 큰 감사를 전한다.

몇몇 방문에서 나와 함께 일한 사진 기자들 덕택에 일이 훨씬 즐거웠다. 그들이 찍은 훌륭한 사진 몇몇은 이 책에도 실려 있다. 레로스섬과 독일에서 함께 작업한 게오르기오스 마카스, 마이두구리의 여행에 함께했던 저스틴 서트클리프, 르완다에 함께한 니콜 소베키, 로힝야 난민촌과 콩고민주공화국에 함께 갔던 폴라 브론슈타인에게 감사한다.

코모 호숫가의 카사 에코에서 생각에 잠길 근사한 장소를 제공해준 데이비드 캠벨과 맛있는 파스타와 생선으로 내게 글을 쓸 연료를 채워준 마르게리타와 마르게나에게 무척 감사하다.

이 책에 실린 많은 이야기가 읽기 쉽지 않다는 것을 잘 안다. 이 책을 읽은 뒤 마음을 쓰고, 바라건대 이야기를 퍼뜨려줄 당신께 감사한다. 정의 없이는 아무것도 달라지지 않을 테니까.

이 책은 쓰기에도—또는 옆에서 견뎌주기에도—쉬운 책이 아니었다. 다른 곳에 정신이 팔린 엄마를 인내해준 멋진 아들 로렌수Lourenco와 옳고 그름에 마음을 쓸 수 있도록 나를 키워준 엄마에게 감사를 전한다. 무엇보다 남편 파울루에게 고맙다. 세상 끝까지 그대와 함께하길.

주요 참고자료

Alexievich, Svetlana, *The Unwomanly Face of War*(London: Penguin Classics, 2017).

Bourke, Joanna, *Rape: A History from 1860 to the Present Day*(London: Virago, 2007).

Brownmiller, Susan, *Against Our Will: Men, Women and Rape*(New York: Simon & Schuster, 1975);《우리의 의지에 반하여》(오월의봄, 2018).

Chang, Iris, *The Rape of Nanking: The Forgotten Holocaust of World War II*(New York: Basic Books, 1997);《역사는 힘있는 자가 쓰는가: 난징의 강간, 그 진실의 기록》(미다스북스, 2006).

Herzog, Dagmar(ed.), *Brutality and Desire: War and Sexuality in Europe's Twentieth Century*(Basingstoke: Palgrave Macmillan, 2009).

Jesch, Judith, *Women in the Viking Age*(Woodbridge: Boydell Press, 2003).

Sanyal, Mithu, *Rape: From Lucretia to #MeToo*(London: Verso, 2019).

Shakespeare, William, *Titus Andronicus*(London: Penguin Classics, 2015).

Vikman, Elisabeth, 'Ancient Origins: Sexual Violence in Warfare, Part I' (London: *Anthropology & Medicine*, vol. 12, no. 1, pages 21-31, 2005).

Vikman, Elisabeth, 'Modern Combat: Sexual Violence in Warfare, Part II' (London: *Anthropology & Medicine*, vol. 12, no. 1, pages 33-46, 2005).

아르헨티나

Balardini, Lorena, Sobredo, Laura and Oberlin, Ana, *Gender Violence and Sexual Abuse in Clandestine Detention Centers: A Contribution to Understanding the Experience of Argentina*(Buenos Aires: CELS/ICTJ, 2010).

Lewin, Miriam and Wornat, Olga, *Putas y guerrilleras*(Buenos Aires: Planeta, 2014).

Sutton, Barbara, *Surviving State Terror: Women's Testimonies of Repression and Resistance in Argentina*(New York: New York University Press, 2018).

방글라데시

Bass, Gary Jonathan, *The Blood Telegram: Nixon, Kissinger, and a Forgotten Genocide*(London: Hurst, 2014).

Mookherjee, Nayanika, *The Spectral Wound: Sexual Violence, Public Memories and the Bangladesh War of 1971*(Durham, NC: Duke University Press, 2015).

Raja, Khadim Hussain, *A Stranger in My Own Country: East Pakistan, 1969-1971*(Dhaka: University Press, 2012).

베를린

Anonymous, *A Woman in Berlin: Diary 20 April 1945 to 22 June 1945*(London: Virago, 2005).

Beevor, Antony, *Berlin: The Downfall, 1945*(London: Viking, 2002).

Djilas, Milovan, *Conversations with Stalin*(London: Rupert Hart-Davis, 1962).

Huber, Florian, *Promise Me You'll Shoot Yourself: The Downfall of Ordinary Germans, 1945*(London: Allen Lane, 2019).

Köpp, Gabriele, *Warum war ich bloß ein Mädchen?: Das Trauma einer Flucht 1945*(Herbig Verlag, 2010).

Merridale, Catherine, *Ivan's War: Life and Death in the Red Army, 1939-1945*(New York: Metropolitan Books, 2006).

보스니아

Andric, Ivo, *The Bridge over the Drina*(London: Harvill, 1994);《드리나 강의 다리》(문학과지성사, 2005).

Borger, Julian, *The Butcher's Trail: How the Search for Balkan War Criminals Became the World's Most Successful Manhunt*(New York: Other Press, 2016).

Butcher, Tim, *The Trigger: The Hunt for Gavrilo Princip-The Assassin Who

Brought the World to War(London: Vintage Digital, 2014).

Glenny, Misha, *The Fall of Yugoslavia: The Third Balkan War*(London: Penguin, 1992).

Warburton, Ann, *EC Investigative Mission into the Treatment of Muslim Women in the Former Yugoslavia, Summary of Report to EC Foreign Ministers*(Copenhagen: WomenAid International, 1993).

버마-로힝야

Human Rights Council, *Report of the Independent International Fact-finding Mission on Myanmar*(Geneva: United Nations Human Rights Council A/ HRC/39/64, 2018).

Ibrahim, Azeem, T*he Rohingyas: Inside Myanmar's Hidden Genocide*(London: Hurst & Company, 2016).

Orwell, George, *Burmese Days*(New York: Harper & Brothers, 1934);《버마 시절》(열린책들, 2010).

콩고민주공화국

Guevara, Ernesto 'Che', *The African Dream: The Diaries of the Revolutionary War in the Congo*(London: Harvill, 2000).

Hochschild, Adam, *King Leopold's Ghost: A Story of Greed, Terror, and Heroism in Colonial Africa*(Boston, Houghton Mifflin, 1998).

Johnson, Kirsten et al., 'Association of Sexual Violence and Human Rights Violations with Physical and Mental Health in Territories of the Eastern Democratic Republic of the Congo'(Chicago: *Journal of the American Medical Association*, vol. 304, no. 5, pages 553-562, 2010).

SáCouto, Susana, *The Impact of the Appeals Chamber Decision in Bemba: Impunity for Sexual and Gender-Based Crimes?*(New York: Open Society Justice Initiative, International Justice Monitor, 22 June 2018).

United Nations Security Council, *Final Report of the Panel of Experts on the Illegal Exploitation of Natural Resources and Other Forms of Wealth of the Democratic Republic of the Congo*(New York: UNSC S/2002/1146, 2002).

van Reybrouck, David, *Congo: The Epic History of a People*(London: 4th Estate, 2014).

나이지리아

Habila, Helon, *The Chibok Girls: the Boko Haram Kidnappings and Islamist*

Militancy in Nigeria (London: Penguin, 2017).

O'Brien, Edna, *Girl* (London: Faber & Faber, 2019).

Thurston, Alex, *'The Disease Is Unbelief': Boko Haram's Religious and Political Worldview* (Washington DC: The Brookings Institution, Center for Middle East Policy, Analysis Paper no. 22, 2016).

Walker, Andrew, *'Eat the Heart of the Infidel': The Harrowing of Nigeria and the Rise of Boko Haram* (London: Hurst, 2016).

니네베

Brereton, Gareth (ed.), *I Am Ashurbanipal: King of the World, King of Assyria* (London: Thames & Hudson, 2018).

가해자

Ensler, Eve, *The Apology* (London: Bloomsbury, 2019); 《아버지의 사과 편지》(심심, 2020).

Human Rights Center, *The Long Road–Accountability for Sexual Violence in Conflict and Post-Conflict Settings* (Berkeley: UC Berkeley School of Law, 2015).

Human Rights Watch, *Kurdistan Region of Iraq: Detained Children Tortured–Beatings, Electric Shock to Coerce ISIS Confessions* (New York: Human Rights Watch, 2019).

Skjelsbæk, Inger, *Preventing Perpetrators: How to Go from Protection to Prevention of Sexual Violence in War?* (Oslo: Peace Research Institute Oslo, PRIO Policy Brief 3, 2013).

Slahi, Mohamedou Ould, *Guantánamo Diary* (New York: Little, Brown & Company, 2015).

Wilén, Nina and Ingelaere, Bert, 'The Civilised Self and the Barbaric Other: Ex-Rebels Making Sense of Sexual Violence in the DR Congo' (*Journal of Contemporary African Studies*, vol. 35, no. 2, pages 221-239, 2017).

Wood, Elisabeth Jean, 'Rape during War Is Not Inevitable', in *Understanding and Proving International Sex Crimes* (Beijing: Torkel Opsahl Academic EPublisher, 2012).

르완다

Durham, Helen and Gurd, Tracey (eds), *Listening to the Silences: Women and War* (Leiden: Martinus Nijhoff Publishers, 2005).

Gourevitch, Philip, *We Wish to Inform You That Tomorrow We Will Be Killed with*

Our Families: Stories from Rwanda(New York: Farrar, Straus & Giroux, 1998).

Hatzfeld, Jean, *A Time for Machetes: The Rwandan Genocide-The Killers Speak*(London: Serpent's Tail, 2005).

Human Rights Watch, *Shattered Lives: Sexual Violence during the Rwandan Genocide and its Aftermath*(New York: Human Rights Watch, 1996).

Nowrojee, Binaifer, *'Your Justice is Too Slow': Will the ICTR Fail Rwanda's Rape Victims?*(Geneva: United Nations Research Institute for Social Development, UNRISD Occasional Paper 10, 2005).

Sundaram, Anjan, *Bad News: Last Journalists in a Dictatorship*(London: Bloomsbury, 2016).

Van Schaack, Beth, *Engendering Genocide: The Akayesu Case Before the International Criminal Tribunal for Rwanda*(Human Rights Advocacy Stories, New York: Foundation Press, 2009).

스페인

Beevor, Antony, *The Battle for Spain: The Spanish Civil War 1936-1939*(London: Weidenfeld & Nicolson, 2006);《스페인내전》(교양인, 2009).

Preston, Paul, *The Spanish Holocaust: Inquisition and Extermination in Twentieth-century Spain*(London: HarperPress, 2013).

Sender Barayón, Ramón, *A Death in Zamora*(San Francisco: Calm Unity Press, 2019).

시리아

Human Rights Council, *'I Lost my Dignity': Sexual and Gender-based Violence in the Syrian Arab Republic-Conference Room Paper of the Independent International Commission of Inquiry on the Syrian Arab Republic*(Geneva: United Nations Human Rights Council A/HRC/37/CRP.3, 2018).

United Nations High Commissioner for Refugees, *'We Keep It in Our Heart': Sexual Violence Against Men and Boys in the Syria Crisis*(Geneva: UNHCR, 2017).

미국 남북전쟁

Carr, Matthew, *Sherman's Ghosts: Soldiers, Civilians, and the American Way of War*(New York: New Press, 2015).

Feimster, Crystal Nicole, *Southern Horrors: Women and the Politics of Rape and Lynching*(London: Harvard University Press, 2009).

베트남

Hastings, Max, *Vietnam: An Epic Tragedy, 1945-1975*(London: William Collins, 2018).

야지디

Jeffrey, Shaker and Holstein, Katharine, *Shadow on the Mountain: A Yazidi Memoir of Terror, Resistance and Hope*(New York: Da Capo Press, 2020).

Murad, Nadia and Krajeski, Jenna, *The Last Girl: A Memoir*(London: Virago, 2017);《더 라스트 걸》(북트리거, 2019).

Otten, Cathy, *With Ash on Their Faces: Yezidi Women and the Islamic State*(New York: OR Books, 2017).

영화

Blood in the Mobile. Directed by Frank Piasecki Poulsen, Koncern TV, 2010.

City of Joy. Directed by Madeleine Gavin, Netflix, 2016.

In the Land of Blood and Honey. Directed by Angelina Jolie, GK Films, 2011.

The Prosecutors. Directed by Leslie Thomas, Art Works Projects, 2018.

The Silence of Others. Directed by Almudena Carracedo and Robert Bahar, Semilla Verde Productions, 2019.

The Uncondemned. Directed by Michele Mitchel.

옮긴이의 말

　저자가 후기에서 짧게 언급한 페루의 구술사 플랫폼 '키푸'에 들어가면 1990년대 후지모리 정권 아래 자행된 강제 불임수술에 대한 간략한 설명 아래 'Start listening'이라는 버튼이 나온다.[★] 이 버튼을 누르면 고대 잉카 문명의 메시지 전달 도구였던 키푸 매듭 문양에 달린 무수히 많은 동그란 매듭이 등장한다. 매듭을 하나씩 누를 때마다 목소리를 들을 수 있다. 수술을 받은 뒤 앓다가 세상을 떠난 조카에 대해 이야기하는 남자의 목소리가 있다. 그리고 많은 여자들의 목소리가 있다. 보호자도 없이 혼자서, 제대로 된 설명도 듣지 못한 채 강압적으로 불임수술을 당한 뒤 출혈도 멎지 않은 상태에서 침상에서 쫓겨난 이야기. 그 후유증으로 일상적인 삶을 살 수 없던 이야기. 그리고 그들의 용기 있는 증언에 감사와 지지, 연대를 표현하는 사람들의 목소리가 있다. 대부분 안데스 산악 지대의 마을

[★]　https://interactive.quipu-project.com/#/en/quipu/intro

에 사는 원주민이었던 피해자들은 무료 음성 메시지 서비스를 사용해 전화기로 증언을 녹음했다. 이렇게 하나씩 증언이 모여 강제불임의 실상과 규모가 드러났고, 외진 산골 마을에 흩어져 있던 피해자들은 서로의 존재를 알게 되었으며 결국 정의를 찾자는 움직임으로 이어졌다. 모두 누군가 처음 목소리를 내고, 누군가 그 목소리를 듣고 응답함으로써 이루어진 일들이다.

이 책에도 많은 목소리가 있다. 지옥 같은 전쟁을 온몸으로 통과한 여성들, 전시 성폭력에서 살아남은 여성들의 목소리다. 30년 가까이 분쟁지역 특파원으로 활동한 저자 크리스티나 램은 이 여성들의 목소리가 아무도 없는 숲에서 떨어지는 나뭇잎처럼 사라지지 않도록 한 권의 책으로 모았다. 저자도 책에서 여러 차례 언급했듯이, 하는 사람뿐 아니라 듣는 사람에게도 쉽지 않은 이야기다. 물론, 살아내기는 더욱 쉽지 않았을 것이다. 책을 읽고 옮기는 동안 나도 모르게 눈물이 차오르거나 한숨이 새어나왔다. 아마 독자들도 그랬을 것이다. 잠시 책을 덮고 나면 다시 책장을 열기가 두려웠을지도 모른다. 그러니 이 이야기들을 살아낸 여성들이 느꼈을 두려움이란 감히 상상조차 할 수 없다. 그렇게 압도적인 폭력을 겪고 난 뒤에 누군가 내 이야기를 듣고 응답하리라 신뢰하며 목소리를 내기까지 얼마나 많은 용기가 필요했을지 생각하면 마음이 숙연해진다.

이 책에 실린 많은 이야기는 현재진행형이다. 실제로 분쟁이 계속되기 때문이기도 하고. 전투가 끝난 곳에서도 전쟁이 남긴 상처는 끝나지 않기 때문이기도 하다. 전시 성폭력처럼 가까운 사람에게조차 말하기 쉽지 않고, 사회의 인정을 받기 힘든 상처는 더욱 그렇다. 저자는 황폐해진 고향에서, 난민촌과 보호소에서, 평화협정이 체결되고 일상을 회복한 듯한 도시에서, 독립된 나라에서 이 여성들의 삶이 어떻게 이어지는지 꼼꼼히 살폈다. 이들이 어떤 대우를 받는지,

어떻게 생계를 이어가고 가족을 꾸리는지, 폭력이 남긴 몸과 마음의 상처는 어떻게 아무는지(또는 아물지 못하는지), 어떻게 사랑하고 사랑받는지, 무엇에 기뻐하고 절망하는지, 정의를 얻기 위해 어떻게 싸우고 승리하고 좌절하는지. 저자는 전시 강간은 가족과 공동체를 무너뜨리는 무기이자 삶의 의지를 꺾고 삶 자체를 파괴하는 '느린 살인'이라고 말한다. 이 모든 이야기를 읽고 나면 그 말에 공감할 수밖에 없다. 강간이라는 단어의 무게가 이전과는 다르게 느껴진다.

무척 참담하고 충격적인 이야기들이지만 슬프게도 여러 이야기가 그리는 궤적은 그리 낯설지가 않다. 침묵과 불처벌, 부인, 피해자 비난과 낙인. 이 책에 인용된 프라밀라 패튼의 말처럼 "강간은 사회가 가해자를 처벌하기보다 피해자를 낙인찍을 가능성이 더 많은 유일한 범죄다." 이 책의 여러 사례에서 알 수 있듯 국제적인 관심이 쏟아지는 사건도 예외는 아니다. 피해자는 비난과 낙인, 트라우마를 감당하며, 때로는 목숨까지 건 채 증언을 하고 또 하지만 가해자는 태연하게 거리를 활보하거나 행복한 일상의 한때를 SNS에 올리며 아무 일도 없었던 듯 살아간다. 어떤 면에서, 분쟁 상황에서 벌어지는 성폭력은 그 폭력의 규모와 정도가 압도적이긴 하지만 일상 속 성폭력과 맥이 닿아 있다고 할 수 있다. 여성이 남성의 소유물처럼 여겨지고 여성에 대한 인권 침해가 심각하게 여겨지지 않고 처벌되지 않는 분위기라면 분쟁지역이든 아니든 성폭력이 만연할 수 있는 조건이 갖춰진 셈이다. 뒤집어보면 이 책의 여성들이 증언한 전시 성폭력처럼 역사상 거대한 악행조차 제대로 규명되지 않고 아무도 책임지지 않는다면 여성의 인권과 몸을 침해하는 것이 심각한 일이 아니라는 메시지를 다음 세대에(우리 세대에도) 전달하는 일이 될지도 모른다.

이 책에 목소리를 보탠 여성들이 하기 힘든 이야기를 하는(때로는 스무 번도 넘게 하고 또 하는) 이유는 이런 이야기들이 반복되지 않기를 바라기 때문일 것이다. 노벨평화상 수상자이자 오랜 분쟁이 이어지고 있는 콩고에서 20년 넘게 성폭력 피해 여성들을 치료하고 있는 무퀘게 박사는 "한 여성이 자기 이야기를 하겠다고 결정할 때 그건 자신이 회복됐다고 말하는 것이 아니라 …… 내게 그런 일이 일어났지만 내 아이들이나 다른 사람들에게는 일어나게 놔둘 수 없다고 말하는 것"이라고 했다. 그리고 이 여성들은 그들의 목소리로 적지 않은 일을 해냈다. 빅투아 무캄반다, 세라피나 무카키나니, 세실 무카루그위자 같은 르완다 여성들은 용기 있는 증언으로 1998년 국제법사상 최초로 전쟁범죄로서의 강간에 대한 유죄 판결을 끌어냄으로써 전시 성폭력이 처벌될 수 있다는 선례를 만들었다. 최소 10명의 증인이 증인석에 서기 전에 살해당했고, 이들과 함께 증언한 뒤에 실종된 증인도 있으니 어떤 면에서 이 여성들은 말 그대로 목숨을 걸고 증언했던 셈이다. 보스니아 내전 시기에 성폭력을 겪은 바키라 하세치치는 다른 피해자들과 함께 100명이 넘는 전범을 찾아내 법정에 세웠다. 그녀 또한 가해자들이 버젓이 거리를 활보하며 피해자를 비웃는 모습을 보며 다음 세대가 같은 일을 저지르지 않도록 침묵을 깨기로 결심했다고 말한다.

그리고 저자도 언급했듯 이 모든 이야기의 출발점이자 영감은 한국과 필리핀을 비롯한 곳곳의 '위안부' 할머니들이었다. 키푸 매듭에 처음 메시지를 녹음한 누군가처럼 그들이 있었기에 이 모든 이야기가 서로가 서로를 참조하고 격려하며 모일 수 있었을 것이다. 이 이야기들을 읽고 옮기는 동안 내가 감당하기 힘든 아주 귀한 무언가를 두 손에 받아든 느낌이 들곤 했다. 한 사람 한 사람이 몸으로 통과한 이 이야기들이 엉성한 번역으로 손상되지 않을까 조심스럽기도 했고, 그동안 이 모든 일에 대해 알았지만 적극적으로 귀 기울

이지 않은 자신을 책망하기도 했으며, 이 이야기의 수신자로서 어떻
해야 하는지를 생각하게 되기도 했다. 그리고 나와 함께 이 목소리
들을 수신하게 될 독자들에 대해서도 생각해보곤 했다. 읽기에 쉽지
않을 이야기들에 귀 기울이기 위해 책장을 펼친 독자들의 마음에 존
경을 전한다.

마지막으로 이 책의 첫머리에 소개된 야지디 소녀 나이마와, IS
를 전쟁범죄로 기소하기 위한 증거를 유럽의 어느 비밀 사무실에 차
곡차곡 모으고 있다는 사람들에 대해 생각한다. 열여덟 살 때 가족
을 학살한 ISIS에 성노예로 붙들려 열두 명이 넘는 남자들에게 팔려
다닌 나이마는 가해자들이 죗값을 치르게 하리라 다짐하며 그들과,
그 가족들의 이름까지 빠짐없이 기억했다. 나이마를 위해 정의가 이
루어지길, 그녀의 앞에 힘든 날보다 좋은 날이 많기를 바란다.

2022년 2월
강경이

관통당한 몸

이라크에서 버마까지, 역사의 방관자이기를 거부한 여성들의 이야기

© 크리스티나 램, 2022

초판 1쇄 발행   2022년 3월 2일
초판 2쇄 발행   2022년 3월 10일

지은이   크리스티나 램
옮긴이   강경이
펴낸이   이상훈
편집인   김수영
본부장   정진항
인문사회팀 권순범 김경훈 원아연
마케팅   김한성 조재성 박신영 조은별 김효진 임은비
경영지원   정혜진 엄세영

펴낸곳   (주)한겨레엔 www.hanibook.co.kr
등록   2006년 1월 4일 제313-2006-00003호
주소   서울시 마포구 창전로 70(신수동) 화수목빌딩 5층
전화   02-6383-1602~3   팩스 02-6383-1610
대표메일 book@hanien.co.kr

ISBN 979-11-6040-775-4 03330